THÉORIE

DES QUATRE MOUVEMENS

ET

DES DESTINÉES GÉNÉRALES.

PROSPECTUS

ET ANNONCE DE LA DÉCOUVERTE.

Mais quelle épaisse nuit voile encor la nature !
VOLTAIRE.

A LEIPZIG.

1808.

OMISSIONS ET TRANSPOSITIONS.

1.º Page 160, après la ligne 10, intercalez l'article *Omission*, qui se trouve au bas de la page 208.

2.º Page 379, ajoutez au bas l'article *Omission*, contenu aux pages 418 et 419.

ADDITIONS AU GRAND TABLEAU, page 57.
(Il faut les faire selon la dimension indiquée.)

Ligne 4, après le mot *FUTURES*, ajoutez : *et de la passée.*

Création Subversive antérieure, aj. { malfaisante, déjà faite.

Ajoutez : *première infection des mers par le fluide austral.*

Ajoutez : *Conversion du platine aimanté au pôle boréal.*

Naissance de la Couronne Boréale.

Ajoutez : *Désinfection et parfum des mers par le fluide boréal, et rosée aromatique sur les verts par la Couronne.*

Ajoutez : *Affadissement des mers faute de fluide boréal, et fin de la rosée aromatique par l'épuisement de la Couronne.*

Extinction de la Couronne Boréale.
Conversion du fer aimanté au pôle austral.

Création subversive postérieure, aj. { malfaisante comme la première.

Ajoutez : *seconde infection des mers par le fluide austral.*

ADDITIONS EN TRAVERS.

Sous CHAOS ASCENDANT.
Ajoutez : *Règne de l'Ignorance et de la Philosophie, Choc des Passions par défaut d'art social.*

Sous HARMONIE ASCENDANTE ET DESCENDANTE.
Ajoutez : *Lumière sociale, vigueur du globe et des créatures, Développement et engrenage de toutes les passions.*

Sous CHAOS DESCENDANT.
Ajoutez : *Bouleversement général par la 18.e création, Choc des passions par défaut de luxe.*

Nota. Dans la colonne des années, le nombre 3500 doit être 35,000.

ERREURS TRÈS-GRAVES,

formant contre-sens.

Pour ne pas surcharger cette liste d'Errata, on a passé les fautes de grammaire et d'orthographe.

Page 11, ligne 24, *pas même cent;* lisez : *pas même cinquante.*

Page 84, ligne 11, *contes imaginaires;* lisez : *contes imaginés.*

Page 92, ligne 9,
Page 146, ligne 18, } *enjouement;* lisez : *engouement.*

Page 99, ligne 23, *les 1.e, 2.e, 3.e, etc.;* lisez : *2.e, 3.e,* effacez *1.e*

Idem, ligne 26, *des sectes confuses simples aux sectes incohérentes simples;* lisez : *des sectes confuses aux sectes ébauchées.*

Page 100, ligne 4,
Idem, ligne 12, } *sectes progressives;* lisez : *sectes confuses.*

Page 101, ligne 6, *réorganiser;* lisez : *organiser.*

Page 102, ligne 3, *sectes progressives;* lisez : *sectes quelconques.*

Page 103, ligne 11, *ruine véritable;* lisez : *ruine inévitable.*

Page 158, ligne 16, *l'affranchir;* lisez : *s'affranch r.*

Page 164, ligne 26, *s'il buttait;* lisez : *s'il luttait.*

Page 225, ligne 22, *au moyen;* lisez : *aux moyens.*

Page 231, ligne 31, *sucres;* lisez : *sucrées.*

Page 258, ligne 4, *ses mêmes plaisirs;* lisez : *ses menus plaisirs.*

Idem, ligne 10, *que nous pouvons;* lisez : *que ne pouvons-nous.*

Page 270, ligne 9, *mesures oppressives;* lisez : *mesures répressives.*

Page 275, ligne 34, *dans chaque société;* lisez : *dans chaque phase d'une société.*

Page 314, ligne 19, *les péripatéticiens;* lisez : *les stoïciens.*

Page 321, ligne 28, *nation plus sauvage que civilisée;* lisez : *nation dont la populace est plus sauvage que civilisée.*

Page 351, ligne 10,
Idem, ligne 12, } *ligues d'agioteurs;* lisez : *ligues d'agitateurs.*

Page 358, ligne 7, *qui jubilent;* lisez : *et jubilent.*

Partout où l'on trouvera le mot (garanties), nom propre de 6.e période, *lisez :* (garantisme).

INTRODUCTION.

Au début, comme à la fin de cet ouvrage, j'appelle l'attention sur une vérité fort neuve pour les civilisés; c'est que la Théorie des quatre Mouvemens, SOCIAL, ANIMAL, ORGANIQUE et MATÉRIEL, était l'unique étude que devait se proposer la raison. C'est l'étude du système général de la nature, c'est un problème que Dieu donne à résoudre à tous les globes, et leurs habitans ne peuvent passer au bonheur qu'après l'avoir résolu.

Jusqu'ici, vous ne l'avez ni résolu ni même étudié, vous n'avez atteint que la quatrième et dernière branche de cette théorie, celle du *Mouvement matériel*, dont Newton et Leibnitz vous ont dévoilé les lois. J'aurai lieu de vous reprocher plus d'une fois, ce retard de l'esprit humain.

Avant de publier ma théorie, (selon l'annonce faite, page 425,) j'en donne dans le présent volume un léger apperçu; j'y joins quelques dissertations sur l'ignorance politique des civilisés; les 2 exemples principaux de cette ignorance sont tirés,

Dans la 2.ᵉ partie, des vices du système conjugal;

Dans la 3.ᵉ partie, des vices du système commercial;

Et de l'étourderie des philosophes, qui n'ont recherché aucun meilleur procédé pour l'union des sexes et l'échange des produits industriels.

Ce sont là, sans doute, des débats bien subalternes, pour appuyer une annonce aussi importante que la découverte des lois du mouvement; mais il fallait m'étendre sur quelques ridicules de la politique civilisée, pour faire pressentir l'existence d'une science plus certaine qui va confondre les sciences philosophiques.

Dans le cours de cette lecture, on devra considérer que l'invention annoncée, étant plus importante à elle seule que tous les travaux scientifiques faits depuis l'existence du genre humain, un seul débat doit occuper dès-à-présent les civilisés; c'est de s'assurer, si j'ai véritablement découvert la Théorie des quatre Mouvemens; car, dans le cas d'affirmative, il faut jeter au feu toutes les théories politiques, morales et économiques, et se préparer à l'évènement le plus étonnant, le plus fortuné qui puisse avoir lieu sur ce globe et dans tous les globes, AU PASSAGE SUBIT DU CHAOS SOCIAL A L'HARMONIE UNIVERSELLE.

DISCOURS

DISCOURS PRÉLIMINAIRE.

Sur l'étourderie des Nations civilisées qui ont oublié ou dédaigné les deux branches d'études servant d'acheminement à la théorie des destinées : l'étude de l'ASSOCIATION AGRICOLE et de l'ATTRACTION PASSIONNÉE.

Et sur les funestes résultats de cette étourderie qui prolonge inutilement depuis 2300 ans la durée du Chaos social , c'est - à - dire, des Sociétés civilisée , barbare et sauvage, qui ne sont point la destinée du genre humain.

Si l'on considère l'affluence de grands génies qu'a produit la civilisation , surtout dans le cours du dix-huitième siècle , on est tenté de croire qu'ils ont épuisé toutes les carrières : loin d'espérer de grandes découvertes, on n'en attend pas même de médiocres.

Cette prévention va être dissipée : les hommes vont apprendre que les lumières acquises s'élèvent à peine au quart de celles qui restaient à acquérir , et que l'on va obtenir toutes à la fois par la théorie des quatre mouvemens. Elle est la clé de toutes les inventions pénétrables à

A

l'esprit humain; elle va nous initier subitement à des connaissances qui pouvaient coûter encore dix mille ans d'études, d'après la lenteur des méthodes actuelles.

L'annonce de cette théorie doit au premier abord exciter la défiance, par la seule promesse d'élever les hommes à la connaissance des destinées. Je crois donc à propos de faire connaître les indices qui m'ont mis sur la voie : cette explication prouvera que la découverte n'exigeait aucun effort scientifique, et que les moindres des savans auraient pu y parvenir avant moi, s'ils avaient eu pour cette étude la qualité requise, *l'absence de préjugés.* C'est sur ce point, que j'ai eu pour le calcul des destinées, une aptitude dont manquaient les philosophes qui sont les appuis et les prôneurs des préjugés, tout en feignant de les combattre.

Sous le nom de Philosophes, je ne comprends ici que les auteurs de sciences incertaines, les politiques, moralistes, économistes et autres dont les théories ne sont pas compatibles avec l'expérience, et n'ont pour règle que la fantaisie des auteurs. On se rappellera donc lorsque je nommerai LES PHILOSOPHES, que je n'entends parler que de ceux de la classe incertaine et non pas des auteurs de sciences fixes.

INDICES et MÉTHODES qui conduisirent à la découverte annoncée.

Je ne songeais à rien moins qu'à des recherches sur les destinées ; je partageais l'opinion générale qui les regarde comme impénétrables, et qui rélègue tout calcul sur cet objet parmi les visions des astrologues et des magiciens : l'étude qui m'y achemina ne roulait que sur des problèmes industriels ou politiques dont je vais donner quelque notion.

Depuis l'impéritie dont les Philosophes avaient fait preuve dans leur coup d'essai, dans la révolution française, chacun s'accordait à regarder leur science comme un égarement de l'esprit humain, les torrens de lumière politique et morale ne semblaient plus que des torrens d'illusions : eh ! peut-on voir autre chose dans les écrits de ces savans, qui après avoir employé vingt-cinq siècles à perfectionner leurs théories, après avoir rassemblé toutes les lumières anciennes et modernes, engendrent pour leur début autant de calamités qu'ils ont promis de bienfaits, et font décliner la société civilisée vers l'état barbare ?

Tel fut l'effet des cinq premières années pendant lesquelles la France subit l'épreuve des théories philosophiques.

Après la catastrophe de 1793, les illusions furent dissipées, les sciences politiques et morales furent flétries et décréditées sans retour. Dès-lors on dut entrevoir qu'il n'y avait aucun bonheur à espérer de toutes les lumières acquises ; qu'il fallait chercher le bien social dans quelque nouvelle science, et ouvrir de nouvelles routes au génie politique ; car il était évident que ni les Philosophes ni leurs rivaux ne savaient remédier aux misères sociales, et que sous les dogmes des uns ou des autres, on verrait toujours se perpétuer les fléaux les plus honteux, entr'autres l'indigence.

Telle fut la première considération qui me fit soupçonner l'existence d'une science sociale encore inconnue, et qui m'excita à en tenter la découverte. Loin de m'effrayer de mon peu de lumières, je n'entrevis que l'honneur de saisir ce que vingt-cinq siècles savans n'avaient pas su découvrir.

J'étais encouragé par les nombreux indices d'égarement de la raison, et surtout par l'aspect des fléaux dont l'industrie sociale est affligée : l'indigence, la privation de travail, les succès de la fourberie, les pirateries maritimes, le monopole commercial, l'enlèvement des esclaves, enfin tant d'autres infortunes dont je passe l'énumération, et qui donnent lieu de

douter si l'industrie civilisée n'est pas une calamité inventée par Dieu pour châtier le genre
humain.

Delà , je présumai qu'il existait dans cette industrie quelque renversement de l'ordre naturel ;
qu'elle s'exerçait peut-être d'une manière contradictoire avec les vues de Dieu ; que la téna-
cité de tant de fléaux pouvait être attribuée à
l'absence de quelque disposition voulue par Dieu
et inconnue de nos savans : enfin , je pensai que
si les sociétés humaines sont atteintes , selon
l'opinion de Montesquieu , « *d'une maladie de*
» *langueur , d'un vice intérieur , d'un venin secret*
» *et caché*,» on pourrait trouver le remède en s'é-
cartant des routes suivies par nos sciences incertaines qui avaient manqué ce remède depuis tant
de siècles. J'adoptai donc pour règle dans mes
recherches , LE DOUTE ABSOLU ET L'ÉCART ABSOLU :
il faut définir ces deux procédés , puisque personne avant moi n'en avait fait usage.

1.° *Le doute absolu :* Descartes en avait eu
l'idée , mais tout en vantant et recommandant
le doute , il n'en avait fait qu'un usage partiel et
déplacé. Il élevait des doutes ridicules , il doutait
de sa propre existence , et il s'occupait plutôt à
alambiquer les sophismes des anciens , qu'à
chercher des vérités utiles.

DISCOURS

Les successeurs de Descartes ont encore moins que lui fait usage du doute; ils ne l'ont appliqué qu'aux choses qui leur déplaisaient, par exemple, ils ont mis en problème la nécessité des religions, parce qu'ils étaient antagonistes des Prêtres; mais ils se seraient bien gardés de mettre en problème la nécessité des sciences politiques et morales qui étaient leur gagne-pain, et qui sont aujourd'hui reconnues bien inutiles sous les gouvernemens forts, et bien dangereuses sous les gouvernemens faibles.

Comme je n'avais de rapport avec nul parti scientifique, je résolus d'appliquer le doute aux opinions des uns et des autres indistinctement, et de suspecter jusqu'aux dispositions qui avaient l'assentiment universel : telle est la civilisation qui est l'idole de tous les partis philosophiques, et dans laquelle on croit voir le terme de la perfection : cependant quoi de plus imparfait que cette civilisation qui traîne tous les fléaux à sa suite? quoi de plus douteux que sa nécessité et sa permanence future? n'est-il pas probable qu'elle n'est qu'un échelon dans la carrière sociale? si elle a été précédée de trois autres sociétés, la Sauvagerie, le Patriarcat et la Barbarie, s'ensuit-il qu'elle sera la dernière, parce qu'elle est la quatrième, n'en pourra-t-il pas naître encore d'autres, et ne verrons-nous pas un cinquième, un sixième, un septième ordre social qui seront peut-être moins désastreux que la civilisation, et qui sont restés inconnus, parce qu'on n'a jamais cherché à les découvrir? Il faut donc appliquer le doute à la civilisation, douter de sa nécessité, de son excellence, et de sa permanence. Ce sont-là des problèmes que les philosophes n'osent pas se proposer, parce qu'en suspectant la civilisation, ils feraient planer le soupçon de nullité sur leurs théories qui toutes se rattachent à la civilisation, et qui tomberaient avec elle du moment où l'on trouverait un meilleur ordre social pour la remplacer.

Les philosophes sont donc restreints au *doute PARTIEL*, parce qu'ils ont des livres et des préjugés corporatifs à soutenir; et de peur de compromettre les livres et la cotterie, ils ont escobardé de tout temps les problèmes importans. Pour moi qui n'avais aucun parti à soutenir, j'ai pu adopter le *doute absolu* et l'appliquer d'abord à la civilisation et à ses préjugés les plus invétérés.

2.° *L'écart absolu.* J'avais présumé que le plus sûr moyen d'arriver à des découvertes utiles, c'était de s'éloigner en tout sens des routes suivies par les sciences incertaines, qui n'avaient jamais fait la moindre invention utile au corps social; et qui malgré les immenses progrès de l'industrie , n'avaient pas même réussi à prévenir l'indigence : je pris donc à tâche de me tenir constamment en opposition avec ces sciences : en considérant la multitude de leurs écrivains , je présumai que tout sujet qu'ils avaient traité devait être complètement épuisé , et je résolus de ne m'attacher qu'à des problèmes qui n'eussent été abordés par aucun d'entr'eux.

En conséquence j'évitai toute recherche sur ce qui touchait aux intérêts du trône et de l'autel, dont les philosophes se sont occupés sans relâche depuis l'origine de leur science : ils ont toujours cherché le bien social dans les innovations administratives ou religieuses ; je m'appliquai au contraire à ne chercher le bien que dans des opérations qui n'eussent aucun rapport avec l'administration ni le sacerdoce , qui ne reposassent que sur des mesures industrielles ou domestiques , et qui fussent compatibles avec tous les gouvernemens sans avoir besoin de leur intervention.

En suivant ces deux guides , *le doute absolu* sur tous les préjugés , et *l'écart absolu* de toutes les théories connues, je ne pouvais manquer de m'ouvrir quelque nouvelle carrière, si aucune il en était ; mais je ne m'attendais nullement à saisir le calcul des destinées. Loin de prétendre si haut, je ne m'exerçai d'abord que sur des problèmes très-ordinaires, dont les deux principaux furent, *l'association agricole* et la *répression indirecte du monopole commercial des insulaires*. Je cite ces deux problèmes, parce qu'ils tiennent l'un à l'autre et se résolvent l'un par l'autre. On ne peut pas abattre indirectement le monopole des puissances insulaires, sans opérer l'association agricole; et *vice versâ*, sitôt qu'on trouve le moyen d'effectuer l'association agricole, elle opère sans coup férir l'anéantissement du monopole insulaire, des pirateries, de l'agiotage, de la banqueroute et autres fléaux qui pèsent sur l'industrie.

Je me hâte de mettre en avant ces résultats, pour jeter quelqu'intérêt sur le problème de *l'association agricole*, qui semble si indifférent que les savans n'ont jamais daigné s'en occuper.

Ici j'invite le lecteur à se rappeler que j'ai jugé nécessaire de lui donner connaissance des calculs qui préparèrent ma découverte. En conséquence, je vais disserter sur un sujet qui paraîtra bien dépourvu de rapport avec les destins; c'est *l'association agricole*. Moi-même lorsque je commençai à spéculer sur cet objet, je n'aurais jamais présumé qu'un si modeste calcul pût conduire à la théorie des destinées; mais puisqu'il en est devenu la clé, il est indispensable que j'en parle avec quelque étendue.

De l'Association agricole.

La solution de ce problème tant dédaigné, conduisait à la solution de tous les problèmes politiques. L'on sait qu'il suffit quelquefois des plus petits moyens pour opérer les plus grandes choses : c'est avec une aiguille de métal qu'on maîtrise la foudre, et qu'on dirige un vaisseau à travers les orages et les ténèbres; c'est avec un moyen aussi simple qu'on peut mettre un terme à toutes les calamités sociales : et tandis que la civilisation se baigne dans le sang pour assouvir des jalousies mercantiles, on apprendra sans doute avec intérêt, qu'une opération industrielle va les terminer à jamais, sans aucun combat ; et que la puissance maritime jusqu'à présent si redoutable, va tomber dans une absolue nullité, par l'effet de l'*association agricole*.

Cette disposition n'était pas praticable dans l'antiquité, à cause de l'esclavage des cultivateurs ; les Grecs et les Romains vendaient le laboureur comme une bête de somme, avec l'agrément des philosophes, qui ne réclamèrent jamais contre cette odieuse coutume. Ces savans sont dans l'usage de croire impossible tout ce qu'ils n'ont pas vu : ils s'imaginaient qu'on ne pourrait pas affranchir les cultivateurs sans renverser l'ordre social ; cependant on est parvenu à les mettre en liberté ; et l'ordre social n'en est que mieux organisé. Les philosophes ont encore à l'égard de l'association agricole, le même préjugé qu'ils avaient à l'égard de l'esclavage; ils la croient impossible parce qu'elle n'a jamais existé ; en voyant les familles villageoises travailler incohéremment , ils pensent qu'il n'est aucun moyen de les associer , ou du moins ils feignent de le penser ; car sur ce point , comme sur tout autre , ils sont intéressés à donner pour insoluble tout problème qu'ils ne savent pas résoudre.

Cependant plus d'une fois l'on a entrevu qu'il résulterait des économies et des améliorations incalculables , si l'on pouvait réunir en société industrielle , les habitans de chaque bourgade ; associer en proportion de leur capital et de leur industrie , deux à trois cents familles inégales en fortune qui cultivent un canton.

L'idée paraît d'abord gigantesque et impraticable, à cause de l'obstacle qu'opposent les passions à une telle réunion ; obstacle d'autant plus effrayant qu'on ne peut pas le surmonter petit à petit : on ne peut guères réunir en société agricole, vingt , trente , quarante individus, pas même cent ; il en faut au moins huit cents pour former l'association *NATURELLE* ou *ATTRAYANTE*. J'entends par ces mots une société dont les membres seront entraînés au travail , par émulation, amour-propre, et autres véhicules compatibles avec celui de l'intérêt : l'ordre dont il s'agit nous passionnera pour l'agriculture, aujourd'hui si rebutante, qu'on ne l'exerce que par nécessité et par la crainte de mourir de faim.

Je passe sur le détail des recherches que me coûta le problème de l'association naturelle, c'est un ordre tellement opposé à nos usages que je ne me hâte pas d'en donner connaissance : sa description paraîtrait ridicule si je n'y disposais le lecteur par un apperçu des immenses avantages qui en résulteront.

L'association agricole, en la supposant élevée au nombre d'environ mille personnes, présente à l'industrie des bénéfices si énormes, qu'on a peine à expliquer l'insouciance des modernes à ce sujet; il existe pourtant une classe de savans, les économistes, voués spécialement aux calculs de perfectionnement industriel. Leur négligence à rechercher un procédé d'association est d'autant plus inconcevable, qu'ils ont eux - mêmes indiqué plusieurs des avantages qui en résulteraient ; par exemple, ils ont reconnu, et chacun a pu reconnaître comme eux, que trois cents familles de villageois associés n'auraient qu'un seul grenier bien soigné, au lieu de trois cents greniers mal en ordre; qu'une seule cuverie au lieu de trois cents cuves soignées la plupart avec une extrême ignorance ; qu'ils n'auraient dans divers cas, et surtout en été, que trois ou quatre

grands feux au lieu de trois cents ; qu'ils n'enverraient à la ville qu'une seule laitière avec un tonneau de lait porté sur un char suspendu , ce qui
épargnerait cent demi-journées perdues par cent
laitières qui portent cent brocs de lait : voilà
quelques-unes des économies que divers observateurs ont entrevues , et pourtant ils n'ont pas
indiqué la vingtième partie des bénéfices qui
naîtraient de l'association agricole.

On l'a crue impossible , parce qu'on ne con-
naissait aucun moyen de la former ; était-ce un
motif de conclure qu'on n'en découvrirait pas ,
et qu'on n'en devait pas chercher? Si l'on considère qu'elle triplerait les bénéfices d'exploitation générale , on ne doutera pas que Dieu n'ait
avisé aux moyens de l'établir ; car il a dû s'occuper avant tout de l'organisation du mécanisme
industriel qui est le pivot des sociétés humaines.

Les gens pressés d'argumenter élèveront là-
dessus maintes objections ; «Comment amalgamer
» en société des familles dont l'une possède 100,000
» liv. et l'autre pas une obole? comment débrouil-
» ler tant d'intérêts divers, concilier tant de volon-
» tés contradictoires ? comment absorber toutes
» ces jalousies dans un plan d'intérêts combinés?»
» A cela je réplique par l'appât des richesses et des
plaisirs : la plus forte passion des paysans comme
des citadins, c'est l'amour du gain. Lorsqu'ils
verront un canton sociétaire , donner , à égalité

de chances, TROIS FOIS plus de bénéfice qu'un canton de familles incohérentes, et assurer à tous les associés les jouissances les plus variées, ils oublieront toutes leurs rivalités, et se hâteront d'opérer l'association : elle s'étendra sans aucune loi à toutes les régions ; car en tous lieux les hommes sont passionnés pour les richesses et les plaisirs.

En résumé, cette théorie de l'association agricole qui va changer le sort du genre humain, flatte les passions communes à tous les hommes, elle les séduit par l'appât du gain et des voluptés, c'est-là le garant de son succès chez les sauvages et les barbares, comme chez les civilisés, puisque les passions sont les mêmes en tous lieux.

Il n'est pas pressant de faire connaître ce nouvel ordre auquel je donnerai les noms de SECTES PROGRESSIVES OU SÉRIES DE GROUPPES, SÉRIES PASSIONNÉES.

Je désigne par ces mots un assemblage de plusieurs groupes associés qui s'adonnent aux diverses branches d'une même industrie ou d'une même passion. On peut consulter à ce sujet la note A, où je donne sur l'organisation des sectes progressives quelques notions qui seront loin de suffire, mais qui préviendront les fausses idées qu'on pourrait se former sur ce mécanisme, d'après divers détails qu'on a entendus de moi, et qu'on ne manque jamais de dénaturer en les répétant.

La théorie des SÉRIES PASSIONNÉES ou SECTES PROGRESSIVES, n'est pas imaginée arbitrairement comme nos théories sociales. L'ordonnance de ces sectes est en tout point analogue à celle des séries géométriques dont elles ont toutes les propriétés, comme la balance de rivalités entre les grouppes extrêmes et les grouppes moyens de la série. Ceci est exprimé plus en détail dans la note A.

Les passions qu'on a cru ennemies de la concorde, et contre lesquelles on a écrit tant de milliers de volumes qui vont tomber dans le néant; les passions, dis-je, ne tendent qu'à la concorde, qu'à l'unité sociale dont nous les avons cru si éloignées : mais elles ne peuvent s'harmoniser, qu'autant qu'elles s'entrechoquent régulièrement dans les SECTES PROGRESSIVES ou SÉRIES DE GROUPPES: hors de ce mécanisme, les passions ne sont que des tigres déchaînés, des énigmes incompréhensibles; c'est ce qui a fait dire aux philosophes qu'il faudrait les réprimer, opinion doublement absurde; en ce que l'on ne peut pas réprimer les passions, et, en ce que si chacun les réprimait, l'état civilisé déclinerait rapidement, et retomberait à l'état nomade, dans lequel les passions seraient encore aussi malfaisantes qu'on les voit parmi nous; car je ne crois pas plus aux vertus des bergers qu'à celles de leurs apologistes.

L'ordre sociétaire qui va succéder à l'incohérence civilisée n'admet ni modération, ni égalité, ni aucune des vues philosophiques : il veut des passions ardentes et raffinées ; dès que l'association est formée, les passions s'accordent d'autant plus facilement qu'elles sont plus vives et plus nombreuses.

Ce n'est pas que ce nouvel ordre doive rien changer aux passions ; cela ne serait possible ni à Dieu ni aux hommes : mais on peut changer la marche des passions, sans rien changer à leur nature ; par exemple, si un homme sans fortune hait le mariage, et qu'on lui offre une femme dotée de cent mille livres de rente, il consentira avec joie à former ce lien, qui lui répugnait la veille. Aura-t-il pour cela changé de passions ? non, mais sa passion dominante, l'amour des richesses, aura changé de marche, elle prendra, pour atteindre à son but, une voie qui lui déplaisait hier ; elle n'aura pas pour cela changé de nature, mais seulement de route.

Si donc j'avance que dans l'ordre sociétaire les hommes prendront des goûts différens de ceux qu'ils ont à présent, et qu'ils préfèreront le séjour des campagnes à celui des villes, il faut se garder de croire qu'en changeant de goûts ils changeront

changeront de passions ; ils ne seront toujours guidés que par l'amour des richesses et des plaisirs.

J'insiste sur cette remarque pour écarter une ridicule objection que forment certains esprits obtus, lorsqu'ils entendent parler des changemens de goûts et de coutumes qui résulteront de l'ordre sociétaire ; ils s'écrient aussitôt : Vous changerez donc les passions ! non certes, mais on leur ouvrira de nouvelles chances, qui leur assureront un développement triple et quadruple de celui qu'elles trouvent dans l'ordre incohérent où nous vivons. C'est pour cela qu'on verra les civilisés prendre en aversion des habitudes qui leur plaisent aujourd'hui, telle que la vie de ménage : lorsqu'ils observeront que dans le ménage, les enfans ne sont occupés qu'à hurler, briser, quereller et refuser tout travail, et que ces mêmes enfans introduits dans les sectes progressives ou séries de groupPes, ne s'y occupent que d'industrie, rivalisent d'émulation sans qu'on les excite, qu'ils s'instruisent de leur plein gré sur les cultures, les fabriques, les sciences et les arts ; qu'ils produisent et font des bénéfices tout en croyant se divertir ; lorsque les pères verront ce nouvel ordre, ils trouveront leurs enfans adorables dans les sectes, et détestables dans les ménages incohérens. Quand ils observeront ensuite,

B

que dans la résidence d'une PHALANGE DE SECTES,
(c'est le nom que je donnerai à l'association qui
cultive un canton) on fait une chère si merveilleuse, que pour le tiers des frais que coûte
une table de ménage, on trouve dans les sectes
un service trois fois plus délicat et plus copieux;
de sorte qu'on peut s'y nourrir trois fois mieux,
en dépensant trois fois moins que dans un ménage, et éviter encore l'embarras des approvi-
sionemens et préparations ; lorsqu'ils verront
enfin que dans les relations des sectes on n'é-
prouve jamais aucune fourberie, et que le peuple
si faux et si rustre en civilisation devient écla-
tant de vérité et de politesse dans les sectes; ils
prendront en aversion ce ménage, ces villes,
cette civilisation, qui sont les objets de leur affection présente ; ils voudront s'associer dans une
phalange de sectes et habiter son édifice ; auront-
ils changé de passions, parce qu'ils dédaigneront
les coutumes et les goûts qui leur plaisent aujour-
d'hui ? Non, mais leurs passions auront changé
de marche, sans avoir changé de but ni de nature : il faut donc bien se garder de croire que
l'ordre des sectes progressives qui ne sera plus
la civilisation, doive opérer le moindre changement dans les passions : elles ont été et seront
immuables, pour produire les déchiremens et la
pauvreté hors des sectes progressives, ou pour

produire la concorde et l'opulence dans les sectes qui sont notre destinée, et dont la formation dans un seul canton, sera imitée spontanément en tout pays, par le seul appât des immenses bénéfices et des jouissances innombrables que cet ordre assure à tous les individus, quelle que soit l'inégalité des fortunes.

Je passe aux résultats de cette invention, sous le rapport scientifique.

De l'Attraction passionnée et de ses rapports avec les sciences fixes.

Est-ce par dédain, par inadvertance ou par crainte d'insuccès, que les savans ont négligé de s'exercer sur le problème de l'association ? Il n'importe quel a été leur motif, mais ils l'ont négligé ; je suis le premier et le seul qui s'en soit occupé : de là résulte que si la théorie de l'association inconnue jusqu'à ce jour, pouvait acheminer à d'autres découvertes, si elle est la clé de quelques nouvelles sciences, elles ont dû échoir à moi seul, puisque je suis le seul qui ait cherché et saisi cette théorie.

Quant aux nouvelles sciences dont elle ouvre l'accès, je me bornerai à en indiquer deux principales ; et comme ce détail n'intéresse pas le grand nombre des lecteurs, je serai bref autant que possible.

La première science que je découvris, fut la théorie de l'attraction passionnée.

Lorsque j'eus reconnu que les sectes progressives assurent un plein développement aux passions des deux sexes, des divers âges et des diverses classes; que dans ce nouvel ordre, on acquerra d'autant plus de vigueur et de fortune qu'on aura plus de passions, je conjecturai de là que si Dieu avait donné tant d'influence à l'attraction passionnée et si peu à la raison son ennemie, c'était pour nous conduire à cet ordre des sectes progressives qui satisfait en tout sens l'attraction : je pensai dès – lors que l'attraction tant décriée par les philosophes, était interprète des vues de Dieu sur l'ordre social, et j'en vins au CALCUL ANALITIQUE et SYNTHÉTIQUE des ATTRACTIONS et RÉPULSIONS PASSIONNÉES ; elles conduisent en tout sens à l'association agricole : on aurait donc découvert les lois de l'association sans les chercher, si l'on se fut avisé de faire l'analyse et la synthèse de l'attraction : c'est à quoi personne n'a songé, pas même dans ce 18.e siècle, qui voulant fourrer partout les méthodes analytiques, n'a pas essayé de les appliquer à l'attraction.

La théorie des attractions et répulsions passionnées, est fixe et applicable en entier aux théorèmes de géométrie : elle sera susceptible de grands développemens, et pourra devenir l'aliment des penseurs qui, je crois, sont fort en peine d'exercer leur métaphysique sur quelque sujet lumineux et utile.

Je continue sur la filiation des nouvelles sciences. Je reconnus bientôt que les lois de l'attraction passionnée étaient en tout point conformes à celles de l'attraction matérielle, expliquées par Newton et Leibnitz ; et qu'il y avait UNITÉ DU SYSTÈME DE MOUVEMENT POUR LE MONDE MATÉRIEL ET SPIRITUEL.

Je soupçonnai que cette analogie pouvait s'étendre des lois générales aux lois particulières ; que les attractions et propriétés des animaux végétaux et minéraux étaient peut-être coordonnées au même plan que celles de l'homme et des astres ; c'est de quoi je fus convaincu après les recherches nécessaires. Ainsi fut découverte une nouvelle science fixe : *l'analogie des quatre mouvemens matériel, organique, animal et social, ou analogie des modifications de la matière avec la théorie mathématique des passions de l'homme et des animaux.*

La découverte de ces deux sciences fixes m'en dévoila d'autres dont il serait inutile de donner ici la nomenclature ; elles s'étendent jusqu'à la littérature et aux arts, et établiront des méthodes fixes dans toutes les branches des connaissances humaines.

Du moment où je possédai les deux théories de l'attraction et de l'unité des quatre mouvemens, je commençai à lire dans le grimoire de la nature ; ses mystères s'expliquaient successivement, et j'avais enlevé le voile réputé impénétrable. J'avançais dans un nouveau monde scientifique, ce fut ainsi que je parvins gradativement jusqu'au calcul des destinées universelles, ou détermination du système fondamental sur lequel furent réglées les lois de tous les mouvemens présens, passés et avenir.

Dans un tel succès, de quoi faut-il le plus s'étonner ? ou du coup de fortune qui m'a dévoilé tant de nouvelles sciences, par le secours d'un petit calcul sur l'association qui en était la clé, ou de l'étourderie de vingt-cinq siècles savans qui n'ont pas songé à s'occuper de ce calcul, quoiqu'ils eussent épuisé tant d'autres branches d'études ; je crois que l'on décidera l'alternative en ma fafaveur, et que l'étendue de mes découvertes, semblera moins étonnante que l'étourderie des siècles qui les ont manquées.

Déjà j'ai consolé les savans d'une telle disgrâce, en leur apprenant qu'une moisson de gloire et de richesses leur est préparée à tous : j'apporte plus de sciences nouvelles qu'on ne trouva de mines d'or en découvrant l'Amérique. Mais n'ayant pas les lumières nécessaires pour développer ces

sciences, je n'en prendrai pour moi qu'une seule,
celle du *mouvement social* : j'abandonne toutes
les autres aux érudits des diverses classes qui s'en
composeront un magnifique domaine.

Combien ils avaient besoin de ce ravitaille-
ment ! toutes les classes de savans étaient aux
abois, et réduites à glaner misérablement. On
avait ressassé et pressuré jusqu'au dernier grain
des sciences connues ; il ne restait d'autre ressource que de créer des sophismes pour les combattre, et remplir double quantité de volumes,
en élevant et réfutant chaque erreur.

Dès à présent la scène change : les savans vont
passer de l'absolu dénument à l'excessive opulence ; la moisson sera si copieuse, qu'ils peuvent se flatter tous d'y prendre part, et de s'établir
des renommées colossales, car ils auront la première exploitation de cette mine scientifique
dont ils saisiront les plus riches filons. Chacun
d'entr'eux pourra dès le deuxième mémoire où je
traiterai des mouvemens *animal* et *organique*,
entrevoir les objets de sa compétence sur lesquels il aura à composer des traités de science
certaine ; et j'insiste sur ce nom de SCIENCE CER-
TAINE, car on le prodigue bien mal à propos à
des sciences vagues et capricieuses, comme la botanique dont les divers systèmes ne sont que des
tableaux arbitrairement classés ; ils n'ont aucun

rapport avec la méthode de la nature qui est de coordonner toutes les formes et propriétés des choses créées à un type commun , au système mathématique des passions humaines.

J'ai fait entrevoir que les sciences vont enfin prendre une marche fixe , et se rattacher toutes à une méthode invariable. Je donnerai dès le second mémoire , quelques notions de cette méthode qui rapporte tout à nos passions. Elle montre dans tout ce qui existe les tableaux du jeu des passions , et cette analogie donnera aux études les plus rebutantes, telles que l'anatomie, plus de charme que n'en offre aujourd'hui l'étude des fleurs.

Parmi les heureux résultats que donnera cette méthode , il faut placer avant tout la découverte de remèdes spéciaux à toutes les maladies. Il n'est aucun mal qui n'ait un ou plusieurs antidotes tirés des trois règnes; mais la médecine n'ayant pas de théorie régulière pour procéder à la recherche des remèdes inconnus , elle est obligée de tâtonner pendant des siècles et même des milliers d'années , jusqu'à ce que le hasard lui livre un remède ; aussi n'a-t-elle pas encore trouvé les absorbans naturels de la peste, la rage et la goutte : on les découvrira par la théorie des quatre mouvemens. La médecine ainsi que toutes les autres sciences va sortir de sa longue enfance , et s'élever par le calcul des *contre-mouvemens* à toutes les connaissances qui lui furent si long-temps refusées.

EGAREMENS de la raison par les sciences incertaines.

La gloire et la science sont bien désirables, sans doute, mais bien insuffisantes quand elles ne sont pas accompagnées de la fortune : les lumières, les trophées et autres illusions ne conduisent pas au bonheur, qui consiste avant tout dans la possession des richesses ; aussi les savans sont-ils généralement malheureux en civilisation, parce qu'ils y sont pauvres. Ils ne jouiront des faveurs de la fortune que dans l'ordre sociétaire qui succèdera à la civilisation : dans ce nouvel état social, tout savant ou artiste parviendra à une fortune colossale, dès qu'il sera pourvu d'un mérite réel : j'indiquerai plus loin de quelle manière ce mérite sera constaté par le vote annuel de tous les cantons du globe sur les ouvrages à couronner.

Mais en montrant aux sciences fixes la brillante carrière qui s'ouvre pour elles, quel ton dois-je prendre pour annoncer l'orage qui va fondre sur les vieilles idoles de la civilisation, sur les sciences incertaines ? faut-il revêtir les longs habits de deuil, pour déclarer aux politiques et moralistes que l'heure fatale est sonnée, que leurs immenses galeries de volumes vont tomber dans le néant ; que les Platon, les Sénèque, les Rousseau, les Voltaire et tous les corriphées de l'incertitude ancienne et moderne, iront tous ensemble au fleuve d'oubli ? (Je ne parle pas de leurs productions littéraires, mais seulement de ce qui touche à la politique et à la morale.)

Cette débacle de bibliothèques et de renommées n'aura rien d'offensant pour le corps philosophique, si l'on considère que ses écrivains les plus célèbres ont cessé de vivre, et n'endureront pas l'affront de décheoir. Quant à leurs disciples existans, ils ne doivent songer qu'à la fortune qui leur est préparée ; qu'au plaisir de pénétrer enfin dans ce sanctuaire de la nature, dont leurs devanciers n'avaient pu s'ouvrir l'entrée.

Eh n'ont-ils pas de tout temps prévu le coup de foudre qui les menaçait ? j'en vois le pronostic dans leurs écrits les plus renommés ; depuis Socrate, qui espérait qu'un jour la lumière descendrait, jusqu'à Voltaire, qui, impatient de la voir descendre, s'écrie : « Mais quelle épaisse » nuit voile encore la nature ! » Tous confessent l'inanité de leurs sciences et l'égarement de cette raison qu'ils ont prétendu perfectionner ; tous enfin s'accordent à dire avec leur compi-

lateur Anacharsis : « Ces bibliothèques, pré-
» tendus trésors de connaissances sublimes, ne
» sont qu'un dépôt humiliant de contradictions
» et d'erreurs. »

Il n'est que trop vrai, depuis vingt-cinq
siècles qu'existent les sciences politiques et
morales, elles n'ont rien fait pour le bonheur
de l'humanité ; elles n'ont servi qu'à augmenter
la malice humaine, en raison du perfectionnement des sciences réformatrices ; elles n'ont
abouti qu'à perpétuer l'indigence et les perfidies,
qu'à reproduire les mêmes fléaux sous diverses
formes. Après tant d'essais infructueux pour
améliorer l'ordre social, il ne reste aux philosophes que la confusion et le désespoir. Le
problème du bonheur public est un écueil insur-
montable pour eux ; et le seul aspect des indigens qui remplissent les cités, ne démontre-t-il
pas que les torrens de lumières philosophiques
ne sont que des torrens de ténèbres ?

Cependant une inquiétude universelle atteste
que le genre humain n'est point encore arrivé
au but où la nature veut le conduire ; et cette
inquiétude semble présager quelque grand évènement qui changera notre sort. Les nations
harassées par le malheur, s'attachent avidement
à toute rêverie politique ou religieuse qui leur
fait entrevoir une lueur de bien être ; elles

ressemblent à un malade désespéré qui compte sur une miraculeuse guérison. Il semble que la nature souffle à l'oreille du genre humain, qu'il est réservé à un bonheur dont il ignore les routes, et qu'une découverte merveilleuse viendra tout-à-coup dissiper les ténèbres de la civilisation.

La raison, quelque étalage qu'elle fasse de ses progrès, n'a rien fait pour le bonheur tant qu'elle n'a pas procuré à l'homme social, cette fortune qui est l'objet de tous les vœux; et j'entends par FORTUNE SOCIALE, une opulence graduée qui mette à l'abri du besoin les hommes les moins riches, et qui leur assure au moins pour minimum le sort que nous nommons MÉDIOCRITÉ BOURGEOISE. S'il est incontestable que les richesses sont pour l'homme social, la première source de bonheur après la santé, cette raison qui n'a pas su nous procurer la richesse relative ou aisance graduée, n'a donc fait dans ses pompeuses théories que des verbiages inutiles qui n'atteignent aucun but; et la découverte que j'annonce, ne serait, comme les théories politiques et morales, qu'un nouvel opprobre pour la raison, si elle ne devait nous donner que de la science, et toujours de la science, sans nous donner les richesses qui nous sont nécessaires avant la science.

La théorie des destinées va remplir le vœu des nations, en assurant à chacun cette opulence graduée qui est l'objet de tous les désirs, et qu'on ne peut trouver que dans l'ordre des sectes progressives. Quand à la civilisation d'où nous allons sortir, je démontrerai que loin d'être la destinée industrielle de l'homme, elle n'est qu'un fléau passager dont la plupart des globes sont affligés pendant leurs premiers âges ; qu'elle est pour le genre humain une maladie temporaire, comme est la dentition pour l'enfance ; qu'elle s'est prolongée *deux mille trois cents ans de trop*, par l'inadvertance ou l'orgueil des philosophes, qui dédaignèrent toute étude sur l'association et l'attraction ; enfin que les sociétés sauvage, patriarcale, barbare et civilisée, ne sont que des sentiers de ronces, des échelons pour s'élever à un meilleur ordre social, à l'ordre des sectes progressives qui est la destinée industrielle de l'homme, et hors duquel tous les efforts des meilleurs princes ne peuvent aucunement remédier aux malheurs des peuples.

C'est donc en vain, philosophes, que vous auriez amoncelé des bibliothèques pour chercher le bonheur, tant qu'on n'aurait pas extirpé la souche de tous les malheurs sociaux, je veux dire L'INCOHERENCE INDUSTRIELLE qui est l'antipode des vues de Dieu. Vous vous plaignez que

la nature vous refuse la connaissance de ses
lois; eh, si vous n'avez pu jusqu'à ce jour les
découvrir, que tardez-vous à reconnaître l'insuffisance de vos méthodes et à en chercher de
nouvelles ? Ou la nature ne veut pas le bonheur
des hommes, ou vos méthodes sont réprouvées de
la nature, puisqu'elles n'ont pu lui arracher ce
secret que vous poursuivez : voyez-vous qu'elle
soit rebelle aux efforts des physiciens comme
aux vôtres ! Non, parce que les physiciens
étudient ses lois au lieu de lui en dicter, et
vous n'étudiez que l'art d'étouffer la voix de la
nature, d'étouffer l'attraction qui est interprète
de la nature, puisqu'elle conduit en tout sens
à la formation des sectes progressives. Aussi
quel contraste entre vos bévues et les prodiges
des sciences fixes ! chaque jour vous ajoutez
des erreurs nouvelles à d'antiques erreurs ; et
chaque jour on voit les sciences physiques
avancer dans les routes de la vérité, et répandre
sur l'âge moderne, un lustre égal à l'opprobre
que vos visions impriment à jamais sur le dix-
huitième siècle.

Nous allons être témoins d'un spectacle qui
ne peut se voir qu'une fois dans chaque globe :
le passage subit de l'incohérence à la combinaison sociale ; c'est le plus brillant effet de
mouvement qui puisse s'exécuter dans l'univers ;

son attente doit consoler la génération actuelle de tous ses malheurs. Chaque année, pendant cette métamorphose, vaudra des siècles d'existence, et offrira une foule d'évènemens si surprenans, qu'il ne convient pas de les faire entrevoir sans préparation ; c'est ce qui me détermine à renvoyer au troisième mémoire la théorie de l'ordre combiné ou des sectes progressives, et à n'annoncer pour le moment que des résultats généraux ; tels seront l'accession spontanée des sauvages à l'industrie, et l'adhésion des Barbares, à l'affranchissement des femmes et des esclaves dont la liberté est nécessaire pour la formation des sectes progressives ; l'établissement des unités par toute la terre, comme unité de langage, de mesures, de signes typographiques, et autres relations.

Quant aux particularités sur l'ordre sociétaire, quant aux jouissances qu'il doit nous procurer, il faudra, je le répète, user de ménagemens pour les annoncer aux civilisés. Abattus par l'habitude du malheur, et par les préjugés philosophiques, ils ont cru que Dieu les destinait aux souffrances ou seulement à un bonheur médiocre : ils ne pourront pas se façonner subitement à l'idée du bien-être qui les attend, et leurs esprits se soulèveraient si on leur exposait sans précaution la perspective des délices dont ils vont jouir sous très-peu de temps; car il faudra à peine deux ans pour organiser chaque canton sociétaire , et à peine six ans pour achever l'organisation du globe entier, en supposant les plus longs délais possibles.

L'ordre combiné sera dès son début d'autant plus brillant qu'il a été plus long-temps différé. La Grèce, au siècle de Solon, pouvait déjà l'entreprendre; son luxe était parvenu au degré suffisant pour procéder à cette organisation ; mais aujourd'hui nos moyens de luxe et de raffinement sont au moins doubles de ce qu'ils étoient chez les Athéniens : (ils ne connaissaient pas les voitures suspendues, les étoffes de fil de cotton et de soie, le sucre et autres productions d'Amérique et d'Orient; la boussole, la lunette et autres inventions scientifiques des modernes : je n'exagère donc pas en disant que nos moyens de jouissance et de luxe s'élèvent pour le moins au double.) Nous débuterons avec d'autant plus d'éclat dans l'ordre combiné, et c'est à présent que nous allons recueillir le fruit des progrès qu'a fait le dix-huitième siècle dans les sciences physiques; succès bien infructueux jusqu'à ce jour. Tant qu'aurait duré la civilisation, nos prodiges scientifiques étaient plus funestes qu'utiles au bonheur, car en augmentant les moyens de jouissance , ils augmentaient les

privations

privations du grand nombre qui est dépourvu du nécessaire ; ils n'ajoutaient que très-peu aux plaisirs des grands qui sont blasés, faute de variété dans les divertissemens, et ils excitaient de plus en plus la corruption, en multipliant les appâts offerts à la cupidité.

Jusqu'à présent les sciences en perfectionnant le luxe, n'avaient travaillé qu'au profit du fourbe, qui, dans les sociétés barbare et civilisée, arrive plutôt à la fortune que l'homme véridique. Cette bizarrerie conduisait à opter entre deux opinions : ou la malfaisance de Dieu, ou la malfaisance de la civilisation. Raisonnablement, l'on ne pouvait se fixer qu'à cette dernière opinion ; car il n'est pas possible de supposer Dieu malfaisant, et il le serait réellement, s'il nous avait condamnés à végéter toujours dans la désastreuse civilisation.

Les philosophes, au lieu d'envisager la question sous ce point de vue, ont cherché à éluder le problème que présentait la malice humaine ; problème qui conduisait à suspecter la civilisation ou à suspecter Dieu. Ils se sont ralliés à une opinion bâtarde, celle de l'athéisme qui supposant l'absence d'un Dieu, dispense les savans de rechercher ses vues ; et les autorise à donner leurs théories capricieuses et inconciliables, pour règle du bien et du mal. L'athéisme est une opinion

C

fort commode pour l'ignorance politique et morale; et ceux qu'on a surnommés esprits forts pour avoir professé l'athéisme, se sont montrés par là bien faibles de génie. Craignant d'échouer dans la recherche des vues de Dieu sur l'ordre social, ils ont préféré nier l'existence de Dieu, et vanter comme perfection cet ordre civilisé qu'ils abhorrent en secret, et dont l'aspect les désoriente au point de les faire douter de la Providence.

Sur ce point les philosophes ne sont pas les seuls en défaut ; s'il est absurde de ne pas croire en Dieu, il n'est pas moins absurde d'y croire à demi ; de penser que sa providence n'est que partielle ; qu'il a négligé de pourvoir à nos besoins les plus urgens, comme celui d'un ordre social qui fasse notre bonheur. Lorsqu'on voit les prodiges de notre industrie, tels qu'un vaisseau de haut bord, et tant d'autres merveilles qui sont prématurées, eu égard à notre enfance politique ; comment peut-on penser que ce Dieu qui nous a prodigué tant de connaissances sublimes, veuille nous refuser celle de l'art social, sans laquelle toutes les autres ne sont rien ? Dieu ne serait-il pas blamable et inconséquent de nous avoir initiés à tant de nobles sciences, si elles ne devaient servir qu'à produire une société dégoûtante de vices comme la civilisation ?

Préventions générales des Civilisés.

Lorsque j'apporte l'invention qui va délivrer le genre humain du chaos civilisé, barbare et sauvage, lui assurer plus de bonheur qu'il n'en eut osé souhaiter, et lui ouvrir tout le domaine des mystères de la nature d'où il se croyait à jamais exclus ; la multitude ne manquera pas de m'accuser de charlatanerie, et les hommes sages croiront user de modération, en me traitant seulement de visionnaire.

Sans m'arrêter à ces petits assauts auxquels tout inventeur doit s'attendre, j'essaye de disposer le lecteur à l'impartialité.

Pourquoi les inventeurs les plus célèbres, comme Galilée, Colomb et tant d'autres, furent-ils persécutés ou tout au moins ridiculisés avant d'être écoutés ? Il en est deux causes principales, l'infortune générale et l'orgueil scientifique.

1.° *L'Infortune générale :* Si une invention promet du bonheur, on craint de se livrer à l'espoir d'un bien qui paraît incertain : on repousse une perspective qui vient réveiller des désirs mal éteints, aigrir par des promesses trop brillantes le sentiment des privations actuelles ; ainsi l'indigent qui gagne inopinément une fortune, une succession, refusera d'en croire la première

C 2

annonce, il rebutera le porteur de ce gracieux message, et l'accusera d'insulter à sa misère.

Tel est le premier obstacle que je vais éprouver, en annonçant au genre humain qu'il va passer tout entier à un immense bonheur, dont il avait perdu tout espoir pendant cinq mille ans de misères sociales qu'on croyait sans remède. Je serais mieux accueilli, si j'annonçais un bien-être médiocre ; c'est ce qui me décide à atténuer beaucoup les tableaux du bonheur prochain. Lorsqu'on en connaîtra toute l'étendue, on s'étonnera que j'aie eu la patience de temporiser et différer la publication ; que j'aie pu mettre tant de réserve, et prendre un ton si glacial dans l'annonce d'un évènement qui doit exciter tant d'enthousiasme.

2.º *L'Orgueil scientifique* sera le second obstacle contre lequel j'aurai à lutter. Toute invention trop brillante est jalousée par ceux qui pouvaient la faire : on s'indigne contre l'inconnu qui s'élève par un coup de hasard au faîte de la renommée ; on ne pardonne pas à un contemporain de pénétrer des mystères que chacun pouvait pénétrer avant lui ; on ne lui pardonne pas d'éclipser tout-à-coup les lumières acquises, et de laisser bien loin en arrière les savans les plus illustres. Un tel succès devient un affront pour la génération existante : on oublie les bienfaits que va donner la découverte, pour ne songer qu'à la confusion dont elle couvre le siècle qui l'a manquée ; et chacun avant de raisonner, veut venger son amour-propre offensé ; voilà pourquoi l'on ridiculise et persécute l'auteur d'une brillante invention, avant de l'avoir examinée et jugée.

On ne jalousera guères un Newton, parce que ses calculs sont si transcendans que le vulgaire scientifique n'y avait aucune prétention; mais on attaque, on déchire un Christophe Colomb, parce que son idée de chercher un nouveau continent était si simple, que chacun pouvait la concevoir comme lui. Dès lors on s'accorde à traverser l'inventeur, à empêcher l'essai de ses idées.

J'use d'un exemple pour rendre plus sensible cette malignité générale des civilisés envers les inventeurs.

Lorsqu'un Pape ignorant lançait contre Colomb les foudres de l'église et de l'opinion, ce pape n'était-il pas le plus intéressé à voir réussir le plan de Colomb ? Sans doute, car à peine l'Amérique fut-elle connue, que le Pontife distribuait des empires dans ce nouveau monde, et trouvait fort commode de profiter d'une découverte dont la seule idée avait excité toute sa colère. Le chef de l'église, dans cette inconsé-

quence, était le portrait de tous les hommes;
ses préjugés et son amour-propre l'aveuglaient
sur ses intérêts. S'il eut raisonné, il eut reconnu
que le Saint Siège, pouvant à cette époque distribuer la souveraineté temporelle des terres
inconnues, et les soumettre à son empire religieux, était intéressé sous tous les rapports à
encourager la recherche d'un nouveau continent.
Mais le pape et son conseil ne raisonnèrent point,
par excès d'amour-propre ; c'est une petitesse
commune à tous les siècles et à tous les individus;
c'est un contretems qui poursuit tout inventeur,
il doit s'attendre à être persécuté en proportion
de la magnificence de sa découverte ; surtout s'il
est un homme profondément obscur, et qui ne
soit recommandé par aucune production antérieure aux connaissances dont le hasard lui livre
la clé.

Si l'homme que j'ai cité, Christophe Colomb,
fut ridiculisé, honni, excommunié pendant sept
ans, pour avoir annoncé un nouveau monde
continental, ne dois-je pas m'attendre aux mêmes
disgrâces, en annonçant un nouveau monde social?
On ne heurte pas impunément toutes les opinions;
et la philosophie qui règne sur le dix-neuvième
siècle, élèvera contre moi plus de préjugés que
la superstition n'en éleva au quatorzième siècle
contre Colomb. Cependant s'il trouva dans Fer-

dinand et Isabelle, des souverains moins prévenus et plus judicieux que tous les beaux esprits
de leur siècle, ne puis-je pas comme lui compter
sur l'appui de quelque souverain plus clairvoyant
que ses contemporains ? Et tandis que les sophistes du dix-neuvième siècle répèteront avec
ceux du quatorzième, QU'IL N'Y A RIEN DE NOU-
VEAU A DÉCOUVRIR , ne se peut-il pas qu'un
potentat veuille tenter l'essai que firent les
monarques de Castille ? Ils exposaient peu de
chose , en hasardant un vaisseau pour courir la
chance de découvrir un nouveau monde et d'en
acquérir l'empire. Un souverain du dix-neuvième siècle pourra dire de même : « Hasardons
» sur une lieue carrée l'essai de l'association
» agricole, c'est bien peu risquer pour courir
» les chances de tirer le genre humain du chaos
» social, de monter au trône de l'unité univer-
» selle, et de transmettre à perpétuité le sceptre
» du monde à nos descendans.

J'ai signalé les préjugés que l'infortune générale et l'orgueil scientifique élèveront contre
moi : j'ai voulu par là prévenir le lecteur
contre les sarcasmes de cette multitude qui
prononce tranchément sur ce qu'elle ignore, et
qui répond aux raisonnemens par des jeux de
mots dont la manie a gagné jusqu'au petit peuple,
et répandu partout l'habitude du persifflage.

Lorsque les preuves de ma découverte seront produites, et qu'on verra s'approcher l'instant d'en recueillir le fruit; lorsqu'on verra l'unité universelle prête à s'élever sur les ruines de la barbarie et de la civilisation; les critiques passeront subitement du dédain à l'ivresse, ils voudront ériger l'inventeur en demi-dieu; et ils s'aviliront de rechef par des excès d'adulation, comme il vont s'avilir par des railleries inconsidérées.

Quant aux hommes impartiaux qui composent le très-petit nombre, j'aime leur défiance et je la provoque, en les invitant à suspendre leur jugement jusqu'à ce que j'aie traité du mécanisme des sectes progressives. Les deux premiers mémoires ne toucheront pas à cette matière; ils n'auront d'autre but que de préparer les voies, et familiariser l'esprit humain à l'excès de bonheur qui se prépare.

PLAN.

Dans ces deux mémoires je disserterai sur le canevas suivant :

Qu'est-ce que les destinées ? De quelles branches se compose leur système général ? Quels indices et quels moyens avait l'esprit humain pour parvenir à l'invention du système général des destinées ?

Je ne séparerai pas ces questions ; il me serait difficile de les traiter isolément. On trouvera dans cet écrit beaucoup de redites , et peut-être aurait-il fallu les multiplier davantage , pour soutenir l'attention dans un sujet si neuf et si opposé aux préjugés philosophiques dont tout le monde est imbu.

Je diviserai ce Prospectus en trois parties, *l'Exposition*, *les Descriptions* et *la Confirmation.*

1.º *L'Exposition* traitera de quelques branches des destinées générales : un sujet si relevé et si vaste n'intéressera pas le grand nombre des lecteurs , mais il sera semé de détails assez curieux pour dédommager de quelques aridités. Cette première partie s'adresse donc *aux Curieux,*

aux hommes studieux qui ne craindront pas de
surmonter quelques obstacles pour pénétrer de
profonds mystères ; ils seront agréablement
surpris de divers développemens qu'offre cette
première partie sur l'origine des sociétés, leur
succession future, et les révolutions matérielles ou sociales de notre globe et des autres
mondes.

2.° *Les Descriptions* feront connaître quelques
particularités des destinées privées ou domestiques dans l'ordre combiné ; elles donneront
quelque apperçu de ses jouissances, et sous ce
rapport elles s'adressent spécialement *aux Voluptueux* ou Sybarites : en prenant un avant-goût
des délices de l'ordre combiné, ils concevront
jusqu'à quel point le genre humain est dupe des
philosophes qui nous ont caché si long-temps
les voies d'un tel bonheur, par leur obstination
à critiquer l'attraction passionnée, à vouloir la
réprimer, l'étouffer, au lieu d'en faire une étude
régulière.

3.° *La Confirmation* : elle se composera d'indices
tirés de la fausseté des lumières actuelles ; j'arguerai des bévues systématiques des civilisés,
et entr'autres de la plus récente, celle qui régit
exclusivement leur politique ; c'est l'*Esprit commercial.* Je signalerai dans ses progrès l'empy-

risme croissant des sciences incertaines et les révolutions où nous courons de plus en plus sous leurs auspices. Cette troisième partie s'adresse *aux Critiques* : ils reconnaîtront que le corps social est plus que jamais influencé et mystifié par les philosophes, tout abatus qu'ils paraissent ; que les systèmes mercantiles, dernière ressource de ces sophistes, sont la plus inepte conception qui ait jamais paru, et complettent dignement la mesure des absurdités civilisées.

Au moyen de cette distribution, je crois avoir adapté le Prospectus au goût des diverses classes de lecteurs ; chacun d'entr'eux pouvant être rangé dans l'une des trois cathégories, de *Curieux*, de *Voluptueux*, ou *de Critiques*.

J'invite les uns et les autres à se rappeler, que dans un prospectus je ne puis m'arrêter à aucune démonstration, et qu'en annonçant tant d'évènemens merveilleux, tant de résultats incompréhensibles, je ne prétends pas exciter la crédulité ; j'essaie seulement d'appeler la curiosité sur les mémoires suivans, où sera contenue la théorie démonstrative de tant de connaissances : elles sont d'autant plus merveilleuses, que chacun pourra facilement y être initié ; puisqu'elles découlent d'un très-simple calcul sur *l'association agricole, formée en séries progressives ;* tel a été le modeste germe de la plus brillante des découvertes ; ainsi le plus grand fleuve n'est souvent à sa source qu'une humble fontaine , et l'avalanche qui écrase des villages n'est à sa naissance qu'un léger flocon de neige.

Fin du discours préliminaire.

THÉORIE

DES QUATRE MOUVEMENS

ET

DES DESTINÉES GÉNÉRALES.

PREMIÈRE PARTIE.

EXPOSITION

De quelques branches des Destinées générales.

~~~~~~

ARGUMENT.

Prévoyant le reproche d'aridité qu'on adressera à cette première partie, j'ai averti qu'elle est de la compétence des hommes studieux et nullement des personnes frivoles. Ceux qui ont entendu quelques récits des jouissances de l'ordre combiné, s'attendaient à en trouver ici le tableau ; à y voir les sectes progressives mises en action, à n'y lire que des détails séduisans sur leur vie domestique, sur la piquante composition de leurs festins, sur les variétés de leurs amours, fêtes, spectacles, aventures, voyages, etc., et sur les raffinemens voluptueux que ce nouvel ordre introduit jusques dans les travaux les plus insipides.

Quelques personnes qui ont tressailli d'impatience à la description de ces plaisirs si inconnus en civilisation, seraient pressées d'en avoir un tableau complet : mais la régularité exige qu'avant de descendre à ces menus détails, je fasse connaître d'abord les destins généraux de la planète.

En conséquence je vais traiter d'une période de QUATRE-VINGT MILLE ANS que comprendra la carrière végétale du globe. Je parlerai des diverses créations qui succèderont à celle dont nous voyons les produits, et dont la plus prochaine commencera dans quatre siècles. Je ferai connaître les modifications physiques que doit subir ce globe pendant les quatre-vingt mille ans de végétation, dont septante mille verront le pôle boréal en pleine culture, par l'effet d'un anneau lumineux ou couronne boréale qui naîtra après deux siècles d'ordre combiné.

Ce sera débuter, ainsi que je l'ai dit, par offrir des ronces, mais je donnerais trop de prise à la critique, si pour satisfaire les curieux, je procédais sans aucune méthode : et quoique ce ne soit ici que des apperçus sans théories, au moins convient-il que ces apperçus portent sur les affaires générales du globe, avant de toucher à ce qui concerne la destinée des individus.

On trouvera dans le cours de l'ouvrage et des notes subséquentes, divers tableaux dont la nomenclature pourra sembler impropre et mal choisie, car je possède fort peu la langue française. Il faudra donc s'attacher aux idées plus qu'aux mots, sur le choix desquels j'avoue mon insuffisance. A cet égard, j'adopterai des nomenclatures plus correctes quand elles me seront communiquées.

De l'Exception.

JE dois débuter par ce chapitre, pour épargner au lecteur une infinité d'objections qu'il ne manquerait pas d'élever.

Les calculs sur l'attraction et sur le mouvement social sont tous sujets à l'exception d'un huitième ou d'un neuvième : elle sera toujours sous-entendue lors même que je n'en ferai pas mention. Par exemple, si je dis en thèse générale : *les civilisés sont très-malheureux*, c'est dire que les sept-huitièmes ou neuvièmes d'entr'eux sont réduits à l'état d'infortune et de privation ; qu'un huitième seulement échappe au malheur général, et jouit d'un sort digne d'envie (1).

Si j'ajoute que le bonheur dont jouit le petit nombre des civilisés, est d'autant plus fatiguant pour la multitude que les favoris de la fortune sont fréquemment les moins dignes de ses bienfaits, l'on trouvera encore que cette assertion comporte l'exception d'un huitième ou neuvième, et l'on verra une fois sur huit la fortune favoriser celui qui en est digne ; cette ombre d'équité ne sert qu'a confirmer l'injustice systématique de la fortune dans l'ordre civilisé.

Je conclus que l'exception d'un huitième ou d'un neuvième que l'on pourra appliquer à toutes

---

(1) N'est-il pas nécessaire que Dieu en élève quelques-uns à ce bien-être, qu'il refuse au grand nombre, et qu'il nous montre des lueurs du bonheur dont nous sommes généralement privés ; sans cette précaution les civilisés ne ressentiraient pas leur malheur ; l'aspect de l'opulence d'autrui est le seul stimulant qui puisse aigrir les savans généralement pauvres, et les exciter à la recherche d'un nouvel ordre social capable de procurer aux civilisés le bien-être dont ils sont privés.

mes assertions , ne servira qu'à les confirmer : il sera donc inutile à moi de mentionner l'exception sur chaque thèse , et inutile au lecteur d'élever cet argument qui tournerait à l'appui de ce que j'avancerai : j'aurai soin de reproduire plus d'une fois cette observation qu'on pourrait facilement oublier.

. L'exception n'est pas fixée invariablement au huitième ni au neuvième , elle varie du plus au moins , mais celles du huitième et neuvième sont les plus fréquentes , et celles qu'on peut admettre en calcul général.

NOTIONS GÉNÉRALES

SUR LES DESTINÉES.

(Les cinq premiers chapitres qui vont suivre doivent être lus au moins deux fois , et plutôt trois fois que deux , si l'on veut bien comprendre les chapitres suivans qui n'offriront aucune difficulté quand on aura acquis l'intelligence des cinq premiers.)

Définition et Division.

LES destinées sont les résultats présens, passés et futurs des lois mathématiques de Dieu , sur le mouvement universel.

Le MOUVEMENT UNIVERSEL se divise en quatre branches principales , *le social* , *l'animal* , *l'organique* et *le matériel*.

1.º *Le*

1.° *Le mouvement social* : sa théorie doit expliquer les lois selon lesquelles Dieu régla l'ordonnance et la succession des divers mécanismes sociaux dans tous les globes habités.

2.° *Le mouvement animal* : sa théorie doit expliquer les lois selon lesquelles Dieu distribue les passions et instincts à tous les êtres de création passée ou future dans les divers globes.

3.° *Le mouvement organique* : sa théorie doit expliquer les lois selon lesquelles Dieu distribue les propriétés , formes , couleurs , saveurs, etc. , à toutes les substances créées ou à créer dans les divers globes.

4.° *Le mouvement matériel* : sa théorie déjà expliquée par les géomètres modernes , a fait connaître les lois selon lesquelles Dieu régla la gravitation de la matière pour les divers globes.

Il n'est aucun effet de mouvement qui ne soit compris dans l'une de ces quatre divisions : leur ensemble compose le mouvement universel dont nous ne connaissons *que la quatrième branche , celle du mouvement matériel ;* encore ne l'a-t-on expliquée que partiellement, car les géomètres en indiquant les lois de l'ordre existant parmi les astres , ignorent quels changemens les tourbillons d'astres ont pu subir , il y a cent mille ans , et quels changemens ils pourront subir dans cent mille ans. Enfin , ils ne savent pas déterminer les révolutions passées et avenir de l'univers. Ce calcul qui sera mis à la portée de tout le monde , fait partie de la théorie du mouvement matériel , d'où l'on voit qu'elle n'était pas complètement inventée?

Hiérarchie des quatre Mouvemens.

JE devrais un chapitre sur cette matière; mais comme elle serait peu à portée du grand nombre des lecteurs, je me borne à en dire quelque chose dans la note ci-bas (1). On pourra passer

---

(1) Les quatre mouvemens sont sujets à deux dépendances :

Première. Les lois des quatre mouvemens sont coordonnées aux mathématiques; sans cette dépendance il n'y aurait point d'harmonie dans la nature, et Dieu serait injuste. En effet :

La nature est composée de trois principes éternels, incréés et indestructibles.

1.° *Dieu ou l'Esprit*, principe actif et moteur.

2.° *La Matière*, principe passif et mu.

3.° *La Justice ou les Mathématiques*, principe régulateur du mouvement.

Pour établir l'harmonie entre les trois principes, il faut que Dieu en mouvant et modifiant la matière, s'accorde avec les mathématiques; sans cela il serait arbitraire à ses propres yeux comme aux nôtres, en ce qu'il ne concorderait pas avec une justice certaine et indépendante de lui. Mais si Dieu se soumet aux règles mathématiques qu'il ne peut pas changer, il trouve dans cet accord sa gloire et son intérêt. *Sa gloire*, en ce qu'il peut démontrer aux hommes qu'il régit l'univers équitablement et non arbitrairement; qu'il meut la matière d'après des lois non sujettes au changement. *Son intérêt*, en ce que l'accord avec les mathématiques lui fournit le moyen d'obtenir, dans tout mouvement, la plus grande quantité d'effets avec la moindre quantité de ressorts.

On sait déjà que les deux mouvemens matériel et organique sont en accord avec la géométrie, que tous les corps animés ou inanimés, sont construits, mus et modifiés selon ses lois; voilà donc deux des quatre mouvemens coordonnés à la justice naturelle et indépendante de Dieu.

Il restait à savoir que les deux autres mouvemens, l'animal et le social, qui sont des jeux de passions, suivent la même règle; et que les passions quelconques, même les plus odieuses, ne produisent chez l'homme ou l'animal que des effets géométriquement réglés par Dieu; par exemple :

Les propriétés de l'*amitié* sont calquées sur les propriétés *du cercle.*

Les propriétés de l'*amour* sont calquées sur celles *de l'ellipse.*

Les propriétés de la *paternité* sont calquées sur celles de *la parabole.*

Les propriétés de l'*ambition* sont calquées sur celles de *l'hyperbole.*

outre, car la lecture de cette note n'est pas nécessaire pour l'intelligence de ce qui suivra, et ne peut intéresser que très - peu de personnes.

Et les propriétés collectives de ces quatre passions sont calquées sur celles de la *cycloïde*.

De sorte que chaque théorême de géométrie a servi de type à quelque passion des hommes ou des animaux; et cette passion conserve invariablement ses rapports avec le théorême qui régla sa création. Déjà l'on a vu dans la notte A, que les séries passionnées ou sectes grouppées ont pour type l'ordonnance et les propriétés des séries géométriques.

Deuxième Dépendance. Le mouvement social est type des trois autres; les mouvemens animal, organique et matériel, sont coordonnés au social qui est le premier en ordre; c'est-à-dire, que les propriétés d'un animal, d'un végétal, d'un minéral, et même d'un tourbillon d'astres, représentent quelqu'effet des passions humaines dans l'ordre social; et que tout, depuis les atômes jusqu'aux astres, forme tableau des propriétés des passions humaines ; par exemple :

Les grouppes d'*étoiles lactées* représentent les propriétés de l'*amitié*.

Les grouppes de *planètes sur soleils* représentent les propriétés de l'*amour*.

Les grouppes de *satellites sur planètes* représentent les propriétés de la *paternité*.

Les grouppes de *soleils* ou *étoiles fixes* représentent les propriétés de l'*ambition*.

De sorte que nos passions, tant ravalées par les philosophes, remplissent après Dieu, le premier rôle dans le mouvement de l'univers; elles sont ce qu'il y a de plus noble après lui, puisqu'il a voulu que tout l'univers fut disposé à l'image des effets qu'elles produisent dans le mouvement social.

Il suit de là que si un globe parvient à connaître les lois du mouvement social, il découvre en même temps les lois des autres mouvemens, puisqu'ils sont en tout point hiéroglyphiques du premier. Or, si nous ne connaissions pas encore les lois du mouvement matériel déterminées par les géomètres modernes, on les découvrirait aujourd'hui par analogie à celles du mouvement social, que j'ai pénétrées, et qui donnent la clé de tout le système des trois autres. Il est fâcheux pour le genre humain que les savans aient commencé leurs études par où ils devaient finir, par les lois du mouvement matériel, qui sont les plus difficiles à déterminer, et qui n'ouvrent aucunement la voie pour s'élever à la connaissance des trois autres classes de lois.

On trouvera cette notte fort insuffisante : elle n'est qu'un canevas sur lequel il ne conviendrait pas ici d'entrer dans de plus longs détails.

D 2

Mouvement Social.

On a vu précédemment que la théorie du mouvement social doit déterminer l'ordonnance et la succession des divers mécanismes sociaux qui peuvent s'organiser dans tous les globes , et qu'elle doit embrasser le présent, le passé et l'avenir.

Voici pour les plaisans un beau sujet d'ironie. « Vous allez donc nous apprendre , diront-ils , » ce qui se passe dans les autres mondes, dans » le Soleil , la Lune , Jupiter , Sirius , les » Lactées et tous les astres ! » Oui , certes , et vous apprendrez en outre ce qui s'y est passé et ce qui s'y passera pendant les siècles ; car on ne peut pas lire partiellement dans les destins ; on ne peut pas déterminer ceux d'un monde , sans posséder le calcul qui dévoile les destinées de tous les mondes.

Cette connaissance du sort des autres globes ne vous est point indifférente, comme vous le pourriez croire : il vous sera démontré par les lois du mouvement social que vos ames parcourront ces globes pendant l'éternité , et que la félicité éternelle dont les religions vous donnent l'espoir, dépendra du bien-être des autres globes ', dans lesquels vos ames se rejoindront encore à la matière après avoir passé quatre-vingt mille ans sur celui que nous habitons.

Vous connaîtrez donc les mécanismes sociaux régnant dans les divers astres ; les révolutions heureuses ou malheureuses auxquelles leurs habitans sont sujets. Vous apprendrez que notre petit globe est depuis cinq à six mille ans dans l'état le plus malheureux où un monde puisse se trouver. Mais le calcul qui vous révèlera le bonheur dont on jouit dans d'autres astres , vous donnera en même temps les moyens d'introduire sur votre globe un bien-être fort voisin de celui des mondes les plus fortunés.

Je passe au tableau des révolutions sociales que le nôtre doit parcourir.

PHASES ET PÉRIODES

DE L'ORDRE SOCIAL

Dans la troisième Planète nommée la TERRE.

Ici l'on va apprendre une vérité de la plus haute importance : c'est que les âges de bonheur dureront sept fois plus que les âges d'infortune, tels que celui où nous vivons depuis plusieurs mille ans.

Ceci pourra sembler indifférent si l'on considère que nous avons vécu dans les temps malheureux ; mais la théorie du mouvement social vous démontrera que vos ames dans les âges futurs, participeront d'une manière quelconque au sort des vivans : vous partagerez donc pendant soixante et dix mille ans le bonheur qui se prépare pour le globe ; et c'est sous ce rapport que vous devez vous intéresser au tableau des révolutions futures que le mouvement social éprouvera sur votre planète.

L'existence du genre humain doit s'étendre à quatre-vingt mille ans , terme approximatif. Ce nombre est estimé *à un huitième près* , comme toutes les évaluations qui tiennent au mouvement social.

D 3

La carrière sociale évaluée à une durée d'environ quatre-vingt mille ans, se divise en quatre phases, et se subdivise en trente.deux périodes. J'en vais donner les tableaux ; il est nécessaire de les étudier, afin d'en saisir l'ensemble et en garder le souvenir.

PHASES.

Il y a $\left\{\begin{array}{l}\text{Deux phases de vibration ascendante ou gradation,} \\ \text{Deux phases de vibration descendante ou dégradation.}\end{array}\right.$

Vibration ascendante.

PREMIÈRE PHASE.

L'enfance ou incohérence ascendante, $\frac{1}{16}$ 5000 ans.

DEUXIÈME PHASE.

L'accroissement ou combinaison ascendante, $\frac{7}{16}$ 35000 ans.

Vibration descendante.

TROISIÈME PHASE.

Le déclin ou combinaison descendante, $\frac{7}{16}$ 35000 ans.

QUATRIÈME PHASE.

La caducité ou incohérence descendante, $\frac{1}{16}$ 5000 ans.

TOTAL. . . . . 80000 ans,

Les deux phases *d'incohérence* ou discorde sociale, comprennent les temps malheureux.

Les deux phases de *combinaison* ou unité sociale comprennent les âges de bonheur, dont la durée sera sept fois plus étendue que celle des âges malheureux.

On voit par ce tableau , que dans la carrière du genre humain , comme dans celle des individus , les temps de souffrance sont aux deux extrémités.

Nous sommes dans la première phase , dans l'âge *d'incohérence ascendante* qui précède l'avènement aux destinées. Aussi sommes-nous excessivement malheureux depuis cinq à six mille ans dont nos chroniques ont transmis l'histoire. Il n'y a guères que sept mille ans d'écoulés depuis la création des hommes , et depuis ce temps nous n'avons marché que de tourmens en tourmens.

On ne pourra juger de l'immensité de nos souffrances que lorsqu'on connaîtra l'excès de bonheur qui nous est réservé , et auquel nous allons passer sans délai par la découverte des lois du mouvement. Nous allons entrer en deuxième phase , en *combinaison ascendante*.

Les deux phases d'incohérence , quoique très-courtes , contiennent chacune sept périodes sociales : en tout . . . . . 14 périodes d'incohérence.

Les deux phases de combinaison, quoique très-longues, ne contiennent chacune que neuf périodes sociales : en tout . 18 périodes de combinaison.

TOTAL. . . 32 périodes ou sociétés.

Total, trente-deux périodes ou sociétés possibles , sans compter les mixtes.

D 4

Voici un tableau de ces trente-deux périodes : il paraîtra fatiguant de se le graver dans la mémoire ; mais peut-on acquérir aucune connaissance sans étude préalable, et pourquoi le calcul des destinées n'aurait-il pas ses épines comme tout autre.

Il importe de relire ce tableau, afin de n'être pas obligé d'y recourir, chaque fois que je parlerai des phases et périodes diverses.

Ceux qui ne voudraient pas donner un quart-d'heure à l'étude des tables, à la comparaison des quatre phases et des trente - deux métamorphoses sociales, aux époques des dix-huit créations et de la couronne boréale, doivent fermer le livre plutôt que de continuer une lecture qui leur présenterait à chaque instant des obscurités, mais qui sera pleinement intelligible à ceux qui auront étudié ces tables du mouvement social.

A l'inspection des tables, on est d'abord frappé de la petitesse de vues des philosophes, qui nous persuadent que la civilisation est le terme ultérieur des destins sociaux, tandis qu'elle n'est que *la cinquième* des trente-deux sociétés possibles, et l'une des plus malheureuses d'entre les dix périodes infortunées, qui sont les :

2.e 3.e 4.e 5.e 6.e en phase d'enfance.
31.e 30.e 29.e 28.e 27.e en phase de caducité.

Je les nomme périodes d'infortune, puisqu'il n'y a de bonheur que dans celles dont le mécanisme est *formé en sectes groupées et non en ménages isolés.*

Les périodes 1 et 32, 7 et 26 sont formées en sectes ; mais d'une espèce bâtarde. Les septième et vingt-sixième sont des embryons de

TABLEAU

DU COURS DU MOUVEMENT SOCIAL.

SUCCESSION et RELATIONS de ses 4 PHASES et 32 PÉRIODES,

Ordre des Créations futures.

(On ne pourra bien acquérir l'intelligence de ce Tableau que par l'étude des Chapitres suivans qui en donnent l'explication.)

PREMIÈRE PHASE. ENFANCE ou INCOHÉRENCE ASCENDANTE.

ANNÉES. environ

Sept périodes.

Création subversive antérieure, déjà faite.

Reculement.

1.re SECTES CONFUSES. Ombre du bonheur.
2.° Sauvagerie.
3.° Patriarchat.
4.° Barbarie.
5.° Civilisation.
6.° Garantisme.
7.° SECTES ÉBAUCHÉES. Aube du bonheur.

Élan

Cinq périodes malheureuses organisées en ménages in-cohérens.

Âges de perfidie, Injustice, contrainte, Indigence, révolutions, et faiblesse corporelle.

5000

Saut de Chaos en Harmonie.

DEUXIÈME PHASE. ACCROISSEMENT ou COMBINAISON ASCENDANTE.

Neuf périodes.

8.° SECTES COMBINÉES SIMPLES. Aurore du bonheur.

C'est l'ordre social auquel le globe va passer par la fondation d'un canton de sectes progressives.

Naissance de la Couronne boréale.

9.°
10.°
11.°
12.°
13.°
14.°
15.°
16.°

SECTES COMPOSÉES ASCENDANTES.

Ces sept périodes sont distinguées par SEPT CRÉATIONS HARMONIQUES, séparées par des intervalles d'environ 4000 ans.

35000

1.re Création septigénérique

et Plénitude ascendante.

APOGÉE DU BONHEUR.

Intermède ou Quiétude d'environ 8000 ans.

TROISIÈME PHASE. DÉCLIN ou COMBINAISON DESCENDANTE.

Neuf périodes.

17.°
18.°
19.°
20.°
21.°
22.°
23.°
24.°

SECTES COMPOSÉES DESCENDANTES.

2.° Création septigénérique

et Plénitude descendante.

Ces sept périodes sont distinguées par SEPT CRÉATIONS HARMONIQUES séparées par des intervalles d'environ 4000 ans.

3500

Extinction de la Couronne boréale.

25.° SECTES COMBINÉES SIMPLES. Terme du bonheur.

Cette 25.° société est comme la 8.° un ordre mixte entre l'harmonie et le cahos social.

Saut d'Harmonie en Chaos.

QUATRIÈME PHASE. CADUCITÉ ou INCOHÉRENCE DESCENDANTE.

Sept périodes.

Création Subversive postérieure.

Retraite

26.° SECTES ÉBAUCHÉES. Vestiges du bonheur.
27.° Garantisme.
28.° Civilisation.
29.° Barbarie.
30.° Patriarchat.
31.° Sauvagerie.
32.° SECTES CONFUSES. Ombre du bonheur.

Agonie

Cinq périodes malheureuses organisées en ménages in-cohérens.

Âges de perfidie, Injustice, convulsions, Indigence, révolutions, et faiblesse corporelle.

5000

Fin du Monde animal et végétal, après une durée approximative de . . . 80000 ans.

VIBRATION ASCENDANTE.

VIBRATION DESCENDANTE.

CHAOS ASCENDANT.

HARMONIE ASCENDANTE.

HARMONIE DESCENDANTE.

CHAOS DESCENDANT.

Les 16 sociétés N.° 9 à 24, seront engendrées par autant de créations, dont chacune donnera de nouveaux produits dans les 3 règnes, et modifiera d'autant les rapports sociaux, sans rien changer au mécanisme des sectes progressives.

sectes groupées , qui s'organiseraient dans le cas où le genre humain manquerait le calcul de l'association et n'en découvrirait que des germes. Ces sectes bâtardes sont dejà fort heureuses ; j'en donnerai quelques notions dans la seconde partie qui traitera du *ménage progressif.*

Le genre humain va s'élever à la huitième période sociale , (*Sectes combinées simples.*) qui s'établira par tout le globe , et qui durera au moins quatre cents ans avant qu'on ne puisse passer à la neuvième, Celle-ci ne pourra s'organiser que par le secours des nouvelles créations et de la couronne boréale dont je parlerai plus loin.

Dans le cours de sa première phase , le mouvement social présente l'image d'un homme qui recule devant un fossé pour mieux s'élancer et franchir ; c'est ce que j'ai représenté sur le tableau, par les mots *reculement*, *élan* et *saut*. C'est reculer que de tomber de la première période qui est heureuse , à la quatrième qui est la plus malheureuse ; mais on y acquiert une force nouvelle , *la grande industrie agricole et manufacturière* , qui en s'augmentant par les périodes *d'élan* 5, 6, 7, donne enfin au genre humain les moyens de franchir le pas du chaos à l'harmonie.

Les trente-deux sociétés ne doivent pas être comptées pour seize , quoiqu'elles renaissent en ordre inverse dans les deux dernières phases ; car dans leur renaissance elles éprouvent de grands changemens : par exemple, la civilisation lorsqu'elle renaîtra , au déclin du monde, sera aussi calme qu'on la voit turbu-

lente aujourd'hui , où le genre humain a tout
la fougue de la jeunesse. L'arrière civilisation
sera tempérée par la connaissance d'un bonheur
perdu , et par la douleur de ne pouvoir refor-
mer les sectes progressives ; leur mécanisme sera
entravé , désorganisé et dissous par la dix-huitième et dernière création , qui sera malfaisante
comme celle que nous voyons aujourd'hui.

La première phase ou enfance , est la seule
dont la durée ne soit pas fixe , et dont le cours
soit irrégulier : elle aurait dû se borner à cinq
mille ans ; mais Dieu en nous laissant le libre
arbitre , ne peut pas empêcher que certains
globes ne se laissent égarer par les sciences incertaines , et par les préjugés qu'elles répandent
contre la nature et l'attraction. Ces globes en-
croûtés de philosophie peuvent persister long-
temps dans leur aveuglement , et se croire habiles dans l'art social, quand ils ne savent produire
que les révolutions, l'indigence, la fourberie et
le carnage : tant qu'on s'obstine dans cet orgueil,
tant que la raison ne s'élève pas contre les faux
savans , il ne faut pas s'étonner si le désordre
se perpétue : et peut-on voir un desordre plus
affreux que celui qui règne sur ce globe ? La
moitié de la terre est envahie par les bêtes féroces ou sauvages , ce qui est la même chose
quant à l'autre moitié qui est mise en culture,
on en voit les trois-quarts occupés par les coupe-
têtes ou barbares, qui asservissent les cultivateurs et les femmes , et qui sont en tout sens
l'opprobre de la raison. Il reste donc un huitième du globe dévolu aux fripons ou civilisés ,
qui se vantent de perfectionnement, en élevant
l'indigence et la corruption au plus haut degré :

urrait-on trouver un désordre plus odieux
r aucun globe? et quand on voit les nations
cueillir cette philosophie qui a produit un tel
aos politique, faut - il s'étonner si le genre
umain est arriéré de plusieurs mille ans dans
carrière sociale, s'il a passé sept mille ans
ns l'enfance qui en devait à peine durer cinq
ille, et s'il ne s'est élevé qu'à la cinquième
s sept périodes d'enfance sociale, sans par-
nir seulement à la sixième, où il aurait déjà
ouvé une ombre de bien-être.

Le mouvement social aura une marche ré-
ulière dans les deux âges de *combinaison*
cendante et descendante qui vont commencer,
t qui comprendront *environ septante mille ans.*
ans le cours de ce long âge de bonheur,
s seize métamorphoses sociales ou change-
ens de période, seront déterminés par les
ouvelles créations qui se succèderont réguliè-
ement; et qui donnant de nouveaux produits
ans les trois règnes, causeront des modifica-
ions relatives dans les rapports sociaux. Mais
es changemens ne seront que des variétés de
uissance et jamais des révolutions désastreu-
es; excepté le passage de la 24.ᵉ à la 25.ᵉ pé-
iode, qui causera un déclin rapide et annoncera
a caducité du globe.

Au reste, si l'enfant de six à sept ans ne
oit pas s'inquiéter des infirmités qui lui sur-
iendront aux approches de la quatre-vingtième
nnée, comme lui nous ne devons songer qu'au
onheur qui s'approche, et dont le globe n'eut
amais un aussi pressant besoin.

NOTICE

Sur la création subversive antérieure, affectée
  à l'usage de la . . . . 1.re PHASE
  et de la . . . . 8.e période
  qui ouvre la 2.e phase.

CETTE création dont nous voyons les produits, est la première des dix-huit qui doivent s'opérer successivement pendant la carrière sociale du genre humain.

Je ne parle ici que de la création des substances des trois règnes, et non pas de la création du globe même.

La terre employa environ *quatre cent cinquante ans* à engendrer les productions des trois règnes sur l'ancien continent. Les créations d'Amérique n'eurent lieu que postérieurement, et s'opérèrent sur un plan différent : dans l'un ou l'autre continent elles causèrent de grands bouleversemens.

C'est pour Dieu une jouissance que de créer, et il y va de son intérêt de la prolonger. Si les temps de conception, gestation et enfantement d'un homme emploient une durée de neuf mois, Dieu dut employer un espace de temps proportionnel pour créer les trois règnes : la théorie évalue ce temps à la *cent quatre-vingt-douzième* partie de la carrière sociale, ce qui donne approximativement quatre cent cinquante ans pour la durée de la première création.

Toute création s'opère par la conjonction du fluide boréal qui est mâle, avec le fluide austral qui est femelle. Une planète est un être qui a deux ames et deux sexes, et qui procrée comme

animal ou végétal par la réunion des deux
substances génératrices. Le procédé est le même
dans toute la nature, à quelques variétés près,
car les planètes ainsi que les végétaux réunissent les deux sexes dans un même individu.

Croire que la terre ne fera pas de nouvelles
créations et se bornera à celle que nous voyons,
ce serait croire qu'une femme qui a pu faire un
enfant n'en pourra pas faire un deuxième, un
troisième, un dixième. La terre fera de même
ses créations successives, mais les seize créations harmoniques s'opèreront avec autant de
facilité, que les deux subversives, 1.re et 18.^{e}
ont coûté et coûteront de fatigues.

Sur chaque globe, les première et dernière
créations sont réglées sur un plan opposé à celui
des créations moyennes, et donnent pour résultat une affluence de productions nuisibles
avec un très-petit nombre d'utiles. Le contraire
a lieu dans toutes les créations moyennes ou
harmoniques, elles donnent une affluence de
productions brillantes et utiles, puis un très-
petit nombre, un huitième d'inutiles, et point
de nuisibles.

Aussi la première création dont nous voyons
les produits, a-t-elle donné une immense quantité de bêtes malfaisantes sur les terres et encore
plus dans les mers. Ceux qui croient aux dé-
mons, ne doivent-ils pas penser que l'enfer a
présidé à cette création, quand ils voient sous
la forme du tigre et du singe, respirer Moloch
et Bélial. Eh qu'est-ce que l'enfer dans sa furie
pouvait inventer de pire que le serpent à son-
nette, la punaise, les légions d'insectes et reptiles, les monstres marins, les poisons, la peste,

la rage, la lèpre, la vénérienne, la goutte, et tant de venins morbifiques imaginés pour tourmenter l'homme et faire de ce globe un enfer anticipé.

J'ai indiqué dans une note précédente (à l'article hiérarchie des quatre mouvemens), les causes de ce système malfaisant qui régla la première création : j'ai dit « *que les effets des trois mouvemens animal, organique et matériel doivent représenter les jeux des passions humaines dans l'ordre social:* » Or, la première création devant former le tableau des sept périodes d'enfance humaine, à l'usage de qui elle est affectée, Dieu dans cette création, a dû peindre par d'horribles productions, les résultats épouvantables que devaient produire nos passions pendant ces sept périodes: et comme il devait régner quelques vertus dans le cours des première et septième périodes, Dieu a dû les peindre par quelques productions utiles et gracieuses, qui sont en bien petite quantité dans les trois règnes de cette création vraiment démoniaque. On verra plus loin quelles espèces de produits donneront les créations futures sur les terres et dans les mers : quant à présent, nous ne savons pas même faire usage du peu de bien qu'a fourni la première création, et je citerai pour preuve quatre quadrupèdes, le Vigogne, le Renne, le Zèbre et le Castor. Nous sommes privés des deux premiers, par notre maladresse, notre malice et notre friponnerie : ces obstacles s'opposent à ce qu'on élève des troupeaux de rennes et de vigognes, dans toutes les chaînes de hautes montagnes où ces animaux pourraient s'acclimater. D'autres vices sociaux nous privent du castor non moins pré-

cieux par sa laine que le vigogne, et du zèbre
non moins précieux que le cheval par sa velo-
cité, sa vigueur et sa beauté. Il règne dans nos
étables et dans nos coutumes sociales, une rudesse, une mésintelligence qui ne permettent
pas les entreprises nécessaires pour apprivoiser
ces animaux : on verra dès la huitième période,
et l'on verrait même dès la septième, les zèbres
et couagas vivre dans l'état domestique, comme
aujourd'hui les chevaux et les ânes : on verra
les castors construire leurs édifices et former
leur république au sein des cantons les plus habités : on verra les troupeaux de vigognes aussi
communs dans les montagnes que les troupeaux
de moutons : et combien d'autres animaux, tels
que l'autruche, le daim, la gerboise, etc.
viendront se rallier à l'homme dès qu'ils trouveront près de lui les appâts qui doivent les
fixer, appâts que l'ordre civilisé ne permet
aucunement de leur procurer. Ainsi cette création déjà bien pauvre et malfaisante est doublement pauvre pour nous, qui par mésintelligence
sociale, nous privons de la majeure partie des
biens que les trois règnes pourraient nous offrir.

Les nouvelles créations ne peuvent pas commencer avant que le genre humain n'ait organisé la huitième période sociale : jusque-là,
tant que dureraient les sept premières sociétés
on ne verrait jamais commencer la deuxième
création.

Cependant la terre est violemment agitée du
besoin de créer; on s'en apperçoit à la fréquence
des aurores boréales, qui sont un symptôme
du rut de la planète, une effusion inutile de
fluide prolifique ; il ne peut former sa conjonc-

tion avec le fluide austral, tant que le genre humain n'aura pas fait les travaux préparatoires; ces travaux ne sauraient être exécutés que par la huitième société qui va s'organiser. Il faudra d'abord porter le genre humain au petit complet de deux milliards, ce qui exigera au moins un siècle; parce que les femmes sont bien moins fécondes dans l'ordre combiné que dans la civilisation, où la vie de ménage leur fait procréer des légions d'enfans; la misère en dévore un tiers, un autre tiers est emporté par les nombreuses maladies que l'ordre incohérent fait naître chez les enfans; il vaudrait bien mieux en produire moins et les conserver; c'est ce qui est impossible aux civilisés, aussi ne peuvent-ils pas mettre le globe en culture; et malgré leur effrayante pollulation, ils ne suffisent qu'à entretenir le terrein qu'ils occupent.

Lorsque les deux milliards d'habitans auront exploité le globe jusqu'au soixante cinquième degré, on verra naître la couronne boréale, dont je parlerai plus loin, et qui donnera la chaleur et la lumière aux régions glaciales arctiques. Ces nouvelles terres offertes à l'industrie, permettront de porter le genre humain au grand complet de trois milliards. Alors les deux continens seront mis en culture, et il n'y aura plus d'obstacle aux créations harmoniques, dont la première commencera environ quatre siècles après l'établissement de l'ordre combiné.

———————

Couronne Boréale.

C'est ici un chapitre plus curieux que nécessaire; on peut franchir et passer aux suivans, où je traite des périodes , 3, 4 et 5, qui offrent des détails plus à portée de tout monde.

Lorsque le genre humain aura exploité le globe jusqu'au delà des soixante degrés nord , la température de la planète sera considérablement adoucie et régularisée : le rut acquerra plus d'activité; l'aurore boréale devenant très-fréquente , se fixera sur le pôle et s'évasera en forme d'anneau ou couronne. Le fluide qui n'est aujourd'hui que lumineux, acquerra une nouvelle propriété, celle de distribuer la chaleur avec la lumière.

La couronne sera de telle dimension , qu'elle puisse toujours être par quelque point en contact avec le soleil, dont les rayons seront nécessaires pour embraser le pourtour de l'anneau : elle devra lui présenter un arc, même dans les plus grandes inclinaisons de l'axe de la terre.

L'influence de la couronne boréale se fera fortement sentir jusqu'au tiers de son hémisphère; elle sera visible à Pétersbourg, Ochotsk et dans toutes les régions du soixantième degré.

Depuis le soixantième degré jusqu'au pôle, la chaleur ira en augmentant; de sorte que le point polaire jouira à peu près de la température d'Andalousie et de Sicile.

A cette époque , le globe entier sera mis en culture, ce qui causera un adoucissement de cinq à dix degrés, et même douze , dans les latitudes encore incultes, comme la Sibérie et le haut Canada.

E

Les climats voisins du soixantième degré s'a
douciront par double cause ; par l'effet des cul
tures générales , et par l'influence de la cou
ronne , au moyen de laquelle il ne viendra d
pôle que des vents tempérés , comme ceux qu
arrivent de la Barbarie sur Gênes et Marseille. Ce
causes réunies établiront au soixantième degr
la température dont jouissent aujourd'hui le
régions du quarante-cinquième, en pleine cul
ture , comme Bordeaux , Lyon , Turin , Venise
ainsi les villes de Stockolm , Pétersbourg , To
bolsk et Jakutsk , qui seront sur la ligne la plu
froide de la terre, jouiront d'une chaleur égale à
celle de Gascogne ou de Lombardie , sauf le
modifications causées par le voisinage des mon
tagnes et des mers. Les côtes maritimes de la
Sibérie, impraticables aujourd'hui , jouiront de la
douce température de Provence et de Naples.

Une amélioration plus importante qu'on devra
à la couronne boréale , ce sera de prévenir tous
les excès atmosphériques ; excès de froid ou de
chaud , excès d'humidité ou de sécheresse, excès
d'orage ou de calme : l'influence de la couronne
réunie à l'influence de la culture universelle, produiront sur le globe une température graduée qui
ne peut exister nulle part aujourd'hui. Les climats
qui seront les plus glacials du globe , tels que la
ligne de Pétersbourg à Ochotsk , jouiront à cette
époque d'une température plus agréable qu'on
ne puisse la trouver maintenant dans les séjours
les plus vantés , tels que Florence , Nice, Montpellier , Lisbonne , qui sont favorisés du ciel
le plus serein et le plus doux. J'estime que ces
contrées n'ont pas plus de quatre mois de belle
saison tempérée ; mais après la naissance de la

uronné boréale , le soixantième degré , c'est-
dire , la ligne de Pétersbourg à Ochotsk , aura
our le moins huit mois de belle saison et double
écolte assurée. Voyez pour démonstration la
ote (1) où j'indique la cause des longs hivers , et

---

(1) Outre la cause naturelle des hivers, qui est l'inclinaison de
xe , il existe trois causes accidentelles dont le concours élève
iver au quadruple de ce qu'il doit être, et qui cesseront dans
rdre combiné ; ce sont :

L'état inculte du globe, et surtout des terres voisines du pôle.

La croûte glaciale du pôle qui double l'influence des frimats dans
bsence du soleil.

Les émanations glaciales du pôle, qui contrarient l'influence du
leil, à son retour après le solstice d'hiver.

A la naissance de la couronne, ces trois causes de frimats seront
eutralisées : j'ai dit que les latitudes de Pétersbourg, seront plus
surées de la double récolte, que ne le sont aujourd'hui celles de
oscane , et que le soixantième degré jouira d'une belle saison, plus
nstante qu'on ne puisse l'avoir aujourd'hui en aucun lieu de la
rre ; c'est ce que je vais expliquer.

Dès que les régions du pôle boréal seront éclairées, échauffées par
couronne, et mises en culture, rien ne pourra balancer l'influence
u soleil aux approches du printemps, époque où nait aujourd'hui
n second hiver, par l'effet des vents glacials qui se répandent alors
u pôle sur tout l'hémisphère : de là vient que les hivers , en France,
e prolongent jusqu'en mai, et absorbent la plus belle moitié du
rintemps, celle des jours de moyenne grandeur.

Après la naissance de la couronne, les aquilons ou vents du pôle
eront tempérés, même en hiver, et adouciront le soixantième
egré sur lequel ils se dirigeront : il n'existera d'autres vents froids
ue ceux qui auront pris naissance aux environs du soixantième
egré, lequel recevra, même en hiver, de la chaleur par double
oie ; il en recevra de son nord comme de son midi. La feuillaison
ommencera donc à Pétersbourg dès le mois de mars, et plutôt
ncore au soixante-dixième degré ; elle sera en plein développement
Paris et au Spitzberg dans le courant de février.

Telle serait la marche de la nature, si elle n'était gênée par l'obs-
acle des vents et émanations polaires, qui arrêtent la germination
u retour du soleil, et nous donnent un second hiver, un hiver
actice après le véritable. Cette calamité ne fut jamais plus frap-
ante qu'en l'année 1807. Pendant l'hiver dernier, la mauvaise
aison semblait finie en France ; au 15 février ; le soleil était déjà
rdent . et l'on croyait entrer dans le printemps, lorsque les vents
de nord et nord-ouest, commencèrent un nouvel hiver qui se pro-
longea pendant deux mois et demi, et se fit sentir jusqu'aux premiers
ours de mai. Cet inconvénient, presque habituel, rend le climat
de France insupportable. On n'y jouit d'aucune belle saison ,

E 2

autres désordres climatériques auxquels le glo
est assujetti pendant la première phase du mo
vement social.

En attendant la démonstration de ce fut
évènement, observons divers indices qui l'anno
cent : d'abord, le contraste de forme entre l
terres voisines du pôle austral, et celles voisin
du pôle boréal : les trois continens méridiona
sont aiguisés en pointe, et de manière à élo

---

car la température y est toujours excessive, et les transitions s
subites, excepté celle de l'automne à l'hiver ; aussi n'y a-t-il
supportable en France, que les trois mois de mai, septembre
octobre.

Ce qui constitue une belle saison, c'est la variété bien nuanc
des températures ; une petite gelée par un temps serein, no
semble aussi agréable en janvier, qu'une journée de printemp
pourvu que cette gelée ne soit pas de longue durée, qu'elle s
amenée gradativement et en temps convenable, et qu'elle ne soit p
accompagnée de frimats, temps nébuleux et vents glacés. Tels ser
les hivers dans le nouvel ordre. Alors la vigne croîtra au soixa
tième degré, tandis que l'oranger sera cultivé aux cinquante-tr
sième et soixante-dixième degré. Varsovie aura des forêts d'orange
comme en a aujourd'hui Lisbonne, et la vigne sera plus en sûre
à Pétersbourg qu'elle n'est aujourd'hui à Mayence, parce que l
métamorphose des vents du pôle, en zéphyrs, la mettra à l'abri d
surprises, qui sont aujourd'hui par toute la terre une des principal
causes d'appauvrissement.

L'influence glaciale du pôle rend nos hivers beaucoup trop rigou
reux pendant le mois de janvier, qui est leur époque naturelle,
ils recommencent à l'issue de janvier, où ils devraient cesser.
suffit de ces deux circonstances pour faire de notre hémisphère u
séjour vraiment détestable ; jusqu'au quarantième degré en Europe
et trentième en Asie et en Amérique, où les froids sont bien pl
rigoureux ; car Philadelphie et Pékin, qui sont sur la ligne d
Naples et Lisbonne, ont des hivers plus désagréables et plus âpre
que ceux de Francfort et Dresde, villes plus élevées de onze à dou
degrés.

On va présumer que si les frimats doivent être réduits à si pe
de chose dans la zône tempérée boréale, les chaleurs deviendron
insupportables en s'approchant de l'équateur : il n'en sera rien
d'autres causes contribueront à tempérer l'équateur, et rendront le
étés du Sénégal moins fatiguans que ceux de France. Une tempéra
ture bénigne et graduée succèdera aux ouragans et aux tempête
qui s'étendent de l'équateur sur les zônes tempérées, et les climat
seront régénérés au centre, comme à l'extrémité du globe. Je n

er les relations des latitudes polaires. On re-
arque une forme toute opposée dans les con-
ens septentrionaux ; ils sont évasés en s'ap-
ochant du pôle, ils sont groupés autour de
i, pour recueillir les rayons de l'anneau qui
it le couronner un jour ; ils versent leurs
ands fleuves dans cette direction, et comme
ur attirer les relations sur la mer glaciale.
r, si Dieu n'avait pas projeté de donner la

---

rlerai pas ici des causes qui, corrigeront la température équato-
le, elles sont étrangères à la naissance de la couronne boréale.
n résumé, lorsque ces divers principes d'adoucissement opèreront
r l'atmosphère du globe, le plus mauvais climat, comme Ochotsk
Jakutsk, pourra compter sur huit à neuf mois de belle saison,
sur un ciel exempt de brumes et d'ouragans, qui seront à peu près
connus dans l'intérieur des continens, et très-rares au voisinage
s mers.

Il est entendu que ces améliorations seront modifiées par les
autes montagnes et le voisinage des mers, surtout aux trois pointes
e continent, voisines du pôle austral, qui n'aura pas de couronne,
restera à jamais enseveli dans les frimats. Cela n'empèchera
as que les terres voisines de ce pôle ne participent en divers sens
l'influence de la couronne, qui, entr'autres bienfaits, changera la
aveur des mers, et décomposera ou précipitera les particules
itumineuses, par l'expansion d'un *acide citrique boréal*. Ce fluide
ombiné avec le sel, donnera à l'eau de mer le goût d'une sorte
e limonade que nous nommons *aigresel*. Alors cette eau pourra
tre facilement dépouillée de ses particules saline et citrique, et
amenée à l'état d'eau douce ; ce qui dispensera d'approvisionner
les navires de tonnes d'eau. Cette décomposition de l'eau de mer,
par le fluide boréal, est un des préliminaires nécessaires aux nouvelles créations marines : elles donneront une foule de serviteurs
amphibies, pour le trait des vaisseaux et le service des pêcheries,
en remplacement des horribles légions de monstres marins qui
seront anéanties par l'immersion du fluide boréal, et la décomposition qu'il opèrera dans les mers. Un trépas subit purgera l'Océan
de ces infâmes créatures, images des fureurs de nos passions qui
sont représentées par les guerres acharnées de tant de monstres.
On les verra frappés de mort tous à la fois ; comme on verra les
mœurs odieuses des civilisés, barbares et sauvages s'éclipser subitement, pour faire place aux vertus qui seront honorées et triom-
phantes dans l'ordre combiné, parce qu'elles y deviendront la route
des richesses et des voluptés.

N. B. La mer Caspienne et autres bassins salés de l'intérieur,
comme le grand lac Aral, les lacs Zare, Jeltonde, Mexico, et

E 3

couronne fécondante au pôle boréal , il s'ensuivrait que la disposition des continens qui entourent ce pôle seroit un phénomène d'ineptie ; et
Dieu serait d'autant plus ridicule dans un tel
œuvre , qu'il a agi avec une extrême sagesse sur
le point opposé , sur les continens méridionaux;
car il leur a donné des dimensions parfaitement
convenables autour d'un pôle qui n'aura jamais
de couronne fécondante.

On pourrait seulement se plaindre que Dieu

---

même la mer Noire, qui est presque isolée des autres mers , participeront fort peu et très-lentement à l'influence du *fluide boréal*.
Elles ne recevront rien des lames sous-marines , qui partant du pôle
se répandront dans les Océans et les Méditerranées. Ces bassins
n'aspireront que les atômes plus subtils , qui émanant de la couronne
même , se répandront dans l'atmosphère ; de là vient que les
poissons contenus dans ces réservoirs bitumineux , ne seront pas
détruits par le fluide boréal qui émanera de la couronne ; sa petite
quantité , son introduction lente et imperceptible leur permettra de
s'y habituer en moins de deux ou trois générations, et d'y devenir
plus vigoureux qu'ils ne sont dans les ondes bitumineuses , comme
un fruit devient plus beau et plus savoureux, sur le sauvageon où il
est enté.

En conséquence, dès que le genre humain verra s'approcher la
naissance de la couronne , il fera sur les hôtes des mers , l'opération
que fit Noé sur les hôtes des terres, dont il recueillit dans l'arche
plusieurs couples de ceux qu'il vouloit conserver. On transportera
donc dans les bassins salés intérieurs, comme la Caspienne et autres,
une quantité suffisante des poissons, coquillages, plantes et autres
productions marines que l'on voudra perpétuer et réinstaller dans
l'Océan, après sa régénération. On attendra que l'Océan soit purgé
et *passé aux grands remèdes*, par l'effort des lames du fluide boréal
qui, s'élançant du pôle avec violence, précipiteront les bitumes si
activement, que tous les poissons seront surpris, suffoqués par cette
transition subite. Il n'en restera que les races utiles, comme merlan,
hareng, maquereau, solle, thon, tortue, enfin toutes celles qui
n'attaquent pas le plongeur, et qu'on aura tenues à l'écart pour les
replacer dans les ondes après leur purification, et les garantir
contre la violente surprise du fluide boréal, auquel ils se seront
lentement et progressivement habitués dans les bassins intérieurs.
Ces espèces, qui ne sont point malfaisantes, pourront sympathiser
avec les poissons de nouvelle création, dont les sept-huitième seront
serviteurs de l'homme, ainsi que le seront les animaux terrestres
des créations futures indiquées dans le tableau.

ait poussé trop loin la pointe magellanique , ce qui cause une entrave momentanée ; mais son intention est que cette route soit abandonnée , et qu'on fasse aux isthmes de Suez et de Panama des canaux navigables aux grands vaisseaux. Ces travaux et tant d'autres dont l'idée épouvante les civilisés , ne seront que des jeux d'enfans pour les armées industrielles de la hiérarchie sphérique.

Un autre pronostic de la couronne , c'est la position défectueuse de l'axe du globe. Si l'on suppose que la couronne ne doive jamais naître, l'axe devrait pour le bien des deux continens, être renversé d'un vingt - quatrième ou sept degrés et demi , sur le méridien de Sandwick et Constantinople ; de manière que cette capitale se trouvât au trente-deuxième degré boréal : il en résulterait que la longitude 225 de l'île de Fer , et par suite le détroit du Nord , et les deux pointes d'Asie et d'Amérique , s'enfonceraient d'autant dans les glaces du pôle boréal : ce serait sacrifier le point le plus inutile du globe , pour faire valoir tous les autres points : jugeons-en par quelques détails relatifs aux régions polaires et tempérées.

Quant aux régions polaires , observons que le détroit du Nord étant complètement inutile, à cause de la saillie du cap Szalaginskoï, peu importerait que ce détroit s'engageât plus avant dans les glaces , puisqu'il est déjà nul pour la navigation. Mais son rapprochement du pôle rabaisserait d'autant la région la plus intéressante de la zône glaciale , c'est le golfe d'Archangel ou mer Blanche , qui deviendrait très-praticable , puisque le cap-nord de Laponie ne

se trouverait plus qu'à soixante-quatre degrés,
au niveau de Jacobstat, dernière ville de Fin-
lande. Les relations maritimes s'étendraient facilement aux bouches de l'Obi et du Jénisea ;
qui s'échaufferaient de six degrés par ce redres-
sement de l'axe, et de six autres degrés par
l'effet des cultures dont la Sibérie orientale
deviendrait susceptible. Alors s'établirait une
communication par eau, entre les extrémités
du grand continent : les productions chinoises
transportées du coude du Hoang jusqu'au lac
Baikal, s'y embarqueraient à peu de frais
pour l'Europe, en descendant l'Angara et le
Jénisea.

Dans notre zône tempérée, les débouchés
importans, tels que le Sund et la Manche, s'a-
mélioreraient de même en se rapprochant de
l'équateur de cinq à six degrés. Les golfes de
S.-Laurent et de Corée ne subiraient aucun déplacement sensible ; la Baltique entière gagnerait
pleinement sept degrés, et Pétersbourg se trouverait à la hauteur de Berlin.

Je ne parle pas des régions équatoriales,
puisqu'un déplacement de sept degrés et demi,
devient indifférent dans ces latitudes.

Vers le 45.ᵉ austral, la pointe méridionale
d'Amérique se rapprocherait un peu de l'é-
quateur, et ce serait pour elle un avantage.
La pointe d'Australie gagnerait encore plus dans
le même sens : quant à la pointe d'Afrique, elle
serait abaissée du 35.ᵉ au 42.ᵉ austral, et ne
resterait pas moins praticable aux navigateurs,
qui, dans tous les cas, l'abandonneront tôt ou
tard pour le canal de Suez.

Qu'on essaie de tracer sur un planisphère, des

latitudes coordonnées à cette hypothèse du déplacement de l'axe, et l'on verra qu'il serait à
l'avantage de la terre entière ; sauf quelques
cantons déjà indignes d'attention, tels que le
Kamtchatka. Or, Dieu aurait posé l'axe dans le
sens que j'indique, si nous devions être privés
de la couronne boréale, au moyen de laquelle
notre axe qui est ridiculement placé aujourd'hui,
se trouvera dans la position la plus convenable
au bien général. Indice péremptoire de la
nécessité de la couronne et de sa naissance
future.

Cette observation sur les inconvenances de
l'axe n'a point été faite, parce que l'esprit philosophique nous éloigne de toute critique rai-
sonnée sur les œuvres de Dieu, et nous jette
dans les partis extrêmes, dans le doute de la
providence ou dans l'admiration aveugle et stu-
pide ; comme celle de quelques savans qui
admirent jusqu'à l'araignée, jusqu'au crapaud
et autres ordures, dans lesquelles on ne peut
voir qu'un titre de honte pour le créateur,
jurqu'à ce que nous connaissions les motifs de
cette malfaisance. Il en est de même de l'axe
du globe dont la position vicieuse devait nous
induire à désapprouver Dieu , et deviner la
naissance de la couronne qui justifiera cette
apparente bévue du créateur. Mais nos exagé-
rations philosophiques , notre manie d'athéisme
ou d'admiration nous ayant détourné de tout
jugement impartial sur les œuvres de Dieu ,
nous n'avons su ni déterminer les correctifs
nécessaires à son ouvrage , ni pressentir les révolutions matérielles et politiques par lesquelles
il effectuera ces corrections.

Je suis entré dans ces détails, pour prouver
que la distribution matérielle des continens et
des terres n'est point faite au hasard. J'en donnerai une seconde preuve dès ce mémoire, (en
traitant des Archipels à monopole commercial.)
Le hasard va bientôt perdre cette haute puissance que lui attribue la philosophie aux dépens
de la providence ; on reconnaîtra que Dieu a
restreint le hasard dans les plus étroites limites ;
et quant aux formes des continens dont il est
ici question,loin qu'elles soient l'effet du hasard,
Dieu en a calculé les convenances , jusqu'au
point de préparer l'emplacement spécial pour
une capitale de l'unité universelle. Déjà chacun
est frappé des dispositions uniques et merveilleuses qu'il a faites pour l'utilité et l'agrément
de Constantinople. Chacun y devine l'intention
de Dieu , et chacun dit : «C'est ici que doit être
» la capitale du monde. » Elle y sera nécessairement placée , et c'est à son antipode que sera
fixé le premier méridien de l'unité universelle.

J'ajouterai, au sujet de la couronne boréale,
que la prédiction de ce météore ne semblera
point extraordinaire , si l'on considère les anneaux de Saturne : pourquoi Dieu ne nous accor-
derait-il pas ce qu'il accorde à d'autres globes?
L'existence de l'anneau polaire est - elle plus
incompréhensible que celle des ceintures équatoriales dont Saturne est entouré ?

L'aspect de ces deux anneaux lumineux aurait
dû dissiper plutôt nos préventions au sujet du
soleil , qu'on a regardé si ridiculement comme
un monde enflammé. Herschel est le seul qui l'ait
bien défini : « Un grand et magnifique monde
» baignant dans un océan de lumière. » La chose

était évidente du moment où l'ón apperçut les deux anneaux de Saturne. Si Dieu peut donner à un globe des enveloppes circulaires, il peut en donner de sphériques, il peut donner aussi des anneaux polaires et même des calottes polaires ; il reste à connaître les théories qui règlent cette distribution, et qui admettront notre globe à partager une faveur dont Saturne a seul joui jusqu'à présent. D'autres planètes pourront l'obtenir encore : il est des tourbillons où elles ont toutes quelque ornement lumineux pour échauffer un ou deux pôles ; si le nôtre en est généralement privé, c'est qu'il est un des plus pauvres du firmament, et je démontrerai que nos 28 planètes, et une vingtaine d'autres qui restent à découvrir, ne sont qu'un reste de tourbillon, qu'une petite cohorte mal organisée, comme sont les échappés d'un régiment détruit dans une bataille. D'autres tourbillons ont de quatre à cinq cents planètes rangées en séries de groupes ; c'est-à-dire, qu'on y voit des satellites de satellites, et tous pourvus de ceintures, couronnes, calottes polaires et autres ornemens. Si cette faveur est réservée à notre globe, c'est une juste indemnité des contretemps qui le condamnaient à être, pendant la première phase, la plus malheureuse de toutes les planètes du tourbillon.

Divers accidens peuvent troubler la succession assignée aux trente-deux périodes sociales : tel serait l'entrée d'une nouvelle planète dans le tourbillon ; et cette introduction paraît probable à cause de l'extrême distance qui règne entre le soleil et les grosses planètes. Ces astres peu nombreux et décrivant des orbites trop séparés, forment une ligne peu serrée et qui est dans le cas d'être forcée par quelque comète ; l'évènement peut s'opérer de diverses manières, j'en cite une dans la note ci-bas. (1) Il est démontré

---

(1) Je suppose qu'une grosse comète égale à Jupiter, se trouve à son point de fécondation, au degré convenable pour devenir planète : elle chercherait à entrer en ligne et se fixer dans un tourbillon. Si elle arrivait sur notre Soleil parallèlement au plan des orbites planétaires, elle pourrait, au retour, se loger entre le Soleil et Jupiter ; au lieu de poursuivre sa marche parabolique, elle décrirait une spirale pour sonder le terrein, et chercher un point d'équilibre entre Jupiter et le Soleil. Dans le cours de sa spirale, elle approcherait successivement toutes les petites planètes isolées, et les entraînerait en qualité de Lunes. La Terre et Vénus qui sont les plus grosses, sont encore beaucoup trop faibles pour opposer quelque résistance à un gros monde *attrayant* qui les approcherait ; or la comète serait *attrayante*, du moment où elle se fixerait sur notre Soleil.

Dès lors notre petit globe serait entraîné, et deviendrait une Lune de cet intrus, qui serait bientôt la planète la plus riche et la plus féconde de tout le tourbillon, à cause de sa proximité du Soleil et de la multitude de ses Lunes. L'intrus s'adjoindrait Vénus, Mars, la Terre et tous les globules qui sont entre le Soleil et Jupiter : il s'en composerait une brillante suite de sept à huit satellites, et produirait comme Saturne le double anneau équatorial ou la double couronne sur deux pôles ; ces doubles parures étant affectées à toutes les planètes septilunaires, lorsque leurs habitans ont formé l'ordre combiné. (Saturne n'a pas toujours eu ses deux anneaux, et il les perdra sur la fin de sa carrière, lorsque son mécanisme social retombera à l'ordre des sectes incohérentes.)

Cette introduction de comète qui est assez probable, serait pour notre globe une révolution excessivement heureuse ; car elle produirait sans délai une nouvelle création très-fructueuse, qui forcerait la naissance des sectes progressives et la chute de l'état civilisé et barbare.

La métamorphose de notre globe en monde lunaire, ne causerait aucun mal au genre humain : le changement dans l'ordre des jours et des saisons, pourrait détruire quelques espèces d'animaux et végétaux, mais non pas les plus utiles, comme le cheval, le mouton, etc., qui resteraient pour augmenter les richesses que nous donnerait subitement la nouvelle création.

La nouvelle planète deviendrait pour nous un VICE-SOLEIL qui nous distribuerait une immense lumière : nous aurions en outre la lumière accidentelle de ses satellites, qui gravitant dans des orbites voisins, pourraient nous fournir jusqu'à six Lunes à la fois, quand ils se trouveraient rassemblés dans le demi-cercle de notre orbite. De là on peut conclure que ces grosses comètes qui épouvantent

par la contiguité et l'engrenage de Cérès , Pallas et Junon , que les orbites pourraient être beaucoup plus rapprochés , sans qu'il en résultât d'aglomération ; et pour la prévenir , j'estime qu'il suffirait entre Jupiter et Saturne d'une distance de trente millions de lieues , et de même entre Saturne et Uranus. L'énorme distance de cent trente, et deux cent soixante millions de lieues qui règne entr'eux , provient de la rareté de planètes , qui par l'effet de leur petit nombre sont forcées d'occuper non-seulement le même espace , mais un espace bien plus étendu que ne l'occuperait un tourbillon complet de quatre à cinq cents planètes.

---

le genre humain , sont un sujet d'espoir et non de terreur , puisque leur installation dans le tourbillon, deviendrait le gage de notre bonheur.

Cette révolution serait l'une des plus petites qu'on puisse prévoir. Il peut arriver qu'au lieu d'une comète , il en survienne une masse de trois à quatre cents, qui se fixeraient tout à coup sur notre Soleil pour son avantage et le nôtre. L'évènement est d'autant plus probable, que notre tourbillon n'est , je le répète , qu'un débris astronomique à recompletter. Le terme moyen des tourbillons est de quatre cents planètes autour d'un Soleil ; et le nôtre qui n'en a qu'une trentaine, ne ressemble-t-il pas à ces légions dont il ne reste que l'ombre, qu'un faible peloton pour servir de noyau et de ralliement à une masse de nouvelles levées qu'on leur enverra !

Parmi les révolutions célestes qui peuvent affecter notre système planétaire, une des plus curieuses, serait la dislocation de la voie Lactée, et l'acheminement d'une de ses colonnes sur notre tourbillon. En pareil cas nous aurions le charme de voir défiler pendant quelques milliers d'années des légions éclatantes, et composées d'*hyperlunes* ou étoiles de lueur moyenne, comme la Lune. Leur passage échaufferait les deux pôles de toutes nos planètes, et les rendrait cultivables, ce qui forcerait encore une nouvelle création très-magnifique, et d'un prix inestimable pour nous.

PREMIÈRE PÉRIODE

DE SUBVERSION ASCENDANTE.

LES SECTES CONFUSES.

Souvenirs qu'elle a laissés par la fable du Paradis Terrestre.

DIEU créa seize espèces d'hommes , savoir : neuf sur l'ancien continent, et sept en Amérique. Les détails sur leur diversité , sont peu importans. Voyez la note (1) ci-bas.

---

(1) Parmi les seize races primitives , il faut distinguer d'abord quatre races hétérogènes ;

1. Les *Nains boréals* , tels que Lapons et Samoyèdes.

2. Les *Géans australs*, comme Patagons , etc.

3. Les *Albinos natifs* , comme Bédas de Ceylan et Dariens d'Amérique.

4. Les *Nègres natifs* , qui sont ceux de Guinée, à figure écrasée. Il exista des Albinos et des Nègres de création , quoique l'espèce humaine ait la faculté d'en produire elle-même. Parmi ces quatre races hétérogènes , les Albinos furent la seule commune aux deux continens.

Ces quatre races sont fort différentes du grand nombre ; les douze autres se rapprochent , à peu de chose près , d'un type commun : on peut les nommer races homogènes.

La détermination régulière de leurs différences originaires , est un calcul de mouvement organique dont je ne traiterai pas ici : je veux seulement reprocher la timidité qu'on a portée dans ce débat. On voit encore des savans discuter comment l'Amérique a pu se peupler : il semble que Dieu n'ait pas eu le pouvoir de créer en Amérique comme en Europe ; et parce qu'on trouve des disparates, comme celle des *Eskimaux* très-barbus, avec d'autres naturels qui sont imberbes, on en conclut que les Eskimaux sont venus de l'ancien continent dont ils sont voisins. C'est une erreur ; les Eskimaux sont d'origine primitive comme beaucoup d'autres , et il n'y a aucun effet de hasard dans ces différences de peuples.

Les douze races homogènes furent réparties en deux lots, sept sur l'ancien continent, et cinq en Amérique. Et si parmi ces dernières , on voit les unes privées de barbe, tandis que leurs voisins en sont couverts , il n'y a rien là d'étonnant ; les seize races durent offrir des différences que la théorie du mouvement indiquera , et qu'on retrouve encore très-distinctes par toute la terre.

Les trois espèces à figure droite, convexe et concave, avaient été placées sous la zône tempérée boréale, par les 30 à 35 degrés. (Je ne parle que de l'ancien continent.) Ce fut dans ces latitudes qu'on put organiser la société primitive, les sectes confuses. Cet ordre social ne put durer qu'environ trois siècles ; j'ai prévenu le lecteur que je n'en donnerais connaissance qu'en parlant de la huitième période, où s'organise un genre de sectes bien plus intéressant que les primitives, dont il est ici question.

Ces premiers hommes sortirent heureux des mains de Dieu, puisqu'ils purent organiser une société à sectes ; et toutes les sociétés de ce genre sont plus ou moins heureuses, en ce qu'elles permettent le développement des passions.

La plupart des bêtes féroces et des reptiles avaient été créés vers l'équateur ; d'autres, comme

---

Malgré les invasions, malgré les enlèvemens de femmes et d'esclaves, et les mélanges qui en sont résultés, les formes des figures se sont consesvées, et rien n'a pu détruire les types originaires : la mode même n'a presque aucune influence pour opérer ces changemens, et nos physionomies sont encore semblables à celles des nations aïeules, dont les portraits nous sont transmis depuis trois mille ans. Il ne faut donc pas attribuer au hasard ni aux révolutions, ces différences de races, et l'on doit y voir, comme dans toutes les variétés de la création, l'effet d'une théorie distributive, dont nous n'avions pas encore acquis l'intelligence. Nous la trouverons dans les lois du *mouvement organique*.

J'en demande pardon aux fabulistes qui font sortir le genre humain d'une même souche : il faut être bien ennemi de l'évidence, pour croire que les figures convexes du Sénégal et les concaves de la Chine ; que les Kalemoucks, les Européens, les Patagons et les Lapons, soient des rejetons d'un même arbre. Dieu établit dans tous les genres de ses productions des nuances distinguées en série ascendante et descendante, et pourquoi se serait-il écarté, en créant l'espèce humaine, d'un ordre qu'il suit dans toutes les œuvres créées, depuis les astres jusqu'aux insectes.

les loups, dans des latitudes froides ; et avant de s'être répandus vers les trente à trente - cinq degrés, ces bêtes ne fatiguaient point les races d'hommes qui y étaient placées, c'étaient les races à figure droite, convexe et concave ; elles trouvaient en abondance les meilleurs animaux et végétaux de la création ; elles en avaient même qui nous sont inconnus, tels que le mammouth dont on retrouve les ossemens, et qui dépourvu de toute arme défensive, dut périr avec la société primitive, à laquelle il rendait les plus grands services.

Ces trois races, dans leur origine, n'avaient aucune organisation sociale : ce ne fut pas l'instinct seul qui leur suggéra de se former en sectes, elles y furent excitées par cinq circonstances qui n'existent plus parmi nous.

1.° *L'absence de préjugés*, et par conséquent la liberté amoureuse qui est inadmissible dans les sociétés d'ordre incohérent, où l'on s'organise en famille ou ménages isolés.

2.° *La rareté numérique des habitans.* De là résultait une surabondance de troupeaux, fruits, poissons, gibier, etc. Dieu avait placé les groupes des premiers hommes à de grandes distances les uns des autres ; il fallait bien du temps avant qu'ils ne devinssent nombreux au point de distinguer leur terres.

3.° *L'absence des signes représentatifs de la richesse.* On n'avait aucune habileté dans les arts mécaniques, et l'on manquait des objets précieux qui ont une valeur fixe, comme les armes et ornemens des sauvages : on avait au contraire des subsistances et richesses périssables en grande abondance, et la difficulté de les accumuler, suggérait

suggérait l'idée des compensations anticipées, qui favorisaient la formation des sectes.

4.° *L'absence de bêtes féroces.* Leur éloignement contribuait à entretenir dans les mœurs, la plus grande douceur, à prévenir les inventions meurtrières et l'esprit belliqueux, à conserver les animaux déjà perdus, comme le Mammouth.

5.° *La beauté des êtres dans leur origine.* C'est une grande erreur de croire que les animaux et les plantes, à l'époque de la création, aient été tels que nous les voyons dans l'état sauvage. L'aurochst et le moufflon ne sont point les souches, mais les dégénérations du bœuf et du mouton. Les troupeaux créés par Dieu, étaient supérieurs aux plus beaux bœufs de Suisse, aux plus beaux moutons d'Espagne ; il en était de même des fleurs et des fruits. « Tout était bien » sortant des mains de l'auteur des choses, » dit J. J. Rousseau. C'est une vérité qu'il a hasardée sans démonstration, et qu'il affaiblit dès la ligne suivante, en ajoutant : « Tout dé-» généra entre les mains de l'homme. » Ce ne fut pas l'homme qui dégrada les animaux et végétaux au point où nous les voyons dans l'état sauvage et domestique ; ce fut l'incohérence qui en désorganisant l'ordre des sectes, dégrada les productions, et l'homme même dont la taille originaire était 74, 2 tiers, ou 6 pieds, 2 pouces, 2 tiers de Paris, pour la race à figure droite. Alors cette race atteignait facilement à l'âge de cent vingt-huit ans (huit fois seize) : toutes les productions jouissaient de la même vigueur, et les roses de la création étaient plus belles que celles de nos parterres. Cette perfection générale se maintint pendant toute la

F

durée de la première période sociale, qui s'organisa par le concours des cinq circonstances que je viens de citer.

La paix y régna, non pas à cause du bien-être général, mais à cause d'une propriété inhérente aux sectes; c'est de développer et engrener méthodiquement les passions, qui hors des sectes progressives, s'entrechoquent et produisent la guerre et les discordes de toute espèce.

Il faut se garder de croire qu'il ait régné aucune égalité, aucune communauté dans cet ordre primitif. J'ai dit que toutes ces chimères philosophiques sont incompatibles avec les sectes progressives, qui exigent au contraire une gradation d'inégalités. Cette gradation pût s'établir dans l'origine, malgré qu'on n'eût pas l'usage de l'écriture, pour constater et démêler les intérêts de chaque sociétaire. J'expliquerai par quelle méthode on parvint à classer et satisfaire les prétentions diverses.

Les passions étaient alors plus violentes qu'elles ne sont aujourd'hui. Les hommes n'avaient rien de cette simplicité pastorale qui n'exista jamais que dans les écrits des poètes. Ils étaient fiers, sensuels, esclaves de leurs fantaisies; les femmes et les enfans en agissaient de même : ces prétendus vices étaient les gages de la concorde, et redeviendront encore gages de la concorde sociale, aussitôt que les sectes seront reformées.

Elles durent se désorganiser par des incidens contraires aux cinq circonstances génératrices que j'ai assignées. Bientôt l'excessive multiplication des peuplades produisit la pauvreté: en même temps les progrès des bêtes féroces qui arrivaient de l'equateur, excitèrent les inventions meur-

trières; et le goût du pillage se répandit d'autant
plus facilement, que l'enfance et la difficulté
de l'agriculture ne permettaient pas d'entretenir
la surabondance de vivres qui est nécessaire au
mécanisme des sectes ; de là naquirent le mariage, la division par ménages incohérens,
puis le passage à l'ordre sauvage, patriarcal et
barbare.

Pendant la durée des sectes primitives, le
genre humain jouissait d'un sort si heureux, en
comparaison du sort des sauvages et patriarcaux,
que les peuples durent tomber dans le désespoir,
lorsqu'on vit se désorganiser les sectes. Les
enfans furent les derniers appuis de cet ordre ;
les enfans couvraient la retraite politique, et se
maintinrent long-temps encore en harmonie,
lorsque les pères étaient déjà tombés en discorde,
et prêts à adopter le ménage isolé et le mariage
exclusif, dont la pauvreté croissante avait suggéré
l'idée. Plus l'indigence augmentait, plus les chefs
des peuplades étaient intéressés à établir le mariage, qui dût enfin prévaloir.

Avant d'en venir à cette extrémité, on dût
essayer, pour soutenir l'ordre primitif, diverses
mesures qui furent plus ou moins impuissantes ;
et lorsqu'on eut reconnu définitivement l'impossibilité de rétablir ce bel ordre social, les
chefs des peuplades s'appercevant que les regrets
du bonheur passé jetaient les nations dans
l'apathie et le dégoût du travail, s'efforcèrent
d'affaiblir les souvenirs de ce bien qui ne pouvait
plus renaître, et dont les récits ne servaient
qu'à troubler l'ordre social qui avait succédé au
primitif.

En conséquence, tous les chefs s'accordèrent

à dénaturer la tradition : on ne pût pas la faire perdre tant qu'il exista des témoins oculaires, mais on réussit très-facilement à abuser les générations suivantes qui n'avaient pas vu l'ordre des sectes industrielles. On répandit à dessein des relations contradictoires pour exciter le doute ; de là vinrent les fables plus ou moins absurdes qu'on a trouvé accréditées dans tout l'Orient, sur un PARADIS TERRESTRE, d'où l'homme fut chassé.

De là vinrent tant d'autres contes imaginées pour falsifier la vraie tradition que les chefs des peuplades étaient intéressés à déguiser. Tous ces contes qui font la base des religions anciennes, sont le squelette d'une grande vérité; c'est qu'il a existé avant les sociétés actuelles, un ordre de choses plus fortuné, et dont le souvenir s'est confusément transmis chez les peuples orientaux qui en avaient joui.

Parmi les charlataneries qui dénaturèrent cette vérité, il faut distinguer l'habitude des confidences mystérieuses, des initiations usitées parmi les anciens prêtres d'Orient. Il est presque indubitable que leurs mystères ne furent dans l'origine que les traditions de l'ordre primitif. Mais comme l'infortune croissante exigeait des précautions redoublées, pour dérober aux nations ce désolant secret, on dut le restreindre à un très-petit nombre d'initiés, et inventer de faux mystères, pour donner le change aux curieux subalternes qu'on aggrégeait au sacerdoce. A force de concentrer cette tradition, elle dut se limiter à un si petit nombre d'adeptes, que les véritables possesseurs du secret purent être détruits par une guerre ou un autre évènement :

la masse des prêtres ne continua pas moins ses initiations mystérieuses, qui n'avaient plus aucun aliment, et qui n'étaient qu'une jonglerie pour soutenir le relief qu'ils s'étaient donnés.

Il est à présumer que les prêtres d'Isis et de Brama étaient déjà réduits à cette ignorance, et n'avaient plus aucune notion de l'ordre primitif; dans tous les cas, ces notions durent être dénaturées bien promptement, dans des temps grossiers où l'écriture n'était pas inventée, et où chaque narrateur ne manquait pas d'ajouter du sien aux récits qu'on lui avait transmis. Les Orientaux ne sont pas moins conteurs que les habitans des bords de la Garonne ; et j'estime qu'au bout de trois siècles la tradition dont il s'agit dut être tellement défigurée par des fables accessoires, qu'elle devenait inconcevable même aux vrais initiés. Il n'en resta que la vérité fondamnntale, *un bonheur passé et perdu sans retour.* De là les prêtres arguèrent d'une prétendue colère de Dieu, d'un bannissement du séjour fortuné, et autres contes propres à intimider et diriger la multitude, selon les vues du corps sacerdotal.

Je crois avoir suffisamment assigné les causes pour lesquelles nous sommes restés dans une complette ignorance, au sujet des usages de la société primitive. Cette ignorance va cesser : la théorie du mouvement social éclaircira toute obscurité à ce sujet; elle indiquera dans le plus grand détail quel était le mécanisme de cette première société, à laquelle succédèrent la sauvagerie, le patriarcat et la barbarie.

Des cinq périodes organisées en familles incohérentes.

2.ᵉ 3.ᵉ 4.ᵉ 5.ᵉ 6.ᵉ

Je traiterai de ces cinq périodes sociales dans un même chapitre : il serait trop long de donner sur chacune des détails spéciaux, ce serait sortir du cadre de cet apperçu qui n'est pas même un abrégé régulier.

Passons sur la deuxième ou *sauvagerie*, qui est peu intéressante pour nous ; je viens au *patriarcat* ou troisième : c'est une société à peu près inconnue ; cet ordre qu'on a cru primitif, ne régna chez aucun peuple dans les premiers âges. Les humains de toutes les races furent exempts de préjugés, à l'époque de leur création, et ne songèrent nullement à déclarer crime la liberté amoureuse : leur vigueur et leur longevité les portaient aux opinions contraires, aux orgies, aux incestes et aux coutumes les plus lubriques. Lorsque les peuples avaient en terme commun 128 ans d'existence, et par conséquent cent années pleines à donner à l'amour, comment aurait-on pu leur persuader, comme aux Benoits civilisés, qu'ils devaient passer les cent années d'amour avec la même femme, sans en aimer d'autre.

Il fallait bien du temps pour faire naître les circonstances qui obligèrent à restreindre la liberté amoureuse : il fallait que la race eut perdu une grande partie de sa vigueur primitive, pour accéder à des règlemens si contraires à l'intérêt des gens robustes. Mais comme la vigueur déchéoit à vue d'œil, aussitôt que les sectes se désorganisent, leur déclin ouvrit l'accès aux règlemens coercitifs de l'amour et aux sociétés sauvage, patriarcale, etc.

Il règne au sujet du patriarcat, autant d'ignorance que sur la société primitive. Abraham et Jacob tels qu'on nous les dépeint, n'étaient point des patriarcaux ; c'étaient des barbares bien pétris de méchancheté et d'injustice, ayant des serrails et des esclaves, selon l'usage barbare. C'étaient des pachas ou tyrans d'une lieue carrée, se livrant à tous les déportemens : quoi de plus vicieux et de plus injuste qu'un Abraham qui renvoie Agar et son fils Ismaël dans le désert, pour y mourir de faim, sans autre sujet, sinon qu'il a assez joui de cette femme, et qu'il n'en veut plus. Voilà sur quel motif il envoie la femme et le jeune enfant à la mort. Voilà les vertus patriarcales dans tout leur éclat, et vous ne trouverez dans toute la conduite des patriarches que des actions également odieuses.

Cependant la philosophie veut nous ramener aux mœurs patriarcales. Le philosophe Raynal, dans son histoire des deux Indes, débute par un éloge pompeux des Chinois, et les représente comme la plus parfaite des nations, parce qu'ils ont conservé les mœurs patriarcales. Analysons leur perfection : La Chine dont on vante les belles cultures, est si pauvre, qu'on y voit le peuple manger à poignée la vermine dont ses habits sont remplis. La Chine est le seul pays où la fourberie soit légalisée et honorée ; tout marchand y jouit du droit de vendre à faux poids, et d'exercer d'autres friponneries qui sont punies même chez les barbares. Le Chinois s'honore de cette corruption ; et quand il a trompé quelqu'un, il appelle ses voisins pour recevoir leurs éloges et rire avec eux de celui qu'il a dupé. Cette nation est la plus processive qu'il y ait au monde ; nulle part on ne plaide avec autant d'acharnement qu'en Chine. La bassesse y est si grande, les idées d'honneur si inconnues, que le bourreau est un des intimes, un des grands officiers du souverain, qui fait administrer sous ses yeux des coups de gaules à ses courtisans. Le Chinois est le seul peuple qui méprise publiquement ses Dieux, et qui traîne ses idoles dans la boue quand il n'en obtient pas ce qu'il désire. C'est la nation qui a poussé l'infanticide au plus haut degré : on sait que les Chinois pauvres, exposent leurs enfans sur des fumiers, où ils sont dévorés tout vivans par les pourceaux ; ou bien ils les font flotter au courant de l'eau, attachés à une courge vide. Les Chinois sont la nation la plus jalouse, la plus persécutrice envers les femmes, à qui l'on serre les pieds dès l'enfance, afin qu'elles deviennent incapables de marcher. Quant aux enfans, le père a le droit de les jouer aux dez et les vendre comme esclaves. Enfin, les Chinois sont le plus lâche peuple qu'il y ait sur la terre ; et pour ne pas les épouvanter, l'on est dans l'usage de relever les fusils de rempart, lors même qu'ils ne sont pas chargés. Avec de telles mœurs dont je ne donne qu'une esquisse bien imparfaite, le Chinois se moque des civilisés, parce qu'ils sont moins fourbes. Il dit que les Européens sont tous aveugles en affaires de commerce ; que les Hollandais seuls ont un œil, mais que les Chinois en ont deux. (La distinction est flatteuse pour les Hollandais.)

Voilà les hommes que prône la philosophie, et que Raynal nous donne pour modèles ; et certes, Raynal savait mieux que personne que la Chine est un réceptacle de tous les vices sociaux, qu'elle est l'égout moral et politique du globe : mais il a vanté ses mœurs, parce qu'elles se rattachent à l'esprit des philosophes, à leurs sophismes sur la vie de ménage et sur l'isolement industriel qu'ils veulent propager. Telle est la véritable raison pour laquelle ils vantent la vie patriarcale, malgré les résultats odieux qu'elle présente ; car les Chinois et les Juifs qui sont les nations les plus fidèles aux mœurs patriarcales, sont aussi les plus fourbes et les plus vicieuses du globe.

Pour écarter ces témoignages de l'expérience, les philosophes peindront la Chine en beau, sans parler de sa corruption ni de l'horrible misère de son peuple. Quant aux Juifs, on attribuera leurs vices sociaux à la persécution qu'ils ont essuyée : la persécution est au contraire un germe d'ennoblissement pour les proscrits. Les chrétiens ne furent jamais plus honorables, que lorsqu'ils furent en butte à la persécution, sans avoir aucun prince, aucun point de ralliement. D'où vient donc que l'oppression religieuse a produit sur l'un et l'autre peuple des résultats si différens ? c'est que les chrétiens dans leur infortune adoptèrent l'esprit corporatif qui chez les proscrits devient le germe des passions nobles. Les juifs conservèrent l'esprit patriarcal qui est le germe des passions viles, et qui les avait dégradés même aux jours de leur puissance. Eh fut-il jamais de nation plus méprisable en corps que celle des Hébreux, qui ne firent aucun pas dans les sciences et les arts, et qui ne se signalèrent que par un exercice habituel de crimes et de brutalités, dont les récits soulèvent l'esprit à chaque page de leurs fastes dégoûtans.

Cette digression conduirait à une analyse de l'esprit patriarcal, des vices et de la dissimulation qu'il fait naître dans le cœur humain. Or, ce petit mémoire ne pouvant pas comporter de telles discussions, je rentre dans la question, et je me borne à signaler l'ignorance des civilisés, au sujet du patriarcat fédéral, qui fut troisième période d'incohérence ascendante.

Le *Patriarcat fédéral* se compose de familles vicinales, libres et coalisées par congrés, selon la méthode des Tartares. Les familles patriarcales dans cet état de choses, se trouvent intéressées à améliorer le sort des épouses titrées, à augmenter par degré leurs priviléges et droits civils, jusqu'à leur donner la demi liberté dont elles jouissent parmi nous. Cette mesure devient pour les patriarcaux une issue de troisième période, et une porte d'entrée en cinquième période, en civilisation. La civilisation ne peut être engendrée ni de la sauvagerie, ni de la barbarie : on ne voit jamais ni sauvages, ni barbares adopter spontanément nos coutumes sociales (1) ; et les Américains malgré toutes leurs séductions, malgré toutes les intrigues qu'ils ont fait jouer, n'ont encore amené aucune horde à une civilisation

---

(1) On n'a cité que le roitelet des îles Sandwich et quelques hordes de l'Ohio, qui ont commencé, ébauché ce changement. Une si petite exception confirme la règle.

complette : elle doit selon la pente naturelle du
mouvement, naître du patriarcat fédéral ou
bien d'une barbarie très-altérée, comme celle
des anciens Orientaux qui tenait en divers sens
du patriarcat fédéral.

Quant au patriarcat incohérent, tel que celui
d'Abraham et de Jacob, c'est un ordre qui ne
conduit qu'à la barbarie ; un ordre dans lequel
chaque père devient un satrape, qui érige toutes
ses fantaisies en vertu, et qui exerce sur sa famille
la tyrannie la plus révoltante, à l'exemple
d'Abraham et de Jacob, hommes aussi vicieux
aussi injustes qu'on en ait jamais vu sur les trônes
d'Alger et de Tunis.

La sauvagerie, la barbarie, la civilisation,
ne sont guères plus connues que le patriarcat.
Lorsque j'aurai occasion de traiter des phases et
caractères de chaque période, je démontrerai
que nos lumières philosophiques sont aussi trom-
peuses sur ce qui concerne la civilisation, que
sur les moyens d'en sortir et de passer à la
sixième période.

Cette sixième période, *les garanties*, est celle
dont l'invention aurait pu écheoir aux philosophes, parce qu'elle s'éloigne peu des usages
civilisés, et qu'elle conserve encore *la vie de
ménage*, *le mariage*, *la fourberie* et les principaux
attributs du système philosophique : mais elle
diminue déjà fortement *les révolutions et l'indigence*.
Au reste, quelque facile qu'il eut été d'inventer
cette sixième période, comment les philosophes
sauraient-ils élever le genre humain au dessus
de la civilisation, tant qu'ils ne savent pas
même l'élever jusqu'à la civilisation, c'est-à-
dire, faire passer les sauvages et les barbares à

l'ordre civilisé ? ils n'ont pas même su aider la civilisation dans sa marche ; et lorsque je décomposerai le mécanisme civilisé en quatre phases , je démontrerai qu'il est parvenu à la troisième , par des coups de hasard , et sans que les philosophes aient jamais eu aucune influence sur les progrès de leur chère civilisation. Ils l'ont retardée au lieu de l'accélérer : semblables à ces mères maladroites, qui dans leur enjouement, fatiguent l'enfant, lui créent des fantaisies dangereuses , des germes de maladies , et le font dépérir en croyant le servir. C'est ainsi qu'en ont agi les philosophes dans leur enthousiasme pour la civilisation : ils l'ont toujours empirée en croyant la perfectionner ; ils ont alimenté les chimères dominantes, et propagé des erreurs au lieu de chercher des routes de vérité : encore aujourd'hui , nous les voyons se jeter à corps perdu dans l'esprit mercantile , qu'ils devraient combattre , ne fut-ce que par vergogne , puisqu'ils ont ridiculisé le commerce pendant deux mille ans. Enfin , s'il n'eût tenu qu'aux philosophes , la civilisation serait encore à la première phase , et conserverait des coutumes barbares telles que l'esclavage vanté par les savantas de la Grèce et de Rome. (1)

J'ajouterai une preuve de l'ignorance générale sur le mécanisme civilisé : je la tire des calamités imprévues qui nous frappent à chaque génération : la plus récente a été celle des clubs

---

(1) L'abolition de l'esclavage fut le fruit du régime féodal décroissant. L'introduction de ce régime fut l'effet du hasard , et non des calculs philosophiques , toujours aheurtés à prôner les préjugés , ou à les renverser inconsidérément et sans mesures préparatoires, ce qui est un mal pire encore que de les soutenir.

ou jacobinières affiliées , dont on n'avait aucune idée en 1789 , malgré les savantes analyses qu'on avait faites de la civilisation. Il est d'autres calamités qui naîtraient successivement, et que les philosophes ne savent aucunement prévoir, telle est *la féodalité commerciale*, qui n'aurait pas été moins odieuse que le règne des clubs : elle aurait été le résultat de l'influence que l'esprit commercial prend de jour en jour sur le système social : son empiètement aurait produit une innovation bien terrible, et que les civilisés sont loin de prévoir. Qu'on ne s'épouvante pas de ce pronostic ; loin d'exciter la terreur, il ne doit exciter que la joie, puisque l'on va acquérir par la théorie du mouvement social, des moyens de prévoir et conjurer tous les orages politiques.

Contrastes réguliers entre les sociétés à sectes progressives ou à familles incohérentes.

Les sociétés 1.re et 7.e qui sont formées en *sectes*, offrent en tout sens un contraste régulier avec les sociétés 2.e, 3.e, 4.e, 5.e, 6.e, qui sont formées en *familles*.

Dans les cinq dernières, le bien de la masse se trouve en opposition avec les passions de l'individu : de sorte que le gouvernement, en opérant pour le bien de la masse, est obligé d'user de contrainte. C'est ce qui n'a pas lieu dans les sociétés à secte, où le bien géneral coïncide tellement avec les passions individuelles, que l'administration se borne à *avertir* les citoyens des mesures convenues, telles que l'impot, les corvees ; tout est payé, exécuté à jour fixe par les sectes, et sur un simple avis. Mais dans les cinq sociétés incohérentes, on a besoin de contraindre, même pour les mesures évidemment salutaires, et dont l'adoption ne cause aucune fatigue, aucun dommage : telle est l'uniformité des poids et mesures. Si nous étions en septième période, le gouvernement se serait borné à *aviser* les peuples de la confection du travail, et du prochain envoi des modèles : à leur arrivée dans chaque province, dans chaque canton, ils auraient été mis en usage sans aucun ordre et à l'instant même.

Cette résistance des sociétés 2.e, 3.e, 4.e, 5.e, 6.e aux mesures d'utilité générale, se manifeste dans les corporations comme dans les individus; par exemple, en Turquie, les corps de l'état se refusent comme le peuple à l'introduction de la discipline militaire dont ils sentent pourtant la nécessité.

Les sociétés 2.e, 3.e, 4.e, 5.e, 6.e qui sont sujettes à l'indigence, aux révolutions, au mariage, à la fourberie, etc. ont la propriété de REPUGNER, c'est-à-dire de se voir et se communiquer, sans qu'aucune d'entr'elles veuille imiter les autres. Nous voyons la société barbare, sans vouloir adopter ses usages; elle voit les nôtres sans vouloir les imiter; il en est ainsi des cinq sociétés organisées en familles incohérentes; elles ont, comme les animaux malfaisans, la propriété d'être incompatibles; et si toutes les cinq étaient en présence, aucune ne voudrait s'assimiler à l'une des quatre autres. Il y a quelques exceptions partielles à cette règle; la sixième société attirerait faiblement la cinquième.

Les société 1.re et 7.e, ainsi que toutes les

autres sociétés à sectes progressives, ont la propriété générale d'ATTIRER : il n'y a d'exception que pour la société n.º 1, qui attirerait faiblement les classes riches des quatrième, cinquième et sixième sociétés.

La société 7.º attirerait fortement toutes les classes riches ou moyennes, quoiqu'elle ne soit qu'un acheminement au vrai bonheur, dont on commence à jouir dans la huitième. Cependant la septième est déjà si heureuse, en comparaison de l'ordre civilisé, que si elle pouvait se trouver tout à coup organisée, beaucoup de personnes faibles et sensibles tomberaient malades de saisissement et de regret, en voyant subitement tant de bonheur dont elles n'ont pas joui et dont elles auraient pu jouir.

Quant à la huitième période qui va naître, pour donner une idée de l'attraction qu'elle exercera, j'emprunterai les paroles d'un auteur, qui dit : « Que si les hommes pouvaient voir » Dieu dans toute sa gloire, l'excès d'admira- » tion leur causerait peut-être la mort. » Eh qu'est-ce que cette gloire de Dieu ? Ce n'est autre chose que le règne de l'ordre combiné qui va s'établir, et qui est la plus belle des conceptions divines : si nous pouvions voir subitement cet ordre combiné, cet œuvre de Dieu, tel qu'il sera dans sa pleine activité, (tel que je le peindrai dans les dialogues de l'an 2200), il est hors de doute que beaucoup de civilisés seraient frappés de mort par la violence de leur extâse. La seule description pourra causer à plusieurs d'entr'eux et surtout aux femmes, un enthousiasme qui tiendra de la manie ; elle pourra les rendre indifférens aux

amusemens , inhabiles aux travaux de la triste
civilisation. C'est pour tempérer leur surprise
que je l'annonce long-temps à l'avance, et que
je différerai jusqu'au troisième mémoire les
tableaux de l'ordre combiné et le parallèle de
ses délices , avec les peines d'esprit et de corps
qu'endurent les civilisés. Ce parallèle ne manquerait pas d'exalter et de désespérer les plus
malheureux d'entr'eux , s'il n'était présenté avec
des ménagemens capables d'en amortir l'effet :
c'est pour atteindre ce but , que je répandrai à
dessein un ton de froideur sur les premiers
mémoires , et que je les consacre à d'arides
notices sur les révolutions générales du mouvement , et sur les inepties des civilisés. Je
poursuis sur ce sujet.

Les sociétés à familles incohérentes , 2.e , 3e ,
4.e , 5.e , 6.e , ayant la propriété d'exciter
RÉPUGNANCE pour le travail agricole et manufacturier , et pour les sciences et les arts ; l'enfant se
refuse à l'industrie et à l'étude , dans ces cinq
ordres sociaux , et il devient destructeur dès
qu'il peut former des groupes ou rassemblemens libres et passionnés. C'est une propriété
très-étonnante dans l'espèce humaine , que
cette inclination générale des enfans à détruire
quand on les laisse en liberté. L'enfant acquiert
des propriétés opposées dans les sociétés à sectes ;
il travaille sans cesse et rend des services incalculables , en s'emparant spontanément de
toutes les petites occupations qui emploient
chez nous des bras de trente ans. Enfin , il trouve
dans les sectes progressives l'*éducation naturelle* ;
il s'instruit sans l'instigation ni la surveillance
de personne : dès qu'il peut marcher , on l'abandonne

donne à sa seule volonté, sans autre avis que
de se divertir tant qu'il lui plaira, avec les
groupes de ses semblables ; il suffit de l'émulation, de l'impulsion donnée par les sectes,
pour que cet enfant, parvenu à seize ans, ait déjà
acquis des notions sur toutes les branches des
sciences et des arts, et des connaissances pratiques sur toutes les cultures et fabriques du
canton. Ces diverses lumières ne lui ont coûté
aucune dépense, il a au contraire un petit trésor,
fruit des nombreux travaux qu'il a exécutés pendant son enfance, par émulation, par attraction,
et en croyant se divertir avec les sectes d'enfans
qui sont les plus ardentes au travail. (Voyez ci-
bas la notte (1) sur la hiérarchie de l'attraction
passionnée.)

Hors des sectes progressives, il ne peut exister
aucune éducation naturelle. Celle que reçoit
chaque enfant dans les sociétés d'ordre incohérent, varie selon le caprice des instituteurs ou
des pères, et n'a rien de commun avec les vues
de la nature qui veut entraîner l'enfant à toutes
sortes de travaux, variés à peu près d'heure en

---

(1) Son développement s'opère par trois puissances concurrentes,
rivales et indépendantes ; ce sont les *enfans*, les *femmes* et les
hommes.

Je place les hommes au troisième rang, parce que l'attraction
s'établit du faible au fort, c'est-à-dire, que l'ordre de choses qui
opérera attraction industrielle, entraînera les enfans plus vivement
que les père et mère, et les femmes plus vivement que les hommes ;
de sorte que ce seront, dans l'ordre combiné, les enfans qui donneront la principale impulsion au travail ; et après eux, ce seront
les femmes qui entraîneront les hommes à l'industrie.

Je n'entre dans aucun détail sur des assertions si incompréhensibles ; elles doivent faire pressentir que le mécanisme de l'attraction
sera en tout sens l'opposé des opinions civilisées. Eh ! pourrait-il
en être autrement, puisque rien n'est plus opposé à la nature que la
civilisation.

G

heure. C'est ainsi qu'il les exerce dans l'ordre combiné où il acquiert une vigueur et une dextérité prodigieuse, parce qu'il est en mouvement continuel et varié sans aucun excès.

Hors de là, les enfans deviennent chagrins, maladroits, faibles et grossiers : voilà pourquoi la race humaine dégénéra en moins de cinquante ans, après la dissolution des sectes primitives. Mais aussitôt que l'ordre sociétaire sera rétabli, la taille s'exhaussera, je ne dis pas chez les hommes faits, mais chez les enfans qui seront élevés dans cet ordre : la stature humaine gagnera deux à trois pouces par génération, jusqu'à ce qu'elle ait atteint le terme moyen de 84 pouces ou 7 pieds, (1) pour les hommes : elle parviendra à cette dimension au bout de neuf générations. La vigueur et la longévité augmenteront en rappport différent, jusqu'à la seizième génération. Alors le terme commun de la vie sera de 144 ans, et les forces en proportion.

---

(1) Ce n'est pas arbitrairement que j'indique le pied de roi de Paris pour mesure naturelle : il a cette propriété, parce qu'il est égal à la trente-deuxième partie de la hauteur de l'eau dans les pompes aspirantes. Le pouce et la ligne de Paris sont encore des subdivisions de la mesure naturelle; car selon l'économie naturelle, on doit choisir pour agens de numération, les nombres qui contiennent la plus grande somme de diviseurs communs dans la plus petite somme d'unités. L'on devait donc choisir le nombre 12 et ses puissances. Les savans sont d'accord sur ce point, quoique l'usage ait fait prévaloir le nombre 10, qui est très-impropre à la numération; car 10 et 14 sont de tous les nombres pairs les moins favorables aux subdivisons. Ce nombre 10 peut être bon pour les civilisés, qui tiennent plus à l'habitude qu'à la raison, et qui éprouvent des obstacles insurmontables dans les innovations les plus judicieuses. Mais lorsqu'on procédera à organiser en système unitaire toutes les relations du globe, comme langage, mesure, numération, etc., on ne manquera pas d'écourter les nombres 12 et 9, usités en Europe et en Asie.

Les facultés spirituelles se développeront plus rapidement : j'estime qu'une douzaine d'années suffira pour changer en hommes ces *automates vivans* qu'on nomme paysans, et qui dans leur extrême grossièreté, touchent de plus près à la bête qu'à l'espèce humaine.

Dans l'ordre combiné, les hommes les plus pauvres, les simples cultivateurs nés d'une phalange agricole, seront initiés à toutes sortes de connaissances, et cette perfection générale n'aura rien d'étonnant, puisque l'ordre combiné entraînera passionément à l'étude des sciences et des arts, qui deviendront les voies d'une immense fortune, ainsi qu'on peut le voir dans la seconde partie de ce mémoire.

Les sociétés 1.re, 2.e, 3.e, ne comportent pas la grande industrie agricole et manufacturière ; elle ne commence à naître que dans la quatrième, la barbarie. S'il était possible que la grande industrie naquit dans la première société, le genre humain serait exempt du malheur de passer par les cinq périodes malheureuses, les 1e, 2.e, 3.e, 4.e, 5.e, 6.e, et il s'élèverait immédiatement de la première à la septième, c'est-à-dire, des sectes confuses simples) aux sectes incohérentes simples. C'est un avantage dont jouissent les habitans des soleils et ceux des planètes annullaires, comme Saturne ; ils ne subissent pas la disgrâce de devenir sauvages, barbares et civilisés ; ils conservent l'organisation en sectes pendant tout le cours de leur carrière sociale, et ils sont redevables d'un tel bien-être à la richesse des productions que fournit chez eux la première création.

G 2

Cette première création qui exerce une grande
influence sur le sort des globes, fut si mesquine
sur le nôtre, qu'elle ne put pas long-temps
fournir aux sectes ~~progressives~~ *confuses.* tout l'aliment
convenable à leurs travaux : il faut à ces sectes
des occupations très-nombreuses et très-variées;
aussi ne purent-elles pas se former vers l'équateur, où Dieu avait créé quelques races, qui
furent entravées d'abord par l'affluence des bêtes
féroces, des reptiles et des insectes qui para-
lysaient l'exercice de l'industrie. Il était également impossible de former les sectes ~~progres-
sives~~ *confuses* dans les deux Amériques, où l'on manquait des principaux moyens de travail, car
on n'avait ni cheval, ni bœuf, ni mouton, ni
cochon, ni volailles ; la pauvreté était la même
dans les règnes végétal et minéral, car les
Américains manquaient de fer et de cuivre.

Dans des temps postérieurs, les sectes n'ont
pas pu se former à l'île d'Otahiti, où l'on avait
pourtant le germe de l'ordre sociétaire, car on
y admettait quelque liberté amoureuse. Si cette
île avait eu les animaux végétaux et minéraux
importans de l'ancien continent, on y aurait
trouvé les sectes confuses toutes formées, lorsqu'on la découvrit ; et ses peuples auraient eu
en hauteur moyenne 74 pouces, 2 tiers, de
Paris, taille primitive du genre humain; taille où
il remonterait au bout de quelques générations,
dans un pays où l'on réorganiserait la première ou
la septième période. J'ai dit que les hommes
atteindront à 84 pouces, dans la huitième période,
qui est encore plus favorable aux développemens
matériels et spirituels de l'espèce humaine et des
animaux domestiques attachés à son service.

C'est dans la quatrième société , dans la barbarie, que l'homme commence a créer la grande industrie. Dans la cinquième , ou civilisation , l'on crée les sciences et les arts , et dès lors on est pourvu de tout ce qui est nécessaire pour *organiser les sectes progressives, et les élever à un grand luxe. La sixième période n'est qu'un acheminement aux sectes industrielles qui se forment partiellement dans la septième.

Les sociétés 2.ᵉ, sauvagerie, 4.ᵉ, barbarie, sont stagnantes et ne tendent point à avancer vers un ordre supérieur : les sauvages n'ont aucun désir de s'élever à l'ordre barbare qui est au dessus du leur , quand à l'industrie. Les barbares refusent obstinément de s'élever à l'ordre civilisé ; ces deux sociétés , la sauvage et la barbare , demeurent invariablement attachés à leurs coutumes, bonnes ou mauvaises.

Les sociétés 3.ᵉ , 5.ᵉ , 6.ᵉ tendent plus ou moins à faire des progrès, témoin la civilisation : elle s'agite en tout sens pour atteindre à des améliorations ; les souverains essayent chaque jour des innovations administratives ; les philosophes proposent chaque jour de nouveaux systèmes politiques et moraux, ainsi la civilisation s'escrime théoriquement et pratiquement pour atteindre à la sixième société, sans pouvoir y parvenir ; parce que ce changement , je le répète , tient à des opérations domestiques et industrielles, et non à des systèmes administratifs dont la philosophie s'occupe exclusivement , sans avoir jamais voulu spéculer sur aucune innovation d'ordre domestique et sociétaire.

G 3

J'ajoute un contraste tiré de l'emploi de *la vérité* : elle règne dans les sociétés formées en sectes ~~quelconques~~, et *la fausseté* règne dans les sociétés formées en familles incohérentes.

Dans les premières, la pratique de la vérité assure à chacun plus de bénéfice que la pratique du mensonge. Dès-lors tout individu, vicieux ou vertueux, aime et pratique la vérité comme étant la voie de la fortune. De là vient que durant le cours de ces vingt-deux sociétés, on voit régner dans toutes les relations industrielles la plus éclatante vérité.

Le contraire a lieu dans les dix sociétés à familles incohérentes : on n'y parvient à la fortune qu'à force de ruses et de perfidies ; dès-lors la fourberie doit triompher pendant toute la durée de ces dix périodes : aussi voit-on que dans la civilisation qui est une des sociétés à familles, il n'y a guères de succès que pour la fourberie, sauf quelques exceptions si rares qu'elles ne servent qu'à confirmer la règle.

Les sociétés 2.ᵉ, sauvagerie et 6.ᵉ, Garanties, sont moins favorables au mensonge que l'ordre civilisé ; cependant ce sont encore des repaires de fourberie, quand on les compare à l'éclatante vérité qui règne dans les dix-huit sociétés de sectes progressives.

De là naît une conclusion qui va sembler une facétie, et qui pourtant sera démontrée rigoureusement ; c'est que dans les dix-huit sociétés d'ordre combiné, la qualité la plus essentielle pour le triomphe de la vérité, c'est *l'amour des richesses* : celui qui s'abandonne en civilisation, à toutes les fourberies imaginables, sera l'homme le plus véridique dans l'ordre combiné ; car cet homme n'est pas fourbe pour le plaisir de tromper , mais seulement pour arriver à la fortune : montrez-lui dans une affaire, mille écus de bénéfice sur un mensonge , et trois mille écus sur une vérité , il préfèrera la vérité quelque fourbe qu'il soit. C'est par cette raison que les hommes les plus astucieux deviendront bientôt les plus chauds amis de la vérité , dans un ordre où elle conduira à des bénéfices rapides , tandis que l'exercice du mensonge ne conduira qu'à une ruine véritable.

Il n'est donc rien de plus facile que de faire triompher la vérité par toute la terre : il suffit pour cela de sortir des sociétés 2.e, 3.e, 4.e, 5.e, 6.e, et d'entrer dans les sociétés organisées en sectes progressives. C'est un changement qui ne saurait causer le moindre trouble , puisqu'il ne tient qu'à des dispositions industrielles et domestiques , qui n'ont aucun rapport avec l'administration.

Toutes les dispositions de l'ordre combiné produiront des contrastes réguliers avec nos usages, et obligeront à protéger tout ce que nous appelons vice , comme la gourmandise et la galanterie ; les cantons où ces prétendus vices auront le plus d'activité , seront les cantons qui donneront le plus de perfection à l'industrie , et dont les actions négociables seront le plus recherchées dans les placemens de capitaux.

Toutes bizarres que peuvent sembler ces assertions, je me plais à les reproduire pour fixer les esprits sur une grande vérité ; c'est que Dieu a dû former nos caractères pour convenir à l'ordre combiné qui durera 70,000 ans, et non pas pour convenir à l'ordre incohérent qui ne devait durer que 10,000 ans. Or, en calculant sur les besoins de l'ordre combiné, vous verrez qu'il n'y a rien de vicieux dans vos passions ; prenons-en pour exemple un caractère quelconque, celui de MÉNAGÈRE.

Dans l'ordre civilisé, il serait à souhaiter que toutes les femmes eussent du goût pour les soins du ménage, car elles sont toutes destinées à être mariées et tenir un ménage incohérent : cependant si vous étudiez les goûts des jeunes filles, vous reconnaîtrez qu'il s'en trouve à peine un quart de bonnes ménagères ; et que les trois-quarts n'ont aucun goût pour ce genre de travail, mais beaucoup pour la parure, la galanterie et la dissipation ; vous en concluez que les trois-quarts des jeunes filles sont vicieuses, et c'est votre mécanisme social qui est vicieux ; en effet, si toutes les jeunes filles étaient passionnées comme vous le désirez pour les soins du ménage, il arriverait que les trois-quarts du sexe féminin ne pourraient pas convenir à l'ordre combiné qui durera 70,000 ans ; car dans cet ordre, les travaux de ménage sont tellement simplifiés par l'association, qu'ils n'occupent pas le quart des femmes qu'il faut y employer aujourd'hui : ce sera donc bien assez qu'il se trouve un quart ou un sixième de ménagères parmi les femmes. Dieu a dû suivre cette proportion, créer des ménagères en nombre convenable pour les 70,000 ans de bonheur, et non pour les 5,000 ans de malheur où nous nous trouvons. Comment les femmes s'accorderaient-elles dans l'ordre combiné, si elles se présentaient au nombre de quatre cents pour un travail qui n'en exigera que cent ? Delà résulterait l'abandon des autres fonctions qui leur seront dévolues, et chacun s'écrierait que Dieu est bien peu judicieux, d'avoir donné à toutes les femmes ce caractère de ménagère qu'il devait restreindre au quart d'entr'elles.

Concluons que les femmes sont bien comme elles sont, que les trois-quarts d'entr'elles ont raison de dédaigner les travaux du ménage ; et qu'il n'y a de vicieux que la civilisation et la philosophie, qui sont incompatibles avec la nature des passions et avec les vues de Dieu, ainsi que je l'expliquerai plus au long dans le chapitre sur l'étude de l'attraction.

L'argument serait le même sur chacune de ces passions que vous nommez vices. Vous connaîtrez par la théorie de l'ordre combiné, que tous nos caractères sont bons et judicieusement distribués ; qu'il faudra développer et non pas corriger la nature. Un enfant vous semble pétri de vices, parce qu'il est gourmand, querelleur, fantasque, mutin, insolent, curieux et indomptable ; cet enfant est le plus parfait de tous ; c'est celui qui sera le plus ardent au travail dans l'ordre combiné : dès l'âge de dix ans, il sera élevé en grade dans les sectes d'enfans les plus éminentes du canton ; et l'honneur de les présider à la parade et au travail, lui fera un jeu des plus rudes fatigues.

Quant à présent, j'avouerai que cet enfant est bien insupportable, et j'en dis autant de tous les enfans ; mais je n'avouerai pas qu'il y en ait aucun de vicieux : leurs prétendus vices sont l'ouvrage de la nature ; ces penchans à la gourmandise, à la licence que vous comprimez dans tous les enfans, leur sont donnés par Dieu qui a bien su calculer son plan de distribution des caractères : et je répète que ce qu'il y a de vicieux, c'est la civilisation, qui ne se prête pas au développement ni à l'emploi des caractères donnés par Dieu : ce qu'il y a de vicieux, c'est la philosophie qui ne veut pas avouer que l'ordre civilisé est opposé aux vues de la nature, puisqu'il oblige à étouffer les goûts les plus généraux des enfans ; tels les goûts de la gourmandise et la mutinerie chez les jeunes garçons, les goûts de la parure et l'ostentation chez les jeunes filles, et ainsi des autres âges dont les penchans ou attractions sont tous tels que Dieu les a jugés nécessaires pour convenir à l'ordre combiné, qui est une synthèse, un développement de l'attraction. Il est temps de dire quelque chose sur son analyse dont on n'a jamais songé à s'occupper.

Sur l'étude de la Nature par l'Attraction passionnée.

Si l'on compare l'immensité de nos désirs avec le peu de moyens que nous avons de les satisfaire, il semble que Dieu ait agi inconsidérément en nous donnant des passions si avides de jouissances ; des passions qui semblent créées pour nous harceler, en excitant mille fantaisies dont nous ne pouvons pas satisfaire la dixième partie pendant la durée de l'ordre civilisé.

C'est d'après ces considérations, que les moralistes prétendent corriger l'œuvre de Dieu ; modérer, réprimer les passions qu'ils ne savent pas contenter et qu'ils ne connaissent même pas;

car sur douze passions qui composent les ressorts principaux de l'ame, ils n'en connaissent que neuf, encore ont-ils des notions très-imparfaites sur les quatre principales.

Ces neuf passions déjà connues, sont *les cinq appétits des sens* qui exercent plus ou moins d'empire sur chaque individu, et *les quatre appétits simples de l'ame*, savoir:

6.ᵉ *Le grouppe d'amitié.*
7.ᵉ *Le grouppe d'amour.*
8.ᵉ *Le grouppe de paternité ou famille.*
9.ᵉ *Le grouppe d'ambition ou corporation.*

Les moralistes veulent donner à ces neuf passions une marche contraire au vœu de la nature : combien n'ont-ils pas déclamé pendant deux mille ans, pour modérer et changer les cinq appétits sensuels, pour nous persuader que le diamant est une vile pierre, l'or un vil métal, que le sucre et les les aromates sont de viles productions dignes de mépris, que les chaumières, que la simple et grossière nature sont préférables aux palais des rois ? C'est ainsi que les moralistes voulaient éteindre les passions sensuelles, et ils n'épargnoient pas davantage les passions de l'ame : combien ont-ils vociféré contre l'ambition ? A les entendre, il ne faut désirer que des places médiocres et peu lucratives ; si un emploi donne un revenu de cent mille livres, il n'en faut accepter que dix mille, pour complaire à la morale. Ils sont bien plus ridicules dans leurs opinions sur l'amour ; ils veulent y faire régner la constance et la fidélité, si incompatibles avec le vœu de la nature et si

fatiguantes aux deux sexes , que nul être ne s'y
soumet quand il jouit d'une pleine liberté.

Tous ces caprices philosophiques appelés *des
devoirs* n'ont aucun rapport avec la nature ; le
devoir vient des hommes , l'attraction vient de
Dieu ; or , si l'on veut connaître les vues de
Dieu , il faut étudier l'attraction , la nature
seule , sans aucune acception du devoir, qui
varie dans chaque siècle et dans chaque région ,
tandis que la nature des passions a été et restera
invariable chez tous les peuples.

Donnons un exemple de cette étude ; je le
tirerai des rapports qui existent entre l'amour
paternel et filial.

Les moralistes veulent établir l'égalité d'affection entre les pères et les enfans : ils allè-
guent à ce sujet des devoirs sacrés sur lesquels
la nature n'est aucunement d'accord. Pour découvrir sa volonté , oublions *ce qui doit être* ,
ce qui est de devoir , et analysons *ce qui est.*
Nous reconnaîtrons que l'affection est à peu
près triple des pères aux enfans , ou tierce des
enfans aux pères. La disproportion paraît énorme
et injuste de la part des enfans; mais qu'elle soit
injuste et vicieuse , cela n'importe à savoir dans
une étude où il faut analyser *ce qui est* et non pas
ce qui doit être.

Si , au lieu de vouloir corriger les passions ,
on veut rechercher quels peuvent être les motifs
de la nature pour donner aux passions une marche si différente du devoir , on s'appercevra
bientôt que ces devoirs sacrés n'ont aucun rapport avec la justice , témoin la question qui
nous occupe : la disproportion des deux amours
filial et paternel. On va voir que leur inégalité

est fondée sur des motifs très-plausibles , et que les enfans ne doivent en retour que le tiers de l'amour que leur portent les parens. En voici trois raisons.

1.° L'enfant ignore jusqu'à l'âge de puberté en quoi consiste la qualité de père et de générateur : il ne peut pas apprécier ce titre , ni en tenir compte dans le bas âge où se forme son affection filiale ; on lui cache avec soin la nature de l'acte qui constitue la paternité ; il n'est donc , à cette époque, susceptible que d'amour *sympathique* et non pas d'amour *filial*. On ne doit pas exiger son attachement à titre de gratitude pour les soins donnés à son éducation : cette reconnaissance calculée est au – dessus des facultés morales d'un enfant : c'est être plus enfant que lui d'exiger un amour réfléchi dans un être incapable de réflexion : d'ailleurs cette gratitude est *amitié*, et non pas *amour filial*, que l'enfant en bas âge ne peut ni connaître ni ressentir.

2.° L'enfant dans le moyen âge , de sept à quatorze ans , est obsédé par les remontrances des parens ; elles sont chez le peuple assaisonnées de mauvais traitemens ; et comme l'enfant n'a pas assez de raison pour apprécier la nécessité d'une contrainte qu'on lui impose , son attachement doit s'établir en rapport des faveurs qu'il reçoit : aussi voit-on fréquemment qu'un aïeul , un voisin , un domestique , lui sont plus chers que les auteurs de ses jours , et les pères n'ont aucun droit de s'en plaindre ; s'ils ont quelque sagacité , ils ont dû savoir que l'enfant (par les motifs allégués ci-haut) , n'est susceptible que d'*amour sympathique*, et qu'un tel amour s'établit en raison de la douceur et du discernement que les pères savent mettre dans l'exercice de leurs fonctions paternelles.

3.° L'enfant, lorsqu'il vient à connaître dans l'âge pubère, en quoi consiste la qualité de père et de mère, apperçoit les motifs intéressés de leur amour pour lui : ces motifs sont l'impression qui leur est restée des jouissances génératrices, l'espoir que sa naissance a fourni à leur ambition ou à leur faiblesse, et les distractions qu'il leur a values dans son enfance où il était le charme de leurs loisirs. D'après ces lumières que l'enfant acquiert à l'âge de raison, il ne peut se croire bien redevable envers les parens, pour leur avoir procuré tant de plaisirs qu'il n'a point partagés. Ces notions concourent à attiédir plutôt qu'à augmenter son affection. Il s'apperçoit qu'on l'a engendré par amour du plaisir et non par amour de lui-même ; que ses parens l'ont engendré peut-être à contre-cœur, soit qu'ils aient par maladresse augmenté une progéniture déjà trop nombreuse, soit qu'ils aient désiré l'enfant d'un sexe différent. Bref, à l'époque de l'adolescence, où l'amour filial peut commencer à naître chez l'enfant, mille considérations viennent dissiper le prestige, et même ridiculiser à ses yeux l'importance qu'on attache à la paternité. Alors si les parens n'ont pas su se concilier son estime et son amitié, ils ne verront naître en lui aucun amour filial, pas même ce retour du tiers auquel la natute a fixé la dette des enfans envers les parens ; retour qui semblera suffisant, quand on saura que l'éducation ne cause pas aux pères la moindre peine dans l'ordre combiné auquel le globe va passer, et pour lequel nos passions sont disposées.

Quant à présent, si les peines de l'éducation semblent donner aux pères des droits illimités à l'amour des enfans, c'est qu'on n'a jamais mis en balance les trois raisons atténuantes que je viens de faire valoir.

1.º Ignorance des enfans en bas âge sur les titres qui constituent la paternité.

2.º Dégoûts qu'ils éprouvent dans le moyen âge par l'abus ou l'exercice mal entendu de l'autorité paternelle.

3.º Contraste qu'ils remarquent dans l'adolescence entre les hautes prétentions des pères et les mérites imaginaires dont elles sont appuyées.

Si l'on met en balance d'autres considérations accessoires, comme les préférences paternelles dont l'enfant est justement offensé, on concevra pourquoi le descendant n'éprouve communément que le tiers de l'affection qui lui est vouée par l'ascendant : s'il en ressent davantage, c'est effet de sympathie et non pas influence de consanguinité ; aussi voit-on souvent l'enfant avoir pour l'un des parens deux et trois fois plus d'attachement qu'il n'en a pour l'autre, dont les titres sont les mêmes à ses yeux, mais dont le caractère n'est pas à sa convenance.

Ce sont-là des vérités que les civilisés ne veulent ni confesser ni prendre pour base de leurs calculs sociaux. Pauvres de jouissances, ils veulent être riches d'illusions; ils s'arrogent un droit de propriété sur l'affection du plus faible. Sont-ils époux ? ils prétendent qu'une épouse doit les aimer sans partage ; et l'on sait à quel point sont fondées leurs prétentions. Sont-ils pères ? ils veulent être des Dieux, des modèles aux yeux de leurs enfans; ils crient à l'ingratitude s'ils n'en obtiennent que la dose d'amour qu'ils ont méritée. A défaut d'attachement véritable, ils se repaissent de tableaux mensongers, ils aiment qu'on leur étale dans les romans et les comédies, des débordemens d'amour filial, et de fidélité conjugale dont on ne trouve pas même l'ombre au sein des familles. Les civilisés en se nourrissant de ces chimères morales, deviennent incapables d'étudier les lois générales de la nature: ils ne les voient que dans leurs caprices et leurs prétentions despotiques, et ils accusent la nature d'injustice, sans vouloir rechercher le but auquel tendent ses dispositions.

Pour découvrir ce but, il fallait sans s'arrêter aux idées de *devoir*, procéder à l'analyse de cette *attraction passionnée* qui nous paraît vicieuse, parce que nous ignorons quel est son but, mais qui, vicieuse ou non, n'a jamais été l'objet d'une analyse régulière.

Pour rappeler le lecteur à distinguer l'*attraction* du *devoir* et étudier l'attraction indépendamment de tout préjugé sur le devoir, je donnerai dans la troisième partie de ce mémoire un nouveau chapitre sur cet objet, celui des CONTRE-MOUVEMENS COMPOSÉS, dans lequel on verra encore que l'attraction étant *incompressible* quoique contradictoire avec le devoir, il faut enfin capituler avec cette sirène, et étudier ses lois au lieu de lui dicter les nôtres dont elle s'est jouée et se jouera éternellement pour le triomphe de Dieu et la confusion de nos versatiles systèmes.

Attraction

Attraction passionnée.

IL y a trois foyers ou buts d'attraction , vers lesquels tendent les passions humaines , dans tous les lieux, dans tous les rangs , dans tous les âges. Ces foyers d'attraction sont :

1.º LE LUXE DES CINQ SENS ;
2.º LES SECTES PROGRESSIVES ;
3.º L'UNITÉ UNIVERSELLE.

L'ame est poussée sans relâche vers ces trois buts par douze aiguillons , ou *passions radicales* , qui sont les souches de toutes les autres. Il y a :

5 *Passions matérielles* ou appétits des sens qui tendent au luxe.

4 *Passions spirituelles* ou appétits simples de l'ame qui tendent aux liens affectueux , aux quatre groupes dont j'ai parlé et aux sectes groupées.

3 *Passions raffinantes* ou appétits composés de l'ame qui tendent à l'unité sociale et universelle.

Ces trois dernières que je nomme *raffinantes* , (et qui seraient mieux désignées par le nom de *mécanisantes*) , sont à peine connues des civilisés. On n'en voit poindre que des lueurs , qui excitent la grande colère des moralistes, ennemis acharnés des voluptés. L'influence de ces trois passions est si faible et leur apparition si rare, qu'on ne les a pas même classées distinctement: j'ai dû leur donner une dénomination d'*engrenante* , *variante* et *graduante* , mais je préfère les

H

désigner par les numéros 10, 11, 12; et je diffère à en donner la définition, car on ne croirait pas que Dieu, malgré toute sa puissance, pût jamais inventer aucun ordre social capable d'assouvir trois passions si insatiables de voluptés.

Les sept passions *spirituelles* et *raffinantes* dépendent de l'ame plus que de la matière : elles ont rang de PRIMITIVES. Leur action combinée engendre une passion collective ou formée de la réunion des sept autres, comme le blanc est formé de l'union des sept couleurs du rayon ; je nommerai cette treizième passion *harmonisme*, elle est encore plus inconnue que les 10.ᵉ, 11.ᵉ et 12.ᵉ dont je n'ai point parlé ; mais sans les connaître on peut raisonner sur leur influence générale. C'est ce que je vais faire.

Quoique ces quatre passions 10.ᵉ, 11.ᵉ, 12.ᵉ et 13.ᵉ, soient complètement étouffées par nos habitudes civilisées, cependant leur germe existe dans nos ames, il nous fatigue, nous presse selon qu'il a plus ou moins d'activité dans chaque individu. Delà vient que beaucoup de civilisés passent leur vie dans l'ennui, lors même qu'ils possèdent tous les objets de leurs désirs : témoins César, qui parvenu au trône du monde, s'étonna de ne trouver dans un si haut rang que le vide et l'ennui. Cette anxiété de César n'avait d'autre cause que l'influence des quatre passions étouffées, et surtout de la treizième, qui exerçait sur son ame une pression très - active ; dès - lors il jouissait d'autant moins de son bonheur, que l'avènement au rang suprème ne lui laissait aucune convoitise qui pût le distraire, et faire diver-

sion à l'effort de cette treizième passion qui
dominait en lui.

Meme disgrâce s'étend assez généralement sur
les grands hommes de la civilisation : leur ame
étant fortement agitée par les quatre passions
qui n'ont pas de développement , il ne faut pas
s'étonner si l'on voit communément le vulgaire
plus satisfait d'un bonheur médiocre que les
grands ne le sont de leurs splendides jouissances.
Ces grandeurs tant vantées , trône, domination ,
etc. , sont sans doute un bien réel , quoiqu'en
disent les philosophes ; mais elles ont la propriété d'irriter et non pas de satisfaire les quatre
passions comprimées : et delà vient que la classe
moyenne peut jouir davantage avec de moindres
ressources , parce que ses bourgeoises habitudes
n'irritent guères que les neuf premières passions,
dont l'ordre civilisé permet quelque développement, tandis qu'il ne laisse aucun essor aux trois
raffinantes ni à celle d'harmonisme.

En général , l'influence des trois raffinantes
produit les caractères qu'on accuse de corruption, et qu'on nomme libertins, débauchés, etc.
La treizième ou harmonisme produit ceux qu'on
appelle originaux, gens qui semblent mal à
leur aise en ce monde , et qui ne peuvent s'accommoder avec les usages de la civilisation.

Les Barbares sont absolument étrangers à
ces quatre passions que leur état social n'eveille
en aucune manière ; aussi sont-ils plus satisfaits
que nous dans leurs brutales habitudes, qui tiennent aux neuf passions matérielles et spirituelles,
les seules dont ils soient agités.

En resumé, s'il n'y a de bonheur parfait pour
le genre humain , que dans l'ordre des sectes

groupées ou ordre combiné, c'est qu'il assure
plein développement aux douze passions radicales, et par conséquent à la treizième qui est
un composé des sept principales. D'où il suit
que dans ce nouvel ordre social, le moins fortuné des individus homme ou femme, sera beaucoup plus heureux que ne l'est aujourd'hui le
plus grand des rois ; car le vrai bonheur ne
consiste qu'à satisfaire toutes ses passions.

Les douze passions radicales se subdivisent
en une multitude de nuances, qui dominent plus
ou moins dans chaque individu : il en résulte
des caractères variés à l'infini, mais qu'on peut
rapporter à huit cents principaux. La nature les
distribue au hasard entre les enfans des deux
sexes ; de sorte que parmi huit cents enfans rassemblés sans aucun choix, on peut trouver le
germe de toutes les perfections où l'esprit humain puisse atteindre ; c'est-à-dire, que chacun
d'eux sera doué naturellement de l'aptitude nécessaire à égaler l'un des êtres les plus étonnans
qui aient paru, comme un Homère, un César,
un Newton, etc. : en conséquence, si l'on divise
par huit cents le nombre de trente-six millions
auquel s'élève la population de la France, on
trouvera qu'il existe dans cet empire quarante-
cinq mille individus capables d'égaler Homère,
quarante-cinq mille capables d'égaler Démos-
thènes, etc., s'ils eussent été saisis à l'âge de
trois ans, et qu'ils eussent reçu l'*éducation NATU-
RELLE* qui développe tous les germes distribués
par la nature. Mais cette éducation ne peut avoir
lieu que dans les sectes progressives ou ordre
combiné : on conçoit quelle sera dans ce
nouvel ordre l'affluence des gens célèbres dans

tous les genres , puisque la seule population de la France en fournirait quarante-cinq mille de chaque espèce. En conséquence, lorsque le globe sera organisé et porté au grand complet de trois milliards, il y aura habituellement sur le globe trente-sept millions de poètes égaux à Homère, trente - sept millions de géomètres égaux à Newton , trente - sept millions de comédiens égaux à Molière , et ainsi de tous les talens imaginables. (Ce sont là des estimations approximatives.)

C'est donc une grande erreur de croire que la nature soit avare de talens ; elle en est prodigue bien au-delà de nos desirs et de nos besoins ; mais il vous reste à savoir découvrir et développer les germes , c'est sur quoi vous êtes aussi ignorans qu'un sauvage peut l'être sur la découverte et l'exploitation des mines. Vous n'avez aucun art , aucune pierre de touche pour discerner à quoi la nature destine les individus , quels germes elle avait implantés dans leurs ames : ces germes sont foulés , étouffés par l'éducation civilisée , et à peine en échappe t-il un sur un million : l'art de les découvrir sera une des mille merveilles que vous apprendra la théorie des sectes progressives, dans lesquelles chacun développe et perfectionne au plus haut degré les différens germes de talens que la nature lui a départis.

Si les huit cents caractères sont distribués au hasard parmi les divers enfans, il ne faut pas s'étonner du contraste habituel qu'on remarque entre les fils et les pères ; contraste d'où est né le proverbe: «A père avare, fils prodigue.» Delà résulte le bouleversement continuel des intérêts de famille ; on voit un père former à grands frais et grandes peines, un établissement qui sera négligé, dégradé et vendu par son fils dont les goûts seront opposés. C'est pour les pères un sujet de déclamations intarissables contre la nature; le nouvel ordre social va justifier toutes ces injustices apparentes de la nature, même les plus révoltantes, comme le délaissement du pauvre qui est d'autant moins protégé qu'il a plus besoin de secours et de travail, tandis que le riche qui n'éprouve aucun besoin se voit de plus en plus accablé des faveurs de la fortune et des offres d'emploi. Cette influence d'un génie malfaisant éclate dans toutes les branches de la civilisation ; elle nous montre en tout sens la nature acharnée contre le pauvre, le juste et le faible ; partout on reconnaît l'absence d'une providence divine, et le règne permanent de l'esprit démoniaque, qui laisse briller par fois quelques lueurs de justice pour nous apprendre que la justice est bannie des sociétés civilisée et barbare :

« Je ne sais, de tout temps, quelle injuste puissance
» Laisse la paix au crime et poursuit l'innocence.
» . . . . . . Autour de moi, si je jette les yeux,
» Je ne vois que malheurs qui condamnent les Dieux ».
RACINE, dans *Andromaque.*

Ces désordres provisoires vous sembleront des dispositions de la plus haute sagesse, quand vous aurez reconnu par la théorie de l'attraction, que l'ordre civilisé à la facult· de développer les douze passions radicales en *contremarche générale ;* et de produire constamment autant d'iniquités et d'horreurs, que les passions auraient produit de justice et de bienfaits dans leur marche directe et leur développement combiné. Vous admirerez l'enchaînement régulier de ces calamités dont Dieu vous accable, et vous accablerait tant que vous vous obstineriez à vivre dans l'incohérence industrielle : vous reconnaîtrez que ces prétendues bizarreries du jeu des passions, tiennent à de profonds calculs par lesquels Dieu vous prépare un immense bonheur dans l'ordre combiné : vous apprendrez enfin que cette attraction passionnée que vos philosophes accusent de vice et de corruption, est le plus savant et le plus admirable de œuvres de Dieu ; puisqu'elle seule, sans aucune contrainte et sans autre appui que l'appat des voluptés, elle seule va établir l'unité universelle sur le globe, et faire disparaître les guerres, les révolutions, l'indigence et l'injustice, pendant la carrière de septante mille ans d'harmonie sociale où nous allons entrer. Je continue sur les sociétés incohérentes dans lesquelles nous vivons.

Caractères, Engrenages et Phases des Périodes sociales.

CHAQUE période sociale a un nombre fixe de caractères ou propriétés constituantes : par exemple, la *tolérance religieuse* est caractère de 6.e période et non de 5.e ; *l'hérédité du trône* est caractère de 5.e et non de 4.e, etc.

Dire que les caractères sont tirés du jeu des sept passions primitives, qu'ils sont en nombre inégal selon les périodes, ce serait faire désirer une définition des sept passions primitives ou radicales, dont je ne veux pas traiter dans ce premier mémoire.

H 4

Pour parler seulement de la civilisation ou 5.e période, je dirai qu'elle a seize caractères, dont quatorze tirés du jeu direct et inverse des sept passions primitives, et deux tirés du développement inverse de la passion *harmonisme*.

Chaque société se mélange plus ou moins de caractères empruntés sur les périodes supérieures ou inférieures : par exemple, les Français ont adopté en dernier lieu *l'unité de relations indus-trielles et administratives ;* cette méthode qui est un des caractères de 6.e période, s'est introduite par le système métrique uniforme et le code civil Napoléon ; deux institutions contraires à l'ordre civilisé, qui a, parmi ses caractères, *l'in-cohérence de relations industrielles et administratives.* Nous avons donc sur ce point *dérogé à la civilisa-tion et engrené en* 6.e *période.* Nous y avons engrené sur d'autres points encore, notamment par la *tolérance religieuse.* Les Anglais qui exercent une intolérence digne du 12.e siècle, sont à cet egard plus civilisés que nous. Les Allemands sont de même plus civilisés que nous, quant à l'incohé-rence des lois, des coutumes et des relations in-dustrielles ; on trouve à chaque pas en Alle-magne, des mesures, monnaies, lois et usages différens, au moyen de quoi un étranger est volé et dupé bien plus facilement que s'il n'y avait qu'une mesure, qu'une monnaie, qu'un code, etc. Ce chaos de relations est favorable au mécanisme civilisé, qui a pour but d'élever la fourberie au plus haut degré ; c'est à quoi l'on parviendrait en développant pleinement les 16 caractères spéciaux de la civilisation.

Cependant les philosophes prétendent « qu'on » a perfectionné la civilisation, en adoptant la

» tolérance religieuse, l'unité industrielle et
» administrative. » C'est fort mal s'exprimer ;
il fallait dire qu'on a *perfectionné l'ordre social
et dégradé la civilisation :* en effet, si l'on adop-
tait successivement les 16 caractères de la 6.ᵉ
période, il en résulterait l'anéantissement complet de la civilisation ; on l'aurait détruite en
croyant la perfectionner. L'ordre social serait
mieux organisé, mais on se trouverait en 6.ᵉ
période et non en 5.ᵉ Ces distinctions de caractères conduisent à une plaisante conclusion, c'est
que, *le peu de bien que l'on trouve dans l'ordre civilisé, n'est dû qu'à des dispositions contraires à la civilisation.*

Et si l'on veut rendre la civilisation pire encore, il faudra y ajouter des caractères de patriarcat qui sont très-compatibles avec elle ;
par exemple, *l'émancipation commerciale*, ou la
liberté de vendre à faux poids, à fausse mesure, de donner de fausses denrées, comme des
pierres glissées dans le corps d'une balle. Toutes
ces friponneries sont légalement permises en
Chine ; là, tout marchand vend à faux poids,
vend de fausses denrées impunément. Vous ache-
terez à Quanton un jambon de belle apparence,
et en l'ouvrant vous n'y trouverez qu'une masse
de terre artificiellement recouverte de tranches
de chair. Tout marchand a trois balances ; une
trop légère pour tromper les acheteurs, une
trop lourde pour tromper les vendeurs, et une
juste pour son usage particulier. Si vous vous
laissez prendre à toutes ces friponneries, le magistrat et le public riront de vous ; ils vous ap-
prendront que l'émancipation commerciale existe
en Chine, et qu'avec ce prétendu vice, le vaste

empire Chinois se soutient depuis 4000 ans, mieux
qu'aucun empire d'Europe. D'où l'on peut conclure que le patriarcat et la civilisation n'ont
aucun rapport avec la justice ni la vérité, et
peuvent fort bien se soutenir sans donner accès
à la justice ni à la vérité, dont l'exercice est
incompatible avec les caractères de ces deux
sociétés.

Sans désigner les caractères des diverses périodes, j'ai fait entrevoir que chacune d'entr'elles
prend fréquemment ceux des périodes supérieures ou inférieures. C'est sans contredit un
mal que d'introduire ceux des périodes inférieures, comme l'*admission légale du faux poids*,
qui est empruntée de troisième période, l'*affiliation des clubs*, qui est un janissariat civil, et
un engrenage en quatrième période ou Barbarie.

Ce n'est pas toujours un bien que d'introduire un caractère de période supérieure : il
peut dans certains cas se dénaturer par cette
transplantation politique, et produire de mauvais
effets ; témoin le *divorce libre*, qui est un caractère de sixième période, et qui a produit tant
de désordre en civilisation, qu'on a été obligé de
lui assigner les plus étroites limites. Cependant
le divorce libre est un usage très-salutaire en
sixième période, et y contribue éminemment
à l'harmonie domestique ; c'est qu'alors il se
combine avec d'autres caractères qui n'existent
pas en civilisation. L'on voit par là qu'il y a
des ménagemens à observer quand on introduit
un caractère d'une période dans une autre, comme
quand on transporte une plante dans un climat
qui n'est pas le sien. L'on s'est trompé en croyant
que la tolérance religieuse peut convenir aux

ivilisés, sans aucune limite : à la longue, elle
produirait dans les états agricoles plus de mal
que de bien, si elle n'exceptait pas les religions
qui tiennent des mœurs de la quatrième, de la
troisième et de la deuxième période, comme
le mahométisme, le judaïsme et l'idolatrie.
Quant à présent, leur admission devient fort indifférente, puisque la civilisation touche à sa fin.

Chacune des sociétés incohérentes éprouve
plus ou moins le besoin des caractères de la
période supérieure. Il n'en est aucune qui ressente
plus vivement ce besoin que la civilisation ; elle
se critique elle-même et ouvertement sur ses
propres caractères : par exemple sur *la fausseté*
qui règne en affaires d'amour ; les théâtres, les
romans, les cotteries ne retentissent que de
brocards à ce sujet, et ces plaisanteries quoiqu'insipides à force d'être répétées, se renouvel-
ent chaque jour comme si elles étaient neuves.
Elles attaquent principalement les femmes, et
mal à propos, car les deux sexes se trompent
à qui mieux mieux dans leurs amours. Si les
hommes semblent moins faux, c'est parce que
la loi leur donne plus de latitude, et déclare
gentillesse chez le sexe fort, ce qui est crime
chez le sexe faible. On objecte à cela que les
conséquences de l'infidélité sont bien différentes
dans l'un ou l'autre sexe ; mais elles sont les
mêmes quand une femme est stérile, ou quand
elle garde son enfant sans l'attribuer à un homme
non consentant. Si la loi eût assuré aux femmes
le libre exercice de l'amour dans ces deux cas,
on aurait vu diminuer cette fausseté amoureuse,
objet de nos injustes sarcasmes, et l'on aurait
pu sans nul inconvénient adopter le divorce

libre : ainsi les civilisés par suite de leur esprit
tyrannique envers les femmes , ont manqué le
passage en sixième période , où les aurait conduit la loi dont j'ai parlé.

Il était un moyen bien plus facile d'amener
les femmes comme les hommes à une extrême
franchise en affaires d'amour , et de faire passer
le corps social à la liberté amoureuse , par une
opération indirecte et purement économique;
c'est le *ménage progressif* ou *la tribu à neuf groupes*,
qui est l'ordre domestique de septième période
sociale , et dont je parlerai dans la seconde
partie.

Il y a dans chaque période un caractère qui
forme PIVOT DE MÉCANIQUE et dont l'absence ou
la présence détermine le changement de période.
Ce caractère est toujours tiré de l'amour : En
quatrième période c'est la *servitude absolue de la
femme* ; en cinquième période , c'est *le mariage
exclusif et les libertés civiles de l'épouse* ; en
sixième période , c'est la *corporation amoureuse*
qui assure aux femmes le privilége dont j'ai
parlé plus haut. Si les barbares adoptaient *le
mariage exclusif*, ils deviendraient en peu de
temps civilisés par cette seule innovation : si
nous adoptions *la réclusion et la vente des femmes*,
nous deviendrions en peu de temps barbares
par cette seule innovation : et si nous adoptions les *garanties amoureuses*, telles qu'elles s'établissent en sixième période , nous trouverions
dans cette seule mesure , une issue à la civilisation et une entrée en sixième période.

En thèse générale , le caractère de pivot qui
est toujours tiré des coutumes amoureuses , entraîne la naissance de tous les autres ; mais les

caractères d'embranchement ne font pas naître
le pivotal , et ne conduisent que très-lentement
au changement de période ; des barbares pourraient adopter jusqu'à douze des seize caractères
civilisés , et rester encore barbares , s'ils ne prenaient pas le caractère pivotal , *la liberté civile
d'une épouse exclusive.*

Si Dieu a donné aux coutumes amoureuses
tant d'influence sur le mécanisme social , et sur
les métamorphoses qu'il peut subir , ce fut une
suite de son horreur pour l'oppression et la violence ; il voulut que le bonheur ou le malheur
des sociétés humaines , fut proportionné à la
contrainte ou à la liberté qu'elles admettraient.
Or , Dieu ne reconnaît pour liberté , que celle
qui s'étend aux deux sexes et non pas à un seul ;
aussi voulut-il que tous les germes des horreurs
sociales , comme la sauvagerie , la barbarie , la
civilisation , n'eussent d'autre pivot que l'asservissement des femmes ; et que tous les germes
du bien social , comme les sixième , septième,
huitième périodes , n'eussent d'autre pivot ,
d'autre boussole que l'affranchissement progressif
du sexe faible.

Ces vérités ne seront pas goûtées des civilisés :
ils jugent les femmes sur leurs mœurs actuelles , sur une dissimulation à laquelle nos coutumes les obligent, en leur refusant toute liberté ;
ils croient que cette duplicité est l'attribut naturel et invariable du sexe féminin : cependant
si l'on observe déjà tant de différence , des dames
de nos capitales aux odalisques d'un serrail , qui
se croient des automates créées pour le passe-
temps des hommes , combien la différence serait plus grande encore , de nos dames à celles

d'une nation policée, chez qui le sexe serait élevé à l'entière liberté ! Et quel caractère la liberté développerait-elle chez de pareilles femmes ? Voilà des questions que les philosophes se garderaient d'élever : animés d'un esprit d'oppression, d'une antipathie secrette contre les femmes, ils les habituent par de fades complimens à s'étourdir sur leur esclavage ; et ils étouffent jusqu'à l'idée de rechercher quelles mœurs prendraient les femmes dans un ordre social qui diminuerait leurs chaînes.

Il y a toujours quatre phases dans chacune des trente-deux périodes du mouvement social. En conséquence, chaque période sociale comme la barbarie, la civilisation ou autres, peut se diviser en quatre âges d'*enfance*, *accroissement*, *déclin* et *caducité*. Je donnerai dans la troisième partie de ce mémoire un tableau des quatre phases de la civilisation : elle est actuellement en troisième phase, *en déclin :* je m'explique sur le sens de ce mot.

Une société peut tomber en déclin par l'effet de ses progrès sociaux : les sauvages de Sandwich et de l'Ohio qui adoptent quelques branches d'industrie agricole et manufacturière, perfectionnent sans doute leur état social, mais ils s'éloignent par cette raison de l'ordre sauvage, qui a parmi ses caractères, *la répugnance de l'agriculture.* — Ces peuplades de Sandwich et de l'Ohio nous présentent donc une sauvagerie en déclin, par l'effet du perfectionnement social.

On peut dire dans le même sens que les Ottomans sont des barbares en déclin ; car ils adoptent divers caractères de civilisation, comme l'hérédité du trône et autres usages qui étant voisins des habitudes civilisées , constituent le déclin de la barbarie. Ils avaient avant la déposition de Sélim , adopté la tactique militaire qui est un caractère de civilisation : ils ont perfectionné leur barbarie, en supprimant les troupes reglées dont l'adoption était une mesure anti-barbare , et un engrenage en civilisation.

Ces exemples doivent suffire à expliquer ce que j'ai dit plus haut , savoir : *qu'une société peut tomber en déclin par l'effet des progrès sociaux.*

Les sociétés 1.re, 2.e , 3.e , perdent à décliner , puisque leur déclin les rapproche de la 4.e , de la barbarie, qui est la pire de toutes. Mais les sociétés 4.e , 5.e , 6.e , 7.e , gagnent à décliner, puisque leur déclin les rapproche de la 8.e , qui est porte d'entrée dans l'ordre combiné.

Les quatre phases d'enfance, accroissement, déclin et caducité, ont chacune des attributs spéciaux : par exemple, la première phase de civilisation, a pour attributs *le mariage exclusif combiné avec l'esclavage des cultivateurs* : tel était l'ordre existant chez les Grecs et Romains qui n'étaient qu'en première phase de civilisation. La deuxième phase et la troisième ont aussi leurs attributs : lorsque j'indiquerai les attributs des quatre phases de la civilisation , l'on verra que les philosophes ont cherché à la retarder, à la maintenir dans la phase d'enfance ; que c'est le hasard qui nous a conduit de première en deuxième phase , de deuxième en troisième, et qu'après ce progrès les philosophes ont eu l'art de s'arroger l'honneur d'améliorations auxquelles ils n'avaient jamais songé , avant que le hasard les eut amenées.

Déjà j'en ai donné la preuve, en observant qu'on n'a vu chez les Grecs et les Romains aucun philosophe proposer des plans pour l'affranchissement des esclaves : jamais ils ne s'occupèrent du sort de ces malheureux, que Vedius Pollion faisait dévorer vivans par les lamproies, quand ils avaient commis la moindre faute, et que les Spartiates égorgeaient par milliers pour en diminuer le nombre quand ils se multipliaient trop. Jamais les philantropes d'Athènes et de Rome ne daignèrent s'intéresser à leur sort, ni s'élever contre ces atrocités. Ils croyaient à cette époque que la civilisation ne pouvait pas exister sans esclaves ; ils croient toujours que la science sociale est parvenue à son dernier terme, et que le mieux connu est le mieux possible : aussi voyant que l'ordre civilisé était un peu moins mauvais que l'ordre barbare et sauvage, ils en ont conclu que la civilisation était la meilleure société possible, et qu'on n'en découvrirait point d'autre.

Entre les diverses périodes sociales, il y a des sociétés *mixtes* ou *bâtardes*, qui sont mi-parties des caractères de plusieurs périodes. La société russe est un mixte de quatrième et cinquième période, de barbarie et de civilisation. La société chinoise est la plus curieuse qu'il y ait sur le globe, sous le rapport de la mixtion, car elle offre en quantité presqu'égale, des caractères de patriarcat, de barbarie et de civilisation. Aussi les Chinois ne sont-ils ni patriarcaux ni barbares ni civilisés.

Les sociétés mixtes, comme la russe et la chinoise, ont les propriétés des animaux mixtes, comme le mulet ; c'est d'avoir plus de vices et pourtant

pourtant plus de vigueur que les sociétés origi-
nelles dont elles sont mi-parties.

Il est infiniment rare et presqu'impossible de
trouver une société *pure*, exempte d'altération,
et qui n'ait pas quelque caractère emprunté des
périodes inférieure ou supérieure. J'ai observé
que les barbares d'Asie ont presque tous adopté
l'hérédité du trône, qui est un caractère de civilisation et une dérogation à l'ordre barbare :
cet ordre est plus pur à Alger où le trône appartient légalement au premier occupant. J'ai
déjà remarqué qu'il règne parmi nous plusieurs
dispositions ultrà civilisées ; je finis sur cette
thèse qui exigerait un exposé régulier des caractères de chaque période, et surtout des seize
caractères de civilisation, et des attributs spéciaux de chacune des quatre phases de cette
période.

Sur le bonheur et le malheur des Globes pendant les Phases d'incohérence sociale.

LE bonheur sur lequel on a tant raisonné ou
plutôt tant déraisonné, consiste à avoir beaucoup de passions et beaucoup de moyens de les
satisfaire. Nous avons peu de passions et des
moyens à peine suffisans pour en satisfaire le
quart ; c'est par cette raison que notre globe est
pour le moment des plus malheureux qu'il y ait dans
l'univers. Si d'autres planètes peuvent éprouver
autant de mal-être, elles ne peuvent pas souffrir
davantage ; et la théorie de mouvement prouvera
que Dieu, malgré toute sa puissance, ne peut
pas inventer des tourmens sociaux plus raffinés

I

que ceux que nous endurons sur ce misérable globe.

Sans entrer, à ce sujet, dans aucun éclaircissement, je me borne à observer que la planète la plus malheureuse d'un tourbillon n'est pas toujours la plus pauvre ; Vénus est plus pauvre que nous, Mars et les trois nouvelles planètes le sont encore davantage ; leur sort est pourtant moins fâcheux que le nôtre : en voici la raison.

L'étoile la plus infortunée est celle dont les habitans ont des passions disproportionnées aux moyens de jouissance : tel est le vice qui afflige *présentement* notre globe ; il rend la situation du genre humain si fatiguante, qu'on voit éclater le mécontentement jusques chez les souverains : jouissant d'un sort envié par tout le monde, ils se plaignent encore de n'être pas heureux, quoiqu'ils soient libres de changer de condition avec chacun de leurs sujets.

J'ai expliqué précédemment la cause de ce mal-être temporaire ; c'est que Dieu a donné à nos passions l'intensité convenable aux deux phases d'ordre combiné, qui comprendront à peu près soixante-dix mille ans ; et dans le cours desquelles chaque journée nous offrira des jouissances si actives, si variées, que nos ames pourront à peine y suffire ; et qu'on sera obligé de raffiner méthodiquement les passions des enfans pour les rendre aptes à goûter les voluptés innombrables que présentera le nouvel ordre social.

Si nos destins étaient bornés à la triste civilisation, Dieu nous aurait donné des passions flasques et apathiques, comme la philosophie les conseille, des passions convenables à la

misérable existence que nous traînons depuis
cinq mille ans. Leur activité dont nous nous
plaignons est le garant de notre bonheur futur.
Dieu a du former nos ames pour les âges de
bonheur qui dureront sept fois plus que les âges
de malheur. La perspective de cinq à six mille
ans de tourmentes préparatoires, n'était pas un
motif suffisant pour déterminer Dieu à nous
donner des passions molles et philosophiques,
qui auraient convenu aux misères civilisées et
barbares, mais qui n'auraient aucunement convenu aux soixante-dix mille ans d'ordre combiné
où nous allons entrer. Nous devons donc dès
aujourd'hui rendre grâces à Dieu de cette viva-
cité de passions qui avait excité nos ridicules
critiques, tant que nous ignorions l'ordre social
qui pouvait les développer et les satisfaire.

Pour obvier à cette ignorance, Dieu devait-
il nous accorder la faculté d'entrevoir nos brillantes destinées? non sans doute; cette connaissance eut été pour nos premiers pères un
sujet de désolation continuelle, parce que l'imperfection de l'industrie les aurait retenus forcément dans l'ordre incohérent. Tout en prévoyant
le bonheur futur, ils ne seraient pas moins
tombés dans la sauvagerie, car l'ordre combiné
ne pouvait pas s'organiser avant que l'industrie
et le luxe ne fussent élevés à un très-haut degré,
dont on était fort éloigné dans la 1.ere période.
Il fallait bien des siècles pour créer le faste
nécessaire à l'ordre combiné; et nos premiers
pères auraient dédaigné de perfectionner l'industrie, pour le bien des générations qui devaient
naître dans plusieurs mille ans. Une apathie universelle aurait saisi les peuples; nul homme

n'aurait voulu travailler pour préparer un bien-
être si éloigné, que ni les vivans ni leurs arrière-
neveux ne pouvaient espérer d'en jouir. Aujour-
d'hui même qu'on se vante de raison, l'on ne
veut pas se livrer à certaines entreprises, comme
la plantation des forêts, parce que la jouissance
en est différée d'une génération ; comment donc
nos premiers pères qui avaient encore moins de
raison que nous, auraient-ils pu se plaire à des
travaux dont la jouissance eut été renvoyée au
delà de mille ans ; car il fallait au moins un laps
de vingt siècles, pour élever l'industrie, les
sciences et les arts au degré de perfection qu'exige
l'entreprise de l'ordre combiné.

Que serait-il donc arrivé si les premiers
hommes avaient entrevu cette future harmonie
sociale, qui ne pouvait naître qu'après tant de
siècles de progrès industriels ? Il est probable
que loin de travailler pour le vingtième siècle
à venir, ils auraient pris plaisir à lui nuire,
et qu'ils auraient dit d'un commun accord :
« Pourquoi serions-nous aujourd'hui les valets
» de gens qui naîtront dans deux mille ans ?
» abandonnons, étouffons dans sa naissance
» cette industrie dont le fruit ne serait que pour
» eux ; puisque nous sommes privés aujourd'hui
» du bonheur réservé à l'ordre combiné, que
» nos successeurs en soient privés comme nous
» dans deux mille et dans vingt mille ans ; qu'ils
» vivent comme nous avons vécu. » N'est-ce pas
là le caractère de l'homme ? témoins les pères qui
reprochent sans cesse aux enfans les innovations
du luxe dont ils n'ont pas joui dans leur jeune
temps. S'il nous fallait seulement vingt ans
pour organiser les sectes progressives, quel est

l'homme âgé qui se plairait à s'en occuper ? Chacun craignant de ne pas atteindre à ce terme, répugnerait à travailler pour des héritiers, sans certitude de jouissance personnelle. Si j'annonce avec tant de sécurité, l'harmonie universelle comme très-prochaine, c'est que l'organisation de l'état sociétaire n'exige pas plus de deux ans, à dater du jour où un canton prépare les édifices et plantations ; et l'on verrait naître dans l'instant ce bel ordre social, si les dispositions pouvaient se trouver faites en quelque lieu, s'il existait quelques édifices et plantations qu'on pût affecter à une phalange de sectes progressives. Or, la préparation du premier canton exigeant à peine deux ans, et le plus caduc des hommes pouvant toujours espérer deux ans d'existence, se plaira encore à l'idée d'organiser les sectes progressives ; de les voir avant sa mort, et d'entonner à cet aspect le cantique de Siméon : « Seigneur, je vais mourir en paix, » puisque j'ai vu naître l'ordre social que vous » aviez préparé pour le salut de tous les peuples. »

C'est à présent que l'homme pourra quitter la vie sans regret, puisqu'il aura la certitude de l'immortalité de l'ame, dont on ne pouvait s'assurer que par l'invention des lois du mouvement social. Nous n'avions eu jusqu'à ce jour sur la vie future que des notions si vagues, des peintures si effrayantes, que l'immortalité était plutôt un sujet de terreur que de consolation. Aussi la croyance était-elle bien faible, et il n'était pas à souhaiter qu'elle devint plus ferme. Dieu ne permet pas que les globes acquièrent pendant l'ordre incohérent des notions certaines sur une vie future des ames : si l'on en était convaincu, les plus pauvres des civilisés se suicideraient dès l'instant où ils seraient assurés d'une autre vie, qui ne pourrait être pire que celle-ci l'est pour eux. Il ne resterait que les riches, qui n'auraient ni aptitude ni penchant à remplacer les pauvres dans leurs ingrates fonctions. Dès-lors l'industrie civilisée tomberait par la mort de ceux qui en supportent le faix; et un globe resterait constamment dans l'état sauvage, par la seule conviction de l'immortalité.

Mais Dieu ayant besoin de maintenir quelque temps les sociétés civilisées et barbares, pour servir d'acheminement à d'autres meilleures; il a du nous laisser pendant la durée de la civilisation dans une profonde ignorance au sujet de l'immortalité; il a du identifier les calculs qui donnent la certitude d'une autre vie, avec ceux qui donnent le moyen de s'élever à un meilleur état que l'ordre civilisé et barbare, pendant la durée duquel la plupart des salariés se donneraient la mort, s'ils pouvaient en assurance compter sur une vie future, dans laquelle ils ne verraient qu'une chance pour échapper à leur affreuse misère.

Cette question des jouissances réservées aux ames dans une autre vie, met à découvert l'ignorance absolue des civilisés sur les vues de la nature. Que vous la connoissez mal, quand vous placez le bonheur futur dans la désunion des deux principes matériels et spirituels! et quand vous prétendez que les ames après le trépas des corps, s'isoleront de la matière sans le concours de laquelle il n'y aurait pour Dieu même aucune jouissance! Le seul éclaircissement qu'il convienne de vous donner au sujet de cette vie future, c'est de vous détromper sur l'incohérence que vous supposez entre le sort des défunts et des vivans. Cessez de croire que les ames des défunts aient aucune relation avec ce monde : il existe des liens, des rapports entre l'une et l'autre vie ; il vous sera démontré que les ames des trépassés végètent dans un état de langueur et d'anxiété dont les nôtres participeroient après cette vie, jusqu'à ce que l'ordre actuel du globe fut amélioré. Tant que la terre restera dans un chaos social, si contraire aux vues de Dieu, les ames de ses habitans en souffriront dans l'autre vie comme dans celle-ci ; et le bonheur des défunts ne commencera qu'avec celui des vivans, qu'avec la cessation des horreurs de l'état civilisé, barbare et sauvage.

Cette révélation deviendrait fâcheuse et même désespérante, s'il était difficile d'organiser l'ordre combiné, dont l'établissement deviendra le signal du bonheur pour les trépassés, comme pour les vivans : mais l'extrème facilité d'établir ce nouvel ordre, nous rend précieuses les théories qui dissipent nos illusions sur la vie future, où nous n'aurions passé que pour y partager le mal-être et l'inquiétude dont les ames de nos pères sont affectées en attendant l'organisation sociétaire du globe.

La théorie du mouvement social, en vous faisant connoître le sort qui est réservé à vos ames, dans les divers mondes qu'elles parcourront pendant l'éternité, vous apprendra que les ames après cette vie se rejoignent encore à la matière, sans jamais s'isoler des voluptés matérielles. Ce n'est pas ici le lieu de toucher à cette discussion, non plus qu'à celle des causes qui

ᵗtent temporairement à nos ames la mémoire
de leur existence passée, de leur sort antérieur
à cette vie. Où étaient-elles avant d'habiter nos
corps? Dieu ne créant rien de rien, n'a pu former nos ames de rien; et si vous croyez qu'elles n'existaient pas avant les corps, vous êtes
bien près de croire qu'elles retourneront au
néant d'où vos préjugés les font sortir. Les civilisés se sont montrés bien inconséquens, de
prétendre que l'ame puisse être immortelle après
la vie, sans l'avoir été avant la vie. Les barbares
et sauvages dans leurs fables grossières de la
métempsycose sont moins éloignés de la vérité,
ce dogme en approche confusément sur deux
points; 1.° en ce qu'il ne fait pas naître nos ames
de rien; 2.° en ce qu'il n'isole pas nos ames de
la matière ni avant ni après cette vie. Voilà du
moins deux lueurs de vérité dans des fictions
populaires qui sont l'ouvrage des barbares; et ce
n'est pas la première fois que des nations brutes
se seront montrées plus voisines du bon sens que
les orgueilleux civilisés, qui avec leur jactance
sur le perfectionnement de la perfectibilité, n'a-
boutissent qu'à s'engouffrer de plus en plus dans
les ténèbres métaphysiques, politiques et morales, et couraient la chance de perdre mille
ans encore à croupir dans la civilisation.

P. S. Dans cet exposé, j'ai évité de toucher à ce qui concerne
les deux mouvemens *animal* et *organique*, dont je ne commencerai
à parler que dans les Mémoires suivans ; parce qu'il faut avant d'en
traiter, donner préalablement la Théorie du Mouvement *Social*,
auquel ils sont coordonnés.

Comme on a exprimé le désir d'une notice sur les deux mouvemens
animal et organique, et de quelques exemples à l'appui de la définition ; je satisfais à cette demande par un chapitre annexé à la
troisième partie ; il traitera du rapport hiéroglyphique de ces deux
mouvemens, avec les passions humaines et le mécanisme social.

ÉPILOGUE

Sur la proximité de la Métamorphose sociale.

En réfléchissant sur cet apperçu des révolutions futures, et passées , quels soupçons vont s'élever dans les esprits ! D'abord ils flotteront entre la curiosité et la défiance : séduits à l'idée de pénétrer les mystères de la nature, ils craindront d'être abusés par une ingénieuse fiction. La raison leur dira de douter , la passion les pressera de croire. Ébahis de voir un mortel dérouler à leurs yeux la charte des décrets divins, et planer sur l'éternité future et passée , ils céderont à la curiosité , ils tressailleront de ce qu'enfin l'homme a su

« Dérober au destin ses augustes secrets ; »

et avant que l'expérience n'ait prononcé , avant même que ma théorie ne soit publiée , j'aurai peut-être plus de prosélytes à modérer que de sceptiques à convaincre.

Les notions que je viens de donner sur les destinées générales , sont trop superficielles pour ne pas exciter d'innombrables objections : j'entrevois toutes celles qui vont être élevées , elles m'ont été faites maintes fois , dans des conférences où j'ai donné divers éclaircissemens dont ce premier mémoire n'est pas susceptible : il serait donc inutile que je m'occupasse à lever

aucun doute, avant d'avoir expliqué le mécanisme des *sectes progressives* qui dissipera toutes
les obscurités, et résoudra toutes les objections
possibles.

Jusques là je me borne à rappeler que les
deux premiers mém ires ne toucheront point à
la théorie du mouvement social. Ils n'auront
d'autre objet que de satisfaire l'impatience, de
donner (ainsi que je l'ai fait dans l'exposition,)
quelques appercus que l'on sollicite ; d'indiquer
les résultats prochains de l'ordre combiné, et de
contenter les personnes ardentes qui veulent an-
ticiper sur la publication du traité, s'assurer par
divers indices que la théorie des destins est
vraiment découverte.

On croit aisément ce qu'on désire, et beaucoup de lecteurs n'attendront pas de plus amples développemens pour donner à l'invention
une pleine confiance. Voulant soutenir leur espérance et l'affermir chez ceux qui hésiteraient,
j'insiste spécialement sur la facilité de faire
passer sans délai le genre humain à l'ordre combiné. Cette facilité est si grande, qu'on pourra
dès la présente année 1808, voir commencer l'organisation du globe : si un prince veut employer
au canton d'esquisse, une des armées que la paix
continentale laisse dans l'inaction, s'il affecte
vingt mille hommes aux travaux préparatoires du
canton d'essai, l'on pourra en transplantant les
arbres avec leur terre natale, (ainsi que cela se
pratique à Paris,) et en se bornant à des construc-
tions en brique, accélerer tellement l'entreprise
qu'à la fin du printemps de 1808 la première *phalange de sectes progressives* entrera en exercice ; et

le chaos civilisé, barbare et sauvage se dissipera aussitôt par toute la terre, emportant les malédictions unanimes de tout le genre humain.

On voit par-là combien nous sommes fondés à sortir de la léthargie, de la résignation apathique au malheur et du découragement répandu par les dogmes philosophiques, qui établissent la nullité de la providence en fait de mécanisme social, et l'incompétence de l'esprit humain pour déterminer notre destination future.

Eh ! si le calcul des évènemens futurs est hors de la portée de l'homme, d'où vient cette manie commune à tous les peuples de vouloir sonder les destinées, au nom desquelles l'homme le plus glacial ressent un frémissement d'impatience ? tant il est impossible de déraciner du cœur humain la passion de connaître l'avenir ! Eh ! pourquoi Dieu qui ne fait rien en vain, nous aurait-il donné cet ardent désir, s'il n'avait avisé aux moyens de le satisfaire un jour ? Enfin ce jour est arrivé, et les mortels vont partager avec Dieu la prescience des évènemens futurs : j'en ai donné ce léger apperçu pour vous amener à conclure, que si cette connaissance si merveilleuse et tant désirée, tient à la théorie de *l'association agricole et de l'attraction passionnée*, rien n'est plus digne de piquer votre curiosité que cette théorie de l'association et de l'attraction qui vous sera communiquée dans les mémoires suivans, et qui vous ouvrira le grand livre des décrets éternels.

« La nature, disent les philosophes, est cou- » verte d'un voile d'airain, que tous les efforts

» des siècles ne sauraient percer. » (Anacharsis.)
Voilà un sophisme bien commode pour l'ignorance et l'amour-propre : ce qu'on n'a pas pu,
l'on aime à persuader que d'autres ne le pourront pas. Si la nature est voilée, ce n'est pas
d'airain, mais tout au plus de gaze : puisque
Newton a découvert la 4.ᵉ branche de ses mystères, c'est un indice qu'elle ne voulait pas nous
refuser la connaissance des trois autres branches.
Quand une belle accorde quelque faveur, l'a-
mant serait bien sot de croire qu'elle n'accordera
rien de plus. Pourquoi donc les philosophes ont-
ils molli près de cette nature qui les agaçait en
leur laissant soulever un coin du voile ?

Ils se vantent de répandre des torrens de lumières; eh dans quelle source les ont-ils puis-
sées ? Ce n'est pas dans la nature, puisqu'elle est,
de leur aveu, « impénétrable pour eux et cou-
» verte d'un voile d'airain. » C'est avec ces
brillans paradoxes que les philosophes communiquent le découragement dont ils sont
frappés, et persuadent au genre humain qu'on
ne découvrira rien, là où leur science n'a rien
su découvrir.

Cependant l'ordre social, malgré l'impéritie de
tels guides fait encore quelques progrès, comme
la suppression de l'esclavage : mais quelle lenteur à concevoir et exécuter le bien ! Il s'est
écoulé vingt siècles scientifiques, avant qu'on
ne proposât le moindre adoucissement au sort
des esclaves : il faut donc des milliers d'années
pour ouvrir nos yeux à une vérité, pour nous
suggérer un acte de justice ! Nos sciences qui se
vantent d'amour pour le peuple, sont complè--

tement ignares sur les moyens de le protéger :
aussi les tentatives des modernes pour l'affranchissement des nègres, n'ont-elles abouti qu'à
verser des flots de sang, qu'à agraver le mal de
ceux qu'on voulait servir; et l'on est encore
ignorant sur les méthodes d'affranchissement,
bien que l'opération soit démontrée possible par
le fait des usages modernes.

Je le répète ; c'est au hasard et non pas aux
sciences politiques et morales que nous devons
nos faibles progrès dans l'esprit social : mais le
hasard nous fait acheter chaque découverte par
des siècles d'essais orageux. La marche de nos
sociétés est comparable à celle de l'Aï, dont chaque
pas est compté par un gémissement : ainsi que
lui, la civilisation s'avance avec une inconcevable lenteur, à travers les tourmentés politiques ; à chaque génération elle essaie de nouveaux systèmes, qui ne servent, comme les
ronces, qu'à teindre de sang les peuples qui les
saisissent.

Nations infortunées, vous touchez à la grande
métamorphose qui semblait s'annoncer par une
commotion universelle. C'est vraiment aujour-
d'hui que le présent est gros de l'avenir, et que
l'excès des souffrances doit amener la crise du
salut. A voir la continuité et l'énormité des se-
cousses politiques, on dirait que la nature fait
effort pour secouer un fardeau qui l'oppresse :
les guerres, les révolutions embrasent inces-
samment tous les points du globe ; les orages
à peine conjurés renaissent de leur cendre,
de même que les têtes de l'hydre se multipliaient en tombant sous les coups d'Hercule :

la paix n'est plus qu'un leurre , qu'un songe de quelques instans : l'industrie est devenue le supplice des peuples , depuis qu'une île de pirates entrave les communications , décourage les cultures des deux continens , et transforme leurs atteliers en pépinières de mendians. L'ambition coloniale a fait naître un nouveau volcan ; l'implacable fureur des nègres changerait bientôt l'Amérique en un vaste ossuaire , et vengerait par le supplice des conquérans les races indigènes qu'ils ont anéanties. L'esprit mercantile a ouvert de nouvelles routes au crime ; à chaque guerre il étend les déchiremens sur les deux hémisphères, et porte jusqu'au sein des régions sauvages les scandales de la cupidité civilisée ; nos vaisseaux n'embrassent le monde entier que pour associer les barbares et sauvages à nos vices et à nos fureurs ; oui la civilisation devient plus odieuse aux approches de sa chute ; la terre n'offre plus qu'un affreux chaos politique , elle appelle le bras d'un autre Hercule pour la purger des monstruosités sociales qui la déshonorent.

Déjà le nouvel Hercule a paru : ses immenses travaux font retentir son nom de l'un à l'autre pôle ; et l'humanité accoutumée par lui au spectacle des faits miraculeux, attend de lui quelque prodige qui changera le sort du monde. Peuples, vos pressentimens vont se réaliser ; la plus éclatante mission est réservée au plus grand des héros : c'est lui qui doit élever l'harmonie universelle sur les ruines de la barbarie et de la civilisation. Respirez et oubliez vos antiques malheurs ; livrez-vous à l'allégresse , puisqu'une

invention fortunée vous apporte enfin la *Boussole sociale* (1) que vous auriez mille fois découverte, si vous n'étiez tous paîtris d'impiété, tous
coupables de défiance envers la providence :
apprenez, (et je ne saurais trop vous le
répéter) qu'elle a dû avant tout *statuer sur
l'ordonnance du mécanisme social*, puisque c'est la
plus noble branche du mouvement universel
dont la direction appartient toute entière à Dieu
seul.

Au lieu de reconnaître cette vérité, au lieu
de vous appliquer à rechercher qu'elles peuvent
être les vues de Dieu sur l'ordre social, et par
qu'elle voie il peut nous les révéler, vous avez
écarté toute thèse qui eût admis l'intervention
de Dieu dans les relations humaines ; vous avez
avili, diffamé *l'attraction passionnée*, interprète
éternel de ses décrets ; vous vous êtes confiés à
la direction des philosophes qui veulent ravaler
la divinité au-dessous d'eux, en s'arrogeant sa
plus haute fonction, en s'établissant régulateurs
du mouvement social. Pour les couvrir de honte
Dieu a permis que l'humanité, sous leurs auspices,
se baignât dans le sang pendant 23 siècles scientifiques, et qu'elle épuisât la carrière des misères,
des inepties et des crimes. Enfin, pour com-
pletter l'opprobre de ces titans modernes, Dieu
a voulu qu'ils fussent abattus par un inventeur

---

(1) *La boussole sociale.* C'est un nom qui convient éminemment
aux *sectes progressives*, puisque cette opération si simple et si
facile résout tous les problèmes imaginables sur le bonheur social,
et suffit à elle seule pour guider la politique humaine dans le
labyrinthe des passions, comme l'aiguille aimantée suffit à elle seule
pour guider le navire, dans l'obscurité des tempêtes et l'immensité
des mers.

étranger aux sciences; et que la théorie du mou
vement universel échût en partage à un homme
presque illitéré : c'est *un sergent de boutique* qui
va confondre ces bibliothèques politiques et mo
rales, fruit honteux des charlataneries antiques
et modernes. Eh ! ce n'est pas la première foi
que Dieu se sert de l'humble pour abaisser le
superbe, et qu'il fait choix de l'homme le plu
obscur pour apporter au monde le plus impor
tant message.

Fin de la première partie.

DEUXIÈME PARTIE.

DESCRIPTIONS

De diverses branches des Destins privés
ou domestiques.

ARGUMENT.

L'HORIZON va s'éclaircir ; nous passons à des dissertations qui n'auront rien de scientifique et seront à portée de tout le monde.

Dans la première partie, j'ai présenté aux curieux un apperçu des grands phénomènes futurs. Voici pour les voluptueux un apperçu de diverses jouissances que l'ordre combiné peut leur faire goûter *dès la génération présente*, sitôt qu'il sera organisé. J'insiste sur cette proximité de bonne fortune, car en fait de plaisir, on n'aime pas les délais, surtout dans un temps où l'excès des malheurs a rendu chacun si pressé de jouir.

En donnant des peintures anticipées du bonheur prochain, mon intention, déjà exprimée, est d'intéresser le lecteur à la théorie de l'*association* et de l'*attraction* qui promet tant de délices ; de lui faire souhaiter que cette théorie soit praticable. A mesure qu'on formera des vœux pour la véracité et la justesse du calcul, on s'habituera insensiblement à examiner et étudier cette attraction sur laquelle se fonderont de si grandes espérances.

K

D'après ces considérations, je ne veux produire que peu à peu ma théorie, la disséminer insensiblement dans chaque mémoire, et la rassembler ensuite en corps de doctrine. Bref, je veux proportionner les doses de théorie à la dose de curiosité que j'aurai pu exciter. Je crois ces précautions nécessaires, pour faire accueillir un traité qui serait dédaigné comme toute science métaphysique, si je le produisais brusquement et sans avoir préparé les voies.

En ébauchant quelques descriptions de l'ordre combiné, mon embarras ne sera pas d'en embellir, mais d'en affaiblir la peinture, et de ne soulever qu'un coin du rideau. J'ai dit que ces tableaux présentés sans ménagement, causeraient trop d'enthousiasme surtout chez les femmes ; or, je désire amener les lecteurs au raisonnement, et non pas à l'enjouement que je pourrai exciter, si je laissais d'abord entrevoir l'ordre combiné dans tout son éclat.

En conséquence, dans les tableaux qui vont suivre, je glisserai sur ce qui tient aux jouissances, et ne les ferai connaître qu'autant qu'il faudra pour amener la critique des ennuis et des ridicules de la civilisation.

La perspective se composera de deux notices descriptives.

La 1.re notice, tirée de 7.e période, traite des plaisirs du ménage dans cette société, et des ennuis du ménage en civilisation.

La 2.e notice, tirée de 8.e période, traitera de la splendeur de l'ordre combiné.

Pour ménager la surprise, et procéder par gradation, je débute par un tableau pris en 7.e période où les plaisirs déjà immenses, au prix de nôtres, sont encore modérés, au prix de ceux de l'ordre combiné dont je ne par lerai qu'à la 2.ᵉ notice. Cette 1.ʳᵉ n'aura rien de choquant, et ne donnera pas lieu comme la seconde, au reproche de *ridicule*, de *gigantesque* et d'*impossible*.

PREMIÈRE NOTICE.

Sur le ménage progressif de 7.ᵉ période, et sur les ennuis des deux sexes dans le ménage incohérent.

LE ménage progressif dont je vais parler est un ordre domestique affecté aux 7.ᵉ et 26.ᵉ périodes ; il tient le milieu entre le ménage incohérent des civilisés et barbares, et le ménage combiné qui règne dans les 18 périodes d'harmonie universelle.

Dans le ménage progressif, les hommes jouissent d'une existence si agréable et si commode, qu'il deviendrait impossible de décider aucun d'entr'eux au mariage permanent qu'exigent nos ménages isolés.

Avant de parler des mœurs qui naîtraient de l'absence du mariage, j'examinerai d'où peut provenir l'aveugle prévention des civilisés en faveur du mariage permanent.

Il faudra se rappeler que je confesse la nécessité de ce lien en civilisation, et que je le critique par comparaison au nouvel ordre social, où les conjonctures différentes utiliseront la liberté des amours inadmissible parmi nous.

Il faudra de plus se souvenir, que sur le mariage, la vie de ménage, ou autres questions, l'on doit toujours sous-entendre l'exception d'un huitième à mes assertions générales.

K 2

Ordre des matières dont traite la première Notice.

Des ennuis des hommes dans les ménages incohérens.

Du ménage progressif ou tribu à neuf groupes.

De la méthode d'union des sexes en 7.ᵉ période.

De l'avilissement des femmes en civilisation.

Des correctifs qui auraient conduit en 6.ᵉ période, tels que la majorité amoureuse, les corporations amoureuses, etc.

Des vices du système oppressif des amours.

(*Nota.*) La notice étant devenue plus longue que le plan he la comportait, j'y ai fait après coup cette division. Dès lors les matières ne seront pas classées régulièrement sous leurs titres respectifs.

Ennuis des hommes dans les ménages incohérens.

Si l'on réfléchit sur les inconvéniens sans nombre, attachés à la vie de ménage et au mariage permanent, on s'étonnera de la duperie du sexe masculin, qui n'a jamais avisé aux moyens de s'affranchir d'un tel genre de vie. A part les gens riches, il me semble que notre vie domestique n'est rien moins qu'amusante pour les époux ; et entr'autres désagrémens, j'en vais citer huit qui affligent plus ou moins tous les maris et qui disparaîtraient dans le ménage progressif.

1.° *Le malheur hasardé.* Est-il un jeu de hasard plus effrayant que celui d'un lien indissoluble dans lequel on tire au sort le bonheur ou le malheur de sa vie, par le risque d'incompatibilité dans les caractères.

2.° *La Dépense.* Elle est énorme dans l'ordre actuel, et l'on va s'en convaincre par comparaison aux immenses économies qui résultent du ménage progressif.

3.° *La Vigilance.* L'obligation de surveiller les détails d'un ménage sur la conduite duquel il n'est pas prudent de s'en rapporter aveuglément à la ménagère.

4.° *La Monotonie.* Il faut qu'elle soit grande dans nos ménages isolés, puisque les maris, malgré les distractions attachées à leurs travaux, courent en foule dans les lieux publics, cafés, cercles, spectacles, etc., pour se délasser de cette satiété qu'on trouve, dit le proverbe, *à manger toujours du même plat.* La monotonie est bien pire pour les femmes.

5.° *La Stérilité.* Elle menace de déjouer tous les projets de bonheur, elle vient déconcerter les époux et leurs aïeux, livrer leur patrimoine aux collatéraux, dont l'avidité et l'ingratitude désespère les légataires, leur inspire de l'aversion pour une compagne stérile, et pour ce nœud conjugal qui a déçu toutes leurs espérances.

6.° *Le Veuvage.* Il réduit l'époux au rôle de forçat, bien pire que les faibles ennuis du célibat; et si vous devancez l'épouse au tombeau, l'inquiétude pour des enfans livrés à des mains

K 3

mercenaires ; la perspective des désastres qui vont fondre sur votre jeune famille , vous abreuvent de fiel à vos derniers momens.

7.° *L'Alliance.* L'inconvénient d'entrer en affinité avec des familles qui , dans leur conduite postérieure , réalisent rarement les espérances d'intérêt ou de plaisir qu'on fondait sur leur parenté.

8.° Enfin , *le Cocuage* qui est sans doute un fâcheux accident , puisqu'on s'épuise en précautions pour y échapper , malgré la certitude qu'a l'époux , avant le mariage , de subir le sort commun qu'il a fait subir à tant d'autres.

En voyant ces nombreuses disgrâces attachées à l'état de mariage et de ménage isolé, comment les hommes ont-ils négligé de chercher une issue à tant de servitudes , et de provoquer des innovations domestiques, qui n'auraient pu produire rien de plus malencontreux que la vie de ménage actuelle ?

On dit, en affaires politiques, que les plus forts ont fait la loi ; il n'en est pas de même en affaires domestiques. Le sexe masculin, quoique le plus fort , n'a pas fait la loi à son avantage, en établissant les ménages isolés et le mariage permanent qui en est une suite. On dirait qu'un tel ordre est l'œuvre d'un troisième sexe qui aura voulu condamner les deux autres à l'ennui : pouvait-il inventer mieux que le ménage isolé et le mariage permanent, pour établir la langueur , la vénalité , la perfidie , dans les relations d'amour et de plaisir.

Le mariage semble inventé pour récompenser les pervers : plus un homme est astucieux et séducteur, plus il lui est facile d'arriver par le mariage à l'opulence et à l'estime publique ; il en est de même des femmes. Mettez en jeu les ressorts les plus infâmes pour obtenir un riche parti, dès que vous êtes parvenu à épouser, vous devenez un petit saint, un tendre époux, un modèle de vertu. Acquérir tout à coup une immense fortune pour la peine d'exploiter une jeune demoiselle, c'est un résultat si plaisant que l'opinion pardonne tout à un luron qui sait faire ce coup de partie. Il est déclaré de toutes voix bon mari, bon fils, bon père, bon frère, bon gendre, bon parent, bon ami, bon voisin, bon citoyen, bon républicain. Tel est aujourd'hui le style des apologistes : ils ne sauraient louer un quidam sans le déclarer bon des pieds à la tête, en gros et en détail ; l'opinion en agit de même à l'égard d'un chevalier d'industrie qui parvient à épouser une somme d'argent. Un riche mariage est comparable au baptême, par la promptitude avec laquelle il efface toute souillure antérieure. Les père et mère n'ont donc rien de mieux à faire en civilisation, que de stimuler leurs enfans à tenter, pour obtenir un riche parti, toutes les voies bonnes ou mauvaises, puisque le mariage, vrai baptème civil, efface tout péché aux yeux de l'opinion: elle n'a pas la même indulgence pour les autres parvenus ; elle leur rappelle long-temps les turpitudes qui les ont conduits à la fortune.

Mais pour un qui arrive au bonheur par un riche mariage, combien d'autres ne trouvent dans ce lien que le tourment de leur vie ! Ceux-là peuvent reconnaître que l'asservissement des femmes n'est nullement à l'avantage des hommes. Quelle duperie au sexe masculin de s'être astreint

K 4

porter une chaîne qui est pour lui un objet d'effroi, et combien l'homme est puni par les ennuis d'un tel lien, d'avoir réduit la femme en servitude.

Si la vie de ménage peut garantir de quelques inconvéniens attachés au célibat, elle ne donne jamais *aucun bonheur positif* (1), pas même dans le cas d'un parfait accord entre les époux ; car s'ils sont de caractères éminemment assortis, rien ne les empêcherait de vivre ensemble dans un ordre où l'amour serait libre et la société domestique différemment organisée. On connaîtra par le tableau d'un nouvel ordre domestique, que le mariage ne présente pas une seule chance de bonheur que les deux époux ne puissent trouver dans le cas d'une pleine liberté.

Pour nous étourdir sur l'inconvenance évidente du mariage avec les passions, la philosophie nous prêche le fatalisme ; elle répand que nous sommes destinés en cette vie aux tribulations, qu'il faut savoir se résigner, etc. Point du tout ; il ne faut qu'inventer un nouveau mode de société domestique, accommodé au vœu des passions, et c'est ce qu'on n'a jamais ni cherché ni proposé. Je veux, à quelques lignes d'ici, vous mettre sur la voie et vous faire entrevoir cette nouvelle vie privée dont l'invention était si facile.

---

(1) J'excepte le cas où l'on acquiert une grande fortune en mariage ; mais dans l'état de liberté et dans le ménage progressif, il est aussi des moyens de s'élever à la fortune par des alliances amoureuses. Quant aux autres jouissances, le mariage n'en peut donner aucune, qu'on n'obtienne bien plus facilement dans l'ordre sociétaire, où les gens de l'âge le plus avancé, trouvent amplement à exercer toutes leurs affections, sans s'exposer aux perfidies et aux ridicules qui poursuivent les civilisés, au retour de l'âge, et jettent finalement les vieillards dans l'indifférence absolue.

Continuons sur les inconvéniens du ménage isolé et du mariage permanent. Cet ordre a la propriété de nous éloigner en tout sens du *bonheur positif*, des plaisirs réels , comme la liberté amoureuse , la bonne chère , l'insouciance , et autres jouissances que les civilisés ne songent pas même à convoiter , parce que la philosophie les habitue à traiter de vice , le désir des biens véritables.

Malgré les soins qu'elle prend de nous préparer et amadouer pour le mariage, comme on cajolle un enfant , à la veille de lui administrer une médecine ; malgré toutes ces bénignes et mielleuses insinuations sur le bonheur du ménage , on voit encore les hommes s'épouvanter à l'idée de mariage , surtout quand ils sont dans l'âge de réflexion. Il faut que ce nœud soit bien redoutable , puisque les hommes frémissent plusieurs années à l'avance, quand il s'agit de le former. Je ne parle par des unions entre gens riches ; tout est de roses dans un ménage qui commence avec de bonnes rentes ; encore l'époux se montre-t-il peu empressé de renoncer à son sérail (1) pour se rendre esclave d'une ménagère , près de laquelle il faudra faire assidûment le service conjugal , sous peine de laisser un accès facile à des suppléans , et d'être gratifié d'enfans douteux qu'on est forcé d'accepter d'après la loi : « *Is pater est*

___

(1) Ce mot sérail ne s'entend que des grandes villes , où tout jeune homme qui a quelque ton et quelque fortune , sait se composer un sérail mieux assorti que celui du grand Sultan. Il a trois classes d'odalisques , les honnêtes femmes , les petites bourgeoises et les courtisanes : voilà pourquoi les jeunes gens des grandes villes répugnent si fort au lien du mariage, qu'ils redoutent peu dans des villes morales et ennuyeuses comme celles de Suisse.

» *quem justæ nuptiæ demonstrant* ; c'est - à - dire ,
» *le véritable père est celui qui est désigné comme tel*
» *par le mariage.* » Cette loi , épouvantail de tous
les hommes , autorise une femme blanche à procréer un enfant mulâtre, quoique l'époux soit
blanc. Et ce n'est là qu'un des dangers auxquels
le mariage expose les hommes ; aussi le consi-
dèrent-ils comme un piége qui leur est tendu ,
comme un saut périlleux. Avant de franchir le
pas ils s'épuisent en ruses et en calculs ; rien de
plus plaisant que les instructions qu'ils se donnent sur la manière de façonner l'épouse au joug
et de l'ensorceler de morale. Rien de curieux
comme ces conciliabules de garçons où l'on fait
l'analyse critique des demoiselles à marier , et
des piéges tendus par les pères qui cherchent (1)
à se défaire de leurs filles. Après tous ces débats,
on les entend conclure qu'il faut s'attacher à l'argent ; que si l'on doit être cocu de la femme,
il faut au moins n'être pas cocu de la dot , et
s'assurer en prenant femme , une indemnité qui
compense les inconvéniens du mariage. Ainsi
raisonnent entr'eux les hommes à marier; telles
sont les dispositions qu'ils apportent à *ces nœuds
sacrés* , à ces douceurs philosophiques du ménage.
  Certes , il y a aussi loin de ces calculs à l'a-

_____

(1) A parler net, les pères jouent un vilain rôle en civilisation,
quand ils ont des filles à marier. Je conçois que l'amour paternel
puisse les aveugler sur l'infamie des démarches et cajoleries qu'ils
mettent en usage pour amorcer les épouseurs, mais au moins ne
s'aveugleront-ils pas sur les inquiétudes et les disgrâces attachées
à un pareil rôle. Combien ceux qui sont surchargés de filles, doivent-
ils désirer qu'on invente un nouvel ordre domestique, où le mariage
n'existe plus, et où l'on soit délivré du souci de pourvoir les filles
d'un époux; et combien doivent-ils d'actions de grâces à celui qui
leur apporte cette invention !

mour, qu'il y a loin de la vie de ménage à la bonne chère. Sans doute on vit bien dans les ménages riches qui composent le très-petit nombre , à peine un sur huit : mais les sept autres végètent et sont atteints de jalousie à l'aspect du bien-être dont jouit le 8.e Tous enfin, riches ou pauvres sont tellement rassasiés d'eux-mêmes et de leur uniforme train de vie , qu'on les voit se jeter à grands frais dans les jouissances *ANTI-MÉNAGÈRES* , comme de hanter les lieux publics , spectacles , bals , cafés , etc. ; tenir table ouverte , s'ils sont riches ; et se donner des festins alternatifs , s'ils n'ont pas de quoi fournir à eux seuls , les frais d'une distraction qui leur est nécessaire.

Ces délassemens qu'on achète si chèrement dans l'ordre actuel , seraient prodigués à tout le monde , sans aucuns frais , dans la 7.e période , dont je vais indiquer quelques dispositions. Cette société assurerait à chacun une variété habituelle de festins et de compagnies , et une liberté dont on ne trouve pas même l'ombre dans vos repas de ménage , où règne un ton guindé , une tyrannie de préjugés si différente de l'aisance qu'on trouve dejà dans *le pique-nique* et *la partie fine.*

Quant à ces repas de ménage qui sont affadis par le mélange inconvenant des âges et des convives , et par la fatigue des préparatifs , observons que ce médiocre délassement n'est encore possible qu'aux gens riches : mais quel est le sort de ces nombreux époux , qui par défaut de fortune , sont privés de ce qu'on appelle *les plaisirs,* et réduits à cette guerre intestine que le proverbe a fort bien définie, en disant : « *Les ânes se battent* » *quand il n'y a pas de foin au ratelier.* » Eh com-

bien de ménages, malgré leur opulence, tombent
encore dans cette discorde qui est presque générale chez le grand nombre toujours aigri par la
pauvreté.

Il est des exceptions à admettre : on trouve
non-seulement des individus, mais des nations
entières qui se plient facilement au joug du mariage, tels sont les Allemands, dont le caractère
patient et flegmatique, convient à la servitude
conjugale bien mieux que le caractère volage et
inquiet du Français. On s'appuye de ces exceptions pour faire l'apologie du mariage ; on ne
cite que les chances qui lui sont favorables : sans
doute un tel nœud convient à un homme sur le
retour, qui veut s'isoler de la corruption générale. Je veux croire qu'une épouse puisse trouver
du charme dans la société d'un tel homme, et
dédaigner pour lui le tourbillon du grand monde;
mais pourquoi le sexe masculin ne conçoit-il ces
sages penchans qu'après 15 ou 20 ans passés dans
la coquetterie? Pourquoi en se retirant du monde
les hommes ne prennent-ils pas des femmes mû-
ries comme eux par l'expérience, et veulent-ils
trouver dans une jouvencelle, des vertus plus pré-
coces que les leurs qui ont été si tardives ? Il est
plaisant que les civilisés qui se vantent de surpasser les femmes en raison, exigent d'elles, à
16 ans, cette raison qu'ils n'acquièrent qu'à 30 et
40 ans, après s'être vautrés dans la débauche
pendant leur belle jeunesse. S'ils ne sont arrivés
à la raison que par le sentier des plaisirs, doivent-ils s'étonner qu'une femme prenne la même
voie pour y arriver ?

Leur politique de ménage, fondée sur la fidélité d'un jeune tendron, n'entre aucunement dans

les vues de Dieu; s'il a donné aux jeunes femmes le goût de la dissipation et des plaisirs , c'est une preuve qu'il ne les destine pas au mariage ni à la vie de ménage , qui exigerait le goût de la retraite. Dès-lors les hommes doivent être malheureux en ménage , puisqu'ils veulent épouser des jeunes femmes à qui la nature n'a pas donné les penchans convenables à ce genre de vie.

La-dessus interviennent les philosophes qui, promettent de *changer les passions des femmes*, *réprimer la nature*. Prétentions risibles ! on sait quel en est le succès. En mariage , comme en tout autre contrat, l'infortune écheoit à l'homme le plus digne d'un heureux sort. Celui qui mérite de fixer une femme , rencontre la plus libertine et la plus perfide : la loyauté d'un tel mari devient le principe de sa duperie ; il sera pris mieux que tout autre à ces simagrées de pudeur, à ces airs d'innocence que l'éducation philosophique donne à toutes les jeunes filles pour masquer la nature. En dépit de tous les systèmes des moralistes , le bonheur n'est point dans nos ménages; un cri universel s'élève contre les ennuis attachés à ce genre de vie , et ce sont les hommes qui s'en plaignent , eux qui ont fait la loi , et qui ont dû la faire à leur avantage. Que diraient donc les femmes si elles avaient le droit de se plaindre? et que doit-on penser d'une institution fatiguante pour le sexe fort qui l'a établie , et plus fatiguante encore pour le sexe faible à qui l'on ne permet pas de faire entendre aucune plainte.

On nous vante la concorde apparente de ces ménages, où une jeune victime supporte avec un dévouement héroïque les persécutions d'un jaloux retiré du monde. Eh ! n'est - ce pas là un état de guerre pire encore que celui des époux de certains villages allemands, où le mari place auprès du foyer un bâton qu'on appelle *le repos du ménage*, et qui termine en dernier ressort tout débat conjugal. L'oppression pour être moins apparente dans la classe polie, n'en est pas moins réelle : eh ! comment les deux sexes ne s'élèvent-ils pas contre un ordre domestique qui les assujettit à tant de contrariétés. Lorsqu'on voit cette guerre domestique chez toutes les classes de citoyens, pourrait-on ne pas reconnaître que l'état conjugal n'est point la destinée de l'homme ; et loin de chercher quelques palliatifs à cette désunion intérieure des époux, il fallait chercher un moyen de S'affranchir de cette vie de ménage qui couve et développe tous les fermens de discorde et d'ennui, sans produire *aucun bien qu'on ne puisse trouver dans l'état de pleine liberté.*

Ménage progressif ou *tribu à neuf groupes.*

PARLONS de la méthode qu'on peut substituer à notre état domestique : c'est une mesure empruntée de la 7.e période sociale ; je la nommerai *MÉNAGE PROGRESSIF* ou *TRIBU A NEUF GROUPES*. Elle peut s'organiser à huit ou dix groupes, mais le nombre de neuf est le plus convenable pour la balance régulière des passions.

Pour fonder cette tribu, on disposera un édifice propre à loger une centaine de personnes inégales en fortune ; savoir, 80 maîtres d'un seul sexe, puis une vingtaine de domestiques des deux sexes : il faudra des logemens de différentes valeurs, afin que chacun puisse en choisir selon sa fortune : il faudra aussi diverses salles de relations publiques.

La tribu, dans ses relations intérieures, devra former, autant que possible, *neuf groupes de neuf personnes :* (il faut se rappeler que ces nombres ne sont pas de rigueur, et que j'indique tout approximativement) ; par exemple, aux repas il y aura neuf tables, réparties trois par trois, dans trois salles de 1.re, 2.e et 3.e classe ; et dans chaque salle le service des trois tables se fera à des heures consécutives, comme à 1, 2 et 3 heures, afin d'éviter en tout point l'uniformité ; car l'uniformité, la tiédeur et la médiocrité, sont les trois ennemis naturels des passions et de l'harmonie, puisque l'équilibre des passions ne peut s'établir que par un choc régulier des contraires.

La tribu aura trois occupations compatibles ; par exemple, une tribu d'artisans pourra exercer les trois métiers, de charpentier, menuisier et ébéniste. Cette société doit prendre un nom, un écusson ; soit la tribu du Chêne. Plus loin est la tribu du Lilas, composée de femmes qui exercent les métiers de lingère, tailleuse et modiste.

Chaque associé fournit un fonds capital fixé à trois sommes progressives, comme 4000, 8000, 12000, ou zéro, mille et deux mille ; ou si ce sont des gens riches qui veulent fonder une tribu magnifique, leur capital pourra s'élever jusqu'à 100 mille, 200 mille et 300 mille, en observant toujours que la 1.re classe fournisse le triple de la 3.e Ce fonds capital sert de garantie, pour les avances de subsistances, loyer, impositions, etc. que la tribu en masse fait à chacun des sociétaires.

Lesdites sociétés n'admettent aucun statut coercitif, aucune gêne monastique ; par exemple, les compagnies ou individus de 3.ᵉ classe peuvent par fois se faire servir en chère de 2.ᵉ ou de 1.ʳᵉ classe : la régence de la tribu accorde ces crédits à tout individu qui n'en abuse pas.

Pour mettre les tribus en rivalité balancée, il faudrait en fonder 18 en gradation ; savoir : neuf masculines et neuf féminines : cette fondation serait plus coûteuse que celle d'une phalange d'ordre combiné. On pourrait donc borner l'essai à six tribus, dont trois d'hommes et trois de femmes. Au moyen de cette petite rivalité, on verrait déjà les six tribus extirper en tout sens trois vices philosophiques, qui sont l'uniformité, la tiédeur et la médiocrité. Par exemple, si la tribu du Roseau est la plus pauvre des six, elle se piquera de pousser au plus haut degré la propreté, la dextérité, la politesse et autres qualités compatibles avec sa petite fortune ; puis elle évitera toute prétention dans les genres où elle ne pourrait s'élever qu'à la médiocrité.

Les associations de ce genre n'admettront pas, comme l'ordre combiné, des contrastes extrêmes, tels que celui du pauvre au millionnaire : ces disparates qui s'harmonisent dans la 8.ᵉ période, ne conviennent point à la 7.ᵉ dont il est ici question. L'association est *contrastée* en 8.ᵉ période, et *nuancée* en 7.ᵉ période : ainsi un ménage progressif ou tribu à neuf groupes, tout en se composant de membres inégaux, doit
maintenir

maintenir des rapprochemens entr'eux ; tandis qu'une phalange de 8.ᵉ période doit rassembler les contrastes les plus saillans.

On voit dans nos grandes villes un germe imperceptible de ménage progressif, ce sont les *Cercles* ou *Cazinos d'hommes et de femmes*; déjà ils font déserter les insipides soirées de famille. On s'y procure à bas prix les bals et concerts, les collections de jeux, gazettes et autres délassemens qui coûteraient dix fois plus en maison privée. Chaque plaisir y devient économique d'argent et de fatigue, car les préparatifs sont soignés par des sociétaires officieux, comme dans le ménage progressif; mais les *Cercles* ou *Cazinos* sont sujets à l'égalité qui gêne les développemens de l'ambition ; tandis que le ménage progressif étant subdivisé en neuf groupes rivaux et inégaux, ouvre un vaste champ aux trois intrigues ambitieuses de *protecteur, protégé et indépendant.*

Je ne parle pas des dispositions relatives aux enfans et à leur éducation dans un tel ménage : pour en expliquer tous les détails, il faudrait entreprendre un abrégé de 7.ᵉ période : bornons-nous à raisonner sur le germe proposé, sur l'hypothèse d'une fondation de six ménages progressifs, dont deux en classe opulente, deux en classe moyenne et deux en classe pauvre. Et supposons ces six tribus placées tout à coup dans la civilisation, dans une ville comme Paris ou Londres : quels fruits produira cette innovation domestique si étrangère à nos vieilles coutumes d'incohérence ?

Remarquez d'abord que pour fonder ces six tribus, il ne sera pas nécessaire de bouleverser et ensanglanter les empires, comme il arrive toutes les fois qu'on veut mettre à l'essai les visions des philosophes. Ici l'œuvre sera des plus pacifiques, et au lieu de ravager la terre pour l'honneur des droits de l'homme, on établira paisiblement les droits de la femme, en lui affectant trois des six établissemens proposés qui comporteront neuf classes de fortunes dans les deux sexes.

L

Quant aux résultats que produirait cette ino-
culation, ce sont des énigmes que je donne à
deviner aux curieux, et j'essaie de les mettre sur
la voie.

En économie administrative, quel bénéfice
trouverait le souverain à traiter avec une tribu
qui payerait son impôt à jour fixe et sur un
simple avis ; ou bien à traiter avec vingt familles
incohérentes, dont la moitié fraude l'impôt,
l'autre moitié ne le paye qu'à force d'être har-
celée de garnisaires ? On procèderait tout autrement à l'égard d'une tribu : dans le cas de con-
travention aux lois, on ne lui infligerait que des
peines infamantes, comme de faire enlever son
écusson du portail d'entrée. Quel serait pour un
roi l'accroissement de revenus et la facilité d'administration, dans le cas où tout son royaume
s'organiserait en tribus de cette espèce ? Ne pourrait-il pas, tout en diminuant l'impôt d'un tiers,
se trouver plus riche de moitié ? soit par l'économie de perception, soit par l'accroissement de
produit imposable qui résulterait de cette industrie combinée.

En économie domestique, quelle serait la réduc-
tion de dépense individuelle ? ne pourrait-on pas,
dans les ménages progressifs, vivre avec 1000
livres de rente, beaucoup mieux qu'avec 3000
dans les ménages incohérens ? et éviter en outre
les embarras d'approvisionnement, gestion, et
autres mesures qui seraient dirigées par le groupe
des majordomes de chaque tribu : tout homme
ou femme qui ne serait pas porté d'inclination
à cet emploi de majordome, ou aux fonctions
d'économie domestique, ne s'occuperait nullement de ménage et ne songerait, au sortir de ses

trayaux, qu'à jouir, en parcourant chaque jour
les diverses tables et compagnies de sa tribu et
des tribus voisines de l'un et l'autre sexe ; elles
échangeraient leurs invités par compensation.
Dès-lors les invitations si dispendieuses parmi
nous, ne coûteraient ultérieurement rien aux fes-
toyeurs réciproques ; en effet, une tribu ne gagnerait ni sur ses membres qu'elle indemnise de
chaque repas absenté, ni sur leurs invités qu'elle
traite au même prix que les sociétaires. De sorte
qu'à tout balancer, chacun pourrait passer son
temps en festins donnés ou rendus, sans dé-
penser une obole de plus que s'il eût resté isolément chez lui. Quant à la chère, j'ai observé
qu'elle ne coûterait, par l'effet du travail combiné, que le tiers des peines et dépenses qu'elle
coûte dans les ménages incohérens.

(Pour juger de la variété et du charme
que présenteraient ces amalgames de convives
des diverses tribus, il faudrait connaître les
relations amoureuses et industrielles de la 7.[e]
période, dont il serait trop long de donner un
apperçu.)

Relativement aux mœurs, on peut entrevoir
que dans chaque tribu, quelque pauvre qu'elle
soit, il règne un esprit de corps, une jalousie de
l'honneur de la tribu, et que la 1.re des trois
classes devient un point de mire pour les deux
autres qui se piquent de l'imiter. Cet esprit de
corps suffit pour faire disparaître les vices les
plus choquans de la populace civilisée ; sa grossièreté, sa malpropreté, sa bassesse, et autres
défauts par lesquels une tribu se croirait dégradée
et éliminerait à l'instant celui ou celle qui s'en
serait rendu coupable.

L 2

Ces résultats seraient dus à la lutte entre les deux sexes. Les tribus féminines seraient toujours empressées de se distinguer par la civilité, et compenser le défaut de fortune par l'excès d'urbanité. Un tel esprit est incompatible avec les corporations populaires des civilisés ; elles manquent des trois véhicules qui tendent à polir l'espèce humaine, ce sont :

1.º *La lutte des corporations féminines contre les masculines.*

2.º *L'émulation entre les trois classes d'une même tribu et des groupes inégaux de chaque classe.*

3.º *L'aisance dont jouit le peuple dans la 7.ᵉ période, où les fonctions subalternes sont trois fois plus lucratives que dans l'ordre incohérent.*

Les corporations actuelles étant dépourvues de ces trois véhicules, il ne faut pas s'étonner si elles tendent généralement à la grossièreté, dans toutes les professions de classe moyenne et inférieure. Cependant on en voit de très-pauvres, comme celles des militaires, qui tiennent déjà fortement aux nobles penchans, et sont prêts à sacrifier leur vie pour l'honneur du corps, où ils ne jouissent d'aucun bien-être ; cet enthousiasme commun parmi les soldats dénote quel parti l'on pourrait tirer de l'esprit de corps, s'il luttait en progression composée dans les deux sexes, comme il arrive dans la 7.ᵉ période, où finissent déjà tous les ennuis domestiques et sociaux attachés à la civilisation.

Parmi les ennuis domestiques, il faut placer celui du service individuel qui cesse déjà en 7.ᵉ période. Les domestiques en général, n'y sont pas attachés à l'individu, mais à la tribu : chacun d'eux s'affectionne aux divers sociétaires dont les caractères sympathisent avec le sien, et cette faculté d'option rend le service agréable pour les supérieurs comme pour les inférieurs ; c'est l'amitié plus que l'intérêt qui les rapproche, et c'est encore un agrément inconnu dans les sociétés à familles, où les domestiques sont généralement ennemis secrets des maîtres. Il en est trois causes principales.

1.º *La médiocrité des bénéfices*, qui sont très-exigus dans l'ordre incohérent : le service y étant fort compliqué, exige trois fois plus d'agens que dans les tribus ; et leur salaire doit se réduire au tiers de ce qu'il pourrait être dans les tribus.

2.º *L'inconvenance des caractères* qui rend le supérieur tyrannique, et établit dans les rapports mutuels une froideur extrême, augmentée encore par les craintes de larcin et autres défiances qui ne peuvent avoir lieu dans les tribus.

3.º *La multiplicité de fonctions.* Elle n'a déjà plus lieu dans les tribus, où chaque agent se fixe aux seules fonctions convenables à ses goûts, et peut n'embrasser que partiellement l'état domestique. Mais dans l'ordre actuel, le serviteur obligé de vaquer à vingt fonctions, dont moitié peuvent lui déplaire, s'en prend aux maîtres des dégoûts attachés à son état, et souvent il hait ses maîtres même avant de les connaître.

En résumé, le service domestique, dans les tribus, offre de nombreux agrémens aux valets comme aux maîtres ; et c'est en tout point que cet ordre a la faculté de changer en plaisirs des occupations qui deviennent une source d'ennui dans l'ordre civilisé.

. Les vieillards spécialement auraient à se louer de ce nouvel ordre. Il n'est rien de plus fâcheux que le sort des vieillards et des enfans, dans l'ordre civilisé ; cet ordre ne comporte pas de fonctions convenables aux deux âges extrêmes ; de sorte que l'enfance et la vieillesse sont à charge au corps social. Les enfans néanmoins sont choyés en considération de leurs services futurs, mais les vieillards de qui l'on n'attend d'autre service que leur héritage, sont méprisés, importuns, persifflés en secret, et poussés dans la tombe. On leur témoigne encore des égards dans les familles riches, mais chez le peuple et chez le paysan, rien n'est plus affligeant que le sort des vieillards. Ils sont avilis, rebutés sans ménagement, et l'ironie générale leur reproche à chaque pas leur inutile existence.

Ces scandales cessent dans le ménage progressif où les vieillards ont des fonctions non moins utiles que celles des hommes dans la force de l'âge ; ils jouissent dans l'état de santé d'une existence aussi délicieuse que celle de leurs belles années.

Si l'on veut juger combien le ménage progressif s'adapte merveilleusement aux passions humaines, il faut observer que la nature nous a distribué les divers goûts en proportion et variété convenable à ce nouvel ordre, et en disproportion constante avec les besoins de l'ordre civilisé.

En voici une preuve dont j'ai déjà fait usage, et qu'il est bon de reproduire. J'ai dit que la majeure partie des femmes n'a ni goût, ni aptitude aux occupations du ménage ; la plupart sont déconcertées et harassées par le soin d'une

petite famille ; quelques-unes au contraire se font
un jeu de ces travaux domestiques , et y excellent à tel point qu'on les juge capables de conduire une maison de cent personnes. Cependant
la civilisation exigerait chez toutes les femmes
un goût uniforme pour les travaux de ménage
qu'elles doivent toutes exercer. D'où vient donc
que la nature refuse cette aptitude aux trois-quarts
d'entr'elles ? c'est pour garder la proportion
convenable à l'ordre sociétaire , qui emploira
à peine le quart d'entr'elles à ces fonctions.

Ajoutons quelque détail qui soit de la compétence des hommes , et qui puisse leur faire
sentir l'inconvenance des ménages isolés. Je
citerai le soin des caves d'où la nature a exclu
les femmes. En conséquence , il serait nécessaire dans l'ordre actuel , que tout chef de maison
fût initié à l'œnologie qui est une connaissance
difficile à acquérir. A défaut de ce , les trois-quarts des ménages riches sont fort mal abreuvés ; et tout en faisant pour les boissons la dépense nécessaire , ils n'ont que des vins frelatés
et mal soignés , parce qu'ils sont obligés de s'en
rapporter à des marchands de vin qui sont des
phénix de fourberie , et à des sommeliers mercenaires qui ne sont habiles que dans l'art de
friponner. De là vient que souvent le repas d'un
bourgeois qui connaît la manutention des vins,
est préférable au repas d'un prince qui s'excède
en frais pour servir à ses conviés un assortiment
de poisons liquides , composés par les marchands de vin, et même par les propriétaires,
qui depuis les progrès de l'esprit mercantile
sont devenus aussi droguistes, aussi fourbes que
les marchands.

L 4

Ces friponneries ne sont pas à craindre pour une tribu sociétaire : elle a toujours parmi ses membres un comité de cavistes expérimentés, qu'on ne pourrait pas duper, qu'on ne tenterait même pas de surprendre. Dès-lors les fournitures de chaque tribu, les comestibles, boissons et autres objets, sont choisis avec intelligence, et entretenus dans le meilleur ordre, sans que la majorité des sociétaires s'inquiète de cette gestion ; car il suffit pour la surveillance de chaque objet, du comité de fonctionnaires spéciaux, qui trouvent à de telles occupations, plaisir, bénéfice et considération.

Si l'on continue l'analyse des inconvéniens attachés à notre genre de vie, à nos ménages isolés, on reconnaîtra que tous nos embarras domestiques dérivent d'une seule cause, de *l'incohérence sociale*, qui exigerait dans chaque homme et chaque femme toutes sortes de connaissances et de goûts que la nature n'a départis qu'au très-petit nombre d'entre nous, afin de ne pas excéder les besoins de l'ordre sociétaire qui est notre destinée, et qui n'emploira communément que dix personnes, là où nous en employons cent. Il était donc inutile que la nature distribuat à profusion tels penchants ou caractères qui nous paraissent louables, comme celui de ménagère, et qui deviendraient superflus et incommodes dans l'etat sociétaire, s'ils étaient aussi multiplies que l'exige l'ordre civilisé. J'arguerai de cette dissertation, pour reproduire une conclusion maintes fois énoncée: c'est qu'il n'y a rien de vicieux dans nos goûts et nos caracteres ; ils sont distribués avec la variété et la proportion convenable à nos des-

tinées futures, et il n'y a de vicieux sur la terre
que l'ordre civilisé et incohérent qui ne peut
aucunement se plier au système de nos passions, toutes adaptées aux besoins de l'ordre
sociétaire dont on trouve déjà un germe dans le
ménage progressif.

Méthode d'union des sexes en septième période.

DANS cette période, si facile à organiser, la
liberté amoureuse commence à naître, et transforme en vertu la plupart de nos vices ; comme
elle transforme en vices la plupart de nos gen-
tillesses. On établit divers grades dans les unions
amoureuses ; les trois principaux sont :

Les favoris et favorites en titre.
Les géniteurs et génitrices.
Les époux et épouses.

Les derniers doivent avoir au moins deux enfans
l'un de l'autre, les seconds n'en ont qu'un, les
premiers n'en ont pas. Ces titres donnent aux
conjoints des droits progressifs sur une portion
de l'héritage respectif.

Une femme peut avoir à la fois, 1.º un époux
dont elle a deux enfans ; 2.º un géniteur dont
elle n'a qu'un enfant ; 3.º un favori qui a vécu
avec elle et conservé le titre : plus, de simples
possesseurs qui ne sont rien devant la loi.
Cette gradation de titres établit une grande courtoisie et une grande fidélité aux engagemens.
Une femme peut refuser le titre de géniteur
à un favori dont elle est enceinte ; elle peut

dans les cas de mécontentement, refuser ainsi
à ces divers hommes le titre supérieur auquel ils aspirent. Les hommes en agissent de
même avec leurs diverses femmes. Cette méthode prévient complettement l'hypocrisie dont
le mariage est la source. En civilisation, l'on obtient tous les droits à perpétuité, dès que le lien
fatal est formé, et l'on jouit pleinement du fruit
de son hypocrisie : de là vient que la plupart
des époux et épouses se plaignent au bout de
quelques jours d'avoir été ATTRAPÉS, et ils demeurent ATTRAPÉS pour la vie. Ces ATTRAPES
n'existent plus en 7.ᵉ période; les couples ne s'a-
vancent en grades amoureux qu'avec le temps;
ils n'ont au début d'autre titre que ceux de favoris et favorites dont les droits sont faibles et
peuvent être révoqués par l'inconvenance des
contractans. L'homme qui désire avoir un enfant,
ne risque pas d'en être privé par la stérilité d'une
épouse exclusive. La femme ne risque point
d'être malheureuse à perpétuité par l'hypocrisie
d'un époux, qui le lendemain du mariage se
démasque pour joueur, ou brutal, ou jaloux.
Enfin, les titres conjugaux ne s'acquièrent que
sur des épreuves suffisantes; et n'étant pas exclusifs, ils ne deviennent pour les conjoints que
des appâts de courtoisie et non des moyens de
persécution, tels que les donne le mariage exclusif et l'égalité à laquelle il réduit tous les liens
amoureux.

Cette courte digression sur les *ménages pro-*
gressifs, ne suffira aucunement à donner une idée
de la 7.ᵉ période : il faudrait y ajouter entr'autres détails une notice sur le code amoureux de
cette société, et sur sa méthode d'éducation. Je

n'entrerai pas dans ces développemens : le peu
que j'ai dit sur les ménages progressifs, suffit
pour démontrer l'extrême facilité de sortir du
labyrinthe civilisé, sans secousse politique, sans
effort scientifique, mais par une opération purement domestique.

L'affluence de biens que l'on peut entrevoir
dans cette facile innovation, me donne lieu d'in-
sister sur deux ridicules déjà signalés; sur l'é-
tourderie des philosophes qui n'ont jamais su
rien innover en affaires domestiques, et sur la
duperie générale du sexe masculin, qui laisse
perpétuer la servitude conjugale dont il est lui-
même victime, et dont il ne se console que par
le malin plaisir de voir la femme plus asservie
et plus malheureuse encore.

Le vil caractère des femmes sauvages et barbares, aurait dû prouver aux civilisés que le
bonheur de l'homme, en amour, se proportionne
à la liberté dont jouissent les femmes. Cette
liberté, en ouvrant la carrière aux plaisirs, l'ouvre
de même aux mœurs honorables qui en font le
charme. Quelle hypocrisie dans vos galanteries !
des jeunes gens s'introduisant mielleusement
dans les ménages, s'avilissant par des cajoleries
qui s'étendent depuis l'époux jusqu'au petit
chien, et pourquoi ? pour y jouir d'une femme
qui sort des bras du mari, et placer dans les
familles des rejetons de souche étrangère. Je
veux que l'amour prête des charmes à tant de
turpitudes, mais quel rôle odieux quand on
l'examine de sang froid ! et faut-il s'étonner si
les amours civilisés finissent d'ordinaire par une
glaciale indifférence, quand la satiété vient
éclairer les amans sur ces tristes vérités. J'ai

pourtant cité la chance la plus brillante de vos amours, *le cocuage*, qui, à le bien examiner, est peut-être aussi ridicule chez l'athlète que chez le patient.

Expliquons cette opinion : je prétends que le public et le cocu même peuvent s'égayer aux dépens du séducteur, et que le cocuage jette souvent plus de ridicule sur l'amant que sur le mari.

Pour le démontrer, établissons d'abord la hiérarchie du cocuage et portons dans ce grave débat le flambeau des méthodes analytiques qui selon les philosophes sont la route de l'auguste vérité.

On peut distinguer dans le monde cornu neuf degrés de cocuage, soit parmi les hommes, soit parmi les femmes, car les femmes sont bien plus cocues que les hommes ; et si le mari en porte d'aussi hautes que les bois du cerf, on peut dire que celles de la femme s'élèvent à la hauteur des branches d'arbre.

Je me bornerai à citer les trois classes les plus distinctes, savoir : le *cocu*, le *cornette* et le *cornard*.

1.º Le *cocu* proprement dit, est un jaloux honorable qui ignore sa disgrâce et se croit seul possesseur de sa femme. Tant que le public entretient son illusion par une louable discrétion, l'on n'est pas fondé à le persifler : peut-il s'irriter d'une offense dont il n'a pas connaissance ? le ridicule est tout au suborneur qui le cajole et fléchit devant celui avec qui il partage sciemment la belle.

2.º Le *cornette* est un mari rassasié des amours du ménage et qui voulant prendre ailleurs ses

ébats, ferme les yeux sur la conduite de sa femme,
et l'abandonne franchement aux amateurs; sous
la réserve de n'admettre d'elle aucun enfant. Un
tel époux ne prête point à la raillerie; il a, au
contraire, le droit de gloser sur les cornes d'autrui, aussi hardiment que s'il n'en portait pas
lui-même.

3.º Le *cornard* est un jaloux ridicule, inconvenant à l'épouse, et bien informé de son infidélité : c'est un furibond qui veut se rebiffer
contre l'arrêt du destin, mais qui résistant avec
gaucherie, devient un objet de risée par ses précautions inutiles, sa colère et ses éclats. En fait
de cornards, le George-Dandin de Molière est
un modèle accompli.

Parlons du *cocu* pur et simple, celui de première classe.

Si le point d'honneur en amour, consiste dans
la possession exclusive, il est évident que le
cocu sauve l'honneur, tandis que son suppléant
se laisse blesser sciemment sur le point d'honneur. Il s'humilie jusqu'à entendre sans murmure
des menaces dont il est l'objet; car le mari manifeste devant lui, l'intention de pourchasser quiconque tenterait de séduire sa femme. Avili par
sa souplesse avec le mari, il l'est encore par sa
duperie avec la dame qui ne manque jamais de
lui conter que son époux ne vit point avec elle.
Il feint d'y croire pour sauver son amour-propre,
mais peut-il ignorer que la femme en pareil cas
redouble d'empressement près de l'époux, afin
de lui cacher l'intrigue et se mettre à l'abri de
soupçon, en cas de grossesse ? Cette seule considération force la dame à rechercher les faveurs
du mari, à l'époque même où elle veut céder

au galant dont elle craint les étourderies ; et par prudence, elle ne se livre à l'amant qu'après être nantie des faveurs de l'époux : précaution flatteuse pour le courtisan ! situation brillante pour lui ! Ces vérités incontestables font grimacer tout *merveilleux* à qui on les expose ; on le voit alors bien confus de ses prétendus trophées sur les maris, et convaincu que le point d'honneur n'est pas pour lui en pareille affaire.

Et lors même que le mari est un homme benin qu'on peut élaguer, l'amant ne sait-il pas que cet argus peut revenir à la charge, et exiger quand il lui plaît les faveurs de la dame. Eh ! quel triomphe que de posséder une femme vivant avec un maître qui peut à volonté jouir d'elle, et l'accointer d'autorité civile et religieuse ; car selon *Sanchez*, et autres casuistes, chacun des époux pèche mortellement s'il refuse *le devoir* à celui ou celle qui le demande. (Dans cette décision, l'église assure du moins aux femmes l'égalité de droits, puisqu'elle damne indifféremment le mari ou la femme qui se refuserait au service conjugal. C'est un acte de justice qu'on ne trouve pas chez les philosophes ; ils s'inquiètent peu si la femme est dédaignée, et ne lui donnent aucun droit d'exiger le pain quotidien qui est de devoir en ménage.)

Si l'on passe en revue ces prouesses du cocuage, on n'y découvre que des situations avilissantes pour les petits maîtres, qui en tirent vanité, quand elles ne sont pour la plupart qu'un sujet de honte, et n'ont d'autre mérite que de tromper des maris qui ne sont pas sur leurs gardes : mérite qui semblera bien chétif, quand on connaîtra des amours plus libres et plus honorables que ceux de la civilisation.

J'en ai dit assez , pour prouver que les civilisés envisagent toutes choses à contre-sens ; témoins ces intrigues de cocuage dont on fait trophée et qui ne sont rien moins que flatteuses pour un homme délicat. On peut présumer de là combien les civilisés sont sujets à l'erreur sur les questions importantes , puisqu'ils s'abusent à ce point sur les plus simples , comme celles du cocuage. Si nos opinions sur ce sujet sont si peu d'accord avec la raison , c'est que nous cherchons à nous étourdir sur la mesquinerie et la grossièreté des plaisirs que nous présente la civilisation. Quelle triste opinion vous prendriez de vos amours, si je vous donnais seulement le tableau du monde galant en 7.e période ; dans ces *tribus ou ménages progressifs* , qui étant un embryon de l'ordre combiné, ont déjà comme lui la propriété d'extirper par toute la terre les maladies accidentelles , qui apportent tant d'entraves dans les amours des civilisés même les plus libres.

L'intérêt, le plaisir et l'équité provoquaient la facile invention des *ménages progressifs*. Si des procédés aussi simples sont restés long-temps ignorés, c'est par suite de la funeste habitude qu'a prise le genre humain, de se reposer de toute amélioration sociale sur les philosophes, qui ne s'évertuent qu'à bouleverser les affaires administratives pour s'y entremettre ; et qui ne s'occupent de l'ordre domestique, que pour y resserrer les chaînes du sexe faible. La plupart sont dans l'âge où l'on n'est plus en faveur auprès des femmes , leur unique but est de contenir et abuser une servile ménagère ; tout occupés de

façonner ce tendron par de caffardes insinuations, ils coordonnent à ce but tous leurs écrits,
prêchent l'oppression des femmes, leur vantent
le plaisir de s'enterrer vivante pour embellir la
retraite d'un libertin retiré du monde. Ils se coa-
lisent pour priver les jeunes gens d'une liberté
dont ils ont tant usé ; ils sont cette classe de
jaloux cités par Horace ; cette vieillesse qui

« Inhabile aux plaisirs dont la jeunesse abuse,
» Blâme en elle un bonheur que l'âge lui refuse. »

Témoin ce J.-J. Rousseau, qui déclame pour
faire reléguer les femmes dans le ménage ; tout
en avouant qu'il a été un ardent partisan des
courtisanes et des beautés debonnaires ; descendant aux détails les plus indiscrets sur les formes
de celles qui avaient eu des bontés pour lui.
Comment se serait-il procuré ces distractions, si
toutes les dames avaient suivi ses préceptes, et
n'eussent vécu que pour un époux ? Voilà les
philosophes ; ils déclament contre les richesses,
les honneurs, les plaisirs, et ils s'y jettent à
corps perdu, sous prétexte de réformer et mo-
raliser le monde. Tout pêtris de cet égoïsme,
peuvent-ils accueillir aucune idée, ni former
aucun plan favorable aux femmes ? Pouvaient-
ils se rallier en aucun sens aux vues de Dieu, qui
tendent à la justice, c'est-à-dire au bien du sexe
faible comme à celui du fort.

———————

Avilissement

Avilissement des Femmes en Civilisation.

PEUT-ON voir une ombre de justice dans le sort qui leur est dévolu ! La jeune fille n'est-elle pas une marchandise exposée en vente à qui veut en négocier l'acquisition et la propriété exclusive ? Le consentement qu'elle donne au lien conjugal , n'est-il pas dérisoire , et forcé par la tyrannie des préjugés qui l'obsèdent dès son enfance. On veut lui persuader qu'elle porte des chaînes tissues de fleurs ; mais peut-elle se faire illusion sur son avilissement , même dans les régions boursoufflées de philosophie , telles que l'Angleterre , où les hommes jouissent du droit de conduire leur femme au marché , la corde au cou , et la livrer comme une bête de somme à qui veut en payer le prix ? Sur ce point , notre esprit public est-il plus avancé que dans ces siècles grossiers , où certain concile de Mâcon , vrai concile de Vandales , mit en délibération si les femmes avaient une ame ; et l'affirmative ne passa qu'à une majorité de trois voix. La législation anglaise tant vantée par les moralistes accorde aux hommes divers droits non moins déshonorans pour le sexe ; tel est le droit qu'a l'époux de se faire adjuger un dédommagement pécuniaire aux dépens de l'amant reconnu de son épouse. Les formes sont moins grossières en France , mais l'esclavage est au fonds toujours le même. L'on y voit, comme partout, de jeunes filles languir , tomber malades et mourir faute d'une union que la nature commande impérieusement , et que le préjugé leur défend , sous peine de flétrissure , avant qu'elles n'aient été légale-

M

ment vendues. Ces évènemens quoique rares,
sont encore assez fréquens, pour attester l'esclavage du sexe faible, le mépris des volontés de
la nature, et l'absence de toute justice à l'égard
des femmes.

Parmi les indices qui promettaient d'heureux
résultats de l'extension des priviléges féminins,
il faut citer l'expérience de tous les pays. On a
vu que les nations les meilleures, furent toujours celles qui accordèrent aux femmes le plus
de liberté : on l'a vu chez les barbares et sauvages, comme chez les civilisés. Les Japonais
qui sont les plus industrieux, les plus braves et
les plus honorables d'entre les barbares, sont
aussi les moins jaloux et les plus indulgens pour
les femmes ; à tel point que les magots de la
Chine font le voyage du Japon, pour s'y livrer
à l'amour qui est interdit par leurs hypocrites
coutumes.

Les Otahitiens, par la même raison, furent les
meilleurs de tous les sauvages : aucune horde
n'avait poussé si loin l'industrie, eu égard au peu
de ressources qu'offrait leur pays. Les français
qui sont les moins persécuteurs des femmes, sont
aussi les meilleurs d'entre les civilisés, en ce
qu'ils sont la nation la plus flexible, celle dont
un souverain habile peut tirer en peu de temps
le meilleur parti, dans tout emploi ; et malgré
quelques défauts, tels que la frivolité, la présomption (1) individuelle et la malpropreté, ils

(1) Le reproche de présomption n'est point applicable à la nation
Française, mais seulement aux individus ; la nation, collectivement
prise, tombe dans le vice contraire, dans la défiance d'elle-même
elle croit impossible toute entreprise confiée à elle seule; le mot

sont pourtant la première nation civilisée, par le
seul fait de la flexibilité, qui est le caractère le
plus opposé à celui des barbares.

On peut de même observer que les plus vicieuses nations ont toujours été celles qui asser-
vissaient davantage les femmes : témoins les Chinois qui sont la lie du globe, le plus fourbe, le
plus lâche, le plus affamé de tous les peuples
industrieux ; aussi sont-ils les plus jaloux et les
plus intolérans sur l'amour. Parmi les civilisés
modernes, les moins indulgens pour le sexe

---

c'est impossible, retentît en France dans toutes les bouches, et
l'on peut surnommer les Français : *Nation des Impossibles*. Ils
n'admirent et n'estiment que les étrangers ; tout savant ou artiste a
double valeur en France s'il est étranger. Aucune nation ne se plaît
tant à molester ses grands hommes, de leur vivant ; la France est
l'enfer des savans. Il n'en est pas de même des autres contrées qui
divinisent tout ce qu'elles ont produit. En Allemagne, tout écrivain
passe de son vivant pour un grand homme ; au moindre succès on lui
prodigue l'épithète de *Célèbre*. Quant à la nation Française, loin
d'être présomptueuse, elle se prête à applaudir et imiter les vices
des étrangers ; aussi a-t-on vu, en 1787, l'ancienne cour, vouloir
introduire dans la discipline militaire le noble usage des coups de
bâton, pour imiter les Prussiens, dont elle s'était infatuée. Eh ! que
de modes ridicules n'a-t-on pas empruntées des Anglais, dont la cour
était de même engouée ! Enfin les Français sont modestes, même à
la guerre, où leurs succès nombreux pourraient leur inspirer de la
présomption. L'on en a vu la preuve dans la dernière campagne, où
les Prussiens s'abandonnaient aux fanfaronades les plus indécentes ;
il semblait, d'après les diatribes imprimées à Berlin, qu'une apparition, qu'un souffle des légions prussiennes allait anéantir l'armée
Française, qui s'avançait sans aucune jactance, et sans que les feuilles
françaises fissent entendre la moindre rodomontade. Ces particularités
prouvent assez que la nation Française n'est pas atteinte de présomption, mais du caractère opposé, qui est la défiance de soi-même
et l'admiration des étrangers. Aussi nul peuple n'est-il plus hospi-
talier et plus honorable envers ses ennemis vaincus. Cependant les
individus sont présomptueux, et font étalage de ce vice, par leurs
manières précieuses et leur ton de suffisance, par leur habitude de
raillerie et de jeux de mots. D'où vient donc ce contraste entre le
caractère présomptueux des individus, et le caractère modeste, flexible
de la nation ! J'en pourrais indiquer la cause et le remède, mais toutes
vérités ne sont pas bonnes à dire.

ont été les Espagnols , aussi sont-ils restés en arrière des autres Européens, et n'ont-ils eu aucun
lustre dans les sciences ni les arts. Quant aux
hordes sauvages , leur examen prouverait que
les plus vicieuses sont encore celles qui ont le
moins d'égards pour le sexe faible , et chez qui
la condition des femmes est la plus malheureuse.

En thèse générale : *Les progrès sociaux et changemens de période s'opèrent en raison du progrès des
femmes vers la liberté; et les décadences d'ordre social
s'opèrent en raison du décroissement de la liberté des
femmes.*

D'autres évènemens influent sur ces vicissitu-
des politiques ; mais il n'est aucune cause qui
produise aussi rapidement le progrès ou le déclin
social , que le changement du sort des femmes.
J'ai déjà dit que la seule adoption des sérails
fermés nous rendrait en peu de temps barbares,
et la seule ouverture des sérails ferait passer les
barbares à la civilisation. En résumé, *l'extension
des priviléges des femmes est le principe général de
tous progrès sociaux.*

CORRECTIFS
Qui auraient conduit en 6.ᵉ période.

———

**Majorité amoureuse, Corporations amoureuses :
leurs résultats.**

MAJORITÉ AMOUREUSE.

Un très-grand malheur pour notre globe, c'est que parmi les souverains civilisés, il ne se soit pas rencontré un seul ami des femmes, c'est-à-dire un prince juste envers les femmes. Quelques-uns ont été galants, mais il y a loin de la galanterie à l'équité dont je vais indiquer deux dispositions. Elles pourront sembler des germes de désordre, jusqu'à ce qu'on en connaisse l'influence.

La première mesure d'équité à l'égard des femmes, c'aurait été de leur accorder une *majorité amoureuse ;* les affranchir à un certain âge de l'humiliation d'être exposées en vente, et obligées de se priver d'homme jusqu'à ce qu'un inconnu vienne les marchander et les épouser. J'estime qu'on aurait du déclarer les femmes émancipées ou affranchies à l'âge de 18 ans, sauf les règlemens convenables sur l'exercice de leurs amours.

A l'âge de 18 ans, une femme a passé 4 ans en pleine puberté ; c'est, je pense, un délai suffisant pour que les hommes de la ville ou du canton aient eu le temps de réfléchir et d'opter pour la prendre ou laisser.

Puisque les hommes veulent, d'après la loi du plus fort, qu'on interdise la jouissance à toute

M 3

fille, pour réserver ses prémices au premier
malotru qui viendra la marchander, ne doit-
on pas assigner un sort à celles qui définitivement ne trouvent pas d'acquéreur? Ne doit-on
pas, après un essai de plusieurs années, les
mettre en circulation, les autoriser à se pourvoir
comme il leur plaira, et prendre légalement des
amans, *qu'elles prennent de même sans cette permission?*
Celle qui n'a pas trouvé un mari pendant 4 ans
d'exposition dans les bals et promenades, les
grand'messes et sermons, risque fort de n'en trouver jamais; les motifs qui ont écarté les maris, sub-
sisteront après, comme avant les 4 ans d'épreuve:
d'ailleurs, si le mariage est utile en civilisation,
il convient d'y exciter les hommes, par la crainte
de perdre les prémices des femmes qu'ils lais-
seraient chômer au-delà de 18 ans.

Il serait d'autant plus sage de prendre un
parti à l'égard des filles délaissées, que ce sont
pour l'ordinaire les plus belles, les plus aptes à
procréer de beaux enfans. On voit une multitude
de belles femmes rester vacantes, parce que
leur beauté est un épouvantail pour les hommes
qui redoutent le cocuage, et font du mariage
un calcul de raison, de jalousie et d'avarice. Ce
machiavélisme conjugal, fait chômer les demoiselles les plus distinguées, les plus capables
de conduire un ménage. Il n'est rien de plus
révoltant que de voir ces malheureuses filles
dédaignées, parce qu'elles n'ont pas le poids de l'or
en leur faveur. Eh! comment leurs parens qui
les ont *sur les bras*, n'ont-ils pas avisé à proposer une réforme de coutumes si préjudiciables
aux familles peu fortunées, qui sont les plus
nombreuses et les plus dignes de protection.

D'après ces considérations, l'on devrait, en civilisation, distinguer les femmes en deux classes : les *jouvencelles* au dessous de 18 ans, et les *émancipées* au dessus de 18 ans. Elles acquerraient dès cet âge le droit de prendre des amans, sauf les lois à faire sur le sort des enfans qui naîtraient de pareilles unions. (J'indiquerai ces lois dans un traité de 6.e période, car ceci est mesure de 6.e période.)

L'opinion s'unissait à la justice pour réclamer cette mesure. On sait que les jeunes filles qui atteignent vingt ans, sans être mariées, sont ridiculisées par les hommes. On se moque de leur abandon ; elles sont criblées de sarcasmes et de quolibets, et forcées par l'opinion à contrevenir à la loi, en prenant secrettement des amans. Les hommes sont si médisans, si injustes à l'égard des femmes, qu'ils les persifflent dans tous les cas, soit qu'elles aient gardé, soit qu'elles aient perdu leur virginité, après l'âge où ce fardeau devient trop pénible à porter.

Quels étaient les risques d'accorder aux femmes une liberté amoureuse après l'âge de 18 ans, et quels avantages a-t-on retiré du système oppressif des philosophes ? Avec leur méthode d'éducation caffarde, qui donne aux demoiselles une insouciance affectée pour l'amour, ils ne sont parvenus qu'à organiser le *cocuage universel*. Dès-lors tout autre système plus conforme au vœu de la nature, ne produirait guères plus de cocus qu'on n'en voit aujourd'hui. Eh ! ne valait-il pas mieux, cornes pour cornes, essayer un ordre moins oppressif, moins avilissant pour les femmes? Sans doute, car la liberté amoureuse développe de précieuses qualités chez

M 4

les classes qui en jouissent le plus : ce sont *les dames de haut parage*, *les courtisanes de bon ton*, *et les petites bourgeoises non mariées*.

C'est parmi ces trois classes de femmes qu'on apperçoit les plus heureux développemens ; leurs qualités réunies composeraient la perfection. En effet :

Les Dames de cour, j'entends celles qui sont galantes, ont des manières franches, aisées, un ton expansif qui inspire l'amitié. Elles séduisent tout-à-coup celui qui les voit pour la première fois ; il croit trouver des femmes au-dessus de la nature humaine, tant elles diffèrent des bourgeoises, qui sont des mécaniques à mensonge ; des ames étroites, où l'amour règne exclusivement, et ne laisse d'accès à aucune autre passion ; elles sont de glace pour l'amitié, le goût des arts et autres nobles affections. Sans doute les dames de cour ont aussi leurs côtés vicieux ; mais elles donnent à l'intrigue des teintes variées du naturel et de la magnanimité. Eh ! peut-on les blâmer de savoir embellir le vice, puisqu'il doit seul régner en civilisation ?

Les Courtisanes de bon ton, à part certain manége que nécessite leur genre de commerce, sont remplies de nobles qualités ; obligeantes, charitables, cordiales ; leur caractère serait sublime si elles avaient de bonnes rentes : témoin celui de Ninon. Elles perdent par l'habitude du plaisir cet esprit cauteleux, ces arrières pensées toutes charnelles qu'on remarque dans les bourgeoises pétries de morale ; dans ces ménagères qui, à travers leur étalage de sentiment, laissent percer à chaque instant une sensualité qu'elles s'obstinent à nier, sensualité qui ne dépare point une femme, quand elle est en balance avec les affections de l'ame; comme il arrive chez les dames franchement galantes.

Les petites Bourgeoises, boutiquières, ouvrières, etc. sont, avant le mariage, une classe de femmes entièrement libres, surtout dans les grandes villes. Elles ont des amans affichés à la barbe de père et mère, elles en ont à rechange en toute occasion; enfin, elles jouissent à profusion de ce qui est refusé aux demoiselles d'un rang supérieur(1). Elles passent leur jeunesse à voltiger d'homme en homme, elles n'en sont que plus intelligentes au travail, et plus habiles à trouver quelque innocent qui les épouse, quand elles sont sur le retour. On doit blâmer sans doute leur manie de dissimulation perpétuelle, manie qu'il faut attribuer au mauvais ton des hommes de classe moyenne qui les entourent. Du reste, elles ont d'heureuses dispositions; elles sont surtout d'excellentes menagères, bien préférables aux Agnès du premier étage.

En résumé : l'on élèverait à la perfection le caractère féminin, si l'on pouvait réunir les qualités des trois classes de femmes que j'ai citées : et tel serait l'effet d'un ordre social où le sexe féminin jouirait pleinement de la liberté amoureuse. En voulant n'atteindre qu'un but, celui de

---

(1) C'est une déplorable et bizarre persécution que celle qu'éprouvent les demoiselles dites *comme il faut* ; elles voient dans leur ville, dans leur maison, sous leur croisée, les petites bourgeoises prendre leurs ébats, se bercer dans les amours qu'on leur interdit. Pourquoi cette bigarrure de mœurs dans la civilisation, et quelles raisons allègueront les philosophes, pour prouver qu'on n'aurait pas dû essayer de généraliser cette liberté amoureuse, qui ne produit que de bons effets parmi les classes de femmes qui en jouissent !

ménagère, vous manquez tout, pour avoir trop peu désiré : vos jeunes filles boursoufflées de préjugés et de philosophie, sont des êtres dénaturés, qui toujours rongées de désirs, ont l'esprit en distraction continuelle, travaillent avec dégoût, effleurent les arts qu'on leur enseigne, oublient après le mariage tout ce qu'elles ont appris, et deviennent bientôt de mauvaises ménagères pour peu que l'époux n'ait pas l'habileté de les conduire à la guide. Le monde les éblouit, les entraîne d'autant plus vîte, qu'elles n'en ont aucune expérience ; tandis qu'une femme déjà exercée avant le mariage, sera moins infatuée du plaisir, et connaissant les astuces des galants, elle s'attachera d'autant mieux au ménage et au mari qu'elle considèrera comme protecteur contre la persécution masculine. Si elle prend des suppléans, ce sera par délassement plutôt que par passion : dans ses amours elle ne perdra point de vue les intérêts du ménage, et adoucira, autant que possible, la disgrâce inévitable du cocuage. De telles femmes conviennent éminemment aux hommes insoucians, aux maris de bonne pâte, à qui il faut une épouse impérieuse, une *virago*, qui sache tenir le gouvernail du ménage et *porter les culottes*. Une telle épouse fait le bonheur d'un homme faible ; il obtient d'elle le véritable amour conjugal, qui n'est autre chose qu'une ligue d'intérêts entre les époux, une coalition contre les perfidies sociales.

Combien est-il d'autres classes d'hommes qui ne sauraient s'accommoder de ces femmes emmiellées de préjugés, de ces automates philosophiques dont le caractère est une énigme impénétrable, et qui, avec leur ingénuité si-

mulée , excitent la défiance des philosophes
même : ils savent mieux que personne combien
l'on doit peu compter sur cet air de candeur
que l'éducation donne aux jeunes filles. Toute
dame d'une conduite licencieuse, a paru aussi
candide qu'une autre, avant son mariage : ce
vernis de chasteté est un masque qui n'en impose à aucun homme, n'accélère point les mariages et n'aboutit qu'à exercer les femmes à la
dissimulation. On sait qu'un souffle de l'amour
leur créera des passions et développera en elles
un caractère encore inconnu, et dont la bonté
ou la malice est une énigme impénétrable même
aux hommes exercés. Bref, ce galimatias d'éducation philosophique, n'est qu'un cercle vicieux comme tous les usages civilisés, et n'a-
boutit qu'à jeter tous les époux dans la disgrâce
qu'ils veulent éviter. Ce qui désoriente les
philosophes, c'est de voir qu'on n'arrive de toutes
manières qu'à ce cocuage, objet de leur effroi.
Aussi ces savans varient-ils chaque jour dans
leurs systèmes d'éducation, sans autre résultat,
que de masquer et non pas changer les penchans des jeunes filles.

« Naturam expellas furcâ, tamen usque recurret. »

Ils s'allarment si l'on élève les femmes à la
culture des sciences ou des arts ; ils ne voudraient chez les jeunes personnes, d'autre goût
que celui d'*écumer le pot au feu :* telles sont
leurs propres paroles qu'ils font entendre jusques sur les théâtres : ils ne sont occupés qu'à
contrarier l'amour du plaisir ; ils n'entrevoient
que des cornes dans l'avenir ; ils sont hargneux
et tracassiers sur les goûts des femmes ; om-

brageux comme les eunuques autour des odalisques.

Eh ! quand on parviendrait à débrouiller
leurs systèmes d'éducation, qui varient chaque
jour, (puisqu'il paraît chaque jour de nouveaux
traités de morale qui ne sont jamais d'accord
avec les précédens), quel fruit en retirerait-on
pour l'avantage des jeunes filles? Voit - on se
marier celles qui sont boursoufflées de préceptes ? non, elles restent vacantes avec leurs
vertus. Il n'y a que deux léviers qui décident
les mariages en civilisation ; ce sont la fortune
et l'intrigue. Les pères ne l'ignorent pas, aussi
sont-ils plus en peine de doter leurs filles que
de les éduquer. Quant à l'intrigue, les pères
n'excellent pas sur ce point ; et malgré les
cajoleries qu'ils emploient auprès des hommes
à marier, ils sont déjoués par toute fille un
peu manégée qui sait elle-même conduire l'intrigue, et mettre en jeu d'autres batteries que
les vertus. Ces filles expérimentées ont l'art de
souffler les bons partis aux pudibondes, et de
faire de bons mariages, sans l'entremise de personne ; tandis que le mariage des Agnès exige
l'entremise scandaleuse des commères, parens,
notaires et philosophes, qui se mettent aux
trousses d'un jeune homme pour le sermoner et
le pousser dans le piége, comme on voit les
bouchers et leurs chiens entourer et pousser le
bœuf dans la tuerie où il refuse d'entrer.

Ainsi se machinent les mariages : les hommes
ne s'y prennent qu'autant qu'ils sont cernés
d'embûches, harcelés de solliciteurs et de moralistes ; on ne serait pas si rétif, si le mariage
était vraiment le gage du bonheur, comme

il l'est pour ceux qui épousent une femme
opulente.

Comment un siècle si enclin aux expériences
de toute espèce , un siècle qui a eu l'audace
de renverser les trônes et les autels , a-t-il fléchi
si servilement devant les préjugés amoureux ,
les seuls dont l'attaque eut pu produire quelque
bien ; et comment n'a-t-on pas songé à essayer
sur ce point les systèmes de liberté dont a tant
abusé ? Tout invitait à éprouver son effet sur
les amours, puisque le bonheur des hommes
se proportionne à la liberté dont jouissent les
femmes. En effet, supposons qu'on pût inventer
un moyen de réduire toutes les femmes , sans
exception , à cette chasteté qu'on exige d'elles ,
de manière que nulle femme, ne put se livrer
à l'amour avant le mariage , ni posséder après
le mariage d'autre homme que son mari ; il
résulterait de là que chaque homme ne pourrait avoir dans tout le cours de sa vie que la
ménagère qu'il aurait épousée. Or , quelle serait l'opinion des hommes sur cette perspective
d'être réduits, pour toute leur vie, à ne jouir
que d'une épouse qui pourra leur déplaire dès
le lendemain du mariage ? Certes , chaque
homme individuellement opinerait à étouffer
l'auteur d'une pareille invention qui menacerait
d'anéantir la galanterie ; et les plus ardens
ennemis d'un tel ordre , seraient les philosophes qui sont fortement adonnés à la séduction
et à l'adultère : d'où l'on voit que tous les
hommes sont personnellement ennemis de leurs
maximes de chasteté , et que le bonheur du
sexe masculin s'établit en proportion de la résistance des femmes aux préceptes de fidélité

conjugale. Leur observance rigoureuse causerait désespoir de tous les hommes *individuellement*, sans en excepter les philosophes, qui étant plus séducteurs que d'autres, seraient les plus confondus par le triomphe de leurs maximes amoureuses, comme ils le furent en 1789, par l'épreuve de leurs systèmes administratifs.

Une autre conclusion que l'on peut tirer du débat qui nous occupe, c'est que les civilisés sont dans une ignorance absolue sur l'emploi des passions dans le système moral : car en adoptant la modification proposée à l'égard des femmes, la distinction de *minorité* et *majorité amoureuse*, on arrivait à plusieurs résultats excessivement avantageux au bien des bonnes mœurs civilisées. Entr'autres abus qu'on aurait extirpés, je citerai *la CONFUSION AMOUREUSE* qui est un des seize caractères de civilisation. Je vais la mettre en parallèle avec *les CORPORATIONS AMOUREUSES*, elle sont un caractère de la 6.e période, dont chacun goûterait les tableaux, parce qu'elle est la plus voisine de la nôtre et la plus intelligible pour les civilisés, dont elle conserve encore divers usages domestiques, tels que le ménage incohérent.

CORPORATIONS AMOUREUSES.

Sous le nom de *Confusion amoureuse*, je désigne l'usage où nous sommes de n'admettre aucune gradation de vice ni de vertu dans les amours ; par exemple, s'agit-il d'adultère, toute infidélité conjugale est également coupable aux yeux des philosophes, et ils appellent sur une femme les foudres du ciel et de la terre pour la faute la plus légère. Cependant il est une gradation de délit dans l'adultère comme partout : les accointances avec une femme stérile ou avec une femme déjà enceinte , enfin toutes copulations dont il ne résulte pas de grossesse , ne sont-elles pas des peccadilles , surtout quand l'adultère est conditionnel , toléré tacitement par l'époux. Il faut donc distinguer ces diverses nuances de délit , d'avec l'adultère vraiment coupable , comme celui qui cause la désunion des ménages ou qui y introduit des rejetons hétérogènes. En refusant d'admettre ces distinctions , en voulant confondre et condamner en masse tous les genres d'adultère , on les a tous rendus excusables , on a fait porter sur tous l'indulgence qui est due à quelques-uns. L'opinion révoltée a combattu les persécuteurs par le ridicule ; et sous le nom de COCUAGE on est parvenu à excuser et favoriser des perfidies odieuses , que la législation confond avec des délits très-minimes.

L'on a donc manqué le but par excès d'injustice et d'oppression : l'on n'a réussi qu'à faire triompher en amour la fausseté et la dépravation. Si tout plaisir, hors du mariage , est un crime selon les philosophes , il devient nécessaire de tout nier et de tromper sans cesse : de là vient que chaque femme et chaque fille se donnent pour des modèles de fidélité ou de continence ; mais pour peu qu'on admit des gradations de vertu et de vice, en affaires galantes , on verrait naître des mœurs loyales et favorables à la vérité comme aux plaisirs.

En admettant la distinction de minorité et majorité amoureuse, les femmes émancipées après l'âge de 18 ans, doivent se classer en trois corporations principales, savoir :

1.º *Les Epouses*, qui n'ont qu'un seul homme à perpétuité, selon la méthode civilisée.

2.º *Les Damoiselles ou demi-Dames*, qui peuvent changer de possesseurs, pourvu qu'elles les prennent successivement, un seul à la fois, et que la séparation s'opère avec régularité.

3.º *Les Galantes*, dont les statuts sont moins rigoureux encore.

Chacune de ces trois classes se subdivise en trois genres ou nuances distingués par des tableaux nominaux dans chaque ville ou canton. Toute femme change à volonté de corporation.

Cet ordre de choses (dont les dispositions accessoires seraient trop longues à indiquer), réaliserait la plupart des réformes qu'on tente vainement aujourd'hui dans le système amoureux ; par exemple, il préviendrait la séduction et le délaissement des jeunes filles. Si l'on en voit un si grand nombre végéter toute leur vie, en attendant un mari, ou donner dans la débauche, c'est parce que les hommes ont la faculté d'abuser par des délais celles qu'ils courtisent, et parce qu'elles n'entrevoient pas de terme à leur désolant célibat : mais ce terme une fois fixé à 18 ans, un séducteur n'aurait pas de chances pour abuser une fille ; si elle cédait, elle serait rejetée ou suspectée ignominieusement par le corps des jouvencelles ; elle se soutiendrait encore par la certitude de n'attendre que jusqu'à 18 ans : à cette époque, les prétendans seraient obligés de se prononcer, à défaut de quoi, la jouvencelle, pour ne pas perdre sa belle jeunesse, prendrait parti dans le le corps des Damoiselles ; et en acquérant le droit de prendre un possesseur , elle ne choisirait sûrement pas celui qui l'aurait leurrée d'un espoir de mariage : c'est une supercherie que les jeunes filles ne pardonnent pas.

Alors on verrait l'adultère ou cocuage réduit à très-peu de chose ; un séducteur aurait peu de succès auprès des femmes mariées , car elles risqueraient d'être suspectées même sans preuves matérielles , et classées dans le tableau des douteuses , ou dans celui des infidèles, si le délit était constaté. Les épouses se trouveraient surveillées par les deux corps des Damoiselles et des Galantes ; dès - lors une femme n'oserait former le nœud conjugal qu'avec un penchant décidé pour la fidélité. En conséquence , on ne se marierait que fort tard , dans l'âge du calme des passions , et le mariage se trouverait ramené à son but, qui est d'être l'appui de la vieillesse: c'est une retraite du monde , un lien de raison , fait pour les gens âgés et non pour la jeunesse.

Alors se dissiperait le préjugé qui attache du ridicule à épouser des filles déjà possédées par autrui. Les Damoiselles ne seraient aucunement dégradées pour avoir eu des amans , puisqu'elles auraient attendu pour en prendre , l'âge de 18 ans exigé par les lois. On les épouserait sans plus de scrupule qu'on n'en a d'épouser une veuve qui a des enfans. Si c'est un affront que d'être second possesseur en mariage , pourquoi les hommes sont-ils si friands d'épouser une veuve riche , et se charger de l'éducation des enfans d'autrui ; enfans qui peuvent provenir de différens pères, si la veuve a été galante ? On passe sur toutes ces considérations , tandis

N

qu'on se croirait compromis d'épouser une fille qui n'a été que galante, sans avoir eu d'enfans. D'après cela , nos idées sur l'honneur et la vertu des femmes , ne sont que des préjugés qui varient au gré de la législation. Il suffirait d'une loi pour rallier l'opinion à la nature , et mettre au rang des plaisirs décens ces galanteries qu'il est ridicule de déclarer vice chez les femmes, quand on les déclare gentillesse chez les hommes. Dès-lors les hommes ne peuvent atteindre à la gentillesse , qu'autant que les femmes veulent bien se livrer au vice : plaisante contradiction , qui , au reste, n'est pas plus plaisante que nos coutumes et nos opinions civilisées ! (1)

---

(1) L'adultère est déclaré crime, et pourtant un homme jouit dans la bonne société d'une considération proportionnée au nombre de ses adultères connus et affichés. On admire, on prône un Richelieu, un Alcibiade, qui ont suborné une infinité de femmes mariées; mais quel cas fait-on d'un homme qui voulant obéir aux lois et à la religion , conserve sa virginité pour l'apporter en cadeau de noces à sa femme ! Un tel homme est persiflé de tout le monde. En fait d'adultère comme de duel, la loi est neutralisée par l'opinion qui n'est favorable qu'aux supercheries amoureuses et même au dévergondage ; en effet, on note d'infamie une pauvre fille qui se laisse faire un enfant, sans la permission de la municipalité, on la déclare coupable lors même qu'elle a été fidèle à son amant; mais comparez la conduite de cette jeune fille avec celle des honnêtes femmes. Or , qu'est-ce qu'une honnête femme en France ! c'est une dame qui a communément trois hommes à la fois, savoir; le mari, l'amant en pied, et quelque ancien titulaire qui revient de temps à autre user de ses droits, à titre d'ami de la maison; le tout sans compter les passades. En menant ce train de vie, elle obtient à plein droit un brevet d'honnête femme. Soit dit sans blâmer les dames qui se divertissent; elles n'auront jamais tant d'amans que leurs maris ont de maîtresses avant et après le mariage.

L'opinion si ridicule par ses injustices, l'est encore plus par ses contradictions ; témoins les filles enceintes : on leur fait un crime de la grossesse et un crime de l'avortement volontaire ; cependant si elles tiennent à l'honneur, elles doivent aviser aux moyens de conserver l'honneur en effaçant les traces de leur faiblesse. Ce ne sont donc point les filles qui sont blâmables de se faire avorter dans le commencement de la grossesse où le fétus n'est pas vivant

Alors s'affaibliraient l'égoïsme et l'esprit servile qu'engendre l'état conjugal. Il corrompt principalement le caractère des femmes : elles adoptent tous les vices d'un époux, sans adopter ses bonnes qualités, résultat nécessaire de la souplesse qu'on leur inspire. Mariez une jeune Agnès à Robespierre, elle sera le mois suivant aussi féroce que lui ; elle le flattera dans tous ses crimes. Ce penchant servile des épouses serait corrigé par la rivalité des Damoiselles, qui auraient pour esprit dominant de ne s'identifier aux mœurs d'aucun homme, puisqu'elles en pourraient changer ; de n'affecter qu'un caractère noble et indépendant, et de s'éloigner en tout point des vices inhérens à l'état conjugal ; entr'autres, de l'égoïsme que le mariage élève au plus haut degré : aussi les gens mariés sont-ils atteints d'une prodigieuse méfiance contre leurs semblables. Rien de plus difficile que d'assembler et faire vivre en ménage deux couples d'époux. L'incompatibilité s'étend des maîtres aux serviteurs, et dans tout ménage on répugne très-fortement à prendre en domesticité un couple marié. C'est qu'on n'i-

---

c'est l'opinion qui est ridicule de déclarer l'honneur perdu pour l'action très-innocente de faire un enfant. Les coutumes, en Suède, sont sur ce point bien plus sensées que dans le reste de l'Europe ; elles ne déshonorent point une fille enceinte ; et de plus, elles défendent aux maîtres de renvoyer, pour cause de grossesse, une fille domestique à qui l'on n'aurait pas d'autre délit à reprocher. Coutume très-sage dans un pays qui a besoin de population.

Mais à quoi servirait de s'appesantir sur les ridicules de nos opinions ! personne ne les a mieux jugées que les prôneurs même, qui ne voyant aucun moyen de concilier la civilisation et la raison, ont pris à cet égard la tactique des charlatans ; c'est de vanter outre mesure leur orviétan, leur civilisation. Quelque rabais qu'on fasse sur le mérite de cette drogue, c'est lui accorder toujours trop de valeur, puisqu'elle n'en a aucune. Ainsi ont calculé les philosophes, quand ils ont imaginé de nous dire que la société civilisée était la perfection du perfectionnement de la perfectibilité.

N 2

gnore pas que l'esprit conjugal opère une ligue
des époux contre tout ce qui les entoure, qu'il
étouffe les passions nobles et les idées libérales;
de là vient que la classe des gens mariés est
toujours la plus astucieuse, la plus indifférente
aux malheurs publics ou particuliers ; et leur esprit antisocial est si bien reconnu, qu'on croit
faire un grand éloge d'un homme, en disant :
le mariage ne l'a point changé, il a conservé le
carectère aimable d'un garcon.

Alors on verrait les renommées de vertu et de
vice, réduites à leur juste valeur. J'ai observé
que nos coutumes ne distinguent aucune gradation de vice : chaque femme est obligée de
feindre la vertu ; et dans ces prétentions confuses, l'avantage est tout entier du coté des
dames les plus licencieuses, parce qu'elles
rabattent sur le nombre des amans qu'elles ont
possédés. Combien voit-on d'honnêtes femmes
qui ont joui d'une vingtaine d'hommes, et qui
dans leurs adroites confidences, se font passer
pour n'en avoir eu qu'une demi douzaine ! tandis
qu'une malheureuse qui n'en aura eu que deux ou
trois, est diffamée plus que celles qui ont bravé
la critique. Cette confusion serait débrouillée
par la distinction des femmes en diverses corporations, assorties aux divers caractères. Je répète que ces 3 confréries amoureuses dont j'ai
fait mention, seraient subdivisées en 9 genres
accessoires, afin d'éviter autant que possible
toute confusion : et de même qu'il y aurait 3 tableaux d'ÉPOUSES *constantes*, *douteuses* et *infidèles*,
il y aurait aussi 3 tableaux de DAMOISELLES et 3
tableaux de GALANTES. Cette méthode se rallierait
à l'ordre des séries passionnées dont j'ai donné

la définition dans la notte A ; et comme il faut placer aux extrémités de chaque série deux groupes de transition , ces groupes seraient ceux des *jouvencelles* et des *indépendantes* dont les unes n'ont aucun exercice de l'amour sensuel , et les autres n'observent aucun statut dans l'exercice de cette passion.

Un tel ordre est le moindre des développemens réguliers qu'on puisse donner aux relations amoureuses : tout système qui restreint davantage les passions, tombe nécessairement dans les vices d'égalité et de confusioh philosophiques dont nous voyons aujourd'hui les odieux résultats.

Vices du système oppressif des Amours,

IL est à remarquer que dans le désordre actuel des coutumes amoureuses , les femmes ont obtenu le seul privilége qui devrait leur être refusé ; celui de faire accepter à l'époux un enfant qui n'est pas de lui , et sur le front duquel la nature a écrit le nom du véritable père. Ainsi dans le seul cas où la femme soit coupable , elle jouit de la haute protection des lois , et dans le seul cas où l'homme soit vraiment outragé , l'opinion et la loi sont d'accord pour aggraver son affront. Eh ! comment les civilisés si persécuteurs quand il s'agit des plaisirs de leurs femmes, s'accordent-ils si débonnairement à courber leur front sous le joug, à héberger un fruit d'adultère évident , à l'associer dans leur nom et leurs biens, quand ils devraient l'envoyer aux enfans trouvés ? Voilà donc les vœux de la la philosophie accomplis : c'est vraiment dans le mariage que les hommes forment une famille.

de frères, où les biens sont communs à l'enfant du voisin comme au nôtre. La générosité de ces honnêtes maris civilisés sera dans l'avenir un sujet de rire interminable, et il faudra bien quelques pages divertissantes comme celles-là, pour aider à soutenir la lecture de nos annales, si souvent écrites en lettres de sang.

Cette tolérance des maris sur l'offense la plus coupable, s'accorde bien avec l'inconséquence générale qui règne en affaires amoureuses. Elle est à tel point qu'on voit la religion et les théâtres prêcher publiquement des mœurs contradictoires ; à côté d'un temple où l'on enseigne l'horreur des intrigues galantes et des voluptés, on voit un cirque, où l'on ne forme l'auditoire qu'à l'exercice des ruses galantes et à la recherche des voluptés. La jeune femme qui vient d'entendre un sermon sur le respect dû aux époux et aux supérieurs, ira l'heure suivante au théâtre, y prendre des leçons sur l'art de tromper un mari, un tuteur ou autre argus : et Dieu sait laquelle des deux leçons fructifie le mieux. Ces contradictions scandaleuses se répètent dans tout le mécanisme civilisé ; et lorsqu'on observe de sang-froid tant de bizarreries, ne doit-on pas penser que la civilisation toute entière est une société de fous, d'autant plus fous qu'ils connaissent le principe d'amélioration sociale et se refusent à en faire usage. Ils savent que l'on ne s'est avancé de la barbarie à la civilisation que par l'adoucissement de la servitude des femmes : cette notion expérimentale les induisait à donner plus d'extension aux priviléges féminins ; de là serait résulté une entrée en 6.ᵉ période, puis en 7.ᵉ, par la liberté complette des femmes. D'où l'on

voit que la route des progrès sociaux était facile
et connue, et qu'on y serait entré dès l'instant
où l'on aurait voulu s'écarter du système oppresseur des philosophes à l'égard des femmes.
Ne savent-ils pas par eux-mêmes que la fidélité
perpétuelle en amour est contraire à la nature
humaine ? Que si l'on peut amener à de telles
mœurs quelques benets de l'un et l'autre sexe,
on n'y réduira jamais la masse des hommes ni
des femmes ; et que dès-lors toute législation qui
exige des caractères si incompatibles avec les
passions, ne peut produire que des ridicules
spéculatifs et des désordres pratiques, puisque
tout le corps social sera tacitement ligué pour
autoriser les infractions. N'est-ce pas là le résultat du système amoureux qui domine depuis
2500 ans ? Il n'est qu'une continuation des
mœurs oppressives qui régnaient dans les âges
obscurs, mœurs qu'il devient ridicule d'exiger
dans un siècle où l'on se vante de raison et de
respect pour les vœux de la nature.

Que les anciens philosophes de la Grèce et
de Rome aient dédaigné les intérêts des femmes,
il n'y a rien d'étonnant, puisque ces rhéteurs
étaient tous des partisans outrés de la pédérastie
qu'ils avaient mise en grand honneur dans la
belle antiquité. Ils jetaient du ridicule sur la
fréquentation des femmes ; cette passion était
considérée comme déshonorante. Le code de
Lycurgue excitait les jeunes gens à l'amour sodomite, qu'on appelait, à Sparte, *le sentier de la
vertu*. On provoquait également ce genre d'amour
dans les républiques moins austères ; les Thé-
bains avaient formé un bataillon de jeunes pé-
dérastes, et ces mœurs obtenaient le suffrage

N 4

unanime des philosophes , qui depuis le vertueux Socrate jusqu'au délicat Anacréon , n'af-
fichaient que l'amour sodomite et le mépris des
femmes qu'on reléguait au deuxième étage , fermées comme dans un sérail et bannies de la
société des hommes.

Ces goûts bizarres n'ayant pas pris faveur chez
les modernes , on a lieu de s'étonner que nos
philosophes aient hérité de la haine que les anciens savans portaient aux femmes , et qu'ils
aient continué à ravaler le sexe , au sujet de
quelques astuces auxquelles la femme est forcée
par l'oppression qui pèse sur elle , car on lui
fait un crime de toute parole ou pensée conforme au vœu de la nature.

Tout imbus de cet esprit tyrannique, les philosophes nous vantent quelques mégères de l'antiquité qui répondaient avec rudesse aux paroles
de courtoisie. Ils vantent les mœurs des Ger-
mains, qui envoyaient leurs épouses au supplice
pour une infidélité. Enfin , ils avilissent le sexe
jusques dans l'encens qu'ils lui donnent ; car quoi
de plus inconséquent que l'opinion de Diderot,
qui prétend que pour écrire aux femmes, « *il faut*
» *tremper sa plume dans l'arc-en-ciel et saupoudrer*
» *l'écriture avec la poussière des ailes du papillon.* »
Les femmes peuvent répliquer aux philosophes :
Votre civilisation nous persécute , dès que nous
obéissons à la nature ; on nous oblige à prendre
un caractère factice , à n'écouter que des impulsions contraires à nos désirs. Pour nous faire
goûter cette doctrine , il faut bien que vous
mettiez en jeu les illusions et le langage men-
songer , comme vous faites à l'égard du soldat
que vous bercez dans les lauriers et l'immor-

talité, pour l'étourdir sur sa misérable condition. S'il était vraiment heureux, il pourrait
accueillir un langage simple et véridique, qu'on
se garde bien de lui adresser. Il en est de même
des femmes ; si elles étaient libres et heureuses,
elles seraient moins avides d'illusions et de cajoleries, et il ne serait plus nécessaire pour
leur écrire de mettre à contribution, l'*arc-en-
ciel* et les *papillons*. Mais si le militaire et le sexe
féminin, et même le peuple entier ont besoin
d'etre continuellement abusés, c'est un titre
d'accusation contre la philosophie, qui n'a su
organiser en ce monde que le mal-être et la
servitude. Et lorsqu'elle raille sur les vices des
femmes, elle fait sa propre critique ; c'est elle
qui produit ces vices par un système social, qui
comprimant leurs facultés dès l'enfance et pendant tout le cours de la vie, les force à recourir
à la fraude pour se livrer à la nature.

Vouloir juger les femmes sur le caractère
vicieux qu'elles déploient en civilisation, c'est
comme si l'on voulait juger la nature de l'homme
par le caractère du paysan russe qui n'a aucune
idée d'honneur, ni de liberté ; ou comme si l'on
jugeait les castors sur l'hébêtement qu'ils mon-
trent dans l'état domestique ; tandis que dans
l'état de liberté et de travail combiné, ils deviennent les plus intelligens de tous les quadrupèdes. Même contraste règnera entre les
femmes esclaves de la civilisation, et les femmes
libres de l'ordre combiné ; elles surpasseront les
hommes en devouement industriel, en loyauté
et en noblesse ; mais hors de l'état libre et
combiné, la femme devient, comme le castor
domestique ou le paysan russe, un être telle-

ment inférieur à sa destinée et à ses moyens, qu'on incline à la mépriser quand on la juge superficiellement et sur les apparences. Aussi ne faut-il pas s'étonner si Mahomet, le concile de Mâcon et les philosophes ont contesté sur l'ame des femmes, et n'ont songé qu'à river leurs fers au lieu de les briser.

Elles semblent avoir plutôt besoin de maîtres que de liberté; aussi parmi leurs amans donnent-elles communément la préférence à ceux dont les procédés la mériteraient le moins. Mais comment la femme pourrait-elle échapper à des penchans serviles et perfides, quand l'éducation l'a façonnée dès l'enfance à étouffer son caractère, pour se plier à celui du premier venu, que le hasard, l'intrigue ou l'avarice lui choisiront pour époux ?

Une chose surprenante, c'est que les femmes se soient toujours montrées supérieures aux hommes, quand elles ont pu développer sur le trône leurs moyens naturels dont le diadême leur assure un libre usage ? N'est-il pas notoire que sur 8 femmes souveraines, libres et sans époux, il en est 7 qui ont régné avec gloire ? tandis que sur 8 rois, on compte habituellement 7 souverains faibles. Et si quelques femmes n'ont pas brillé sur le trône, c'est pour avoir, comme Marie Stuart hésité et biaisé devant les préjugés amoureux qu'elles devaient hardiment fouler. Quand elles ont pris ce parti, quels hommes ont mieux su porter le sceptre ? Les Elisabeth, les Catherine ne faisaient pas la guerre, mais elles savaient choisir leurs généraux, et c'est assez pour les avoir bons. Dans toute autre branche de l'administration, les femmes n'ont elles pas donné des leçons à l'homme? Quel prince a surpassé en fermeté une Marie Thérèse, qui dans un moment de désastre où la fidélité de ses sujets est chancelante, où ses ministres sont frappés de stupeur, entreprend à elle seule de retremper tous les courages. Elle sait intimider par son abord la diète de Hongrie mal disposée en sa faveur; elle harangue les Magnats en langue latine, et amène ses propres ennemis à jurer sur leurs sabres de mourir pour elle. Voilà un indice des prodiges qu'opérerait l'émulation féminine dans un ordre social qui laisserait un libre essor à ses facultés.

Et vous, sexe oppresseur, ne surpasseriez-vous pas les défauts reprochés aux femmes, si une éducation servile vous formait comme elles à vous croire des automates faits pour obéir au préjugé et pour ramper devant un maître que le hasard vous donnerait? N'a-t-on pas vu vos prétentions de supériorité confondues par Catherine, qui a foulé aux pieds le sexe masculin? En instituant des favoris titrés, elle a traîné l'homme dans la boue, et prouvé qu'il peut dans sa pleine liberté, se ravaler de lui-même au dessous de la femme dont l'avilissement est forcé, et par conséquent excusable. Il faudrait pour confondre la tyrannie des hommes, qu'il existât pendant un siècle un troisième sexe mâle et femelle, et plus fort que l'homme. Ce nouveau sexe prouverait à coups de gaules que les hommes sont faits pour ses plaisirs aussi-bien que les femmes; alors on entendrait les hommes réclamer contre la tyrannie du sexe hermaphrodite, et confesser que la force ne doit pas être l'unique règle du droit. Or, ces priviléges, cette

indépendance qu'ils réclameraient contre le troisième sexe , pourquoi refusent-ils de les accorder
aux femmes ?

Je ne prétends pas faire ici la critique de
l'éducation civilisée , ni insinuer qu'on doive
inspirer aux femmes un esprit de liberté. Certes,
il faut que chaque période sociale façonne la
jeunesse à révérer les ridicules dominans; et s'il
faut dans l'ordre barbare abrutir les femmes ,
leur persuader qu'elles n'ont point d'ame pour
les disposer à se laisser vendre au marché et
enfermer dans un sérail; il faut de même dans
l'ordre civilisé hébéter les femmes dès leur enfance pour les rendre convenables aux dogmes
philosophiques , à la servitude du mariage , et
à l'avilissement de tomber sous la puissance
d'un époux dont le caractère sera peut-être l'opposé du leur. Or , comme je blâmerais un barbare qui élèverait ses filles pour les usages de
la civilisation où elles ne vivront jamais ; je
blâmerais de même un civilisé qui élèverait ses
filles dans un esprit de liberté et de raison
propre aux 6.e et 7.e périodes , où nous ne sommes
pas parvenus.

Si j'accuse l'éducation actuelle et l'esprit servile qu'elle inspire aux femmes , je parle com-
parativement à d'autres sociétés où il deviendra
inutile de dénaturer leur caractère à force de
préjugés. Je leur indique le rôle distingué où
elles pourront atteindre , d'après l'exemple de
celles qui ont surmonté l'influence de l'éducation,
et résisté au système oppressif que nécessite le
lien conjugal. En signalant ces femmes qui ont
su prendre leur essor , depuis les Virago, comme
Marie-Thérèse , jusqu'à celles de nuances ra-

doucies, comme les Ninon et les Sévigné, je suis fondé à dire que la femme, en état de liberté, surpassera l'homme dans toutes fonctions d'esprit ou de corps qui ne sont pas l'attribut de la force physique.

Déjà l'homme semble le pressentir : il s'indigne et s'alarme, lorsque les femmes démentent le préjugé qui les accuse d'infériorité. La jalousie masculine a surtout éclaté contre les femmes auteurs ; la philosophie les a écartées des honneurs académiques et renvoyées ignominieusement au ménage.

Cet affront n'était-il pas dû aux femmes savantes? L'esclave qui veut singer son maître, ne mérite de lui qu'un regard de dédain. Qu'avaientelles à faire de la bannale gloire de composer un livre, d'ajouter quelques volumes à des millions de volumes inutiles ? Les femmes avaient à produire non pas des écrivains, mais des libérateurs, des Spartacus politiques, des génies qui concertassent les moyens de tirer leur sexe d'avilissement.

C'est sur les femmes que pèse la civilisation; c'était aux femmes à l'attaquer. Quelle est aujourd'hui leur existence? elles ne vivent que de privations, même dans l'industrie, où l'homme a tout envahi jusqu'aux minutieuses occupations de la couture et de la plume, tandis qu'on voit des femmes s'escrimer aux pénibles travaux de la campagne. N'est-il pas scandaleux de voir des athlètes de 30 ans accroupis devant un bureau, et voiturant avec des bras velus une tasse de café, comme s'il manquait de femmes et d'enfans pour vaquer aux vétilleuses fonctions des bureaux et du ménage ?

Quels sont donc les moyens de subsistance pour les femmes privées de fortune ? la quenouille ou bien leurs charmes, quand elles en ont. Oui, la prostitution plus ou moins gazée, voilà leur unique ressource, que la philosophie leur conteste encore : voilà le sort abject auquel les réduit cette civilisasion, cet esclavage conjugal qu'elles n'ont pas même songé à attaquer ; et cette inadvertance est impardonnable, depuis la découverte d'Otahiti dont les mœurs étaient un avertissement de la nature, et devaient suggérer l'idée d'un ordre social qui pût réunir la grande industrie avec la liberté amoureuse. C'était le seul problème digne d'exercer les femmes auteurs ; leur indolence à cet égard est une des causes qui ont accru le mépris de l'homme. L'esclave n'est jamais plus méprisable que par une aveugle soumission qui persuade à l'oppresseur que sa victime est née pour l'esclavage.

Les femmes savantes loin d'aviser aux moyens de délivrer leur sexe, ont épousé l'égoïsme philosophique ; elles ont fermé les yeux sur l'asservissement des compagnes dont elles avaient su éviter le triste sort ; elles n'ont recherché aucun moyen de délivrance ; c'est pour cela que les souveraines qui auraient pu servir leur sexe, et qui ont eu, comme Catherine, le bon sens de mépriser les préjugés, n'ont rien fait pour affranchir les femmes. Personne n'en avait suggéré l'idée, personne n'avait indiqué une méthode de liberté amoureuse. Or, si l'on eût publié quelques plans à cet égard, ils auraient été accueillis et mis à l'épreuve aussitôt qu'un prince ou une princesse équitables auraient paru sur les trônes.

L'étude de ces procédés d'affranchissement
était une tâche imposée aux femmes savantes;
en la négligeant, elles auront terni, éclipsé leur
gloire littéraire, et la postérité ne verra que leur
egoïsme, leur avilissement : car si les femmes
auteurs savent généralement s'affranchir des préjugés et prendre leurs ébats, elles ne sont pas
moins notées et tympanisées à ce sujet.

Cette tyrannie de l'opinion suffisait, ce me
semble, pour irriter des femmes honorables, et
les exciter à attaquer le préjugé, non par des
déclamations inutiles, mais par la recherche
de quelque innovation qui pût soustraire les
deux sexes à l'effrayante et avilissante condition
du mariage.

Loin qu'on tendît à alléger les chaînes des
femmes, la prévention contre leur liberté allait
croissant : trois accidens contribuaient à enra-
ciner chez les modernes cet esprit oppresseur
du sexe faible.

1.º L'introduction de la maladie vénérienne
dont les dangers transforment la volupté en
débauche, et militent pour restreindre la liberté
de liaisons entre les sexes. (Cette maladie est
extirpée par le ménage progressif.)

2.º L'influence du catholicisme, dont les
dogmes ennemis de la volupté la privent de
toute influence sur le système social, et ont
ajouté le renfort des préjugés religieux à l'antique tyrannie du lien conjugal.

3.º La naissance du mahométisme qui aggra-
vant l'infortune et la dégradation des femmes
barbares, réfléchit une fausse teinte de bonheur
sur la condition moins déplorable des femmes
civilisées.

Ces trois incidens formaient un tissu de fatalités, qui fermait plus que jamais la voie à toute amélioration fondée sur le relâchement des chaînes imposées aux femmes ; à moins que le hasard n'eût produit quelque prince ennemi des préjugés, et assez pénétrant pour faire sur une province l'essai des dispositions amoureuses que j'ai indiquées. Cet acte de justice était le seul que la nature réclamait de notre raison, et c'est en punition de cette rébellion à ses vœux, que nous avons manqué le passage en 6.ᵉ et en 7.ᵉ période, et que nous sommes restés *vingt-trois siècles de trop* dans les ténèbres philosophiques et les horreurs civilisées.

OMISSION ESSENTIELLE,

à intercaler page 160, à la suite du premier paragraphe.

Les palais ou manoirs des tribus voisines, doivent communiquer entr'eux, par des galeries couvertes et à l'abri des injures de l'air; de manière que dans les relations de plaisirs ou d'affaires, on soit garanti de l'inclémence des saisons, dont on souffre à chaque pas en civilisation. Il faut que jour et nuit l'on puisse circuler de l'un à l'autre palais, par des passages chauffés ou ventilés ; et qu'on ne risque pas, comme dans l'ordre actuel, d'être sans cesse mouillé, crotté et gratifié de rhumes et fluxions, par le passage subit des salles fermées aux rues ouvertes. Il faut qu'au sortir d'un bal ou festin, les hommes et femmes qui auront fait la partie de coucher hors de leur tribu, puissent s'acheminer à couvert, sans se botter et fourrer, sans l'embarras de monter en voiture, et qu'au lieu de traverser trois ou quatre rues, comme en civilisation, l'on traverse seulement les galeries publiques de trois ou quatre manoirs contigus, sans s'y appercevoir de chaud ni de froid, de vent ni de pluie. Cette méthode des communications abritées, est un des mille agrémens réservés à l'ordre combiné, dont la tribu à neuf groupes offre déjà une esquisse.

DEUXIÈME

DEUXIÈME NOTICE.

Sur la Splendeur de l'Ordre combiné.

Pour se familiariser au luxe que je vais décrire, il convient de relire la note A, sur l'ordonnance des séries progressives, afin de se persuader qu'un ordre si contraire à nos usages doit donner des résultats diamétralement opposés, et produire autant de magnificence que nos travaux incohérens produisent de misère et d'ennuis.

Ordre des Matières dont traite la seconde Notice :

Le lustre des sciences et des arts.
Les spectacles et la chevalerie errante.
La gastronomie combinée,

Envisagée { en sens politique, en sens matériel, en sens passionné.

La politique galante pour la levée des armées.

On pourra se plaindre de quelque confusion, parce que la division n'a été faite qu'après coup, ainsi que je l'ai observé au sujet de la première notice.

Il ne faudra pas perdre de vue, que pour opérer les prodiges que je vais décrire, l'ordre combiné aura le secours de quatre nouvelles passions que nous ressentons peu ou point dans

O

l'ordre civilisé , où tout s'oppose à leur développement.

Ces quatre passions que j'ai nommées

10.ᵉ *L'engrenante*,
11.ᵉ *La variante*,
12.ᵉ *La graduante*,
13.ᵉ *L'harmonisme*,

ne peuvent avoir cours que dans les sectes progressives ; et comme nous ne sommes pas habitués à des passions si délicieuses, elles nous
sembleront aussi neuves que l'amour paraît aux
jeunes gens qui le ressentent pour la première
fois.

Cette perspective n'aura rien de flatteur pour
ceux qui ont déjà perdu leurs belles années dans
la triste civilisation ; mais qu'ils se rassurent,
ces nouveaux plaisirs seront pour tous les âges,
et leur attente ne causera du désespoir que pendant l'intervalle qui s'écoulera jusqu'à la fondation de l'ordre combiné.

Lustre des Sciences et des Arts.

Pour juger à quelle splendeur s'élèvent les
sciences et les arts dans l'ordre combiné , il
faut d'abord connaître qu'elles immenses récompenses sont décernées aux savans et artistes.

Toute phalange dresse, chaque année, à la
majorité absolue des voix, un tableau des inventions ou compositions qui ont paru , et
qu'elle a accueillies dans le cours de l'année.
Chacune de ces productions est jugée par la
secte compétente ; une tragédie , par les sectes

de littérature et de poésie, et ainsi de toutes les nouveautés.

Si l'œuvre est estimé digne de récompense, on fixe la somme à adjuger à l'auteur ; par exemple, vingt sous à Racine pour sa tragédie d'Athalie.

Chaque phalange après avoir formé le tableau des prix décernés, l'envoie à une administration qui fait les dépouillemens des votes de canton, et forme le tableau provincial. Celui-ci est envoyé à une administration de région, qui opère de même sur le dépouillement des tableaux provinciaux. Ainsi le recensement des votes arrive par gradation, jusqu'aux ministères de Constantinople où se fait le dépouillement ultérieur, où l'on proclame les noms des auteurs couronnés par le suffrage de la majorité des phalanges du globe : on adjuge à l'auteur le terme moyen des sommes votées par cette majorité : s'il y a un million de phalanges pour le vote de 10 sous, un million pour 20 sous, un million pour 30 sous, la récompense adjugée sera de 20 sous.

En supposant que le recensement ait donné une livre tournois à Racine pour la tragédie d'Athalie ;

Trois livres à Francklin pour l'invention du paratonerre ;

Le ministère fait passer à Racine des traites pour la somme de trois millions tournois, et à Francklin pour neuf millions tournois, sur les congrès de leurs régions : la somme est répartie sur chacune des trois millions de phalanges du globe.

En outre, Francklin et Racine reçoivent la décoration triomphale, sont déclarés citoyens du globe ; et sur quelque point qu'ils parcourent, ils jouissent dans toute phalange des mêmes priviléges que les magnats du canton.

Ces récompenses, qui sont insensibles pour chaque phalange, sont immenses pour les auteurs; d'autant plus qu'elles peuvent être fréquemment répétées. Il se peut que Racine et Francklin gagnent encore pareille somme dès l'année suivante, en s'illustrant par quelqu'autre production qui obtienne le suffrage de la majorité du globe.

Les plus petits ouvrages, pourvu qu'ils soient distingués par l'opinion, valent encore des sommes immenses aux auteurs ; car si le globe adjuge

à HAYDN, 1 *sou pour telle symphonie,*
à LEBRUN, 2 *sous pour telle ode,*

Haydn recevra 150 mille livres, et Lebrun, 300,000 livres, pour un ouvrage qui ne leur aura peut-être couté qu'un mois : ils pourront gagner cette somme plusieurs fois dans une seule année.

Quant aux ouvrages, comme ceux d'un statuaire, qu'on ne peut pas mettre sous les yeux du globe, il existe d'autres moyens de les faire récompenser par le globe entier. De là vient qu'un talent supérieur, assure dans l'ordre combiné une immense fortune à celui qui le possède, dans quelque genre que ce soit, et le savant ou artiste n'a besoin d'aucune protection ou sollicitation : loin de là, toute protection ne servirait qu'à humilier le protecteur et le protégé. En effet :

Je suppose que Pradon, à force de sollicitations, parvienne à intéresser pour sa Phèdre, une vingtaine de cantons voisins où il a des amis, et où il a obtenu qu'on jouât la pièce ;

je veux même que ces cantons aient eu la faiblesse d'adjuger un prix à Pradon : que lui servira le vote de 20 phalanges, sur un nombre de trois millions, et quel affront vont recevoir ces vingt phalanges, lorsque le dépouillement des votes sera publié par le ministère de Constantinople ? On y verra d'après la liste des votes, qu'une PHÈDRE inconnue, et composée par un sieur PRADON, a trouvé des amateurs dans vingt cantons du globe qui sont tels et tels, tous compères et voisins dudit Pradon. On conçoit qu'une telle annonce couvrirait de honté par tout le globe, et l'auteur et les vingt cantons qui l'auraient protégé. Mais, qu'arrivera-t-il, malgré toutes les intrigues de Pradon ? c'est que les vingt cantons qu'il aura sollicités ne voudront pas s'exposer à l'affront, ni attacher leur suffrage à une pièce si médiocre ; que loin de pouvoir espérer quinze cent mille ou la moitié des suffrages du globe, elle n'est pas même admise à vingt lieues de là, dans les cantons où Pradon n'a plus d'amis particuliers.

C'est ainsi que dans l'ordre combiné, toute intrigue ou protection, ne sert qu'à confondre un mauvais auteur, sans le servir ; tandis que l'homme à talent s'élève subitement à l'immensité de gloire et de fortune, sans le secours d'aucune intrigue ni protection. Il n'y a qu'un seul moyen de succès, c'est de charmer la majorité des phalanges du globe. Les cas d'exception seront infiniment rares ; si quelque haut personnage, comme un parent de l'empereur d'unité, s'avisait de faire une mauvaise comédie, ou de mauvais vers, la pièce se répandrait par l'importance de l'auteur, et il se pourrait que le globe eût l'indulgence de le couronner ; mais les personnages dignes de partialité aux yeux de tout le globe , seront excessivement rares , et une petite faveur qu'ils pourraient obtenir , ne portera aucun obstacle au succès des vrais talens qui aujourd'hui peuvent rarement parvenir , parce qu'ils n'ont ni les moyens de se former , ni des récompenses suffisantes , ni l'art des intrigues sans lesquelles on ne parvient à rien en civilisation.

Après cette digression sur les récompenses de l'ordre combiné , examinons quelle sera leur influence sur un objet quelconque , soient les spectacles.

Spectacles et Chevalerie errante.

J'AI dit qu'il existera des moyens de faire récompenser par le globe tout savant ou artiste dont les talens sont locals et ne peuvent pas avoir le globe pour juge. Un fameux chirurgien et une fameuse cantatrice, ne peuvent pas mettre leur habileté sous les yeux du globe, comme un poète ou un graveur, dont l'ouvrage se répand partout ; mais ils recevront également les récompenses dont j'ai parlé , et qui s'élèvent bien vîte à plusieurs millions, quand on possède un mérite transcendant. Dès-lors tout homme pauvre ne s'étudiera qu'à faire germer quelque talent chez son enfant ; du moment où l'on appercevra dans l'enfant quelque moyen de succès dans les sciences ou les arts, le père sera ivre de joie et accablé de félicitations ; tout répètera autour de lui : votre enfant va devenir un fameux littérateur, un fameux comédien, il va gagner la décoration triomphale, gagner *des millions;* et l'on sent combien un tel pronostic chatouille les oreilles des parens pauvres.

Dès-lors, quels seront les gens les plus ardens à l'étude ? ce seront les pauvres et leurs enfans. Or, comme les exercices du théâtre sont un acheminement à toute étude des sciences et des arts, même à la mécanique, qui est d'un grand usage sur la scène, les gens pauvres n'auront rien de plus empressé que de voir leurs enfans s'exercer et se former sur le théâtre de leur phalange, sous la direction des riches, qui dans tous pays, ont un penchant favori pour le soin d'un théâtre. En conséquence, tous les enfans seront dès le plus bas âge habitués à figurer sur la scène dramatique ou lyrique, ils y prendront parti dans quelque secte de déclamation, de chant, de danse et d'instrumens ; riches ou pauvres, tous y paraîtront, parce que la phalange jouant pour elle-même et pour ses voisins, devient comédie d'amateurs : dès-lors un canton peuplé de 1000 personnes, aura au moins 800 acteurs ou musiciens à mettre en scène dans un jour de fête, puisque tout enfant aura été élevé sur le théâtre, et aura pris parti spontanément dans quelqu'une des fonctions théâtrales. Dans l'ordre combiné, un bambin de quatre ans n'oserait pas se présenter pour être admis au chœur des Néophites (Note A) et à la parade, s'il ne savait pas figurer déjà dans les danses et manœuvres de théâtre.

On a pu voir dans le chapitre *Etude de l'Attraction passionnée,* (1.re Partie) que la nature distribue au hasard sur 800 personnes, toutes les dispositions nécessaires pour exceller dans les fonctions sociales. En conséquence, un canton peuplé d'environ mille personnes, trouve nécessairement sur ce nombre de grands acteurs dans tous les genres, si l'on a développé et cultivé dès l'enfance les dispositions de chacun. C'est ce qui arrive dans l'ordre combiné : l'enfant y est affranchi de la tyrannie des institutions et des préjugés ; il se porte naturellement aux emplois que la nature lui destine, et ses progrès ne sont dûs qu'à l'émulation. La seule ruse qu'on emploie pour en faire d'excellens acteurs, c'est de les conduire en masse dans les cantons voisins, où ils voient les représentations données par leurs rivaux avec qui on les fait entrer en lice.

Il n'est pas besoin de demander qui est-ce qui fait les frais d'une salle d'opéra : il n'en faut construire qu'une seule, pour qu'il s'en élève trois millions de proche en proche. Si les cantons sont en rivalité régulière, ils n'ont pas de repos jusqu'à ce qu'ils aient égalé leurs voisins ; et pour construire une salle de spectacle, n'ont-ils pas tous des sectes de maçons, charpentiers, mécaniciens, peintres, etc. ; puis des productions quelconques pour compenser l'achat des matériaux de construction ?

Si chaque phalange a pour le moins sept à huit cents acteurs, musiciens et danseurs, sur une population d'environ mille personnes, elle peut donner à elle seule tous les spectacles dont on jouit dans une immense capitale, comme Paris ou Londres. De là résulte déjà que dans le plus pauvre canton des Alpes et des Pyrénées, l'on trouvera un opéra semblable à celui de Paris ; je pourrais même dire supérieur, car l'éducation civilisée ne peut pas , sur l'étude des arts , ni sur l'épuration du goût , opérer les prodiges qu'on obtiendra de la méthode d'éducation naturelle.

Si aux acteurs d'un canton l'on ajoute ceux des cantons voisins , quel sera l'éclat des spectacles dans un jour de fête où se rassemblent les virtuoses de plusieurs phalanges voisines , et où l'on jouit d'une réunion de talens , telle que pourraient la fournir une douzaine de capitales , comme Paris ? Or , le plus pauvre des hommes pouvant assister à ces spectacles , il aura sur ce point des jouissances bien supérieures à celles des potentats civilisés.

La chance est bien autrement brillante , si l'on suppose un passage d'amateurs , voyageant comme on en voit fréquemment dans l'ordre combiné , où les voyageurs se forment en grandes caravanes de chevalerie errante , qui vont courir les aventures , en déployant un caractère quelconque. Aujourd'hui l'on verra arriver les *bandes Roses* qui viennent de Perse , et qui déploient caractère *dramatique et lyrique ;* quelques jours après viennent les *bandes Lilas* du Japon , qui déploient caractère *poétique et littéraire ;* et le passage successif de ces caravanes , fournit dans le cours de l'année , des fêtes et jouissances délicieuses à chaque amateur de sciences ou arts. Il passe des bandes de tous les caractères , elles ne reçoivent dans leur corporation que des personnages capables de soutenir l'honneur de la troupe , dans les deux sexes.

Je suppose que les bandes Roses de Perse arrivent aux environs de Paris : elles sont com-

posées de trois cents chevaliers errans et trois
cents chevalières errantes, tous choisis parmi
les Persans et Persanes les plus distingués dans
l'art dramatique et lyrique. Les bandes indi-
quent station à la phalange de Saint-Cloud :
elles y arrivent en grande pompe, étalant une
infinité de drapeaux qui leur out ont été donnés dans leurs incursions, et sur lesquels sont
inscrits *les faits et gestes des bandes Roses de
Perse.*

Arrivant à Saint-Cloud, elles sont reçues par
la *chevalerie fixe*, qui se compose de gens riches,
amateurs de la comédie et de la musique, et
formant une corporation pour défrayer et festoyer les bandes de leur caractère favori.

Comme les bandes Roses se sont formées de
l'élite de la Perse, chaque homme ou femme
dont elles sont composées était *un Molé* ou *une
Contat* dans sa phalange. Ce sont tous les premiers chanteurs, danseurs et joueurs d'instrumens de la Perse, et ils donnent des spectacles
d'une excellence qui ne peut être décrite. La
contrée leur donne aussi un étalage de ses principaux talens quelle a rassemblés.

Entre tems arrivent les *bandes Hortensia du
Mexique*, qui viennent se mesurer avec les *bandes
Roses de Perse*, et l'assaut de talent s'établit entre
les deux troupes sur les théâtres des phalanges
de Saint-Cloud, Neuilly, Marly, etc. S'il y
a une prééminence décidée dans les talens de
la bande Rose, elle recevra de la contrée un
drapeau qu'elle déploîra parmi ses trophées
et sur lequel on lira. « Défaite des bandes
Hortensia du Mexique à la phalange de Saint-
Cloud. »

Dans le cours de leurs voyages, les bandes de même caractère se croisent en tout sens, pour rencontrer leurs rivales et livrer des assauts qui font le charme de la contrée témoin de cette guerre. En poursuivant leur route, elles se dispersent, et ne voyagent point en troupeau comme nos régimens. Si les bandes Roses ont indiqué pour prochaine station la phalange du Loiret, près Orléans, elles auront trouvé à Saint-Cloud des députés des phalanges qui avoisinent la route d'Orléans; ces députations sont composées des hommes et femmes les plus aimables, qui ont pour mission de séduire et entraîner les chevalières et chevaliers Rose. On les attirera dans les cantons éloignés de la grande route. Chaque phalange se disputera l'avantage de les choyer pendant une journée, et chaque chevalier ou chevalière trouvera dans les phalanges qui l'auront entraîné, les mêmes empressemens que la bande entière avait trouvé à Saint-Cloud. Le quartier général de la bande suivra seul la grande route, et au jour indiqué l'on se réunira à lui dans Orléans, pour faire une entrée solennelle à la phalange du Loiret, et s'y signaler par de nouvelles prouesses. Ainsi voyageront les corps d'amateurs formés en caravanes de chevalerie errante; menant partout joyeuse vie, et exploitant tout le genre humain, sans être induits à la moindre dépense; car ils sont défrayés en tous lieux par la chevalerie fixe.

On peut, à présent, juger qu'en fait de spectacles, l'homme le plus pauvre aura gratuitement jouissances centuples de celles que peuvent se procurer aujourd'hui les riches souverains ; car il verra fréquemment lutter des milliers de ces fameux comédiens, chanteurs , danseurs et joueurs d'instrumens , dont un seul aujourd'hui suffit pour enthousiasmer la cour et la ville , tandis que toutes les campagnes en sont privées, et que même les villes de cent mille habitans ne peuvent pas entretenir un grand théâtre. Quelle mesquinerie , quelle pitoyable langueur dans les plaisirs de la civilisation , comparés à ceux dont jouira le moindre canton du globe, dans l'ordre combiné.

GASTRONOMIE COMBINÉE,
envisagée
EN SENS POLITIQUE, MATÉRIEL ET PASSIONNÉ.

Politique de la Gastronomie combinée.

J'AI fait entrevoir , au sujet des spectacles, quelle prodigieuse différence il y aura entre les plaisirs de l'ordre combiné et ceux de la civilisation ; combien les divertissemens du plus pauvre canton surpasseront ceux de nos plus opulentes capitales. La comparaison sera la même sur tous les genres de jouissances , notamment sur les principales , comme l'amour et la table. Bientôt les fredaines amoureuses d'un Richelieu et d'une Ninon , sembleront mesquines , pitoyables , au prix des aventures galantes que l'ordre combiné assurera aux moins favorisés des hommes ou des femmes. Il en sera de même de la chère des Apicius modernes : leurs festins comparés à ceux de l'ordre combiné , ne ressembleront que des repas de goujats dépourvus de connoisssances gastronomiques.

Les questions relatives à la galanterie et la gourmandise sont traitées facétieusement par les civilisés, qui ne connaissent pas l'importance que Dieu attache à nos plaisirs. La volupté est la seule arme dont Dieu puisse faire usage pour nous maîtriser et nous amener à l'exécution de ses vues : il régit l'univers *par attraction et non par contrainte*, ainsi les jouissances des créatures sont l'objet le plus important des calculs de Dieu.

Pour faire connaître avec quelle sagacité il a préparé nos plaisirs, je vais parler de la bonne chère qui règnera dans l'ordre combiné. On préférerait peut-être une digression sur les amours de ce nouvel ordre ; mais le débat heurterait les préjugés, tandis que personne ne sera offensé d'entrevoir l'extension que vont acquérir les plaisirs de la table, si bornés aujourd'hui.

La bonne chère n'est que moitié du plaisir de la table ; elle a besoin d'être aiguisée par un choix judicieux des convives, et c'est sur ce point que la civilisation est impuissante. L'homme le plus opulent et le plus raffiné, ne peut pas rassembler, *même à sa petite maison*, une compagnie aussi-bien assortie que celles qui se formeront dans l'ordre combiné, celles que le plus pauvre des hommes trouvera à tous ses repas, et qui varieront dans tout le cours de l'année.

L'inconvenance des compagnies dans nos festins, est cause que les dames civilisées témoignent beaucoup d'insouciance par les plaisirs de la table ; les femmes tiennent plus que les hommes au choix des convives, les hommes sont les plus exigeans sur la délicatesse des mets. Ces deux jouissances, *d'une chère exquise*, *d'une composition piquante et variée des convives*, sont continuellement réunies dans l'ordre combiné. La civilisation ne peut pas même en offrir une seule ; et pour le prouver, je vais parler de la bonne chère qui est la base de l'édifice.

C'est ici un article hasardé qui ne peut convenir qu'aux lecteurs confiants. Les autres se récrieront à chaque ligne sur *l'impossibilité*. Ils auront une ombre de raison jusqu'à la démonstration : mais quelques personnes veulent provisoirement des tableaux de l'ordre combiné ; elles veulent *la perspective avant la théorie*. Il faut un peu les satisfaire dans ce prospectus où je dois consulter les goûts des diverses classes de lecteurs.

Pour apprécier les ressources que l'ordre combiné offrira à la gourmandise, il faut savoir qu'il n'est point populeux comme la civilisation : entrons là dessus dans quelques détails.

La théorie indique 800 ou 810 habitans par phalange, et l'arrondissement moyen des cantons est indiqué à 3456 toises de diamètre. Ce terrein surpassera la lieue carrée dans le rapport de 87 à 63. L'ordre combiné comportera donc à peine 600 habitans par lieue carrée de 2500 toises.

Cependant la civilisation amoncelle dans certain pays, comme le Wurtemberg, plus de 4000 habitans par lieue carrée ; c'est-à-dire sept fois plus que le nombre convenable : et dans les régions de moyenne valeur, on trouve communément 1200 habitans à la lieue, qui n'en devra contenir que 600.

Vu la foiblesse corporelle des civilisés, on pourra en laisser jusqu'à 8 et 900 par lieue, mais provisoirement, et sauf à les réduire successivement à 600, à mesure que le globe se défrichera et que la race humaine prendra de la vigueur.

Il faudra donc désobstruer les régions civilisées qui sont encombrées de populace, et qui ont généralement plus de 800 habitans par lieue carrée, y compris ceux des villes. Les versemens ne se feront pas sur les lieux circonvoisins, comme de la France sur l'Espagne; mais sur divers points de tous les pays incultes. On commencera à les couper en échiquier, par des cordons de phalanges qui traverseront l'Afrique, l'Amérique et l'Australie, afin d'éclairer le pays et d'adjoindre les hordes indigènes.

Certaines contrées européennes, comme le Wurtemberg, évacueront plus de 3000 habitans par lieue carrée. Ce sera un grand bénéfice pour leur souverain, qui aura *action coloniale* ou propriété d'un douzième, sur les pays incultes qu'auront défriché ses émigrans.

S'il fallait conserver des amas de populace dont certaines campagnes sont couvertes, il serait impossible d'organiser l'ordre combiné, qui dispose chaque canton comme une résidence royale, ayant des chasses, des pêches, des hautes futaies, champs de manœuvre, doubles routes sur tous les points, l'une pour l'été, ombragée et bordée de fleurs. Il faut surtout à chaque canton d'immenses pâturages, pour les nombreux troupeaux qu'on élèvera dans cet ordre.

Heureusement que la terre est vaste, eu égard à sa faible population : nous ne sommes encore qu'au tiers du nombre convenable pour porter le globe au petit complet de 2 millards ; on pourra donc s'étendre à souhait et vivre au large. C'est pour nous ménager ce bien-être que Dieu nous avait restreints à un si petit nombre , et entassés comme des captifs sur quelques terreins que nous nous disputons , tandis que la très-majeure portion du globe reste inculte, à cause du risque de perdre les colonies.

Dorénavant , rien n'empêchera que les peuples se disséminent , lorsque la terre entière sera ralliée sous un gouvernement unitaire et immuable , qui pourra garantir à chaque prince une indemnité coloniale sur les pays qu'il aura peuplés du superflu de ses sujets.

Quoique l'ordre combiné ne puisse comporter provisoirement que 900, et ultérieurement 600 habitans par lieue carrée, il arrivera que ce petit nombre d'habitans formés en *sectes progressives* recueillera un produit aussi copieux que pourrait le donner un *triple nombre de cultivateurs incohérens*, sur le même terrein.

Je ne prétends pas dire que l'ordre combiné saura élever à cent grains un épi qui n'en donne aujourd'hui que trente. Il est des objets comme les graminées , sur lesquels il reste peu de chances de perfectionnement ; et pour le blé, je n'en entrevois que 4, savoir : 1.º Le meilleur choix des semences et leur échange par toute la terre. 2.º La gradation régulière de température qui s'établira en tous climats. 3.º Les irrigations qui s'étendront non-seulement aux champs, mais aux forêts même. 4.º Les tentes volantes qui seront posées sur chaque compartiment d'un champ, pour le garantir des excès
de

de soleil ou de pluie. Malgré ces améliorations, le produit des graminées ne s'augmentera guères que dans le rapport de 2 à 3 ; mais sur d'autres objets comme les fruits, les bois, les troupeaux, etc., l'ordre combiné donnera en effectif de valeur ou de quantité le triple de ce que peut donner l'ordre incohérent.

Compensation faite de ces divers moyens, estimons seulement au *double* le produit *positif* de l'ordre combiné ; il faut y ajouter le produit *négatif* qui se composera des *déperditions évitées.* Or, quand j'aurai fait le recensement des déperditions incalculables qu'entraîne le mécanisme civilisé, (J'en ai dit deux mots page 12, discours préliminaire, et j'en parlerai encore dans la troisième Partie, en traitant du mécanisme commercial.) on concevra qu'un produit *positivement double* du nôtre, se trouvera *négativement triple* par l'épargne des immenses déperditions que nous commettons.

Comme les récoltes de l'ordre combiné seront immensement supérieures au moyens de consommation locale ou extérieure, la surabondance deviendra fléau périodique, comme aujourd'hui la disette ; et tout en prodiguant aux animaux les comestibles de l'homme, on sera obligé de jeter fréquemment à la mer et aux égoûts une masse de produits qui pourraient être présentés aujourd'hui sur les meilleures tables. On en fera le sacrifice sans aucun regret, parce qu'on saura que cette surabondance est nécessaire au soutien de l'ordre combiné ; cet ordre social devant fixer sa population à un terme qui établisse superfluité habituelle, et abandon d'une masse de bonnes productions. Par exemple :

P

si la phalange de Vaucluse recueille cinquante mille melons ou pastèques, il y en aura à peu près 10,000 affectés à sa consommation, 30,000 à l'exportation, et 10,000 inférieurs qu'on partagera entre les chevaux, les chats et les engrais.

Les économes répliqueront que cette phalange doit élever un plus grand nombre de pourceaux, pour consommer son superflu : ce serait prendre une peine inutile, puisqu'il y aura sur la masse des pourceaux un superflu comme sur la masse des melons et autres fruits. Il vaudra donc mieux employer aux engrais les fruits superflus, que d'en alimenter un surcroit d'animaux dont on n'aurait aucune consommation.

Les économes observeront encore qu'il faudrait augmenter la population pour consommer cette surabondance. Mais on ne peut pas dans l'ordre combiné élever le nombre des habitans au delà d'une proportion donnée ; et si l'on dépassait le nombre, il arriverait que les sectes seraient obstruées dans leurs fonctions ; elles tomberaient en discorde, en cohue, au lieu d'opérer en harmonie et en attraction. Il faudra donc que la population se limite *approximativement* aux proportions indiquées par la théorie: et de là résultera ce superflu habituel qui ne pourra pas même être consommé par les animaux. Bref, l'ordre combiné a pour propriété, de donner toujours une surabondance qu'il faut rendre à la terre, comme l'ordre incohérent donne constamment un déficit qui produit l'indigence.

Matériel de la Gastronomie combinée.

DE quelle qualité sera ce superflu qu'il faudra partager entre les animaux et les engrais ?

La solution de ce problème va donner des éclaircissemens bien étranges sur le sort futur des peuples. Je sollicite donc une attention particulière pour les détails minutieux qui vont suivre ; ils amèneront des conclusions vraiment surprenantes, et c'est ici qu'on va prendre une idée de l'immensité de bien-être que Dieu nous réserve.

Dans une secte progressive, tous les groupes acquièrent d'autant plus de dextérité que leurs fonctions sont très-divisées, et que chaque membre n'en adopte que celle où il a la prétention d'exceller. Les chefs de la secte poussés à l'étude par les rivalités, apportent au travail les lumières d'un savant de premier ordre. Les subalternes y apportent une fougue qui se rit de tout obstacle, et un véritable fanatisme pour soutenir l'honneur de la secte contre les cantons qui la rivalisent. Dans le feu de l'action, elles exécutent ce qui parait humainement impossible, comme les grenadiers français qui escaladèrent les rochers de Mahon, et qui le lendemain ne purent pas de sang-froid gravir ce roc qu'ils avaient assailli sous le feu de l'ennemi. Telles sont les sectes progressives dans leurs travaux : tout obstacle tombe devant le violent orgueil qui les possède ; elles s'irriteraient au mot d'*impossible*, et les travaux les plus effrayans comme les rapports de terre, ne sont que leurs moindres jeux. Si nous pouvions aujourd'hui voir un canton organisé , voir dès l'aurore une trentaine de groupes industriels sortant en parade du palais de la phalange, se répandant dans les campagnes et les ateliers , agitant leurs drapeaux avec des cris de triomphe et d'impatience, nous croirions voir des troupes de forcenés qui vont mettre les cantons voisins à feu et à sang. Tels seront les athlètes qui remplaceront nos travailleurs mercenaires et languissans , et qui sauront faire croître le nectar et l'ambrosie , sur tel sol qui ne donne que la ronce et l'ivraie aux faibles mains des civilisés.

Chaque phalange, en exploitant de la sorte un canton qu'elle a fécondé par les rapports de terre , les irrigations et autres moyens, apporte le plus grand soin à étouffer dans sa naissance toute production animale ou végétale qui ne promettrait qu'un avorton , et qui ne soutiendrait pas l'honneur du canton et de ses sectes. Ainsi *tout ce qui tendrait au médiocre est détruit dans sa naissance* , et dès-lors le superflu de comestibles abandonné aux animaux se trouve au moins égal aux productions que nous admirons et qui figurent sur la table des grands et des rois. Si l'on pouvait conserver et reproduire dans l'ordre combiné une pièce quelconque , une volaille prise aujourd'hui sur la table du premier gourmand de France , vous entendriez les dégustateurs signaler vingt fautes commises dans l'éducation et l'engrais de cette volaille , et conclure que la secte des volaillières, qui l'a produite *et* mise en circulation, au lieu de la placer au lot de rebut , mérite d'être *éclipsée* , c'est-à-dire condamnée à attacher une cravate noire à la bannière du groupe du poulaillier.

Si l'enthousiasme et l'intelligence qui règnent dans les travaux de l'ordre combiné, élèvent les productions à un tel degré d'excellence, que le lot de rebut ou des animaux se trouve égal en valeur à nos denrées de choix qui sont servies à la table des grands, le lot de minimum ou troisième qualité se trouvera déjà supérieur à nos productions les plus estimées. D'où il suit que les comestibles envoyés aux cuisines du peuple, seront plus délicats que ceux réservés aujourd'hui pour les rois. Ainsi le démontrera la théorie, quelque exagération qu'on puisse soupçonner dans ces tableaux que je voudrais pouvoir affaiblir, afin de me rapprocher de la vraisemblance.

Même raffinement aura lieu dans la préparation ; car dans toute phalange, la secte des cuisines ainsi que toutes les autres sectes, apporte dans ses fonctions le plus vif enthousiasme ; elle y attache l'importance qu'y mettait certain cuisinier français qui se brûla la cervelle au moment du dîner, se croyant déshonoré parce que le service était incomplet à cause du retard qu'avait éprouvé l'arrivage du poisson de mer. On trouvera le même esprit dans la secte qui régira les cuisines de chaque phalange : son intelligence sera secondée par l'exquise qualité des assaisonnemens ; n'employa-t-on qu'un clou de girofle, cette épice sera de qualité supérieure à tout ce que l'Asie peut fournir aujourd'hui, puisque le minimum ou troisième lot de l'ordre combiné, l'emporte déjà sur ce que la civilisation peut donner de plus parfait.

Il suit de là que les mets de troisième classe qui seront le pis aller du peuple, surpasseront en délicatesse ceux qui font à présent les délices de nos gastronomes. Quant à la variété de mets qui règnera aux tables du peuple, on ne peut pas l'estimer moins de trente à quarante plats, renouvelés par tiers, tous les jours, avec une douzaine de boissons différentes et variées à chaque repas.

Certes, il suffirait du tiers d'une telle chère, pour surpasser tous les désirs du peuple : mais l'ordre combiné ne s'allie en aucun sens avec la médiocrité ni la modération ; et puisque les sectes progressives donnent grande affluence et grande variété de produits, il faudra que la consommation s'établisse dans le même rapport. Si la secte qui cultive poires ou pommes, a fourni trente variétés, dont quelques-unes sont surabondantes et presque sans valeur, il faut bien les faire consommer par le peuple ; et l'on ne peut pas lui en servir une seule qualité, parce que la secte du fruitier qui prépare les distributions, envoie chaque jour aux cuisines des assortimens de toutes sortes de fruits et non pas d'un seul. On est donc forcé de servir au peuple un assortiment de fruits qui forme qualité de minimum ou troisième classe, et qui n'est pas admissibles aux tables des riches, ni des moyens.

Dans l'ordre actuel où les productions sont très-peu variées, la plupart sont réservées exclusivement aux riches ; et loin que le peuple en puisse goûter, la bourgeoisie même est réduite à s'en priver. La chance est bien différente dans l'ordre combiné, où un seul canton donne au moins huit cents produits différens, dont les deux tiers sont assez abondans pour être en partie affectés aux consommations populaires. La chère du peuple roule donc sur une variété d'environ six cents subsistances différentes; celle des riches peut en avoir le triple et le quadruple, au moyen des denrées apportées de pays étranger; mais il ne reste pas moins au peuple un copieux assortiment de toutes sortes de productions, et j'ai sans doute évalué trop bas, en estimant à trois douzaines de mets et une douzaine de boissons le service journalier d'une table de troisième classe, sur laquelle puisent les diverses compagnies que forment 4 à 5oo personnes dans les salles de minimum.

On serait bien plus surpris, si j'entrais dans les menus détails sur la composition des mets. Voici sur ce sujet une particularité qui ne sera pas des moins curieuses.

Lorsque la zone torride sera en pleine culture, le sucre dont les moindres qualités équivaudront aux plus belles d'aujourd'hui, se trouvera en balance de valeur avec la farine de froment; de sorte que les vaisseaux venant de l'équateur échangeront à égal poids, une cargaison du sucre le plus pur contre une cargaison de farines d'Europe. Mais en Europe, les bons laitages et les bons fruits seront si communs qu'on n'en tiendra aucun cas. De là vient qu'une confiture fine, une crême ou compote à demi dose de sucre et demi dose de fruits ou laitages, sera bien moins coûteuse que le pain; et par économie on prodiguera aux enfans pauvres les confitures fines, crèmes, sucrées, et compotes *assorties*! je dis *assorties*, parce que les sectes de cuisine, confisserie ou autres, ne peuvent travailler que par assortiment ou progression graduée; et il faut que la consommation s'opère

P 4

dans le même ordre. En conséquence, les enfans les plus pauvres verront par toute la terre foisonner sur leurs tables ces laitages sucrés et fruits confits dont ils sont si friands, et qui semblent nuisibles à leur tempérament, parce que nous ne pouvons pas leur fournir les boissons acides qui corrigeraient l'influence vermineuse desdites substances. Mais à peine la zone torride sera-t-elle cultivée, que la limonade et autres boissons coûteuses seront bien plus communes que n'est aujourd'hui la petite bière ou le petit cidre. Les citrons, sous la zone torride, et les pommes reinettes sous la zone tempérée, seront d'une telle abondance que l'un et l'autre fruit n'aura de valeur que par les frais de transport, et s'échangera à poids égal, au grand contentement des deux zones. De là on peut concevoir pourquoi la nature donne aux enfans de tous pays un goût si général pour les confitures fines, crèmes sucrées, limonades, etc.; c'est que lesdits objets devront composer la nourriture économique des enfans dans l'ordre combiné, et que Dieu doit nous donner *attraction passionnée* pour le genre de vie qu'il nous réserve dans ce nouvel ordre, où le pain sera l'un des comestibles les plus coûteux et les plus épargnés, et où l'harmonie universelle ne pourra se fonder que sur des passions assez rafinées pour exiger l'intervention des 3 zones et des 2 continens dans le service de chaque habitant du globe.

Je n'ignore pas combien ces assertions et les suivantes sembleront exagérées; mais j'ai prévenu que les démonstrations tiennent à un traité complet du mécanisme des sectes progressives; jusqu'à ce que j'aie publié cette théorie, on ne peut pas exiger de preuves sur des descriptions anticipées, que je donne pour satisfaire les plus empressés.

Quoique cette digression sur le matériel des repas, soit déjà trop longue pour un vague apperçu, j'y dois ajouter quelques lignes encore : maint amateur réclamerait, si j'oubliais de faire comparaître le dieu de la treille dans cette kirielle gastronomique.

C'est ici qu'on pourra élever contre moi des argumens spécieux. Les opposans voudront jeter de la défaveur sur les caves de cet ordre combiné dont les cuisines accumuleront tant de trophées. Ecoutons parler ces antagonistes : « Nous
» accordons, me diront-ils, que vos phalanges,
» vos sectes et vos groupes puissent fournir les
» productions les plus exquises, en telle abon-
» dance, que le pauvre même y obtienne quel-
» que part ; mais pour correspondre à cette
» chère toute divine, pourrez - vous créer sur
» tous les points de la terre, des vignobles tels
» que Médoc, Ay, Chambertin, Rudolsheim,
» Xérès, Tokai ? etc. Ces vignobles limités à
» un petit espace, ne pourront pas fournir aux
» tables de première classe dans trois millions
» de cantons : la bonne chère du peuple ne
» sera donc arrosée que de piquette, et ne pré-
» sentera qu'une cacophonie gastronomique ;
» car il n'est point de bon repas sans bon vin.
» Or, pour assortir une chère dont les moin-
» dres mets surpasseront par toute la terre ceux
» de nos Apicius ; il faudrait par toute la terre
» des vins supérieurs à ceux de nos vignobles
» fameux qui occupent quelques points imper-
» ceptibles, et que nul travail n'égalera jamais,

» puisque leur saveur dépend du terroir et non
» de l'industrie. »

L'objection paraît embarrassante, et je me
plais à la poser rigoureusement, pour prouver
que la solution des problèmes les plus effrayans
devient un jeu pour qui tient la théorie du mouvement social. Oui, l'homme pauvre sera, dans
l'ordre combiné, abreuvé à son ordinaire de vins
égaux aux plus fameux de France, d'Espagne
et de Hongrie ; et conséquemment les gens riches auront à choisir sur des vins proportion-
nellement supérieurs.

Il y a plus, et je démontrerai que sur des
boissons autres que le vin, la table du pauvre
sera bien mieux servie que ne l'est aujourd'hui
celle des Rois. J'en cite trois en divers genres,
en amer, doux et acide ; ce sont le café, le
laitage et la limonade, qui seront généralement
plus exquis que ce que les Rois peuvent se procurer de plus parfait en ce genre : et cette supériorité sera due à des moyens d'exploitation,
transport et préparation, qui ne peuvent pas
avoir lieu dans l'ordre actuel, et qu'un souverain ne pourrait établir à aucuns frais. Croit-on
qu'aux champs de Moka le café soit cultivé avec
tous les soins convenables? Ne commet-on pas
des fautes grossières dans la collecte et le transport, et peut-être dans la préparation journa-
lière ? Quand vous connaîtrez les soins, le discernement qu'apportent des sectes groupées dans
tous ces détails, vous concevrez que nos productions les plus renommées sont infiniment
loin de la perfection. Ajoutons que les évènemens futurs, en perfectionnant le suc des terres,
raffineront les sucs des plantes et des animaux

qui s'en nourriront; il ne sera donc pas étonnant que les boissons abandonnées aux plus pauvres des hommes, se trouvent fréquemment
supérieures à celles des potentats civilisés.

Toutefois, cette amélioration du suc des terres
ne pourra s'opérer qu'avec lenteur; car elle ne
dépendra pas des opérations agricoles, mais
seulement de la graduation de température qui
ne s'effectuera qu'à la longue, de génération en
génération, et qui ne sera pleinement établie
qu'après la naissance de la couronne boréale et
l'entière culture du pôle. C'est principalement à
la couronne qu'on devra les nouveaux sucs qui
raffineront les productions, et donneront aux
moindres vins du globe la saveur de ceux qui
sont les plus estimés aujourd'hui.

D'autres causes influeront sur cet amendement
des sucs de la terre : il faut à ce sujet répéter
une observation déjà faite, c'est que l'ordre
combiné crée des chances et des moyens d'exécution qui n'existent pas pour nous. Les ressources de la civilisation ne peuvent donner aucune
idée des ressources de l'ordre combiné ; par
exemple, s'il s'agissait aujourd'hui de décerner
à tout savant millions sur millions, chaque fois
qu'il produit un bon ouvrage, les civilisés s'é-
crieraient que de telles prodigalités seront impossibles sous tous les régimes ; qu'il faudrait
aux Rois des trésors inépuisables ; qu'il faudrait
changer tous les ministres en Mécènes, changer
les passions, etc. Or, l'on a vu, au début de la
notice, que ce problème est résolu sans qu'il
soit besoin de changer les passions ni les caractères des ministres ou des Rois. La solution
repose sur ce que l'ordre combiné crée des

moyens inconnus aux civilisés, et qu'une fois
pourvus de ces nouveaux moyens, nous nous
jouerons des obstacles réputés insurmontables.
N'avons-nous pas su, à l'aide de la poudre et de
la boussole, fendre les rochers, affronter les ténèbres au sein des mers, et opérer tant de prodiges dont la seule idée aurait fait frémir toute
l'antiquité? Il en sera de même de tous ces problèmes que j'ai posés, et qui exciteront parmi
vous les cris d'*impossibilité* et de *charlatanerie*.
Toutes vos objections sont résolues en système
général par le mécanisme des sectes progressives; et les évènemens résultans de cet ordre
vous fourniront non pas les objets de vos désirs,
mais un bonheur infiniment supérieur à tous
vos désirs.

*Mécanisme passionné de la Gastro-
nomie combinée.*

C'est peu des jouissances matérielles que je
vous annonce, il ne suffira pas que le plus pauvre de vous ait une table mieux servie et mieux
abreuvée que celle du plus opulent des Rois;
ce bien-être, quelque réel qu'il soit, ne vous
assurerait encore que moitié des plaisirs de la
table; si la bonne chère en fait la base, il
est une condition non moins essentielle, c'est
l'amalmage judicieux des convives, l'art de
varier et assortir les compagnies, de les rendre
chaque jour plus intéressantes par des rencontres imprévues et délicieuses, et d'assurer même
aux plus pauvres gens les plaisirs de l'ame, si
incompatibles avec vos tristes habitudes de mé-

nage. Sur ce point , votre civilisation est complètement ridicule ; vos réunions formées à grands
frais , vos banquets les plus célèbres sont pour
l'ordinaire si mal assortis , si bizarrement composés , qu'on y périrait d'ennui sans la ressource
du festin , qui dès-lors n'est plus qu'un plaisir
de goujat , et peut-être moins encore ; car les
goujats sont jovials et folâtres dans leurs taver-
nes ; ils y trouvent les plaisirs de l'esprit et des
sens à la fois, tandis qu'on bâille dans vos sallons
pendant une mortelle heure, en attendant le dîné.
Eh ! ce dîné n'est-il pas payé bien chèrement
par l'ennui de soutenir des discussions léthargi-
ques sur la pluie et le beau temps, sur les chères
santés des parens et amis, les progrès des enfans
si dignes de leurs vertueux pères , le bon caractère des demoiselles, le bon cœur des tantes, et
les tendres sentimens de la tendre nature : quel
déluge de fadeurs et de niaiseries dans ces réunions civilisées , qu'on a pourtant préparées à
grands frais et soutenues d'un festin dispendieux ;
festin aussi ennuyeux pour les convives que pour
la maîtresse qui a l'embarras de le diriger et de
le préparer. Eh ! comment les civilisés osent-ils
prétendre à quelque renommée gastronomique ,
lorsqu'ils sont dans une absolue nullité sur l'art
de former des réunions piquantes et variées, ce
qui est une moitié du plaisir de la table. Il semble
que sur ce point les rois soient encore plus au
dépourvu que la populace ; réduits à manger en
famille , isolés comme des hermites , et sérieux
comme des hiboux pendant tout leur repas , ils
nous prouvent, à table comme ailleurs , que les
jouissances du plus puissant des rois sont bien inférieures à celles que trouvera le plus pauvre de ses

sujets dans l'ordre combiné. Encore ce souverain doit-il s'estimer heureux , si dans l'isolement et la tristesse qui président à ses repas ,
il peut écarter le soupçon d'empoisonnement
dont il est menacé sans cesse. O vanité des
jouissances de la civilisation !)

Ce serait ici le lieu d'expliquer de quelle manière se varient les rassemblemens dans l'ordre
combiné , comment on fait succéder les repas
d'amourettes , de famille , de corporations ,
d'amitié , d'étrangers , etc.

Pour disposer cette série de repas , ainsi que
celle des travaux qui doivent varier au moins de
deux en deux heures , on tient, chaque jour ,
dans le plus petit canton (1) du globe , *la BOURSE*
ou *assemblée de négociations*. On y traite des réunions de travail et de plaisir pour les jours suivans , des emprunts de cohortes entre les divers
cantons qui se concertent pour associer leur
industrie et leurs divertissemens. Dans chaque
canton il se négocie tous les jours à la bourse
au moins huit cents assemblées de travail , de
repas , de galanterie , de voyages et autres.
Chacune de ces réunions exigeant des débats
entre dix et vingt, et quelquefois cent personnes , il y a au moins vingt mille intrigues à
débrouiller à la bourse pendant une heure : pour
les concilier il y a des fonctionnaires de toute
espèce , et des dispositions au moyen desquelles
chaque individu peut suivre une trentaine d'intrigues à la fois ; de sorte que la bourse du
moindre canton est plus animée que celle de

_____

(1) Il n'en peut pas exister de moindre de 600 personnes.

Londres ou Amsterdam. On y négocie principalement par signaux, au moyen desquels chaque
négociateur dirigeant, peut de son bureau entrer
en débat avec tous les individus et intriguer, par
ses acolytes, pour vingt groupes, vingt sectes,
vingt cantons à la fois, sans vacarme ni confusion. Les femmes, les enfans négocient ainsi
que les hommes, pour fixer leurs réunions de
toute espèce; et les luttes qui s'élèvent chaque
jour à ce sujet entre les sectes, le groupes et les
individus, forment le jeu le plus piquant, l'intrigue la plus compliquée et la plus active qui
puisse exister : aussi la bourse est-elle un grand
divertissement dans l'ordre combiné.

D'après les apperçus que je viens de donner
sur les plaisirs de la table, on peut pressentir
que ceux de l'amour s'élèveront au même degré,
et présenteront chaque jour une foule d'anec-
dotes et d'aventures, dont les moins piquantes
seront encore bien supérieures à nos prouesses
les plus vantées. L'amour, ainsi que la table,
offrira des chances à tous les caractères : là finiront les oiseux débats des civilisés sur la constance et l'inconstance, et les affections diverses;
il faudra des goûts de toute espèce dans l'ordre
combiné, parce qu'il présente des moyens de
satisfaire tous les goûts. Les bacchantes y sont
aussi nécessaires que les vestales; et la culture
ne peut s'exercer par attraction, s'il n'y a dans
le canton des amours de tout genre. Aussi à côté
des bacchantes qui exercent la vertu de fraternité, et qui se vouent aux plaisirs de tout le
genre humain, on trouvera des vestales et jouvencelles d'une fidélité assurée : on y trouvera,
chose bien plus rare, *des hommes fidèles aux*

femmes, et c'est ce qu'on ne trouve pas en civilisation, à moins de chercher dans la classe cagotte qui ne fait pas partie du monde amoureux.

Politique galante pour la levée des Armées.

L'ANNONCE de la future liberté amoureuse devant exciter la grande colère des bourgeois et des philosophes, il convient, pour les calmer, de leur faire envisager cette liberté sous le rapport de l'intérêt qui est leur unique dieu. L'amour, qui est en civilisation un germe de désordre, de paresse et de dépenses, devient dans l'ordre combiné une source de bénéfices et de prodiges industriels; j'en vais donner un indice, et je choisis la démonstration sur l'une des branches d'administration la plus pénible parmi nous, c'est la lévée des armées qui s'opère par la politique galante.

L'amour produit dans chaque phalange deux grandes sectes qui sont le *demi-caractère* et le *caractère plein.* Celle-ci se divise en neuf branches : la première est la *vestalité* dont je vais parler.

Dans chaque phalange, le chœur des Jouvenceaux et Jouvencelles qui sont vierges, élisent tous les ans un quadrille de vestalité formé de deux couples de parade, et deux couples de mérite : le choix est réglé pour les premiers, sur la beauté, et pour les seconds, sur le succès dans les sciences et les arts ou le dévouement dans les travaux.

Les

Les vestals et les vestales ont en tous lieux le rang de magnats et magnates : la plus pauvre fille, lorsqu'elle est élue vestale, roule en char à six chevaux blancs, couverte des pierreries de la réserve. On rend à ces jeunes gens toutes sortes d'honneurs ; ils commandent les colonnes de l'enfance ; enfin, le système conservateur de la virginité tend à produire les jeunes filles au lieu de les isoler. Loin de les habituer à un rôle de buse, comme nos demoiselles emmiellées de morale, qui disent n'aimer personne et n'avoir d'autre volonté que celles du papa et de la maman, on développera leurs inclinations autant que possible, et l'on verra la vestale avoir des poursuivans titrés, et le vestal avoir de même ses poursuivantes qu'il aura titrées.

Cette jeunesse d'élite a le privilége d'aller aux armées industrielles, qui sont de magnifiques rassemblemens : c'est là que les vestals et vestales exercent leurs premières amours. Chaque jour l'armée donne à la suite de ses travaux, des fêtes d'autant plus brillantes qu'elle réunit l'élite de la jeunesse en beauté et en talens. Ces fêtes offrent un vaste champ à la courtoisie : les prétendans et prétendantes suivent la vestalité qui fait ses choix dans le cours de la campagne. Ceux des jeunes gens qui veulent s'attacher à un seul amant ou une seule amante, passent au grade de *Damoiseau* et *Damoiselle*, et entrent dans les groupes de la constance qui sont le deuxième des neuf caractères amoureux ; d'autres qui ont le goût de l'inconstance, prennent parti dans les sept groupes suivans. Le résultat principal de ces amusettes, c'est qu'on forme d'immenses armées

Q

industrielles , sans aucune contrainte , et sans autre ruse que d'avoir mis en évidence et honoré publiquement cette virginité , que les philoso- phes veulent éloigner du monde , entourer de duègnes et de préjugés.

Pour rassembler une armée, il suffit de publier le tableau des quadrilles de virginité que chaque phalange y enverra ; dès-lors ceux qui se sont déclarés prétendans et prétendantes, ne sauraient se dispenser de suivre les prétendus aux ar- mées , où doivent se décider les choix , qui se font secrètement, sans la publicité scandaleuse qu'on apporte parmi nous aux cérémonies du mariage , où l'on avertit une ville entière que tel jour , un libertin , un roué , va déflorer une jeune innocente. Il faut être né en civilisation pour supporter l'aspect de ces indécentes cou- tumes qu'on appelle *les noces*, où l'on voit in- tervenir à la fois le magistrat et le sacerdoce avec les plaisans et les ivrognes du quartier. Eh ! pourquoi ? parce qu'après de viles intrigues, après un maquerellage fait par le notaire et les commères , on va enchaîner pour la vie deux individus qui peut-être seront au bout d'un mois insupportables l'un à l'autre. Quel est donc le motif de ces fêtes de noces ? l'espoir d'obtenir une postérité ; eh ! sait-on si la femme ne sera pas stérile ? L'espoir du bonheur des con- joints ; eh ! qui sait s'ils ne se détesteront pas l'année suivante, et si leur union ne fera pas le malheur de tous deux ? Dans ces fêtes données sur une vague espérance, les familles sont com- parables à un étourdi , qui en prenant un billet de loterie , donnerait à ses voisins un grand repas en réjouissance de ce qu'il espère gagner on terne : on mangerait son repas en se moquant de lui, et disant : *il ne tient pas encore le terne.* N'imitez-vous pas un tel fou, quand vous donnez des fêtes à l'occasion d'un mariage, qui est un billet de loterie, et moins encore ; car le mariage peut produire beaucoup de malheur, au lieu du bonheur qu'on en espère. Le seul cas où les fêtes soient raisonnables, c'est lorsqu'un homme épouse une femme très-riche ; alors il a lieu de se réjouir ; mais d'ordinaire les femmes dépensent plus de revenu qu'elles n'en apportent ; et si l'on remettait les réjouissances de noce à l'année suivante, à l'époque où le mari a tâté des embarras du ménage, des énormes dépenses et du cocuage qui arrive tôt ou tard, on trouverait bien peu de mariés disposés à festoyer leur fâcheuse union : eh ! combien d'entr'eux ont regret à la fête, dès le lendemain, où ils sont déjà confus de n'avoir pas trouvé ce qu'ils croyaient trouver !

Dans l'ordre combiné, les fêtes relatives aux premières amours ne se donnent qu'après l'union consommée. On se garde bien d'imiter les civilisés, qui prennent le public à témoin du marché conclu pour la défloration. Une vestale voit ses prétendans réunis et étalant leur mérite dans les jeux publics et les travaux de l'armée : leur nombre diminue successivement selon l'espoir qu'elle leur donne. Enfin, lorsqu'elle est d'accord avec l'un d'entre eux, les futurs se bornent à envoyer une déclaration cachetée à l'office de la Haute-Matrone (c'est une ministre des relations amoureuses, celle qui tient le gouvernail des affaires galantes de l'armée, pour ce qui concerne la vestalité), ou aux Vice-

Matrones qui régissent chaque division. On fait les dispositions nécessaires pour recevoir chaque soir les couples qui veulent s'unir secrètement; ils sont reconnus par une intendante de matronage; l'union n'est divulguée que le lendemain, où la vestale a quitté sa couronne de lys pour une couronne de roses, et se montre en costume de Damoiselle avec son favori, ou son Damoiseau, si c'est un vestal qu'elle a choisi.

Il s'opère chaque nuit, à l'armée, un bon nombre de ces unions de vestals et vestales. Elles sont annoncées le lendemain à la matine ou repas du matin. Les Bacchants et Bacchantes ont la fonction d'aller chaque matin relever les blessés, c'est-à-dire les prétendans et prétendantes qui se trouvent éconduits par suite des unions secrètes de la nuit.

Je suppose que la vestale Galatée, prête à faire son choix, ait balancé entre Pygmalion, Narcisse et Pollux. Enfin elle a préféré Pygmalion et s'est unie secrètement à lui. Une centaine de vestales ont dans la même nuit consommé pareille union avec leurs favoris, dans l'édifice destiné à cette cérémonie. Le lendemain, un millier de Bacchants et Bacchantes de la division sont assemblés avant le jour, une référendaire de matronage leur communique le tableau des unions de la nuit, puis la liste des blessés et blessées qu'il faut aller relever. On y voit les noms de Pollux et Narcisse; alors les Bacchantes qui se croient le plus aimées de Pollux, se dirigent vers sa demeure; d'autres vont trouver Narcisse: et de même les Bacchants s'acheminent vers les intéressantes

blessées qu'ils ont choisies. (1) Pollux sera
donc éveillé par des Bacchantes qui viendront,
le rameau de myrthe à la main, lui apprendre
qu'il est trépassé dans l'esprit de Galatée ;
elles essuient le premier choc, les clameurs
de perfidie et d'ingratitude, et pour consoler
Pollux, elles prodiguent leur éloquence et leurs
charmes. (2)

Il y a, chaque matin, une ample déconfiture
de poursuivans et poursuivantes, au grand contentement des légions de Bacchanales qui font
leur profit de cet amoureux martyre ; car le
remède ordinaire à une telle mésaventure, c'est
de s'étourdir pendant quelques jours avec les
Bacchantes, les Aventurières et autres corporations de l'armée qui exercent la philantropie.

---

(1) Il est entendu que si les amans disgrâciés sont du corps de la
vestalité, ce ne seront pas les Bacchans et Bacchantes qui iront les
consoler. En pareil cas, cette fonction sera remplie par d'autres
confréries, comme les Sentimentaux et Sentimentales, qui sont le
7.ᵉ groupe de la série amoureuse. Il est maintes exceptions semblables que je ne m'arrête pas à rapporter, et qu'on doit pressentir
sans que je les indique.

(2) Des civilisés diront que Pollux ne tiendra aucun cas des
consolations des Bacchantes ; que s'il est bien amoureux de Galatée,
il rejettera avec dédain des dévergondées qui viendront s'offrir à lui.
En effet, telle serait la marche de l'amour dans l'ordre civilisé ;
Pollux refuserait pendant plusieurs jours toute autre femme que
Galatée, et de plus il appellerait en duel Pygmalion. Dans l'ordre
barbare, Pollux agirait différemment, il irait poignarder Galatée
en attendant l'occasion de poignarder Pygmalion. Et dans l'ordre
sauvage ou patriarcal, Pollux agirait différemment encore. Je
n'ignore pas que, selon nos mœurs, Pollux devrait dédaigner les
Bacchantes et leurs consolations ; mais, si vous voulez, d'après
les mœurs civilisées, blâmer Pollux qui se distraira avec les
Bacchantes, un barbare pourra se moquer du civilisé qui se voyant
ravir sa belle, n'ira pas la poignarder. J'entre dans ces détails,
pour rappeler que les passions ont dans chaque période sociale une
marche différente ; et que si les usages de l'ordre combiné paraissent
bizarres sur quelques points, il faudrait, avant de les juger, connaître les circonstances qui introduiront des mœurs si opposées aux
nôtres.

Quand on connaîtra les détails de ces diverses
fonctions, et le mécanisme des sectes amoureuses
dans les armées de l'ordre combiné, on trouvera
les amours de la civilisation si monotones, si
pitoyables, qu'on ne pourra supporter la lecture
de nos romans et de nos pièces de théâtre ; l'on
concevra que l'admission aux armées devienne
une faveur dans l'ordre combiné; qu'il se présente le double des volontaires que l'on désire,
et que par le seul lévier de l'amour, on puisse
rassembler cent vingt millions de légionnaires
des deux sexes, qui exécuteront des travaux dont
la seule idée glacerait d'épouvante nos mercenaires esprits. Par exemple : l'ordre combiné
entreprendra la conquête du grand désert de
Sahara ; on le fera attaquer sur divers points
par 10 et 20 millions de bras s'il est nécessaire;
et à force de rapporter des terres, planter, et
boiser de proche en proche, on parviendra à
humecter le pays, fixer les sables, et remplacer
le désert par des régions fécondes. On fera des
canaux à vaisseaux, là où nous ne saurions pas
même faire des rigoles d'arrosage ; et les grands
vaisseaux navigueront non-seulement au travers
des isthmes, comme ceux de Suez et Panama,
mais encore dans l'intérieur des continens,
comme de la mer Caspienne aux mers d'Azof,
de Perse et d'Aral ; ils navigueront de Québec
aux cinq grands lacs, enfin de la mer à tous les
grands lacs dont la longueur égale le quart de
leur distance à la mer.

Les diverses légions des deux sexes se divisent
dans chaque empire en plusieurs armées, qui
s'amalgament avec celle des empires voisins.
L'ordre combiné n'affecte jamais une entreprise

à une seule armée ; il en réunit au moins trois
pour les mettre en lutte d'émulation. S'il faut
couvrir de terre les landes de Gascogne, ce
travail sera exécuté par trois armées, française,
espagnole et anglaise ; et en compensation, la
France fournira deux armées, une à l'Espagne
et une à l'Angleterre, pour coopérer à leurs
travaux. Ainsi se mélangeront tous les empires
du globe, et la compensation sera la même dans
les armées de province et les travaux de canton.

Je suppose que la phalange de Tibur veuille
faucher un pré qui emploîrait 300 hommes
pendant deux heures ; si elle n'a que 60 fau-
cheurs disponibles, elle emprunte 4 cohortes
à quatre cantons voisins ; elle fait négocier cet
emprunt par ses ambassadeurs titulaires, à la
bourse desdits cantons ; et au jour indiqué on
voit arriver les 4 cohortes qui se réunissent
aux Tiburiens dans la prairie. La fauchaison est
suivie d'un repas où se trouvent les belles des
divers cantons ; et celui de Tibur rendra des
cohortes d'hommes ou de femmes pour celles
qu'il emprunte aujourd'hui. Cet échange de cohortes est un des moyens qu'emploie l'ordre combiné, pour métamorphoser en fêtes les travaux
les plus rebutants. Ils deviennent intéressans,

Par la brièveté qui résulte du grand nombre
de coopérateurs ;

Par la réunion des cohortes auxquelles viennent
se joindre des amateurs de sexe différent ;

Par les dispositions de mécanique et d'élégance
que permettent ces nombreux rassemblemens.

J'insiste sur ce dernier point. On voit parmi
nous les ateliers si malpropres, si dégoûtants,
qu'ils inspirent de l'horreur pour l'industrie et

les industrieux , surtout dans la France qui semble être la patrie adoptive de la saleté. Est-il rien de plus répugnant que les buanderies de Paris, où l'on prépare le linge de la belle compagnie? Au lieu de ces cloaques, vous verriez dans l'ordre combiné un édifice orné de bassins de marbre , et garni de robinets à divers degrés de chaleur, afin que les femmes ne gâtent pas leurs mains en les plongeant dans une eau glaciale ou brûlante. Puis, vous verriez maintes dispositions pour abréger l'ouvrage par des mécaniques de toute espèce, et pour charmer le repas qui suivra le travail de quatre à cinq cohortes de blanchisseuses rassemblées de divers cantons.

Quelqu'insipides que soient ces menus détails, je ne dédaigne pas de m'y arrêter pour prouver que tous les obstacles industriels sont prévus : les convocations de cohortes ne sont qu'un des nombreux procédés par lesquels on applanira toute difficulté ; et l'ordre combiné fournira des moyens d'opérer, *par attraction et rivalité*, les travaux les plus odieux.

La galanterie, aujourd'hui si inutile, deviendra donc un des ressorts les plus brillans du mécanisme social. Et tandis que l'ordre civilisé lève avec tant de peine et de contrainte, des armées destructives qui ravagent périodiquement la terre, l'ordre combiné n'emploîra que l'attraction et la galanterie, pour former des armées bienfaisantes qui élèveront à l'envi de superbes monumens. Au lieu d'avoir dévasté trente provinces dans une campagne, ces armées auront jeté trente ponts sur des fleuves, recouvert trente montagnes effritées, creusé trente canaux d'irrigation , et desséché trente marécages : encore ces trophées industriels ne seront-ils qu'une parcelle des prodiges qu'on devra à la liberté amoureuse et à la chute de la philosophie.

Dans ces débats futiles en apparence, comme ceux sur la bonne chère et l'amour , il ne faut pas perdre de vue le but de l'ordre combiné, c'est d'opérer ATTRACTION INDUSTRIELLE. Toutes les dispositions que vous entendrez sur cet ordre et que vous croiriez faites à plaisir, sont toujours soumises à deux pierres de touche ; il faut qu'elles produisent l'ATTRACTION INDUSTRIELLE et l'ÉCONOMIE DE RESSORTS. J'en vais donner une démonstration tirée des bandes de chevalerie errante , qui parcourent le globe , et dont j'ai parlé dans cette notice.

Ces bandes fort attrayantes pour la jeunesse , n'admettent personne qui n'ait fait au moins trois campagnes dans les armées industrielles , indépendamment des connaissances relatives au caractère déployé par la bande. Voilà donc un ressort de plus pour lever des armées. Outre l'amour qui entraîne à suivre les vestals et vestales ; outre la curiosité causée par les grands évènemens qui se passeront à l'armée ; outre l'empressement d'assister à ses fêtes et bacchanales ; de partager la gloire de ses hauts faits , il est encore d'autres léviers comme l'appât d'obtenir, après trois campagnes, une patente d'aventurier ou aventurière , et d'aller exploiter le globe avec les bandes de chevalerie errante : d'autres priviléges sont le prix de six campagnes, et au bout de neuf, on a l'entrée dans le corps des paladins et paladines qui sont par toute la terre les officiers de l'empereur et impératrice

d'unité. Au retour de chaque campagne, les
jeunes gens ont droit de s'orner d'un signe, tel
que croix ou étoile, qui porte en légende le
fait industriel de l'armée ; et l'on connait, au
nombre des rayons d'étoile, les diverses campagnes et titres de gloire de chacun. Les femmes
portent cette décoration, car il y a toujours
moitié de femmes dans les armées industrielles.

Au moyen des divers appats que les armées
offrent à la jeunesse, elle marche spontanément
au premier appel, et l'admission devient ainsi
que je l'ai dit un privilége acheté par diverses
épreuves. On atteint donc par ce mode de levée
les deux buts indiqués, l'ATTRACTION INDUS-
TRIELLE et l'ÉCONOMIE DE RESSORTS.

Et comme l'appât d'entrer aux bandes errantes fait partie des amorces qui attirent la jeunesse à l'armée, concluez que ces bandes
ne sont pas des parties de plaisir, vaguement
imaginées, et que toutes les autres dispositions
qui vous seront données sur l'ordre combiné,
devront, comme les bandes errantes, coopérer
aux deux résultats exigés, à l'ATTRACTION INDUS-
TRIELLE et à l'ÉCONOMIE DE RESSORTS. Et les
mesures qui conduisent à ces deux buts sont
toutes des jouissances romanesques et immenses
comme celles dont je viens de donner une légère
idée.

Craignant de vous faire entrevoir l'immensité
de ces plaisirs, je n'ai disserté que sur deux accessoires de l'amour et de la gourmandise. J'ai
parlé des tables du pauvre, sans vous expliquer
quelle sera la somptuosité de celles du riche,
lorsque la bonne chère sera favorisée par la
culture universelle, par la régularité de tempé-

rature qui raffinera les sucs de la terre, par la cessation des fourberies commerciales, et par la liberté absolue des communications. Alors les riches de chaque phalange pourront tous les jours, dans le cours des cinq repas, (1) savourer par centaines les raretés parvenues de tous les points du globe, transportées et conservées avec des précautions qui sont impraticables dans l'état d'imperfection où se trouve l'industrie terrestre et maritime des civilisés.

Je me suis de même borné à parler des moindres jouissances de l'amour, en traitant de la vestalité qui n'admet que la courtoisie ou jouissance spirituelle, sans plaisir matériel. Les fonctions vestaliques sont une privation et non un exercice de l'amour, qui ne commence qu'à l'instant où le vestal cède à une première inclination.

---

(1) Il y a cinq repas dans l'ordre combiné; la matine à 5 heures, le déjeûné à 8 heures, le dîné à 1 heure, le goûté à 6 heures, et le soupé à 9 heures; il y a en outre deux intermèdes ou collations vers les 10 et 4 heures. Cette multitude de repas est nécessaire à l'appétit dévorant qu'excitera le nouvel ordre, où l'on est en mouvemement continuel sans excès. Les enfans élevés de la sorte, acquerront des tempéramens de fer, et seront sujets à un retour d'appétit de 2 en 3 heures, à cause de la prompte digestion qui sera due à la délicatesse des mets et à l'art de les mélanger judicieusement. Cet art auquel on les exercera dès l'enfance, est contraire à toutes nos maximes sur la sobriété; il sera pourtant l'un des germes du perfectionnement matériel qui élèvera le genre humain à la stature moyenne de 7 pieds, et à la carrière moyenne de 144 ans. L'espèce humaine parvenue à cette perfection, devra consommer chaque jour dans l'état de santé une masse égale au douzième de son poids. On voit dès aujourd'hui des appétits plus surprenans; car nous voyons en France, un individu nommé *l'homme carnacier*, qui mange à un seul repas 14 livres de viande crue, sans parler de sa boisson ni de ses autres repas. Il consomme donc environ 20 livres par jour, et pourtant il est loin de peser 240 livres. Comme le Créateur a dû produire en tout sens des esquisses renversées de l'ordre combiné, il a représenté, par la création du verre solitaire, l'appétit prodigieux que ressentiront les individus élevés dans ce nouvel ordre.

Je n'ai pas parlé de ces circonstances qui donnent un plein essor à la galanterie, et qui contrastent si fort avec les viles intrigues de mariage, et les odieux calculs par lesquels on avilit parmi nous les premières unions. Je n'ai donc donné aucune notion des amours de l'ordre combiné; et cependant les accessoires auxquels j'ai touché, auront déjà suffi pour faire entrevoir que cet ordre ouvrira aux amours une carrière si brillante et si variée, qu'on regardera en pitié les chroniques galantes de la civilisation. C'est ce que j'aurais démontré en peu de lignes, si j'eusse traité des sectes amoureuses, et des relations de leurs divers groupes affectés aux divers caractères de l'amour. Mais comme je désire exciter le raisonnement plutôt que l'enthousiasme, je passe sur ces tableaux qui causeraient une impression beaucoup plus vive que je ne la veux produire.

J'ai satisfait aux désirs de diverses personnes qui me demandaient une petite notice sur l'ordre combiné, au moins une feuille de détails quelqu'incomplets qu'ils pussent être. Si l'on inclinait à soupçonner de l'exagération dans ces apperçus des jouissances futures, il faudra considérer que je parle ici de la 8.e période sociale, prodigieusement distante de la 5.e où nous nous trouvons. J'aurais pu m'accommoder aux faibles passions des civilisés, en ne leur peignant, comme dans la première notice, que des jouissances plus bourgeoises de la 6.e et de la 7.e période, que nous franchirons l'une et l'autre pour nous élever d'emblée à l'ordre combiné.

En rassurant les personnes impartiales contre le soupçon d'exagération, je ne prétends pas rallentir les verbiages de la multitude qui va éclater en railleries contre cette deuxième notice. Je confesse moi-même que l'annonce doit sembler incroyable jusqu'après l'expérience ; et fut-elle revêtue des preuves mathématiques et autres qui l'appuyeront, l'on serait encore fondé à douter jusqu'à l'épreuve ; car dit Boileau :

« Le vrai peut quelquefois n'être pas vraisemblable. »

Qu'était-il de plus vrai que l'opinion de Christophe Colomb, à qui j'aime à me comparer ? Il annonçait le nouveau monde matériel ; et moi le nouveau monde social. J'exprime ainsi que lui, *ce vrai qui n'est pas vraisemblable* aux yeux du préjugé. On m'accusera comme lui de vision, parce qu'on voudra juger les résultats annoncés par les moyens actuels : on voudra croire le mécanisme social borné aux faibles ressources qu'offre la civilisation ; enfin l'on oubliera sans cesse que tous ces prodiges sociaux seront opérés par des *sectes progressives* et non par des *familles incohérentes* qui ont des propriétés contraires.

Mais puisque l'ironie est le souverain plaisir pour les civilisés, qu'ils se hâtent de donner cours à leur maglignité : comme on peut en moins de six mois faire l'essai de l'association agricole, les *impossibles* n'auront que peu de temps à gloser, et plus leur faconde se débordera, plus ils seront pitoyables quand ils viendront chanter la palinodie. Alors on rappellera leurs sarcasmes pour se délivrer de leurs insipides éloges, et les réduire au silence. C'est le plus grand supplice pour ces roquets

acharnés contre toute invention ; gens que La-
fontaine a si bien nommés

« . . . . Esprits du dernier ordre
» Qui n'étant bons à rien, cherchent partout à mordre. »

Toutefois leur manie peut sembler excusable,
sous le rapport des duperies qu'a essuyées le
corps social de la part des sciences incertaines.
Il ne faut pas s'étonner si les modernes tant de
fois bernés par les sophistes , inclinent de plus
en plus à la défiance ; et que le goût de l'ironie
soit aujourd'hui dominant parmi les civilisés ,
fatigués de se voir leurrer chaque jour par les
théories philosophiques incompatibles avec l'expérience et la nature. Ces ridicules sciences
touchaient à leur fin ; déjà la politique et la
morale se sont anéanties l'une par l'autre , dans
les révolutions du 18.e siècle : une science mercantile leur a survécu , c'est l'*économie politique*,
elle n'aurait pas tardé à finir plus honteusement
encore, que les moralistes qu'elle a écrasés.

ÉPILOGUE.

Sur le délaissement de la Philosophie morale.

NATIONS civilisées, vous allez faire un pas de géant dans le monde social. En passant immédiatement à l'harmonie universelle, vous échappez à vingt révolutions qui pouvaient ensanglanter le globe pendant vingt siècles encore, jusqu'à ce que la théorie des destinées eut été découverte. Vous ferez un saut de deux mille ans dans la carrière sociale ; sachez en faire un semblable dans la carrière des préjugés. Repoussez les idées de médiocrité, les désirs modérés que vous souffle l'impuissante philosophie. Au moment où vous allez jouir du bienfait des lois divines, concevez l'espoir d'un bonheur aussi immense que la sagesse du Dieu qui en a formé le plan. En observant cet univers qu'il a si magnifiquement disposé, ces millions de mondes qu'il fait rouler en harmonie ; reconnaissez qu'un être si grandiose ne saurait se concilier avec la médiocrité et la philosophie, et qu'on lui ferait injure, si l'on s'attendait à des plaisirs modérés dans un ordre social dont il sera l'auteur.

Quel peut être votre but, moralistes, quand vous nous vantez la médiocrité de fortune ? Ceux qui sont au dessus d'un tel sort, ne veulent jamais y descendre. Aucun raisonnement ne décidera l'homme qui a cent mille francs de rente, à en distribuer 80 mille pour se réduire au modeste revenu de 20 mille francs, qui est l'*aurea mediocritas* ; d'autre part, ceux qui jouissent de la médiocrité, ne veulent point s'en contenter, et sont fondés à croire qu'elle n'est pas le vrai bien, tant que les gens opulens refusent d'y descendre, malgré la facilité qu'ils en ont. Voilà donc la médiocrité sans attrait pour les deux classes qui peuvent en jouir ; et il est ridicule de la leur conseiller, puisqu'ils la connaissent par expérience, et s'accordent tous à préférer l'opulence. Quant à ceux qui sont au dessous de la médiocrité, il est fort déplacé de la leur vanter, car ils y atteindront bien difficilement. Les gens peu aisés risquent plutôt de languir et déchoir, que de s'élever. La politique est déjà en butte aux plus amères critiques pour n'avoir pas su leur procurer le nécessaire ; voyez combien il est inconséquent de leur inspirer le goût de la médiocrité, quand on ne peut pas même leur assurer un sort inférieur.

La théologie vante la pauvreté comme étant la voie d'une fortune éternelle. La politique vante les richesses de ce monde, en attendant celles de l'autre ; toutes deux conviennent au cœur humain qui ne s'accommode pas de la médiocrité. Si vous l'avez prônée, c'était par la manie de dire quelque chose de neuf, et de ne pas être les échos de la religion et de la politique ; l'une se passionnant pour les richesses et l'autre prêchant la pauvreté, elles ne vous ont laissé, moralistes, d'autre belle à épouser que la médiocrité.

Voyez le danger de prendre le rôle que les autres ont dédaigné. On peut sur le seul éloge de la médiocrité, accuser votre science d'ineptie ou de charlatanerie ; elle est inepte si l'éloge

est

est sincère. Si vous croyez de bonne foi que la médiocrité puisse remplir le cœur de l'homme, suffire à son inquiétude perpétuelle, vous ne connaissez pas l'homme, c'est à vous d'aller à l'école, au lieu de nous donner des leçons. Et si l'éloge n'est qu'une jonglerie oratoire, vous êtes bien inconséquens de vanter cette médiocrité qui déplaît à ceux qui peuvent en jouir, et que vous ne savez pas procurer à ceux qui ne l'ont pas. Choisissez entre ces deux rôles, qui l'un et l'autre rabaissent vos dogmes fort au dessous de la médiocrité. '

Espérez-vous vous sauver par la question intentionnelle ? faire valoir vos efforts pour procurer à l'homme des consolations ? Si vous aviez l'intention sincère de consoler l'infortune, vous chercheriez d'autres moyens que vos dogmes, reconnus impuissans, de votre propre aveu. Témoin un moraliste moderne qui dit en parlant aux maîtres de l'art, aux Senèque, aux Marc-Aurèle : « Pour me soutenir dans le mal- » heur, vous m'appuyez sur le bâton de la » philosophie, et vous me dites ; marchez fer- » me, courez le monde en mendiant votre » pain ; vous voilà tout aussi heureux que nous » dans nos châteaux, avec nos femmes et la » considération de nos voisins. Mais la première » chose qui me manque, c'est cette raison sur » laquelle vous voulez que je m'appuie. Toutes » vos belles dialectiques disparaissent précisé- » ment quand j'en ai besoin ; elles ne sont qu'un » roseau entre les mains d'un malade, etc. » (Bernardin de Saint-Pierre.)

Voilà la philosophie morale décréditée par ses auteurs mêmes, et sans attendre leur désaveu,

R

ne suffisait-il pas de leurs actions pour nous dé-
sabuser ? Demandez au vertueux Sénèque, pourquoi, lorsqu'il nous vante les douceurs de la
pauvreté, il accumule pour ses menus plaisirs
une fortune de 80 millions tournois, (valeur
actuelle) ; sans doute qu'il juge la pauvreté et
la médiocrité plus belles en perspective qu'en
réalité, comme ces statues mal dégrossies, qui
font meilleur effet de loin que de près. Nous
nous rangeons à l'avis de Sénèque, que nous
pouvons comme lui renvoyer la pauvreté et la
médiocrité dans la poussière des bibliothèques.

Lorsque vous attestez, par vos actions et
par vos aveux, l'impuissance des secours que
promet votre science, quelle intention doit-on
vous prêter, si vous persistez à nous administrer ces inutiles secours ? N'est-ce pas une ironie
de votre part que de vouloir nous familiariser
avec les privations, quand nous vous deman-
dons des richesses et des jouissances réelles ?
Vous mêmes, philosophes, dont l'esprit et les
sens plus exercés que ceux du vulgaire, vous
rendent plus précieuses les douceurs de la fortune, n'êtes-vous pas ravis d'apprendre que la
chute de vos systèmes va vous élever à cette
fortune dont vous êtes idolâtres, en feignant de
la mépriser ?

Ne répugnez point à confesser pleinement
vos erreurs : la honte en retombe sur les savans
en masse, et non pas sur aucune classe en
particulier. Croyez-vous que les physiciens et
littérateurs puissent éviter leur part de l'affront
universel ? n'avaient-ils pas, comme vous, le
raisonnement et le bon sens pour appercevoir
et dénoncer l'absurdité générale : oui, *l'absurdité*

est générale, tant que vous ne savez pas remédier au plus scandaleux des désordres sociaux, à la PAUVRETÉ. Tant qu'elle subsiste, vos profondes sciences ne sont pour vous que des brevets de démence et d'inutilité ; vous n'êtes qu'une légion de fous avec toute votre sagesse.

Vous vous annoncez pour interprètes de la raison. Gardez donc le silence tant que durera l'ordre civilisé ; car il est incompatible avec la raison, si elle recommande la modération et la vérité. En quels lieux la civilisation a-t-elle fait des progrès ? Ç'a été dans Athènes, Paris, Londres, etc., où les hommes n'ont été nullement amis de la modération ni de la vérité ; mais fortement esclaves de leurs passions et adonnés aux intrigues et au luxe. En quels lieux la civilisation a-t-elle langui et resté médiocre ? ç'a été dans Sparte et dans Rome primitive, où les passions voluptueuses et le luxe n'avaient qu'un faible développement. D'après cette expérience, pouvez-vous douter que l'ordre civilisé ne soit inconciliable avec cette raison qui consiste selon vous à modérer ses passions ? Pouvez-vous douter qu'il ne faille bannir une telle raison, si l'on veut le maintien et les progrès de l'ordre civilisé ?

Votre science eut quelque vogue dans l'antiquité, mais parce qu'alors elle flattait les passions ; en effet, l'imagination et la curiosité avaient peu d'alimens dans ces temps où les sciences fixes et la littérature étaient au berceau ; l'on dut s'attacher avidement à des dogmes qui ouvraient une immense carrière à la controverse et aux intrigues ; la philosophie incertaine était alors soutenue par son union avec les sciences fixes et avec la religion. Pythagore, doyen de la morale, était en même temps un habile géomètre et un prélat révéré. Il avait fondé un monastère où il faisait des miracles, comme de ressusciter les morts et autres facéties. Ses Néophytes étaient soumis aux plus rudes épreuves, comme aujourd'hui nos Trapistes. Enfin, si ces moralistes obtinrent la faveur du peuple, c'est qu'ils formaient dans la religion mythologique un accessoire au sacerdoce, comme les moines dans la religion catholique.

Tandis que les rigoristes de l'ancienne philosophie séduisaient le peuple par la pratique des austérités et l'étude des sciences utiles, d'autres sectes, plus traitables, gagnaient la bonne compagnie et formaient des cotteries cabalistiques, pour qui les oisifs de la Grèce prenaient parti, comme on voit aujourd'hui ceux de Paris se passionner pour tel théâtre ou tel acteur. D'où l'on voit que cette vogue de la morale chez les Grecs, ne se fonda que sur la superstition des petits et sur le désœuvrement des grands ; enfin, sur des chances qui flattaient les passions, mais nullement sur l'influence de la raison.

Autres temps, autres mœurs. Les cotteries morales n'étaient déjà plus en crédit chez les Romains ; et Caton, au sujet d'une intrigue où figuraient quelques sophistes Grecs, voulait qu'on chassât de Rome tous les philosophes : preuve qu'ils n'étaient plus en odeur de sainteté.

Quant aux modernes, la philosophie morale n'a reparu chez eux que pour y mourir de sa belle mort. D'abord elle s'est traînée servilement sur les pas des anciens ; vainement a-t elle ressassé leurs diatribes contre les passions et

les richesses ; ce qui était amusant dans Athènes
ne l'est plus à Paris ni à Londres. Il en est des
sciences incertaines comme des modes, qui ne
durent qu'un temps. La cotterie des moralistes
est à peu près éteinte ; isolée de la religion et
des sciences exactes , à peine ose-t-elle repa-
raître , en s'affublant de quelques termes à la
mode , comme *les méthodes analytiques* dont elle
s'appuie encore , pour hasarder quelques verbiages sur les passions et leur lancer de loin
un faible trait : semblable à ces vieillards qui ,
retirés au coin de leur feu , disent encore leur
mot contre le siècle présent qui ne les connaît
plus.

Si la philosophie morale accuse notre siècle
de perversité, pour être insensible à ses charmes,
il est aisé de lui prouver que son délaissement
est le seul acte de raison dont ce siècle puisse se
vanter : une bizarrerie attachée à la doctrine de
ses écrivains, c'est que les lieux où elle a été le
plus enseignée , sont ceux où elle a été le
moins suivie. L'on cite Sparte et Rome pour
foyers de la morale ; mais il n'y avait guère de
moralistes à Sparte , où l'on ne voulait pas même
souffrir Diogène , le grand prédicateur de la
pauvreté : il y avait encore moins de moralistes à Rome , dans le temps où Cincinnatus
faisait cuire ses raves. Les hommes n'en valaient
pas mieux pour être pauvres ; leur étalage d'austérité n'était qu'une intrigue de circonstance.
A Rome , comme ailleurs , l'accroissement des
richesses donna à l'ambition des formes plus
raffinées ; à mesure que la civilisation se développe , on voit l'austérité et la modération
moins en honneur : les efforts de la philosophie

pour ramener ces pruderies politiques, ne sont qu'un indice de leur inconvenance. Plus un peuple accumule de théories morales, moins il est enclin à suivre leurs dogmes. La cotterie moraliste est fille du luxe : en déclamant contre le luxe ; elle renie son père ; ses volumes , ses systèmes augmentent en raison des progrès du luxe ; et si le luxe tombe , les théories morales tombent avec lui , sans que la nation ruinée devienne meilleure. Car les Grecs d'à présent qui n'ont point de philosophes , n'ont pas plus de mœurs que ceux d'autrefois : la controverse morale n'a donc d'autre source , d'autre appui que le luxe. Sous son règne, elle peut s'accré-diter comme vision romanesque , bonne à amuser les oisifs , pourvu qu'elle se prête aux circonstances. Loin de pouvoir modérer les passions , elle est réduite à flatter les vices do-minans sous peine dédaignée ; aussi s'est-elle bien radoucie pour traiter avec les modernes chez qui les raves ne sont plus en honneur.

La morale s'abuse lourdement si elle croit avoir quelque existence par elle seule. Elle est évidemment superflue et impuissante dans le mécanisme social ; car sur toutes les questions dont elle forme son domaine , comme le larcin , l'adultère , etc. ; il suffit de la politique et de la religion pour déterminer ce qui est conve-nable dans l'ordre établi. Quant aux réformes à entreprendre dans les mœurs , si la politique et la religion y échouent , la morale y échouera encore mieux. Qu'est - elle dans le corps des sciences , sinon la 5.e roue du char , l'impuis-sance mise en action ? Partout où elle com-battra seule contre un vice , on est assuré de sa défaite. Elle est comparable à un mauvais régiment qui se laisserait repousser dans toutes les rencontres , et qu'il faudrait casser ignominieusement. C'est ainsi que les sciences en corps devraient traiter la morale pour les services qu'elle leur a rendus.

Si par fois la politique et la théologie vous ont accordé , moralistes , une feinte considération , si elles vous admettent en tiers dans la lutte contre le vice , c'est pour rejeter sur vous la honte des défaites et garder à elles deux le bénéfice des abus : vous n'êtes pour elles

« . . . . Que l'instrument servile
» Rejeté par dédain, lorsqu'il est inutile
» Et brisé sans pitié s'il devient dangereux. »

Voyez le cas qu'elles ont fait de vous dans les circonstances décisives , comme la Saint-Barthélemy et la révolution Française. Si vous doutez du mépris qu'elles ont pour vos dogmes, essayez de contrarier les leurs , et vous aurez la mesure de votre importance.

———

Un incident survenu dans le cours du 17.ᵉ siècle, vous a enfin éclairés sur ces fâcheuses vérités. Une scission s'est opérée dans le corps philosophique; de là est née une nouvelle science, l'*économie politique* et *commerciale*. Ses rapides progrès devaient faire prévoir le triomphe des dogmes amis du luxe et la perte des moralistes.

Ils s'apperçurent bien tard que l'économie politique envahissait tout le domaine de la charlatanerie : dès le milieu du 18.ᵉ siècle, tous les esprits se ralliaient à cette nouvelle science qui s'annonce pour dispensatrice de la fortune, et qui promet aux nations de grandes richesses dont chacun se flatte d'obtenir quelque part. Déjà l'empiétement des économistes était consommé, lorsque les moralistes s'escrimaient encore à vanter les charmes de la pauvreté. Enfin, la révolution Française ayant fait tomber à plat toutes leurs visions sur les vertus républicaines, ils auraient voulu entrer en accommodement; à cet effet, ils ont mis en avant des dogmes ambigus, comme d'*inconsidérer les richesses, sans les aimer ni les haïr :* dogmes vraiment plaisans, mais qui n'ont pu sauver la cotterie morale ; car les économistes devenus trop forts pour avoir besoin d'alliés, ont dédaigné toute voie de rapprochemens et ont soutenu de plus belle, qu'il fallait *de grandes et très-grandes richesses, avec un commerce immense et un immense commerce.* Dès-lors les moralistes sont tombés dans le néant, et ont été incorporés sans pitié dans la classe des romanciers. Leur secte est trépassée avec le 18.ᵉ siècle; elle est morte politiquement, ne jouissant plus d'aucun crédit dans le monde savant, surtout en France où elle ne figure plus dans les académies.

La cotterie morale a fait une belle mort, une mort édifiante. Elle a fini comme ces athées, qui se décident à croire en Dieu, au dernier moment. Quand elle s'est vue perdue sans retour, elle a confessé ce qu'elle niait depuis 2300 ans. Elle a reconnu que la sagesse s'allie fort bien avec cent mille écus de rente, ainsi qu'on la voit dans le poème de l'homme des champs, qui exerce la sagesse dans un beau

château , avec meutes , équipages , brelans et
soupés où l'on fait sauter les bouchons pour le
bien de la vertu. Voilà sans contredit le genre
de sagesse qui peut faire des prosélytes , ainsi
que je l'expliquerai dans la 3.e partie, en parlant de la franc-maçonnerie.

Du reste , les écrivains s'y prennent trop tard
pour donner à la morale des couleurs raisonn-
nables : c'est amener du secours à une place qui
a capitulé. D'ailleurs cette science , en confes-
sant, à son heure dernière , qu'on peut être plus
sage dans un château que sous des haillons ,
n'aboutit qu'à nous prouver combien elle est
insuffisante pour nous conduire au bonheur et à
la sagesse. Nous ne pouvons y arriver que sous
les auspices de la politique et de la théologie.
Ces deux sciences étant les seules qui procurent
des châteaux à leurs favoris , tandis qu'il n'y a
pas la moindre place à gagner en s'enrôlant
sous les drapeaux de la morale.

De même qu'on voit les restes d'une armée
détruite former des bandes éparses , qui infestent le pays , pendant quelque temps encore ;
ainsi l'on voit les restes de la cotterie morale
former quelques partis , qui marchent sans
ordre , sans système , sans aucun but. Eperdus
comme des noyés , ils s'accrochent à tout , à la
métaphysique, au bien du commerce, à chaque
nouveauté. Ce sont des bandits littéraires qui
infestent la grande route scientifique , et veulent
s'entremettre partout où l'on n'a que faire de
leur ministère. Ils se battent les flancs pour
trouver quelque asyle à leur science exilée : on
les écoute en pitié murmurer de morale, comme
on se rit des tonnerres lointains qui se font en-

tendre à la suite d'un orage. On ne voit plus en eux que *la mouche du coche :* jamais règne ne fut mieux fini que le leur.

Il n'est sorte de bassesses qu'ils ne hasardent pour rentrer en grâce avec les passions qu'ils ont insultées pendant tant de siècles. J'emprunte à ce sujet les paroles d'autrui, afin qu'on ne m'accuse pas d'avilir une science tombée dans l'infortune. « Elle s'est bien humanisée : douce, » indulgente, elle ne vous enseigne plus à com- » battre, mais à céder. L'art de satisfaire et » d'entretenir les passions, de les ranimer lors- » qu'elles languissent, de leur substituer des » goûts lorsqu'elles sont tout à fait éteintes ; » voilà l'objet principal de ses leçons. » (Gazette de France, 17 janvier 1808.)

Les voilà donc ramenés au bon sens par leur dis- grâce, ils imitent ces princes détrônés qui recon- naissent trop tard qu'ils ne savaient pas régner. Mais en supposant que la civilisation pût se prolon- ger, croit-on que les économistes qui ont éclipsé les sectes morales soient bien affermis sur le trône de l'opinion ? Non, ces sciences éphémères se précipitent l'une par l'autre comme les partis révolutionnaires. Je démontrerai dans la troisiè- me Partie que déjà l'économie politique courait à sa ruine, et que la chute des moralistes pré- parait celle de leurs rivaux. On peut appliquer à ces partis littéraires le mot de *Danton*, qui étant sur l'échafaud, déjà lié d'une courroie, dit au bourreau : *garde l'autre pour Robespierre, il me suivra de près.* Ainsi les moralistes peuvent dire à leur bourreau, dire à l'opinion, qui les sa- crifie : *garde l'autre courroie pour les économistes, ils nous suivront de près.*

Si jamais la civilisation dut rougir de ses éga-
remens scientifiques et de sa crédulité pour les
charlatans , c'est aujourd'hui , où elle foule aux
pieds les dogmes qu'elle a revérés pendant plusieurs mille ans , aujourd'hui qu'on voit les sciences philosophiques ramper devant l'attraction
passionnée qu'elles ont voulu *réprimer* , *corriger* ,
modérer. L'une des 2 sciences, l'économie politique,
excite l'amour des richesses , l'autre science , la
morale , permet de ne pas les haïr : elle élève une
voix mourante , pour faire amende honorable
aux passions. L'esprit humain a donc la faculté
de se repaître pendant plusieurs mille ans de sophismes dont il finit par rougir ; eh ! que savez-
vous , nations civilisées , si vos visions modernes,
vos chimères *économiques* , ne sont pas plus ridicules encore , et n'attireront pas sur le 19.ᵉ
siècle plus de mépris que les visions morales
dont vous êtes confus aujourd'hui ? Croyez-vous
vous rapprocher de la vérité et de la nature ,
en divinisant le commerce qui est un exercice
continuel du mensonge et de l'astuce ? Pensez-
vous que Dieu n'ait imaginé aucune méthode
plus loyale et plus équitable pour opérer l'é-
change qui est l'ame du mécanisme social ? C'est
sur quoi je vais vous entretenir dans la troisième
partie de ce Prospectus.

Entre temps je vous fais ressouvenir qu'il ne
suffisait pas de reconnaître l'empire de la nature dont vous confessez enfin la souveraine influence. C'est peu de désavouer la philosophie
morale qui prétend changer les passions, il
fallait pour rentrer en grâce avec la nature ,
étudier ses décrets dans l'*attraction passionnée*
qui en est l'interprète. Vous faites parade de

vos théories métaphysiques ; à quoi donc les employez-vous, si vous dédaignez d'étudier l'attraction qui tient le gouvernail de vos ames et de vos passions ? Vos métaphysiciens se perdent dans les minuties de l'idéologie. Eh qu'importe cette broutille scientifique ? Moi qui ignore le mécanisme des idées, moi qui n'ai jamais lu ni Locke ni Condillac, n'ai-je pas eu assez d'idées pour inventer le système entier du mouvement universel, dont vous n'aviez découvert que la quatrième branche, après 2500 ans d'efforts scientifiques ?

Je ne prétends pas dire que mes vues soient immenses, parce qu'elles s'étendent là où les vôtres n'ont point atteint : j'ai fait ce que mille autres pouvaient avant moi, mais j'ai marché au but seul, sans moyens acquis et sans chemins frayés. Moi seul j'aurai confondu vingt siècles d'imbécillité politique ; et c'est à moi seul que les générations présentes et futures devront l'initiative de leur immense bonheur. Avant moi l'humanité a perdu plusieurs mille ans à lutter follement contre la nature ; moi le premier, j'ai fléchi devant elle, en étudiant l'attraction, organe de ses décrets : elle a daigné sourire au seul mortel qui l'eut encensée, elle m'a livré tous ses trésors. Possesseur du livre des destins, je viens dissiper les ténèbres politiques et morales, et sur les ruines des sciences incertaines j'élève la théorie de l'harmonie universelle.

« Exegi monumentum aere perennius. »

Fin de la seconde Partie.

TROISIÈME PARTIE.

CONFIRMATION

Tirée de l'insuffisance des Sciences incertaines, sur tous les problèmes que présente le Mécanisme civilisé.

PRÉAMBULE

Sur l'Étourderie méthodique.

ARISTOTE, l'un de nos sages les plus vantés, regardait en pitié ses propres lumières ; sa devise était, *que sais-je ?* C'est sans doute ce qu'il a dit de mieux. Les modernes inclinent peu à une telle modestie, et pourtant sont-ils plus savans qu'Aristote en politique sociale ? Non, car on ne voit toujours, comme dans l'antiquité, que l'indigence, la fourberie et les révolutions : et d'après les orages que nos lumières modernes ont suscité sur la génération présente, fut-il jamais de siècle où les savans méritassent mieux la devise *Que sais-je ?*

Ils sont tous tombés dans une plaisante erreur ; ils ont oublié dans chaque science le problème fondamental, celui qui est le pivot de la science entière ; par exemple :

S'ils traitent d'*économie industrielle*, ils oublient de s'occuper de *l'association* qui est la base de toute économie.

S'ils traitent de politique, ils oublient de rien statuer sur la *quotité de population*, dont la juste mesure est la base du bien-être du peuple.

S'ils traitent d'*administration* , ils oublient de spéculer sur les moyens d'opérer *l'unité adminis-trative du globe*, sans laquelle il ne peut exister ni ordre fixe, ni garantie du sort des empires.

S'ils traitent d'*industrie*, ils oublient de cher-cher des mesures *répressives* de l'*accaparement et l'agiotage*, qui sont une spoliation du proprié-taire et une entrave directe à la circulation.

S'ils traitent de *morale*, ils oublient de recon-naître et réclamer les *droits du sexe faible*, dont l'oppression détruit la justice dans sa base.

S'ils traitent des *droits de l'homme*, ils oublient d'admettre le *droit au travail*, qui à la vérité n'est pas admissible en civilisation, mais sans lequel tous les autres sont inutiles.

S'ils traitent de *métaphysique*, ils oublient d'étudier le système des *rapports de Dieu avec l'homme*, de chercher les moyens de révélation que Dieu peut employer à notre égard.

Les philosophes ont donc la bizarre propriété d'oublier les problèmes fondamentaux de chaque science : c'est une ÉTOURDERIE MÉTHODIQUE, puisqu'elle porte régulièrement sur les questions primordiales. Je pourrais indiquer la cause de cette maladresse, mais qu'ils essayent de la de-viner, s'ils sont aussi habiles qu'ils le prétendent dans l'usage des méthodes analytiques.

ARGUMENT.

Jusqu'à la publication des lois du mouvement social, je ne puis revêtir cette annonce que de preuves négatives, comme celles de l'incapacité de nos savans, sur les problèmes du mécanisme civilisé. La troisième Partie sera donc purement critique.

Pour signaler cette impéritie des modernes, j'en vais donner trois démonstrations, en citant leurs inadvertances les plus récentes et les plus sensibles à la génération actuelle.

Ces 3 démonstrations seront tirées

1.º *De la Franc-maçonnerie ;*

2.º *Du Monopole insulaire ;*

3.º *De la Licence commerciale.*

Le premier sujet, la *franc-maçonnerie*, sera présenté sous le rapport des moyens de salut qu'il offrait aux sophistes. On verra que cette société leur présentait un marche-pied pour réparer leur défaite de 1793 et s'élever à la considération et à la fortune. Ils n'en ont pas su profiter, et s'ils sont aveuglés sur les moyens d'influence qui s'offraient à leur ambition, seront-ils plus clairvoyans pour servir le genre humain?

Loin de là, ils ont fait tourner au détriment de l'humanité les chances qui pouvaient ouvrir des voies d'amélioration sociale, et nommément le *monopole insulaire* et *l'esprit commercial.*

En démontrant cette assertion, j'aurai lieu de contredire tous les systèmes admis dans la politique moderne, et surtout les préjugés sur la liberté commerciale, qui ne peut être que malfaisante puisqu'elle est prônée par les philosophes. C'est ici qu'on va reconnaître leur aveuglement, et se convaincre que le genre humain courait à de nouvelles calamités, en se confiant à des savans si rebelles aux vérités les plus évidentes.

PREMIÈRE

PREMIÈRE DÉMONSTRATION.

DE LA FRANC-MAÇONNERIE

Et de ses propriétés encore inconnues.

DIEU est ennemi de l'uniformité ; il veut que le mouvement varie à perpétuité, soit en gradation, soit en dégradation. A cet effet, Dieu fait éclorre périodiquement (1) dans nos sociétés des germes d'innovations bienfaisantes ou nuisibles : c'est à la raison à juger l'emploi de ces germes, à étouffer les mauvais, comme les clubs politiques, ou développer les bons, tels que la franc-maçonnerie dont je vais parler.

Quel parti salutaire pouvait-on tirer de la franc-maçonnerie ? Voilà une question tout à fait neuve pour le siècle qui n'a pas su discerner les ressources qu'offrait cette institution ; c'est un diamant que nous dédaignons, sans en connaître le prix ; ainsi les sauvages de Guanahani foulaient aux pieds les blocs d'or, avant que la cupidité européenne leur en eût appris la valeur.

En croyant nous livrer à des amusemens, nous faisons souvent des opérations politiques de la plus haute importance ; telle est celle des *cercles* ou *cazinos* dont j'ai déjà parlé (p. 161), et qui sont un germe de *ménage progressif*. Cette petite innovation pouvait renverser l'ordre civilisé, si elle eût pris quelque extension, et si

_____

(1) Calcul de la diffraction passionnée et des séries récurrentes du mouvement social.

S

d'on eût amené les *cercles* au point de former
*ménage fixe pour les célibataires de divers âges, avec
gradation de fortunes.* Bientôt les associés d'un
tel ménage se seraient apperçus que les passions
tendent à subdiviser toute société en plusieurs
groupes inégaux et rivaux : après quelques essais
de ce genre, on serait arrivé peu à peu à former
la tribu à neuf groupes, (p. 158) où les rivalités
se trouvent balancées et harmonisées. En voyant
les agrémens attachés à un pareil ménage,
les femmes célibataires se seraient hâtées de
l'imiter, et bientôt l'ordre civilisé eût été
anéanti, sans aucune secousse politique, et au
grand étonnement de tout le monde.

On pouvait, à l'aide de la franc-maçonnerie,
opérer une révolution moins brillante, moins
prompte, mais très-heureuse encore : et si les
savans modernes ne l'ont pas entrevue, c'est que
leur raison orgueilleuse va toujours se perdre dans
les nues avant de s'arrêter dans la région moyenne du sens commun. En voulant imiter l'aigle
qui dédaigne les moucherons, ils deviennent incapables de saisir les procédés de la nature qui
sont toujours d'une extrême simplicité.

Dès le milieu du 18.e siècle, ils aspiraient à
faire une révolution quelconque pour s'élever à
la fortune. Ils y ont réussi ; mais comme ils
avaient plusieurs voies à choisir, il est bon de
faire connaître quelle autre marche ils auraient
pu suivre pour le bien du genre humain et pour
le leur. J'entre en matière.

Avant 1789 les esprits étaient avides d'innovations, et une secte religieuse qui se serait
élevée, aurait eu en sa faveur plus de chances
que n'en eurent Mahomet et Luther. Il eût fallu

pour convenir à l'esprit du siècle une secte amie de la volupté ; les philosophes n'eurent aucune idée de cette fondation , pas même en 1795 où chacun était pleinement libre de fonder des religions , quelque plattes qu'elles pussent être.

Après la déroute qu'ils avaient éprouvée en 1793 , il ne leur restait d'autre parti que d'abandonner une carrière qui n'était plus praticable ; rompre en visière à leurs propres dogmes et se rallier franchement à la nature , aux passions voluptueuses qu'il faut enfin tolérer puisqu'on ne peut pas les combattre.

C'était pour ces savans un pas épineux que d'encenser les passions qu'ils ont tant diffamées. Aussi ont-ils biaisé et tâtonné , en proposant *d'inconsidérer les richesses sans les aimer ni les haïr :* mais aux grands maux il faut de grands remèdes. Les philosophes n'avaient de salut que dans un parti désespéré. Ecrasés par la civilisation , ils devaient attaquer la civilisation sur le point faible , sur la servitude amoureuse ; et pour la détruire il fallait créer un culte de l'amour , culte dont les philosophes se seraient établis prêtres et pontifes. La société maçonnique leur en offrait les moyens s'ils avaient su la saisir et la diriger.

En passant à l'état sacerdotal , les philosophes n'auraient fait que revenir au point d'où ils sont partis , car ils étaient dans l'antiquité des acolytes du culte mythologique. J'ai dit que les moralistes anciens n'étaient autre chose que des moines païens; les Cyniques et les Epicuriens ne furent-ils pas l'image des Capucins et des Bernardins , tant il est vrai que les passions prennent dans chaque société les mêmes développemens sous des formes diverses.

Il a manqué aux philosophes, pour entrer dans la carrière religieuse, un transfuge du culte dominant, un homme qui se mît en tête, comme le transfuge Mirabeau, de détruire sa corporation ; les moralistes ne pouvaient pas tenter par eux-mêmes une pareille entreprise, ils n'ont que de la faconde sans audace et sans invention. Ils avaient besoin d'un chef qui vînt les guider et leur fournir des plans d'aggression qu'ils ne savaient pas concevoir. Aussi ont-ils attaqué la religion catholique sans avoir aucun culte à lui substituer.

Depuis long-temps ils avaient sous la main l'instrument qui pouvait assurer leur victoire ; c'est la secte des *Franc-maçons*. Cette corporation fondée dans des vues apparentes de charité, a déjà franchi les pas les plus difficiles pour former une secte voluptueuse et religieuse.

1.° Elle est parvenue à opérer l'affiliation dans toutes les régions civilisées, et ne se composer que de la classe aisée, sous la protection des grands qui sont à sa tête.

2.° Elle a habitué le peuple à voir, sans jalousie, ses assemblées mystérieuses tenues en secret, loin du profane vulgaire.

3.° Elle a donné une teinte religieuse au plaisir sensuel ; car à quoi se réduisent les séances des maçons ? à des pique-niques, accompagnés de quelques simagrées morales qui ont l'utilité de remplacer les jeux de cartes, et faire passer le temps plus économiquement. Ces festins habituels ont élagué poliment les avares qui sont plus nuisibles qu'utiles en affaires de parti religieux.

Voilà donc une coterie dont les dispositions déjà faites se prêtaient merveilleusement à fonder une nouvelle religion. Il n'a manqué à sa tête qu'un habile politique qui sût y introduire les femmes et la volupté : aussitôt elle devenait religion dominante des gens riches dans tous les empires civilisés ; et le christianisme qui convient mieux au peuple à cause de son austérité, se serait confiné insensiblement chez le peuple, comme en Chine, le culte de Fô, qui n'est que pour les classes inférieures.

Je m'abstiens de tout détail sur les statuts qui auraient convenu à une pareille secte, et sur les moyens qu'elle aurait eus de s'adjoindre subitement tous les membres les plus marquans du corps social, sans les détacher du culte catholique.

Etant depuis long-temps en si belle passe, il faut que les francs-maçons soient bien aveugles pour n'avoir pas su en profiter. D'après cela, s'ils ont, comme ils l'assurent, *un secret*, ce n'est pas le secret d'aller en avant. La nullité politique où ils sont restés avec tant de moyens de s'élever, donne une si triste opinion de leur prétendu secret, que s'ils offraient de le communiquer, beaucoup de personnes refuseraient de l'entendre.

Diront-ils qu'ils n'ont jamais voulu s'élever plus haut que la médiocrité politique ? persuaderont-ils que les chefs d'une corporation affiliée puissent se garantir de l'esprit d'empiétement qui est l'essence de toute affiliation, depuis celle des janissaires jusqu'à celle des Jésuites ? S'ils font de pareils contes sur leur modération, on les croira comme on croit le

S 3

renard, quand il trouve les raisins *trop verds*, parce qu'il ne sait comment y atteindre.

Entre temps il convient de faire part aux francs-maçons d'une vérité qui les consolera de leur gaucherie politique ; c'est que l'affront de n'avoir vu goutte en affaires de mouvement social, met leur compagnie de niveau avec les plus savantes compagnies de la civilisation.

—Le culte de la volupté aurait cadré merveilleusement avec la philosophie moderne : ses systèmes économiques trop décharnés et prêchant trop crûment l'amour des richesses, avaient besoin de s'allier à une secte religieuse, pour donner de l'ame à leurs arides préceptes. Il fallait à l'économie politique un beau masque pour cacher sa vilaine figure ; c'est une science qui ne parle qu'à la bourse ; elle devait se donner un allié qui parlât au cœur, une secte qui réduisant les jouissances du luxe et les voluptés en actes religieux, aurait prouvé que l'amour des richesses et des plaisirs est très-compatible avec la probité, la charité et les passions généreuses. Hélas ! cette cupidité contre laquelle on déclame si vainement, ne valait-il pas mieux la couvrir de fleurs que de boue, puisqu'elle devait régner à jamais sur les civilisés, sans qu'aucun raisonnement pût l'amortir un seul instant.

Observons bien qu'en parlant d'un culte de la volupté, je ne le juge applicable dans le principe qu'à la classe *polie et opulente*, puis à quelques adeptes tirés du peuple pour le service de la secte, qui n'aurait pas pu comporter l'initiation de la basse bourgeoisie, avant de s'être solidement établie chez les grands. Cette religion aurait

pris une marche opposée à celle des cultes austères , qu'on doit faire germer chez le peuple ,
avant de les étendre aux classes supérieures ,
lesquelles se trouvent aujourd'hui *esclaves du
peuple dans le sens religieux* , et ce n'est pas un
des moindres ridicules de la civilisation moderne.

En présentant le nouveau culte comme délassement de bonne compagnie, les francs-maçons auraient enrôlé d'emblée toute la classe opulente.
Les grands sont avides de tout ce qui tend à la
licence voluptueuse ; comment n'auraient - ils
pas goûté un exercice raffiné de la volupté dans
des sectes religieuses et polies , toutes composées d'adeptes à leur convenance, en hommes et
en femmes ?

Dès que les classes moyennes , les petits
bourgeois , auraient vu la nouvelle secte bien
venue des grands, ils y auraient donné , tête
baissée , comme ils donnent aujourd'hui dans
la franc-maçonnerie , par un effet de l'*esprit de
secte et de prosélytisme* qui est naturel à tous les
hommes. On était donc assuré de les séduire
en faisant agir *l'appât des voluptés* , *joint à l'esprit
de secte et de prosélytisme :* tel devait être le canevas
de la nouvelle religion.

Il serait inutile d'élever contre cet apperçu
aucune objection , tant que je ne fais pas connaître les moyens d'exécution. Il en était d'in-
faillibles pour saisir tout ce qu'il y a de distingué
dans le corps social , et surtout les femmes riches
qui sont les meilleurs soutiens de toute religion.
Celle-ci , entr'autres appuis , aurait eu toute la
classe des gens âgés, qui se seraient trouvés , dans
l'exercice du nouveau culte , en faveur près de

S 4

la jeunesse dont ils sont aujourd'hui bafoués en affaires voluptueuses. La civilisation, qu'on définit avec raison *une guerre du riche contre le pauvre*, est encore une *guerre du vieux contre le jeune ;* et je démontrerai que les deux âges perdent également à cette discorde, qui aurait disparu parmi les initiés du culte voluptueux.

Au lieu de s'attacher à ce plan, quelle a été la marche des philosophes dans leur attaque contre la religion catholique, qu'ils ont eu la maladresse de heurter de front, sans connaître ses moyens de résistance, et sans lui opposer des contre-moyens !

C'est ici qu'ils se sont montrés en dignes amans de la médiocrité, car jamais l'esprit humain n'enfanta rien de plus médiocre que les deux religions dont la philosophie est accouchée sur la fin du 18.e siècle ; je veux dire le *culte de la Raison* et la *Théophilantropie.* Cultes vraiment pitoyables, religions mortes avant d'être nées.

« Telum imbelle sine ictu. »

Jamais religion ne débuta dans des circonstances plus favorables que le culte de la raison. Il n'avait aucun obstacle à vaincre : la France terrifiée, aurait accepté les yeux fermés, toutes les religions et constitutions qu'on lui aurait présentées. N'était-ce pas un avantage inouï pour un culte nouveau, que de pouvoir s'installer d'emblée dans un grand empire, de pouvoir forcer amis et ennemis à pratiquer ses rites? Pour peu qu'une telle religion eût été adaptée à l'esprit du peuple ou des grands, elle devait réussir par la seule chance de *l'épreuve tempo-*

raire, chance qu'aucun législateur civil ou religieux n'avait eue depuis Lycurgue. Il faut que la raison des philosophes soit bien incompatible avec le cœur humain, pour n'avoir pas fait fortune en si beau champ. Accordez à tous autres novateurs le même avantage, *l'épreuve temporaire*, et l'on vous inventera une religion pour laquelle les peuples se feront égorger quand ils en auront goûté une année ; mais une religion passionnée et non pas modérée.

La théophilantropie se présenta sous de meilleurs auspices ; mais c'étaient toujours la médiocrité et la modération qui avaient changé de couleurs, et qui ne peuvent en aucun sens sympathiser avec le cœur humain. On peut dire de ces deux religions que l'une était un corps sans ame, et l'autre une ame sans corps.

Dans la 1.ʳᵉ, du tapage sans aucun dogme ; dans la 2.ᵉ, des fadeurs spirituelles, sans appareil : la 1.ʳᵉ était peut-être plus politiquement conçue, elle étourdissait le peuple par un mélange burlesque du sacré et du profane. Elle avait ses Dieux, tels que Marat et Chalier ; ses Diables, tels que Pitt et Cobourg ; elle éveillait les sens par des parades civiques et des hymnes harmonieux entremêlés de diatribes politiques. C'était une religion pour les yeux et les oreilles ; cela pouvait convenir au peuple qui veut se guider par les sens, et révérer quelque chose de matériel, comme la déesse de la Raison.

Les théophilantropes annonçaient un Dieu invisible dont rien n'offrait l'image ; plus leurs dogmes étaient raisonnables, plus ils devenaient absurdes en politique religieuse : le peuple a besoin qu'on l'éblouisse et non pas qu'on l'éclaire.

À tous vos oracles de raison, il préfère les visions
de l'Apocalypse, les miracles, les mystères, qui
offrent un aliment et un appui à sa faible intelligence. Bref, il veut un culte qui le jette dans
l'enthousiasme, afin d'écarter cette fâcheuse
raison, qui viendrait le désespérer en l'éclairant
sur l'étendue de ses misères sociales et domestiques.

Une gaucherie tout à fait neuve dans ces deux
religions, c'était de n'avoir point de prêtres : le
peuple veut voir des hommes chargés directement
de la procuration de Dieu. Mais les théophilantropes choisissaient souvent un procureur ou
un marchand pour annoncer la parole de Dieu;
on n'aime pas voir de tels hommes prêcher la
vertu. Vainement s'appuyent-ils du titre de père
de famille ; les plus grands scélérats et les plus
grands imbécilles de la terre ont été pères de
famille. D'ailleurs les ministres d'une religion
peuvent-ils être à l'église et à la boutique ? et
conçoit-on qu'un culte puisse se soutenir, s'il
n'a pas des prêtres qui vivent de l'autel ?

Tandis que les philosophes se sont montrés
si médiocres en faisant des religions modérées,
un Arabe grossier, MAHOMET a fait une religion
avec le plus grand succès, parce qu'il a été
immodéré en tout sens ; parce qu'il n'a employé
que l'excès, l'exagération et les monstruosités.
Quel camouflet pour les amis de la modération ! S'ils voulaient attaquer la religion catholique, il fallait lui en opposer une qui donnât
dans des excès contraires ; elle divinise les privations, il fallait diviniser les voluptés. C'était
une carrière toute neuve que Mahomet n'avait
pas entrevue ; sa religion n'est point volup-

tueuse , elle promet quelques plaisirs aux hommes seuls , sans les procurer aux femmes ; elle
ne les érige point en pratiques religieuses; enfin
elle les réduit au moindre développement par
l'usage des sérails qui sont le tombeau de l'a-
mour , et qui ne peuvent appartenir qu'aux gens
riches ; tandis qu'en civilis:ion tout jeune
homme présentable sait se former un sérail
parmi les femmes de sa ville , et sans être
chargé de leur entretien.

Je le repète : il y avait un grand coup à
faire , en matière de religion , mais ce n'est pas
avec de la modération qu'on fait de grandes
choses. (1) Du reste , les philosophes ne doivent pas s'étonner que je n'entre dans aucun
détail sur la carrière religieuse qui s'ouvrait
devant eux et qu'ils n'ont pas entrevue; mon
intention n'étant pas de remontrer leur science
qui va finir avec la civilisation , mais de leur
faire voir qu'elle n'a pas su se diriger elle-même ,
ni se sauver en créant une religion. Ils avaient
joui de quelque influence dans l'antiquité comme
adjoints au sacerdoce ; ils avaient vu leur crédit

(1) Il n'y a sur le globe que deux ou trois religions modérées, celles
des Quakers Anabaptistes , etc. Quel rôle ont-elles joué ! Ne sont-ce
pas encore des morts-nés , des avortons politiques ! D'ailleurs à quoi
aboutit cette modération ! On dit que les Quakers , si réservés en
parure , ne le sont point du tout en gourmandise ni en cupidité ,
notamment à Philadelphie. D'après cela , on peut dire de leurs
tristes vêtemens: «Chassez les passions par la porte , elles reviennent
par la fenêtre. » Eh ! ne serait-ce point un calcul d'intérêt que cette
momerie de costumes simples ! Tenez pour certain qu'il y a toujours
quelque diablerie cachée sous un étalage de modération ; les Quakers ,
pour la peine de porter un habit gris sans boutons , sont exempts
d'impôts, de service militaire , conscription , etc. A ce prix, combien
d'habitans de France se feraient Quakers ; les pères pour ne pas
payer , les fils pour ne pas partir : où est donc le mérite de la
modération , si elle procure de pareils avantages !

décliner à mesure que le sacerdoce s'isola d'eux
par la naissance du catholicisme , trop austère
pour s'associer à aucune secte littéraire. Ils devaient donc rentrer dans la seule voie d'éléva-
tion qui leur fut connue ; manœuvrer pour se
réassocier au sacerdoce , ou se mettre à sa place
par un nouveau culte de leur invention. C'est ce
qu'ils ont tenté sans avoir su le faire , sans avoir
compris qu'il fallait un culte voluptueux pour
lequel la franc-maçonnerie offrait des fondemens
déjà tout élevés. Un tel culte aurait ouvert l'entrée en 6.e et 7.e période, car il conduisait
à la liberté amoureuse qui se serait bientôt
étendue du corps maçonique à la civilisation
entière.

Déjà les savans commencent à publier que
l'amour n'est point un crime : un livre a, dit-on,
paru sur cet objet ; mais c'est nous apprendre
ce que savent tous les écoliers de quinze ans.
Il s'agissait de trouver les moyens d'amener le
corps social au libre exercice de l'amour , de
pressentir quel ordre social en serait résulté,
et d'exposer les bienfaits futurs de cette innovation , qu'il eût très-bien convenu de limiter
d'abord à des corporations isolées du peuple,
comme la franc-maçonnerie. Elle est donc un
des germes que la providence avait semés parmi
nous , pour nous offrir des voies de salut et
d'acheminement à l'ordre combiné; et si cette
société fédérale a pu subsister si long-temps sans
que ses propriétés et sa destination fussent entrevues , ni de ses chefs , ni des philosophes,
elle mérite d'être rangée parmi les nombreux
monumens qui attesteront dans l'avenir la honté
de la politique civilisée.

SECONDE DÉMONSTRATION.

DU MONOPOLE INSULAIRE

Et de ses propriétés encore inconnues.

JE vais expliquer les rapports du monopole insulaire avec les desseins de Dieu. L'on peut pressentir que sur ce point les vues du créateur ne seront pas d'accord avec les opinions des civilisés qui, en fait de politique, ont toujours végété et ne se sont guères élevés que de la petitesse à la médiocrité : autant valait rester au dernier rang, que de se traîner à l'avant-dernier.

Dans des siècles plus religieux que le nôtre on a pensé avec raison que Dieu châtiait par fois les nations ; si jamais cette opinion fut plausible, c'est aujourd'hui, où l'humanité entière se trouve persécutée et avilie par un même fléau, par le monopole insulaire qui ravage en tout sens le monde social.

Il détruit l'industrie dans sa base, en lui fermant les communications.

Il attaque l'humanité en masse, en suscitant des guerres stipendiées, qui forcent les peuples à se déchirer tour à tour.

Il avilit tous les souverains en les rendant esclaves d'un subside qui neutralise leurs systèmes politiques.

Il outrage l'honneur général, en subordonnant tout le mécanisme social à de vils calculs mercantiles.

Tel est l'abîme où nous ont conduit nos sciences *économiques* : le monopole insulaire a fait renaître la boîte de Pandore ; dans cet amas de calamités dont il est la source, on aurait dû reconnaître un châtiment infligé par l'être suprême, si nos subtilités métaphysiques n'eussent habitué les modernes à douter de la providence, à dégrader Dieu par d'insipides débats sur son existence, et par une demi-croyance non moins impertinente que l'athéisme.

Tant que les peuples vécurent dans la brutalité ou dans une demi-civilisation, voisine de la barbarie ; tandis qu'ils furent trop ignorans pour s'adonner à la recherche des vues de Dieu, leurs inepties et leurs fureurs sociales durent exciter la pitié plutôt que l'indignation de Dieu, et l'on ne vit aucun fléau les frapper en masse et les torturer sans relâche, comme il arrive aujourd'hui du monopole.

Mais du moment où les progrès des sciences et surtout de l'art nautique firent entrevoir à l'homme qu'il était réservé à de hautes destinées ; du moment où la raison se trouva capable d'étudier les volontés de Dieu dans le calcul de l'attraction passionnée, il devint nécessaire que Dieu nous fît tomber dans l'humiliation, si un fol orgueil nous aveuglait sur notre impéritie sociale, et sur l'absurdité de la civilisation. Ce fut pour confondre cette infâme société que Dieu la condamna à engendrer, par ses progrès, l'instrument de son supplice et de son déshonneur, *le monopole insulaire.*

Mais Dieu ne se borne pas dans ses opérations à atteindre un seul but ; et le fléau qu'il a déchaîné sur les modernes, remplit la double fonction d'humilier leurs charlatans scientifiques et d'offrir au monde social des moyens de régé-

nération que je vais faire connaître. Ces pirateries, ces brigandages d'une île qui désole le
globe, sont à la fois un châtiment et un bienfait de Dieu, une disposition où éclate la plus
sage providence. On va apprendre que ce
monopole nous ouvrait diverses voies d'unité
sociale ; aucune n'a été apperçue, parce que
les systèmes mercantiles des philosophes ont
rétréci sur cet objet tous les esprits : et l'on
a aggravé les malheurs de l'humanité, par l'abus
du moyen que Dieu nous offrait pour les
terminer.

La moderne politique du monopole, a été
aussi mal dirigée que mal combattue. L'Angleterre, qui l'a entrepris, n'en a pas saisi la théorie ;
elle n'a su tirer aucun parti des chances qu'elle
avait pour asservir le globe. Elle n'a fait que
manifester le projet, sans concevoir les moyens
d'exécution. Même ignorance a régné parmi les
Français ses rivaux.

Le monopole insulaire, malgré l'infamie des
ressorts qu'il fait jouer, est encore plus sensé
que le plus équitable des systèmes civilisés, car
il tend au seul but louable en politique. C'est
l'unité administrative du globe.

Dans ce sens, le monopole est un remède
fatiguant que Dieu administre au globe, et qui
peut conduire en peu de temps à une heureuse issue, à une entrée en 6.e période. Mais
l'impéritie des Anglais qui sont aggresseurs, et
des économistes qui ont dirigé la résistance du
continent, a donné au monopole la tournure la
plus lente et la plus dévastatrice. Cet aveuglement respectif n'a rien d'étonnant, puisque l'Angleterre et la France qui sont les deux centres

d'attaque et de résistance , sont à elles deux les principaux foyers de philosophie qu'il y ait sur le globe. Dès-lors elles ont dû rivaliser de maladresse , prendre les voies les plus tortueuses, et envenimer de plus en plus la querelle, sans arriver au dénouement.

L'étude du monopole présente des particularités dignes d'attention , soit dans son origine, soit dans les développemens divers que la politique peut lui donner. Parlons de son origine.

Dieu avait soigneusement préparé la naissance du monopole, en plaçant de grandes îles au sein des mers les plus fréquentées , et sur les points les plus commodes pour entraver les relations. On voit que l'Angleterre , Madagascar , le Japon, les deux îles de la Sonde , la nouvelle Guinée , Borneo , les Antilles , enfin, tous les grands Archipels sont situés aux points de passages les plus importans : Dieu n'en a point placé le long de l'immense côte de 3000 lieues qui borde l'océan pacifique ; cette côte ne reçoit point de grands fleuves , ses mers ne peuvent devenir des routes de communication générale ; de sorte qu'une grande île placée dans ces parages n'aurait eu aucune chance pour y entreprendre le monopole ; aussi Dieu ne créa-t-il pas de grandes îles sur cette côte , pas même de médiocres , comme Ceylan et Terre-Neuve , Heinan et Formose, qui sont destinées à devenir annexes fédérales de monopole.

Lorsque ces masses de grandes îles qui peuvent nourrir 15 à 20 millions d'habitans , viennent à se policer et s'unir sous un seul prince, elles n'ont de ressource que dans l'envahissement commercial, pour atteindre à la

domination

domination dont tout empire est plus ou moins avide. Elles sont donc de la graine de monopole que Dieu a semée autour des continens , pour entraver les relations partout ou naîtraient l'industrie et l'art nautique. Tôt ou tard les Antilles auraient joué ce rôle dont l'Angleterre a donné le signal ; les Antilles et les Lucayes pouvant nourrir 15 millions d'habitans, et dominant les embouchures des plus grands fleuves , auraient formé , par leur réunion, un second chancre mercantile en attendant le troisième, qui aurait été formé par le Japon. Bientôt l'invasion des Russes en Chine aurait forcé les Japonais à recourir pour leur salut à l'art nautique où ils auraient parfaitement réussi ; et après s'en être formé un rempart contre les Russes , ils en auraient fait un moyen d'aggression contre l'industrie universelle.

Comme il est évident que Dieu a prémédité ce règne du monopole , en disséminant de grands archipels sur les points favorables , il importe d'examiner quel rapport peut avoir une telle persécution avec les vues de Dieu.

Certes , la tyrannie d'une poignée de marchands sur tous les souverains et les empires ne peut pas être le vœu ultérieur de Dieu , et il n'est besoin de s'arrêter là-dessus à aucune démonstration. Quels furent donc ses motifs pour préparer cette monstrueuse influence de quelques îles sur les puissances continentales ? c'est qu'elle offre double moyen de confondre la politique civilisée.

1.° La ridiculiser , si le monopole est mal dirigé , soit en aggression , soit en résistance.

T

2.º La détruire par une entrée en 6.ᵉ période, si le monopole est bien dirigé, soit en aggression, soit en résistance.

C'est la première chance qui a prévalu, pour le malheur du globe; il est trop évident que le monopole a déconcerté la politique moderne. A part les efforts de la France qui peut faiblir sous les règnes suivans, on voit les souverains continentaux disposés à se perdre l'un par l'autre, s'asservir à un ennemi commun qui est invisible et inabordable pour tous; qui tire parti des rivalités de chaque empire, des passions de chaque prince, pour les mettre aux prises et les affaiblir. Il se rit de leurs lumières comme de leur aveuglement, car l'ascendant du subside séduit toujours quelques princes les plus faibles, pour les armer contre leurs voisins; dès-lors les peuples sont également victimes de la sagesse ou de la corruption du souverain, et celui-ci est également forcé à la guerre, soit qu'il obéisse à l'honneur ou à la vénalité.

Ainsi, le monopole insulaire a la monstrueuse propriété de neutraliser vice et vertu, d'aller à ses fins, par la sagesse comme par la démence de ses rivaux. Dieu ne pouvait donc faire choix d'un châtiment plus ingénieux, pour humilier à la fois les rois et les peuples, les civilisés et les barbares, en les asservissant à une ligue mercantile; servitude bien plus honteuse que celle de la conquête: en effet, le monopole insulaire subjugue les peuples sans qu'ils puissent se défendre; les coalitions les mieux combinées ne donnent pas le moyen de l'attaquer en face; si des victoires lui enlèvent quelques alliés, le lendemain son or lui en fournit de nouveaux;

il recommence à influencer et agiter le continent, dès qu'on cesse de l'accabler à force
de triomphes.

Pour bien apprécier l'influence du monopole
insulaire sur la civilisation, il faut se reporter
aux époques où le continent ne peut opposer
que des princes médiocres, comme en 1789.
Quant à présent, l'Angleterre est contre-carrée
et gênée sur le continent ; mais cette répression
n'est que temporaire ; la France n'aurait pas
toujours un souverain *grand parmi les grands ;* la
chance des faits héroïques n'est pas admissible
dans les calculs politiques ; on ne doit spéculer
que sur les faits ordinaires, et considérer qu'il
y a sept princes médiocres pour un prince héroïque. D'après cela l'Angleterre pourrait, (ceci
devient fort indifférent, puisque toutes luttes
politiques vont finir avec la civilisation;) l'Angleterre pourrait, dis-je, se relever par l'effet
de quelque évènement qui affaiblirait la France
et livrerait de plus belle le continent aux intrigues des monopoleurs. Ils ont en leur faveur la
continuité, l'invariabilité de plan, tandis que
le continent, lors même qu'il essaye de résister,
peut errer sur le choix des moyens et se consumer long-temps en vains efforts, selon les méthodes de résistance qu'il adopte.

Il en est une encore ignorée et que je nommerai *résistance passive.* Elle a pour résultat de
faire périr l'araignée faute de moucherons, d'exclure des continens toute denrée qui provien-
drait directement ou indirectement des monopoleurs. On a rêvé cette mesure sans en connaître les moyens d'exécution. Dire qu'elle consiste à établir l'*ordre commercial de 6.º période*

T 2

c'est dire que je ne puis en donner connaissance que dans un traité spécial de la 6.ᵉ période.

Ce nouvel ordre commercial est si facile à organiser , qu'un petit état comme Raguse peut l'inoculer et le répandre forcément par tout le globe, et déjouer à la fois tous les monopoleurs *grands et petits*. (Car il en est de tout calibre : le Danemarck ne fait-il pas le monopole de sa petite île Saint-Thomas ? Ce qu'il fait sur un coin de terre , il le ferait, s'il pouvait, sur tout le globe.)

Jusqu'à présent les continentaux n'ont connu que *la résistance active* , la lutte maritime , à l'appui de laquelle on a formé récemment une ligue fédérale ; c'est un plan bien immense , et je ne doute pas que le grand homme qui l'a adopté ne l'eût conduit à une heureuse fin ; mais il est un inconvénient au système de résistance fédérale , c'est qu'il faut un héros gigantesque pour l'entreprendre et le conduire à terme ; l'opération peut péricliter sous des successeurs moins habiles , tandis que le monopole se soutient et marche à son but , quelque soit l'inégalité des moyens de ceux qui le dirigent. On s'étonne de la persévérance que montre le cabinet anglais dans ses plans ; s'ils sont invariables sous les divers ministères , c'est qu'ils flattent les passions des hommes avides qui composent le très-grand nombre ; ils ne reposent que sur des rapines colorées du prétexte du bien public ; de tels plans assurent à tout ministre la fortune individuelle , la faveur populaire . et la renommée sans talent. Le prétendu talent des politiques anglais se borne à posséder la baguette magique , LE SUBSIDE , qui a la puissance d'entraîner les souverains contre leur volonté même. Aussi vit-on dans l'avant-dernière campagne, l'Autriche frémir à l'aspect de l'abîme où on la poussait : elle prédisait elle-même ses disgrâces, elle courait sciemment à sa perte, pour céder au charme irrésistible du subside. Ainsi l'oiseau pouvant s'enfuir à l'aspect du serpent, hésite, gémit et vient de branche en branche se rendre dans la gueule du reptile qui l'a charmé.

Les monopoleurs Anglais ont dirigé leur aggression aussi mal qu'on a dirigé la résistance. Ils avaient à opter entre deux procédés :

L'aggression active ou le déchirement continental ; elle n'est que trop connue par le choix qu'en a fait l'Angleterre, et il n'est pas besoin de la décrire, quand toute la terre en ressent les funestes effets.

L'agression passive ou l'assoupissement continental : c'est la manœuvre la plus brillante qui puisse être faite en politique civilisé. Elle consiste à conquérir le continent par lui-même, à séduire, pacifier et soumettre l'une par l'autre la barbarie et la civilisation ; c'est ce que l'Angleterre pouvait faire avec moitié des dépenses qu'elle emploie à déchirer les nations et les affaiblir l'une par l'autre.

Dans l'attaque passive, les insulaires devaient envisager le monopole comme agent auxiliaire et non pas comme but de leur politique ; ils devaient dans l'emploi des subsides et moyens de corruption, s'attacher à une seule chose, à l'extraction des milices continentales ; s'en former deux armées, dont l'une aurait opéré sur les Barbares, sur la Perse, l'Inde, la Chine, Siam, etc.; l'autre aurait opéré sur le continent pour y maintenir la paix, la fourniture de ces milices destinées à conquérir les barbares, et assoupir les civilisés, en leur donnant quelque part aux trésors qu'on aurait prélevé administrativement sur les barbares.

Je ne m'arrête pas à indiquer les moyens d'exécution dans un tel plan, il était praticable dans tout le cours du 18.ᵉ siècle, même lorsque la France avait une forte marine; parce qu'il était facile de paraliser un cabinet vénal et léthargique, comme l'ancien cabinet de Versailles. En intéressant les puissances Allemandes au plan des Anglais, on aurait amené la France à se laisser finir de sa belle mort, et laisser pourrir dans les ports ses 80 vaisseaux, pendant que ceux des Anglais auraient exploité l'Asie. Les guerriers d'Europe auraient tous recherché le service d'une nation qui leur eut fourni des moyens de s'enrichir en Asie; et les peuples du continent en voyant quelques militaires rapporter des trésors de leurs expéditions lointaines, auraient admiré un système qui tendait à pacifier l'Europe pour l'enrichir des dépouilles du globe. Dès-lors l'Angleterre forte de *l'opinion et des milices du continent* aurait marché presque sans obstacle à la conquête universelle.

L'aspect de ses progrès et la connaissance de ses desseins n'eût élevé contre elle aucun ennemi. Les cabinets comme les peuples ne sont guères émus que du mal direct et prochain, de la crainte des voisins contigus sur qui se porte l'effort des haines nationales. Voilà pourquoi l'Angleterre s'aliène fort peu les esprits des continentaux, même en publiant son projet de les affaiblir et déchirer les uns par les autres. Com-

bien lui était-il donc facile de régner sur l'opinion, en épousant et manifestant le plan d'assoupissement, et en opérant seulement contre
ceux qui auraient troublé une paix favorable
à sa levée de milices ! Elle aurait gagné les
ministres de toutes les cours, parce qu'ils auraient pu allier la corruption à l'honneur et
déguiser leur vénalité sous des dehors de paci-
ficateurs et de philantropes. Ils auraient feint
d'envisager la fourniture des milices comme
gage du repos des civilisés et des barbares
meme, qui après tout seraient plus heureux
sous une administration régulière que sous le
joug de leurs Pachas et Nababs. Quant aux
civilisés, ils auraient trouvé dans leur coopéra-
tion à un tel plan, la paix intérieure, le peu
de bien-être qu'on peut attendre de la civilisation : et ce bien-etre se serait accru lorsque
l'Angleterre serait arrivée au point de lever le
masque, de leur notifier sa suprématie, et de
donner au globe entier une organisation régulière qui eut acheminé vers la 6.ᵉ période.

En suivant cette marche, les monopoleurs
anglais auraient joué le rôle d'anges tutélaires,
de médiateurs entre la civilisation et la barbarie ; ils auraient exécuté le plus beau plan
que puisse comporter la politique civilisée : ils
pouvaient donc faire éclorre d'un système de
spoliation, des résultats plus brillans que les trophées des conquérans et les lumières des philosophes, car tous les efforts belliqueux et scientifiques ne purent jamais étendre au quart du
globe ni les lumières, ni les conquêtes : jamais
les savans et les héros n'imaginèrent (avant le
système fédéral de France) aucune mesure qui

fut applicable au globe entier ; tandis que ce monopole tant critiqué , parce qu'il est mal connu, pouvait, entre des mains habiles, conduire à la conquête , à l'unité et au bonheur du monde.

Telle est la carrière qui s'ouvrait pour l'Angleterre, si elle eut su s'identifier au continent, au lieu de s'en isoler et de le traiter en ennemi; si elle eut su se grossir des forces continentales, au lieu de les absorber par des guerres soudoyées. Il faut que cette nation ait bien peu de génie politique , pour que tous ses ministres successivement se soient fixés à cet infâme système de déchiremens continentaux, sans rechercher des procédés moins odieux. Au reste, la plupart des ministres Anglais ont été des disciples de la philosophie, qui étouffe toute conception grande, noble et juste. Voilà pourquoi ces prétendus hommes d'état n'ont su que harceler le genre humain , et désoler la terre au lieu de la soumettre et l'organiser ; ils se sont arrêtés à de menus brigandages, sans concevoir aucun plan d'offensive générale : leurs prétendues finesses se réduisent à quelques vues subalternes de trafic et de pillage ; ils gouvernent en arithméticiens et non pas en politiques; et leurs secrets se bornent , comme ceux des francs-maçons, à n'en avoir aucun.

Cependant l'Angleterre se soutient par l'effet des chances innombrables que Dieu a assignées au monopole insulaire, quelque direction qu'il puisse prendre. S'il a pu s'accroître en marchant au hasard, et toujours à contre sens du meilleur système; si l'Angleterre , malgré cette impéritie, balance encore les triomphes les plus miraculeux de ses rivaux, qu'arriverait-il dans le cas où la civilisation venant à se prolonger, ferait éclore dans divers archipels d'autres foyers de monopole, qui suivraient, comme les Anglais, le plan de déchirement au lieu du plan d'assoupissement? Or, il est bien probable que les Antilles, le Japon et autres îles d'Orient, n'auraient pas tardé à imiter cette Angleterre, qui donne à elle seule tant de tablature aux civilisés et barbares, quoi qu'elle soit le plus faible des grands archipels que Dieu créa pour punir et stimuler la civilisation à force d'affronts et de souffrances.

Cet apperçu des chances offertes au monopole ne doit causer aucune inquiétude, puisque la civilisation touche à sa fin ; et aussitôt que les sectes progressives seront organisées, toute puissance insulaire, eut-elle mille vaisseaux de haut bord, serait forcée à les livrer au monarque fédéral du globe, sans qu'il fut besoin seulement de tirer l'épée. Mais raisonnons sur l'hypothèse d'une prolongation de l'ordre civilisé; l'on va voir que le monopole insulaire, même en prenant la forme la plus vexatoire, est encore un châtiment salutaire que Dieu nous inflige, car il tend dans tous les cas à dissiper les tourmentes philosophiques, pour établir la paix universelle et l'unité suzeraine du globe. En effet :

Si les insulaires suivent le plan d'assoupissement dont j'ai parlé, ils s'achemineront très-rapidement à la conquête du globe, et dès qu'il sera asservi à l'un des archipels, soit l'Angleterre ou autre, on verra le souverain insulaire SE CONTINENTALISER. Il formera sur le globe *une centaine de royaumes, vassaux d'un grand empire où il fixera sa résidence*, puis il brisera l'instrument de son exaltatation, il réduira à la nullité l'île conquérante qui lui aura servi de marchepied; il usera de sa marine pour détruire l'influence de la marine des insulaires, et consolider à leurs dépens l'unité suzeraine qu'il établira, et qui est gouvernement de 6.ᵉ période. Ainsi le globe trouverait un moyen de salut direct et prompt, dans un monopole qui adopterait le système d'assoupissement.

Si les insulaires suivent le plan de déchirement qu'a adopté l'Angleterre, système aussi odieux, aussi lent que l'autre est noble et rapide dans sa marche, le genre humain peut trouver encore dans ce plan, trois différentes voies de salut et d'acheminement à l'unité; ce sont :

Le succès du monopole.

L'impatience des souverains.

La fédération continentale.

1.º *Le succès complet du monopole*, qui devenu maître absolu, par la voie des déchiremens ou assoupissemens, aboutit dans l'un ou l'autre cas à *continentaliser le vainqueur insulaire*, former le globe en petits royaumes fédérés sous un empire central, et soumettre ainsi le vainqueur au vaincu, comme on a vu la Chine absorber et soumettre plus d'une fois les Tartares qui l'envahissaient.

Cet asservissement de l'île victorieuse au continent vaincu, ne serait qu'une répétition des intrigues démagogiques, où l'on voit un factieux cajoler la populace pour écraser les riches; puis lorsqu'il est devenu maître, se rallier aux propriétaires, pour museler la populace. Or, dans cette lutte d'un archipel contre le continent, n'est-il pas évident que l'archipel joue le rôle de la populace soulevée contre les grands, et qu'il serait l'instrument brisé comme elle, par tout agitateur, dès le lendemain de sa victoire ?

2.° *L'impatience des souverains*, elle pourrait avoir lieu, si quelques brigandages, comme l'expédition de Copenhague, (1) éclairaient enfin les rois sur l'imbécillité des sciences politiques et sur l'excès d'avilissement où elles ont conduit la civilisation. Alors un souverain, dans un instant de colère, pourrait menacer les philosophes incertains de les tous bannir, à moins qu'ils ne découvrissent dans l'année, un moyen d'aggression indirecte contre le monopole, dont leurs systèmes mercantiles ont favorisé les progrès. À cette menace, les philosophes effrayés, feraient de nécessité vertu, ils suspendraient leurs ergoteries pour s'exercer aux inventions utiles, et ils découvriraient, tôt ou tard, l'un des moyens (je dis l'un, car il en est plusieurs)

---

(1) L'Angleterre s'y prend un peu tard pour de pareils coups de main : cela eut été bon à l'époque où la France était plongée dans l'anarchie, où le continent n'avait aucun point de ralliement et de résistance. Alors, les Anglais, au moyen de quelques violences, auraient terrifié et battu en détail le continent ; mais aujourd'hui, des gredineries, comme l'affaire de Copenhague, ne servent qu'à serrer plus fortement les continentaux autour du héros qui peut les tirer de la servitude mercantile : et sous ce rapport, l'invasion de la Séelande et les atrocités inutiles qui l'ont signalée, (comme de charger les bombes en verre pilé) sont un évènement très-heureux ; il doit éclairer enfin sur la nécessité d'une ligue continentale, et à part la malheureuse ville de Copenhague, j'estime que tout le continent doit des remercimens à ceux des ministres Anglais qui ont eu la maladresse de lever le masque par cette dégoûtante perfidie ; tout cela au surplus devient fort indifférent, puisque nous allons sortir de la civilisation.

d'abattre le monopole insulaire sans coup férir, et par des opérations purement politiques, qui conduisent aux 6.e ou 7.e périodes, et à l'unité administrative.

3.º *La fédération continentale:* ce troisième résultat est celui qui a prévalu, et il pouvait amener la soumission de l'Angleterre et l'unité du globe.

Si la fédération Française embrassait l'Europe entière dont elle unit déjà plus de moitié; si l'on pouvait coordonner seulement l'Europe à un centre d'action, à un plan de résistance combinée, il arriverait dès l'année suivante que tous les ports du globe seraient fermés aux Anglais; car les puissances d'Asie, d'Afrique et d'Amérique n'auraient aucune résistance à opposer aux volontés de l'Europe liguée, et appuyant ses ordres d'un million de combattans. Il suffirait donc, pour abattre le monopole insulaire, d'arriver à une ligue fédérale de l'Europe. Et l'importance de cette ligue ne serait pas dans l'anéantissement du monopole qui peut renaître de ses cendres, tant que dure la civilisation, mais dans l'établissement de l'unité administrative du globe, qui constitue l'entrée en 6.e période, et prévient à jamais toute renaissance du monopole. Il reste à indiquer comment cette ligue fédérale du globe devrait être ordonnée pour atteindre à un but si désirable.

En résumé, voilà trois moyens de salut et d'unité que le monopole présente au globe, même en suivant le désastreux système du déchirement continental, qu'a fait prévaloir l'ignorance politique des Anglais. J'ai donc eu raison de définir le monopole insulaire, *un remède fatiguant mais salutaire que Dieu administre au globe*, et qui au risque de nous causer quelques tourmentes, doit conduire tôt ou tard à des résultats très-heureux. En effet :

L'abus du remède ou le déchirement continental provoque à la longue l'un des trois évènemens salutaires que je viens d'indiquer.

L'emploi judicieux du remède ou l'assoupissement continental conduit rapidement et sans orages à l'unité universelle.

Enfin, dans l'une ou l'autre marche, le monopole tourne à l'entière confusion de la philosophie ; car il ne peut être combattu que par des procédés contraires aux systèmes des politiques et moralistes ; il couvre de ridicules toutes leurs maximes pendant son règne, qui venalise tous les esprits, et il conduit par l'avilissement de ces deux sciences au bienfait de l'unité dont elles n'ont jamais découvert aucune voie.

De là on peut conclure que ce monopole insulaire contre lequel déclame l'ignorance, est une savante disposition de Dieu pour confondre nos lumières, et nous procurer un bien que nous n'osons pas même désirer, le bienfait de l'UNITÉ SOCIALE, à laquelle le monopole nous conduit en tout sens ; et où nous serions déjà parvenus, si nos petitesses philosophiques n'en avaient étouffé l'idée et fait manquer les plus belles occasions.

Je n'en veux citer qu'une seule ; je choisirai la dernière qui s'est présentée, et dont on aurait du profiter pour forcer l'Angleterre à livrer, sans coup férir, ses escadres aux confédérés du continent.

Après la bataille d'Jena et les journées suivantes, qui consommèrent la ruine des Prussiens, il ne restait en Europe que trois grandes puissances, la France, la Russie et l'Autriche. L'Autriche pouvait proposer à la France une ligue pour l'entreprise de l'unité, et stipuler pour les princes et amis de sa maison un lot de cent millions de sujets; ces deux puissances réunies auraient déterminé facilement la Russie à coopérer avec elles.

Jamais instant n'avait été plus favorable pour cette opération : il est probable que l'Autriche toute engouée des vieilles idées de balance et d'équilibre, n'a pas même entrevu la carrière magnifique qui s'ouvrait devant elle.

Comme l'accord de ces deux puissances eut entraîné l'adhésion du continent entier, l'on aurait procédé sous la direction du monarque Français à l'exécution du plan. En conséquence, on aurait fait marcher des forces suffisantes pour occuper les régions du Caucase et de l'Imaüs, et faire assembler sur l'Oxus toutes les hordes d'Asie ; puis on aurait intimé aux souverains d'Asie les volontés de la civilisation confédérée, avec menace de changer la dynastie et déposer les fonctionnaires de tout empire qui eut fait mine de résistance. Après quoi l'on aurait organisé pour les divers princes d'Europe une centaine de royaumes fédéraux, et l'on aurait assigné un rang et un sort convenable aux grands de ces régions qui n'ont besoin que de leur sérail et leurs pipes, et qui toujours placés sous le couteau, seraient fort heureux d'avoir une existence fixe dans un ordre plus stable que la barbarie.

Au lieu de spéculer sur cette bienfaisante opération de l'unité, les souverains s'acharnent à se disputer quelques coins de terre, quand le globe leur offre de vastes empires à partager, pour le bien même des peuples qui les habitent. Ce rétrécissement de vues dans les politiques européens, est dû à l'influence de la philosophie ; en déclamant contre l'esprit de conquête, elle détourne le genre humain de la seule voie de bien-être qui soit compatible avec l'ordre civilisé. Peut-il exister pendant la durée de la civilisation, de repos sur le globe, avant qu'une *conquête générale* n'ait rallié tous les peuples à un gouvernement central ?

Mais quoi de plus homicide que cette modération que l'on conseille aux souverains, et qui ne tend qu'à éterniser les guerres ; puisqu'il survient périodiquement des princes ambiteux qui chercheraient à envahir, tant qu'il n'existerait pas sur la terre une puissance supérieure et garante du repos général ?

En résumé : depuis que l'art nautique nous fournit les moyens de parcourir le globe, il n'est pas de passion plus salutaire qu'une ambition démesurée de conquête ; car si l'un des monarques arrive seulement à la conquête des deux tiers de l'Europe, il peut forcer l'autre tiers à se ranger sous sa bannière, et effectuer à l'instant la ligue fédérale du globe et la pacification universelle.

Dans le même sens, on conçoit que nos théories de modération, qui conseillent à chaque prince de se contenter du lot que le hasard lui a fait, sont des théories de *carnage perpétuel*, ne tendent qu'à éterniser les guerres ; puisqu'elles ne donnent aux empires aucune garantie contre les irruptions des voisins, qui peuvent impunément se jouer des traités.

L'entreprise de l'unité fédérale fut manquée en 1806, par l'apathie de l'Autriche. Elle s'offre plus brillante aujourd'hui aux empereurs unis de France et de Russie. Je ne sais à présent lequel des deux monarques doit se flatter d'avoir maîtrisé la fortune ; fit-elle jamais pour un mortel plus qu'elle fait aujourd'hui pour Alexandre, à qui elle offre les moyens de s'approprier et partager le fruit des travaux de Napoléon, en s'associant à lui dans la magnifique entreprise de l'unité fédérale du globe.

Et comme le monopole insulaire tend par diverses voies à l'établissement de cette unité, de cette autorité supérieure, qui serait le garant de la paix universelle, j'ai été fondé à dire que ce monopole est un remède violent mais salutaire, que Dieu administre au monde social ; que malgré l'infamie des ressorts mis en usage par le monopole, c'est un système encore plus sensé que nos théories philosophiques, toutes favorables à la permanence des guerres ; théories qui tendaient, par double voie, à prolonger les malheurs du genre humain ; car elles ont conduit les monopoleurs au plus désastreux système d'agression, celui du *déchirement continental ;* et les continentaux au plus vicieux système de résistance, celui de *la lutte active* ou *lutte maritime,* dont on appercevra le ridicule, quand j'aurai fait connaître les moyens qu'avait la civilisation d'anéantir promptement tout monopole, en établissant l'ordre commercial de 6.e période.

INTERMÈDE.

INTERMÈDE.

SYSTÈME des développemens de la Civilisation.

J'AI prévenu que je disséminerais dans cet écrit quelques chapitres de théorie sur le mouvement social ; en voici un qui n'est rien moins qu'amusant, et qu'il conviendra pourtant de lire à deux fois, afin de bien entrevoir la marche de la civilisation, dont je représente les progrès et décadences dans le tableau placé à la page suivante.

En indiquant les progrès sociaux dont le monopole insulaire et la franc-maçonnerie nous ouvraient la voie, j'ai démontré l'impéritie de la politique moderne, qui n'a pas su mettre à profit ces moyens d'amélioration, ces issues de l'ordre civilisé.

Les modernes sont plus aveugles encore au sujet du mécanisme commercial ; son examen signalera l'obstination des philosophes à étouffer toute vérité, à dédaigner les symptômes les plus évidens de notre ignorance dans l'art social.

Le règne de l'esprit commercial sera envisagé ici comme dégénération ou décadence de l'ordre civilisé ; à cet effet, je vais indiquer par un tableau du mécanisme civilisé, quel rang y tiennent le commerce et le monopole ; je vais expliquer comment les progrès ou décadences se sont opérés par la seule impulsion de la nature, sans que les sciences incertaines nous aient jamais prêté aucun secours.

V.

TABLEAU PROGRESSIF
DU MOUVEMENT CIVILISÉ.

Vibration ascendante.

1.re PHASE. ENFANCE.

Germe. La monogamie ou mariage exclusif.

Pivot. Les droits civils de l'épouse.

2.e PHASE. ACCROISSEMENT.

Germe. La féodalité nobiliaire.

APOGÉE *Pivot.* L'affranchissement des industrieux.

OU

PLÉNITUDE. *Vibration descendante.*

3.e PHASE. DECLIN.

Germe. L'art nautique.

Pivot. Le monopole insulaire.

4.e PHASE. CADUCITÉ.

Germe Les maîtrises en nombre fixe.

Pivot. La féodalité commerciale.

Chaque phase a des attributs spéciaux que je ne m'arrête pas à indiquer.

Gradation et Dégradation.

LES deux phases de *vibration ascendante* opèrent la diminution des servitudes personnelles ou directes,

Les deux phases de *vibration descendante* opèrent l'accroissement des servitudes collectives ou indirectes.

L'APOGÉE est l'époque où la civilisation donnerait un développement complet à ses seize caractères, et prendrait les formes *les moins viles*; je ne dirai pas *les plus nobles* puisque cette société est toujours odieuse, et ne varie dans ses quatre phases que par les nuances de la perfidie et de l'iniquité toujours dominantes.

On voit dans ce tableau une contradiction apparente, c'est que la civilisation *tombe en déclin* par la naissance de l'art nautique, qui est pourtant l'ame des progrès sociaux : voyez le sens du mot *déclin*, page 126, où j'explique comment la période sociale peut décliner par les progrès des facultés sociales.

Sous le nom d'*art nautique*, j'entends la grande navigation, qui peut s'étendre à parcourir et régir le globe. Cet art qui est le plus beau trophée de l'esprit humain, n'est pas convenable à la civilisation, mais seulement à la 6.e période et aux suivantes. Si la société civilisée s'élève à un tel degré de science, c'est pour son malheur : elle embrasse plus qu'elle ne peut porter ; en effet, l'art nautique produit parmi nous le monopole insulaire, et autres calamités qui ne pourraient pas avoir lieu en 6.e période; dès lors cet excès de connaissances nous devient funeste, comme la nourriture la plus saine peut nuire à la santé de celui qui en prend outre mesure. Or, le terme assigné aux facultés civilisées, c'est la petite navigation : il eut fallu passer en 6.e période, avant d'organiser la grande navigation, car elle engendre parmi nous une multitude d'orages sociaux d'où naissent les 3.ᵉ et 4.ᵉ phase, le déclin et la caducité de la période.

Chacune des quatre phases de civilisation a son terme de plénitude ou apogée, comme la période entière a le sien. Il est évident que la 3.ᵉ phase est *au plein*, puisque nous voyons régner exclusivement le monopole insulaire et toutes les calamités, comme banqueroute, agiotage, accaparement, etc., qu'engendre la politique mercantile.

Nota. Ce tableau abrégé de mouvement progressif, n'a aucun rapport avec le mouvement mécanique, qui représenterait le système de la contremarche passionnée en ordre composé, les seize manœuvres de caractère ou développemens de passions en ordre inverse. Il indiquerait leurs points de rencontre et de déchirement méthodique, par collision, conflit et divergence. Puis la diffraction des sept primitives et leur formation en séries récurrentes; enfin la grande bataille rangée des passions. Je dis *grande bataille;* car, quoique les passions se déchirent constamment dans les cinq sociétés à ménages isolés, cependant leur choc présente en civilisation des manœuvres plus compliquées et plus curieuses que dans aucune autre période. Aussi le mécanisme civilisé est-il la plus belle horreur politique qu'il y ait dans l'univers, car c'est un renversement complet de l'ordre combiné qui est la plus savante combinaison de Dieu.

Remarquons que dans les trois phases de civilisation, déjà parcourues, la philosophie ne coopéra jamais aux progrès sociaux dont elle s'arroge le médiocre honneur : elle fut toujours PASSIVE à l'égard du mouvement social; j'en ai déjà donné quelques indices que je rassemble.

1.ʳᵉ *Phase.* Elle est engendrée par les concessions des droits civils à l'épouse. C'est de quoi les anciens philosophes, tels que Confucius et ceux de l'Egypte ou de l'Inde ne s'inquiétèrent jamais; ils ne manifestèrent pas même l'intention d'améliorer le sort des femmes. Les dames anciennes avaient encore moins de liberté que les nôtres; elles ne partageaient point les divers droits amoureux, comme celui de répudiation ; et les moralistes étaient indifférens, comme aujourd'hui, à leur bien-être.

2.º *Phase.* La civilisation y entra par l'adoucissement de l'esclavage. On a vu que cette amélioration fut l'effet de la féodalité nobiliaire, qui fournit aux cultivateurs des moyens d'affranchissement *collectif et progressif.* En attachant les serfs à la glèbe et non à l'individu, elle fait tourner à leur avantage les faiblesses de chaque seigneur ; et la communauté pouvant obtenir telle concession de l'avarice du père, telle autre de la bienfaisance du fils, s'élève pas à pas à la liberté. C'est un procédé dont les anciens philosophes n'avaient encore aucune idée.

3.º *Phase.* Elle s'est développée par l'influence de la politique commerciale, née des monopoles coloniaux. Cette influence n'avait point été prévue par les philosophes, et ils n'ont inventé aucun moyen de la balancer, ni même de l'attaquer dans sa branche la plus vexatoire, qui est le monopole insulaire. Ils ne se sont entremis dans la politique commerciale, que pour en prôner les vices au lieu de les combattre, ainsi que je le démontrerai plus loin.

4.º *Phase.* La civilisation y tendait par l'influence des *maîtrises en nombre fixe,* qui, à l'abri d'un privilége, excluent les prétendans les mieux fondés, et ferment l'accès conditionnel au travail. De telles compagnies recèlent le germe d'une vaste coalition féodale, qui envahirait bientôt tout le système industriel et financier, et donnerait naissance à la féodalité commerciale. C'est ce que les philosophes étaient loin de prévoir ; et tandis qu'ils sont tout infatués de l'esprit mercantile dont ils ont si peu prévu l'influence, déjà se préparent des évènemens qui changeraient cette politique, et nous feraient dégrader en 4.ᵉ phase de civilisation.

Mais ces sophistes ne s'attachent pas à prévoir les orages futurs, ils ne voient le mouvement social qu'en sens rétrograde, et ne s'occupent que du passé et du présent. Aujourd'hui que l'esprit mercantile est dominant, ils décideront selon leur usage, que l'état actuel des choses est le perfectionnement de la raison. Ils se borneront à pérorer sur ce qu'ils voient, sans présumer que l'ordre civilisé puisse prendre de nouvelles formes.

Et lorsque la civilisation arriverait dans la suite à sa 4.ᵉ phase, lorsque la féodalité commerciale serait pleinement établie, on verrait les philosophes intervenir après coup, pour former à ce sujet une nouvelle cotterie de controverse ; on les verrait prôner les vices de 4.ᵉ phase, et vendre des torrens de volumes sur ce nouvel ordre, dans lequel ils placeraient encore *le perfectionnement de la perfectibilité*, comme ils le placent aujourd'hui dans l'esprit mercantile.

TROISIÈME DÉMONSTRATION.

DE LA LICENCE COMMERCIALE,

De ses vices connus et de ses dangers inconnus.

INTRODUCTION.

Nous touchons à l'endroit sensible de la civilisation : c'est une pénible tâche que d'élever la voix contre la folie du jour, contre des chimères qui sont en pleine vogue.

Parler aujourd'hui contre les ridicules commerciaux, c'est s'exposer à l'anathème, comme si l'on eût parlé au 12.ᵉ siècle contre la tyrannie des papes et des barons. S'il fallait opter entre deux rôles dangereux, j'estime qu'il y aurait moins de risque à offenser un souverain par de fâcheuses vérités, qu'à offenser le génie mercantile qui règne en despote sur la civilisation et sur les souverains même.

Ce n'est jamais au plus fort de l'engouement qu'on porte des jugemens sains en affaires sociales : témoins les systèmes commerciaux : une légère analyse va prouver qu'ils dépravent et désorganisent en tout sens la civilisation, et qu'en matière de commerce, comme en toute autre, on s'égare de plus en plus sous les auspices des sciences incertaines.

La controverse commerciale ne date guères que d'un demi-siècle, et ses auteurs ont déjà fourni des milliers de volumes sans s'appercevoir que le mécanisme du commerce est organisé

V 4

à rebours du sens commun. Il subordonne le corps social à une classe d'agens parasites et improductifs qui sont les négocians. Toutes les classes essentielles, le propriétaire, le cultivateur, le manufacturier et même le gouvernement se trouvent maîtrisées par une classe accessoire, par le négociant qui devrait être leur inférieur, leur agent commissionné, amovible et responsable, et qui pourtant dirige et entrave à son gré tous les ressorts de la circulation.

. Telle est la thèse sur laquelle je disserterai : j'établirai qu'en bonne politique le corps commercial doit être *solidaire et assureur de lui-même*, et que le corps social doit être *assuré* contre les banqueroutes, l'agiotage, l'accaparement, l'usure, les déperditions et autres désordres qui naissent du système actuel ; système qui aurait du exciter depuis long-temps l'indignation de tous les écrivains politiques, s'ils avaient pour les bonnes mœurs une ombre du respect dont ils font parade.

Je ne veux dans ce premier mémoire que préluder à la question, signaler les scandales qui attestaient notre égarement et qui excitaient à la recherche d'un mode d'échange moins vicieux que le mode actuel, qu'on appelle *la libre concurrence*.

Il est pour l'échange comme pour toute autre relation, un procédé affecté spécialement à chaque période, par exemple :

En 4.ᵉ période (ou barbarie,) *la vente forcée*, les maximations, tarifs, etc.

En 5.ᵉ période (ou civilisation,) *la libre concurrence*, l'indépendance du marchand.

(3.3).

En 6.ᵉ période (ou Garanties,) *la concurrence sociétaire*, la solidarité et subordination du corps commercial aux intérêts des producteurs, des manufacturiers, cultivateurs et propriétaires.

Il est pour les diverses périodes d'autres procédés dont je ne donne pas le tableau, ne voulant parler que du 6.ᵉ procédé, de la *concurrence sociétaire* qui est compatible avec nos usages, et qui est déjà aussi préférable au commerce libre, que celui-ci est préférable aux maximations, tarifs et autres usages de 4.ᵉ période ou barbarie.

C'est ici un débat que je traiterai en civilisé, comme si les lois du mouvement n'étaient pas inventées : oublions pour un moment leur découverte, et raisonnons comme s'il ne s'agissait que de chercher un remède aux désordres commerciaux de la civilisation. Voyons quelle marche auraient du suivre dans cette circonstance les économistes qui s'attribuent la compétence en affaires mercantiles.

Dans le cours de la discussion qui va suivre, j'aurai lieu d'exprimer des opinions peu flatteuses pour le commerce en général ; mais j'ai observé déjà qu'en critiquant une profession, je ne critique pas les individus qui l'exercent. Quiconque déclame contre les manœuvres des agioteurs, des procureurs ou autres, les surpasserait peut-être en avidité s'il était à leur place ; on ne doit jamais blâmer les passions des individus, mais blâmer seulement la civilisation, qui n'ouvrant aux passions que les routes du vice pour se satisfaire, force l'homme à pratiquer le vice pour arriver à la fortune, sans laquelle il n'est point de bonheur.

La digression sera divisée comme il suit :

1.º *Origine de l'économie politique et de la controverse mercantile.*

2.º *Spoliation du corps social par la Banqueroute.*

3.º . . . . *par l'Accaparement.*

4.º . . . . . . *par l'Agiotage.*

5.º . . . . . . *par la déperdition.*

6.º *Décadence de la civilisation, par l'esprit commercial, qui la conduisait en 4.ᵉ phase.*

ORIGINE

De l'Économie politique et de la Controverse mercantile.

C'EST ici un sujet vraiment digne de l'Epopée. Muse, redis-nous les exploits de ces novateurs audacieux qui ont terrassé l'antique philosophie : une secte sortie tout à coup du néant, *les économistes* ont osé attaquer les dogmes révérés de la Grèce et de Rome. Les vrais modèles de la vertu, les Cyniques, les Péripatéticiens, tous les illustres amans de la pauvreté et de la médiocrité sont en déconfiture, et plient devant les économistes qui combattent pour la cause du luxe. Le divin Platon, le divin Sénèque sont chassés de leurs trônes ; le brouet noir des Spartiates, les raves de Cincinnatus, la souguenille de Diogène, tout l'arsenal des moralistes est

frappé d'impuissance, tout fuit devant des novateurs impies qui permettent l'amour du faste,
de la bonne chère et des plus vils métaux, tels
que l'or et l'argent.

C'est en vain que les Jean-Jacques et les Mably
ont défendu courageusement l'honneur de la
Grèce et de Rome. Vainement ont-ils représenté
aux nations les vérités éternelles de la morale :
« que la pauvreté est un bien, qu'il faut renon-
» cer aux richesses et embrasser sans délai la
» philosophie. » (1) Inutiles remontrances !
rien n'a pu résister au choc des nouveaux dogmes : le siècle corrompu ne respire que traités
de commerce et balances de commerce par sous
et deniers ; les drapeaux du portique et du lycée
sont désertés pour les académies de commerce
et les sociétés d'amis du commerce ; enfin, l'irruption des économistes a été pour les sciences
incertaines une autre journée de Pharsale, où
la sagesse d'Athènes et de Rome, et toute la
belle antiquité ont essuyé une irréparable
défaite.

Humainement parlant, la civilisation a changé
de phase : elle a passé de la 2.e à la 3.e où l'esprit

---

(1) Ce sont les propres paroles de Sénèque, de l'homme aux
80 millions. Il veut qu'on se défasse des richesses à l'instant. Il ne
donne point de délai. « Qu'attendez-vous ! dit-il, ne remettez point
» à demain, abandonnez vos richesses aujourd'hui même, pour vous
» livrer à la philosophie. »
Voilà les jongleries qui ont occupé la civilisation pendant 2000 ans,
ces sornettes ont passé pour de la sagesse ; aujourd'hui l'on sent le
ridicule de ces savantas qui nous conseillent « de jeter les richesses
» perfides dans le sein des mers avides. » (J. B. Rousseau.) Eh
bien, ces faiseurs de phrases ne sont pas encore les plus ridicules,
il est des histrions plus ineptes et plus coupables, c'est la cotterie
des économistes, d'autant plus dangereuse qu'elle s'affuble d'un
masque de raison.

commercial domine et régit exclusivement la politique. (p. 3o6) Ce changement est né des progrès
de l'art nautique et des monopoles coloniaux. Les
philosophes qui interviennent toujours après
coup dans le mouvement social , se sont rangés
à l'opinion du siècle et ont commencé à prôner
l'esprit commercial quand ils l'ont vu dominant;
de là est née la secte des économistes et avec
eux la controverse mercantile.

. A quel propos les philosophes se ravisent-ils
après tant de siècles et viennent-ils s'immiscer
dans les affaires commerciales, objet de leur
antique dédain ? ils n'avaient cessé dans la belle
antiquité de persiffler le commerce. Alors tous
les écrivains tournaient en dérision les marchands
et répetaient avec Horace que la science du commerce se réduit à savoir :

« Cent francs au denier vingt, combien font-ils ! cinq livres ?

Cependant on avoit vu par l'influence de Tyr
et de Carthage que la puissance commerciale
pourrait maîtriser un jour la puissance agricole
et influencer tout le système administratif. *Mais
la chose n'était pas encore arrivée , donc elle ne devait
jamais arriver.* Telle est la règle des jugemens de
la philosophie, elle ne voit le mouvement social qu'en sens rétrograde ; aussi les générations
futures représenteront-elles la politique civilisée
avec une tête placée à rebours et ne voyant qu'en
arrière.

Pendant le cours du 18.e siècle , les sciences
incertaines ont entretenu fort tard l'antique prévention qui dévouoit le commerce au mépris ;
témoin l'esprit qui régnait en France en 1788.
Alors les écoliers dans leur disputes disaient

quelquefois à un adversaire : *fils de marchand* ;
et c'étoit une cruelle injure. Telle était l'opinion
dans les provinces ; l'esprit mercantile était re-
légué dans les ports et les capitales où résident
les hauts banquiers et les hauts tripotiers. Ce
ne fut qu'en 1789 que les marchands furent tout
à coup transformés en demi-dieux , et que la
cabale scientifique se rangea hautement de leur
parti et les exalta comme des instrumens utiles
à ses desseins.

Le commerce dans son origine fut donc mé-
prisé et méconnu des philosophes. Il n'a conquis
les hommages de ces savans , que lorsqu'il a été
en plein triomphe , comme les traitans qui ne
commencent à être prônés que lorsqu'ils paraissent en voiture à six chevaux ; alors les orateurs
célèbrent leurs vertus et grugent leurs bons repas.
C'est ainsi que la philosophie s'est comportée à
l'égard de l'esprit commercial ; elle ne l'a cajolé
que lorsqu'il a été sur le pinacle ; mais auparavant elle ne le jugeait pas même digne d'attention. L'Espagne , le Portugal , la Hollande et
l'Angleterre exercèrent long-temps le monopole
commercial , sans que la philosophie songeât ni
à les louer , ni à les blâmer. La Hollande avait
su faire son immense fortune sans demander aucune lumière aux économistes ; leur secte n'était
pas encore née , quand les Hollandais amonce-
laient déjà des tonnes d'or. Les philosophes, à
cette époque , étaient encore tout occupés à
fouiller dans la belle antiquité , ou à se mêler
dans les querelles religieuses.

Enfin , ils s'apperçurent que cette nouvelle
politique de commerce et de monopole pouvait
donner matière à remplir de gros livres et mettre

en crédit une nouvelle cotterie : ce fut alors
qu'on vit la philosophie accoucher des sectes
d'économistes qui malgré leur récente origine
ont déjà entassé honnetement de volumes et
promettent d'égaler en nombre les tomes de
leurs devanciers.

Selon l'usage de tous les sophistes, ces nouveaux venus ont embrouillé la matière autant
que possible, afin d'alimenter la controverse,
et vivre aux dépens de ceux qui les lisent. On
peut dire que les économistes loin d'avoir rien
découvert, ne savent pas encore de quoi ils
traitent ; car sur les questions les plus importantes, comme sur *les limites à assigner à la population*, ils avouent *que leur science n'a pas de
principes fixes*. Elle ne donne donc pas de résultats
fixes, et dès-lors on ne voit guères à quoi elle
peut servir, mais cela n'importe aux auteurs :
les presses gémissent, les livres se vendent, et
le but philosophique est rempli.

On pourrait demander aux économistes si leur
intention est de diminuer ou d'augmenter les
fléaux politiques, tels que l'accroissement des
impôts, l'empiétement des gens de chicane,
l'augmentation des armées, les progrès de la
banqueroute et de la fourberie, etc. : il est hors
de doute que tous ces fléaux n'ont jamais augmenté si rapidement que depuis la naissance
des théories économiques ; n'aurait-il pas mieux
valu que la science eut fait moins de progrès et
le mal aussi ?

Quels intérêts ont pu décider les philosophes,
ces fougueux apôtres de la vérité, à se ranger,
au 18.ᵉ siècle, sous les drapeaux du mensonge,
c'est-à-dire du commerce : car qu'est-ce que le

commerce ? c'est le mensonge avec tout son at-
tirail, banqueroute, agiotage, usure et fourberies de toute espèce. La philosophie moderne
passe l'éponge sur tous ces scandales : indiquons
les causes d'une telle impudeur ; appliquons à la
conduite de ces savans les méthodes analytiques
qu'ils veulent appliquer partout.

En se décidant à prôner le commerce, ils
n'ont considéré que le poids de l'or, l'énormité
et la rapidité des fortunes mercantiles ; l'indépendance attachée à cet état qui est le plus libre
et le plus favorable aux développemens de l'ambition, l'air de haute spéculation répandu sur
de viles manœuvres que le dernier lourdaud peut
concevoir et diriger au bout d'un mois ; (si on
les lui enseigne, car on n'enseigne rien dans le
commerce.) enfin, le faste des agioteurs et accapareurs qui rivalisent avec les grands de l'état ;
tout cet éclat a ébloui les savans, réduits à tant
de veilles et d'intrigues avant de gagner quelques
écus, avant d'obtenir quelque avilissante production. Ils ont été étourdis, désorientés à l'aspect des Plutus commerciaux ; ils ont hésité entre
la flagornerie et la critique ; enfin, le poids de
l'or a emporté la balance ; ils sont devenus définitivement les très-humbles valets des marchands et les admirateurs de la science mercantile
qu'ils avaient tant persifflée.

Eh, comment ne pas admirer ces agioteurs,
ces hommes qui

« . . . . Sachant pour tout secret,
» Cinq et quatre font neuf, ôtez deux, reste sept. »
BOILEAU.

parviennent avec une telle science à acquérir
un palais dans la ville où ils étaient arrivés en

sabots ? On les voit dans les capitales mener un train de vie splendide à côté des savans que dévore la misère ; un philosophe admis dans le salon d'un agioteur s'y trouve à table, entre le courtisan et l'ambassadeur ; quel parti prendre en pareil cas ? sinon de vanter les saints du jour.

Car en civilisation, l'on ne fait pas son chemin avec des vérités ; et voilà comment les philosophes tout en nourrissant une haine secrette contre le commerce, ont pourtant fléchi devant le veau d'or, et n'osent écrire une page sans faire retentir les louanges du commerce immense et de l'immense commerce.

Il avaient tout à gagner en l'attaquant ; ils pouvaient recouvrer la considération et réparer leurs échecs en dénonçant les brigandages du commerce, qu'ils méprisent en secret autant que le commerce les méprise.

L'analyse de ces brigandages démontrera que le corps des négocians (Il faut se garder de les confondre avec les manufacturiers.) n'est dans l'ordre social qu'une troupe de pirates coalisés, qu'une nuée de vautours qui dévorent l'industrie agricole et manufacturière, et asservissent en tout sens le corps social.

Soit dit sans les critiquer individuellement : ils ignorent eux-mêmes la malfaisance de leur profession ; et quand ils la connaîtraient, peut-on blâmer aucun spoliateur en civilisation, puisque cette société est le jeu des dupes et des fripons : vérité déjà trop connue et dont on va acquérir une nouvelle preuve dans les chapitres suivans.

Spoliation

Spoliation du corps social par la Banqueroute.

QUAND un crime devient très-fréquent, on s'habitue à le voir sans aucune émotion. Dans l'Italie ou l'Espagne, on voit très-froidement un sicaire poignarder la victime désignée, et jouir de l'impunité en se retirant dans une église. En Allemagne et en France où le caractère national est ennemi de la trahison, un tel assassin exciterait tant d'horreur qu'il serait peut-être mis en pièces par le peuple, avant que la justice ne se fût saisie de lui.

Combien voit-on d'autres crimes dominants chez une nation et abhorrés chez la nation voisine ! En Italie on voit les pères mutiler et assassiner leurs enfans pour leur perfectionner la voix. Les ministres d'un Dieu de paix encouragent ces cruautés, en affectant au service des autels ces malheureuses victimes de l'avidité paternelle ; voilà encore des abominations qui excitent l'horreur de toute autre nation civilisée.

Vous trouverez de même chez les Français, Allemands, Russes et Anglais d'autres coutumes révoltantes, qui soulèveront l'esprit des Italiens ou des Espagnols, témoin la coutume des Anglais qui mènent leur femme au marché la corde au cou, pour la mettre en vente, et tant d'autres usages grossiers de cette nation plus sauvage que civilisée, ne fut-ce que leur habitude d'insulter et molester les étrangers qui sont souvent plus respectés par les sauvages que par la populace de Londres et les habitans des provinces d'Angleterre.

X

Si les coutumes et les opinions dans l'ordre civilisé sont si différentes de nation à nation, combien doivent-elles différer de société à société? et combien les vices tolérés en civilisation sembleraient-ils odieux dans des sociétés moins imparfaites? Dans la 6.e, (*Garantisme*) qui est encore loin de la perfection, l'on aurait déjà peine à croire que des empires qui se disent policés, et qui ont des théories sur la propriété et la justice, aient pu tolérer un instant des abominations comme la banqueroute.

La banqueroute est la friponnerie la plus ingénieuse et la plus impudente qui ait jamais existé : elle assure à tout négociant la faculté de voler au public une somme proportionnée à sa fortune ou à son crédit. De sorte qu'un homme riche peut se dire : je m'établis commerçant en 1808, je veux à pareil jour en 1810, voler tant de millions à qui il appartiendra.

Laissons à part un incident actuel, le nouveau code français, d'après lequel on se promet de réprimer la banqueroute : comme les opinions ne s'accordent point sur cette espérance, et qu'on indique déjà les moyens d'éluder les nouvelles lois, attendons que l'expérience en ait décidé, (si toutefois la civilisation se prolonge assez long-temps pour une pareille épreuve); et provisoirement raisonnons sur ce qui nous est connu, sur les désordres causés par le système philosophique, par le principe : « Laissez aux commerçans une entière liberté, sans exiger aucune garantie sur la prudence, la probité et la solvabilité de chacun d'entr'eux. »

De là est née entr'autres abus la banqueroute, vol bien plus odieux que le vol de grand chemin;

on s'est pourtant habitué à la tolérer, à tel point qu'on reconnaît des *banqueroutes honnêtes*, celles où le spéculateur n'enlève que moitié : en voici un exemple.

Le banquier Dorante, possesseur de deux millions, veut arriver promptement à quatre ou cinq millions, par des voies quelconques. Il obtient sur sa fortune connue des crédits montant à huit millions en lettres de change, denrées, etc : il peut alors jouer sur un fonds de 10 millions. Il entreprend la haute spéculation, le tripotage des denrées et effets publics; peut-être qu'au bout de l'année, au lieu d'avoir doublé les 2 millions qu'il possède, il les aura perdus; vous le croiriez ruiné, point de tout, il va posséder 4 millions comme s'il avait réussi; car il lui reste en main les 8 millions obtenus à crédit, et au moyen d'une *honnête faillite*, il accommode pour en payer la moitié dans quelques années. C'est ainsi qu'après avoir perdu les 2 millions de son patrimoine, il se retrouve possesseur de 4 millions enlevés au public. La belle chose que cette liberté commerciale ! et concevez-vous à présent pourquoi l'on entend dire chaque jour d'un négociant : *il est bien à son aise depuis sa faillite.*

Autre chance pour le banqueroutier : Dorante après son larcin de 4 millions, conserve pleinement l'honneur et l'estime publique, non pas à titre d'heureux larron, mais à titre de négociant malheureux. Expliquons ceci.

Dorante en préméditant sa banqueroute, s'est emparé de l'opinion : ses fêtes à la ville et à la campagne lui ont formé de chauds partisans; la brillante jeunesse est pour lui; les belles s'appi-

toyent sur son MALHEUR ; ((Malheur est aujour-
d'hui le mot synonime de banqueroute)) on
vante son noble caractère si digne d'un meilleur
sort. Il semble à entendre les apologistes d'un
banqueroutier, qu'il est plus malheureux que
ceux même dont il emporte la fortune. Toute la
faute est rejetée sur les évènemens politiques,
les circonstances désastreuses et autres verbiages
familiers aux notaires, qui excellent à soutenir
une charge de créanciers irrités. Après le premier choc, Dorante fait intervenir quelques
entremetteurs, quelques rouleaux distribués à
propos ; et bientôt l'opinion est circonvenue à
tel point qu'on accuserait de cannibale celui qui
parlerait contre Dorante. Au surplus, ceux à qui
il enlève les plus fortes sommes, sont à 100 ou
200 lieues de là, dans Hambourg ou Amsterdam ; ils se calmeront avec le temps ; peu
importe, leurs clabauderies lointaines n'influent
en rien sur l'opinion de Paris ; d'ailleurs, Dorante ne fait perdre que moitié, et l'usage
a décidé que celui qui ne fait perdre que moitié
est plus malheureux que coupable ; ainsi Dorante
est lavé dans l'esprit public dès le premier moment. Au bout d'un mois, l'opinion est distraite
par d'autres banqueroutes qui font plus de sen-
sation, et qui offrent deux tiers ou trois quarts
de perte. Nouveau lustre pour Dorante, qui
n'a enlevé que moitié ; au surplus, c'est une
affaire ancienne, oubliée ; déjà la maison de
Dorante se rouvre petit à petit au public, son
cuisinier règne de nouveau sur les esprits, et confond les cris de certains créanciers atrabilaires,
qui n'ont aucun égard pour le MALHEUR, aucun
usage des ménagemens dûs à la bonne compagnie.

C'est ainsi que se termine en moins de six mois l'opération par laquelle Dorante et ses semblables volent des millions au public, ruinent des familles dont ils ont les dépôts, et entraînent les négocians probes à une banqueroute qui les assimile aux fripons. La banqueroute est le seul crime social qui se propage épidémiquement, et qui précipite l'honnète homme dans le même opprobre que le fripon. L'honnète négociant qui essuye des banqueroutes de la part de vingt fripons, est à la fin forcé de faire faillite comme eux.

De là vient que les banqueroutiers fripons, qui composent les neuf dixièmes de la clique, se donnent tous pour d'honnètes gens qui ont eu des *malheurs*, et s'écrient en chorus : *je suis plus à plaindre qu'à blâmer*. A les entendre ils sont tous de petits saints, comme les galériens, qui tous prétendent n'avoir fait aucun mal.

Sur ce, les partisans de la licence commerciale, parleront de lois repressives, de tribunaux; vraiment oui, des tribunaux contre des gens qui enlèvent plusieurs millions d'un seul coup.

Le dictum qui prétend que la justice n'atteint que les petits voleurs se trouve faux en affaires de commerce; la banqueroute, même la plus petite, échappe aux poursuites de l'autorité, sous l'égide des commerçans même : voici le fait.

Scapin, petit boutiquier, fait une petite banqueroute de quarante mille livres seulement; il détourne 30,000 livres, qui feront le bénéfice de l'opération; puis, il présente aux créanciers un restant de 10,000 livres; si on lui demande le compte des 30,000 livres de déficit, il répond

X 3

qu'il ne sait pas tenir des livres comme les gros marchands, et qu'il a eu DES MALHEURS. Vous croiriez qu'on va punir Scapin, parce que c'est un petit voleur qui n'emporte que 30,000 livres; mais les créanciers ignorent-ils qui si la justice intervient, elle mangera les 10,000 livres restans, elle n'en fera qu'un déjeûné. Après les 10,000 livres consommées, il n'y aura rien de décidé, et si l'on veut faire pendre Scapin, il faudra peut-être débourser autres 10,000 livres, sans être sûr de réussir; il vaut donc mieux prendre la modique somme de 10,000 livres, que d'en débourser encore autant. Scapin fait valoir cet argument, par l'entremise du notaire, de sorte que c'est le banqueroutier même qui menace de la justice ses créanciers. Eh pourquoi les créanciers de Scapin séviraient-ils contre lui ? les uns songent à imiter son noble exemple, les autres l'ont précédé dans la carrière. Or, comme les loups ne se mangent pas entr'eux, Scapin trouve bientôt un certain nombre de signataires qui adhérent à ses propositions. D'autres signent par la peur de voir intervenir la justice qui ne laisserait rien ; d'autres sont plus récalcitrans et parlent de sacrifier le tout pour envoyer un coquin aux galères : alors Scapin leur députe sa femme et ses enfans qui demandent grâce avec des hurlemens étudiés ; c'est ainsi que Scapin et son notaire obtiennent en peu de jours la majorité des signatures, après quoi l'on se moque des refusans dont on n'a plus besoin. On rit de leur colère, Scapin y répond par de douces paroles et de profonds saluts ; et déjà il médite une seconde banqueroute, vu l'heureux succès de la première.

En vain citerait-on quelques banqueroutiers frauduleux qui ont été punis; sur 100, il en est 99 qui réussissent : et si le 100.ᵉ échoue, c'est sans doute une oison qui n'a pas su conduire l'intrigue ; car l'opération est tellement sûre aujourd'hui, qu'on a renoncé tout à fait aux anciennes précautions. Autrefois le banqueroutier s'enfuyait à Trente, Liége ou Carouge; cet usage est tombé depuis la régénération de 1789; chacun est revenu aux *banqueroutes en famille;* on prépare tranquillement l'affaire, et lorsqu'elle éclate on s'en va passer un mois à la campagne, dans le sein de ses proches et amis; le notaire accommode tout dans l'intervalle. On reparait après quelques semaines, et le public est tellement habitué à cette équipée, qu'elle est traitée de gentillesse : cela s'appelle *faire ses couches,* et l'on dit très-froidement : *voilà un tel qui relève de couches.*

J'ai observé que la banqueroute est le seul crime social qui soit épidémique, et qui entraîne forcément l'homme probe à imiter le fripon. Je citerai pour exemple une banqueroute *en feu de file.* Il y a des banqueroutes de plus de cent espèces; tant la raison est perfectionnée par la philosophie moderne.

Banqueroute en feu de file. Le juif Iscariote arrive en France avec 100,000 livres de capitaux, qu'il a gagné dans sa première banqueroute : il s'établit marchand dans une ville où il a pour rivales six maisons accréditées et considérées. Pour leur enlever la vogue, Iscariote débute par donner toutes ses denrées au prix coûtant; c'est un moyen sûr d'attirer la foule : bientôt les rivaux d'Iscariote jettent les hauts cris; celui-ci sourit de leurs

X 4

plaintes, et continue de plus belle à donner les denrées au prix coûtant.

Alors le peuple chante merveille : vive la concurrence, vivent les Juifs, la philosophie et la fraternité; toutes les denrées ont baissé de prix depuis l'arrivée d'Iscariote ; et le public dit aux maisons rivales : « C'est vous, messieurs, » qui êtes les véritables juifs et qui voulez trop » gagner : Iscariote seul est un honnête homme, » il se contente d'un bénéfice modique, parce » qu'il n'a pas un ménage aussi splendide que » les vôtres. » Vainement les anciens commerçans représentent-ils qu'Iscariote est un fripon déguisé, qui fera tôt ou tard banqueroute ; le public les accuse de jalousie et de calomnie, et court de plus en plus chez l'Israélite.

Voici le calcul de ce larron : En vendant au prix coûtant, il ne fait d'autre perte que celle de l'intérêt de ses fonds, soit 10,000 livres par an, mais il se forme un débouché considérable, il se fait dans les ports une renommée de gros consommateur, et il obtient un grand crédit pour peu qu'il soit exact dans ses payemens. Ce manége continue pendant 2 ans, au bout desquels iscariote n'a rien gagné, tout en vendant énormément. Sa manœuvre n'est point divulguée, parce que les Juifs n'ont chez eux que des employés Juifs, gens qui sont ennemis secrets de toutes nations, et ne décèlent jamais une friponnerie préméditée par quelqu'un d'entr'eux.

Quand tout est prêt pour le dénouement, Iscariote use de tout son crédit, donne d'amples commissions dans tous les ports, pour la somme de 500 à 600 mille livres, achetés à terme. Il dirige ses denrées sur le pays étranger et vend à

vil prix ce qui se trouve dans ses magasins.
Enfin, quand il a fait argent de tout, l'honnête
Iscariote disparait avec son porte-feuille, et retourne en Allemagne où il a acheminé ses denrées achetées à crédit. Il les réalise promptement,
et se trouve au sortir de France quatre fois
plus riche qu'il n'était en y entrant; il est possesseur de 400 mille livres, et s'en va à Livourne,
à Londres préparer une troisième banqueroute.

C'est alors que le voile tombe et qu'on revient
au bon sens, dans la ville où il a fait le coup.
On reconnait le danger d'admettre au commerce
les juifs, les vagabonds qui ne tiennent à rien;
mais cette banqueroute d'Iscariote n'est que le
premier acte de la farce; suivons les résultats;
voyons le feu de file.

Il y avait six maisons rivales de l'Israélite :
nommons-les A, B, C, D, E, F.

A était depuis long-temps gêné, il se soute-
nait sans fortune et sur sa bonne renommée;
mais l'arrivée d'Iscariote lui ayant enlevé toute
sa consommation, il n'a pu fournir qu'un an
de lutte, après quoi il a perdu courage, et ne
concevant rien à ces nouveaux systèmes philosophiques qui protègent les vagabonds, A se
voit forcé à plier devant la tactique d'Iscariote
et à faire *banqueroute*.

B a soutenu plus long-temps le choc : il prévoyait de loin la friponnerie d'Iscariote, et il
attendait que cet orage fut passé pour rétablir
sa consommation enlevée par le fourbe Israélite : mais dans l'intervalle, B éprouve une forte
banqueroute au dehors; c'en est assez pour accélerer sa chute : il croyait pouvoir tenir 2 ans,

et au bout de 15 mois il est forcé à faire *banqueroute*.

C était en société avec une maison du dehors qui se trouve ruinée par un autre Iscariote, (car il s'en établit dans toutes les villes.)C est entraîné par la chute de son associé, et après avoir fait pendant 18 mois des sacrifices pour soutenir la concurrence du voleur hébraïque, C se voit forcé à faire *banqueroute*.

D avoit une probité plus apparente que réelle. Il lui reste des moyens de se soutenir, malgré qu'il souffre depuis 20 mois de la concurrence du Juif; mais irrité par les pertes qu'il éprouve, il se laisse aller au vice dont tout lui donne l'exemple; il observe que trois de ses confrères ont ouvert la marche, et que lui quatrième, passera dans le nombre, en prétextant des malheurs fictifs ou réels; d'après cela, D ennuyé d'une lutte de 20 mois contre Iscariote, ne voit rien de plus prudent que de faire *banqueroute*.

E avait prêté de fortes sommes à ses quatre confrères qui viennent de faillir. Il les croyait très-solvables, et véritablement ils l'étaient avant que la manœuvre d'Iscariote leur eut enlevé leur industrie. E se trouve au dépourvu par la faillite de ces quatre maisons; en outre il n'a plus de consommation, tout le public court chez Iscariote qui vend à prix coûtant. E voit ses moyens anéantis, son crédit altéré; on le presse, et ne pouvant plus satisfaire à ses engagemens, il finit par faire *banqueroute*.

F sans manquer de moyens se trouve décrédité dans tous les ports de mer, par la faillite des cinq précédens; leur exemple fait soupçonner que F ne tardera pas à imiter ses confrères;

d'ailleurs quelques-uns d'entr'eux qui ont terminé l'accomodement, vendent à très-vil prix pour faire face aux premières échéances de leur contrat. Voulant accélérer leur vente, ils perdent un *dixième*, et gagnent pourtant quatre dixièmes, puisqu'ils ont accomodé à moitié de perte. F se trouve écrasé par cette circonstance et réduit à faire, comme tous ses confrères, *banqueroute*.

C'est ainsi que l'établissement d'un vagabond ou d'un juif suffit pour désorganiser en entier le corps de marchands d'une grande ville, et entraîner les plus honnêtes gens dans le crime; car toute banqueroute est plus ou moins criminelle, quoique fardée de prétextes spécieux comme ceux dont j'ai coloré ces six banqueroutes; et dans tous ces prétextes il n'y a presque rien de vrai : le fin mot est que, chacun saisit habilement les occasions d'exercer un larcin qui demeure impuni. Si à la banqueroute on ajoute l'agiotage et tant d'autres infamies qui sont le fruit des théories philosophiques, on se rangera facilement à l'opinion que j'ai précédemment émise ; c'est que les civilisés n'ont jamais commis tant d'inepties politiques, que depuis qu'ils ont donné dans l'esprit mercantile, dans ces systèmes qui prétendent que toute entreprise des marchands ne peut que tourner au bien général, et qu'il faut laisser aux marchands une pleine liberté, sans exiger aucune garantie sur le résultat de leurs opérations.

Eh, comment les philosophes qui ne rêvent que contre-poids et garanties n'ont-ils pas songé à procurer au corps social cette garantie que les gouvernemens ont le bon esprit d'exiger de leurs agens fiscaux. Un prince s'assure de la fidélité de ses receveurs, par un cautionnement pécuniaire, et par la perspective d'un châtiment inévitable, s'ils osent aventurer et dissiper les deniers publics dont ils sont dépositaires.

Pourquoi ne voit-on pas la moitié des receveurs publics s'approprier le produit des contributions et dire au gouvernement dans une lamentable épître: « Les malheurs du temps, les cir-
» constances critiques, les revers déplorables,
» etc; bref, je fais banqueroute, faillite ou
» autre mot: votre caisse doit contenir dix mil-
» lions, j'offre de vous en rendre la moitié, cinq
» millions payables dans cinq ans. Soyez touché
» des disgrâces d'un infortuné receveur, con-
» servez-moi votre confiance et la gestion de
» votre caisse, sans quoi je ne pourrais pas même
» vous payer la moitié que je vous offre; mais
» si vous me continuez dans ma place et mes
» recettes, je m'efforcerai de faire honneur à
» mes engagemens, c'est-à-dire que je vous ré-
» galerai d'une seconde banqueroute, quand la
» caisse sera de nouveau remplie. »

Voilà en abrégé le contenu de toutes les lettres des faillis. Si les receveurs ne suivent pas leur exemple, c'est qu'ils sont assurés qu'aucune théorie philosophique ne pourrait les sauver du châtiment auquel échappent les banqueroutiers, à l'abri du principe: *Laissez aux commerçans une entière liberté, sans exiger de garantie sur leurs malversations.*

En résumé, le corps des négocians étant dépositaire d'une portion de la fortune publique, et chaque négociant usant de ses dépôts, pour hasarder des spéculations aventureuses qui n'ont de règle que son caprice individuel ; il doit en résulter de nombreuses bévues , et des banque-routes, par suite desquelles les producteurs et dépositeurs de capitaux supportent la perte des folles entreprises qu'ils n'ont pas consenties. Pour parer à cette injustice , il faudrait soumettre le corps commercial à une garantie , telle que tout négociant et toute société d'entrepreneurs ne pussent hasarder et perdre que ce qu'ils possèdent.

Il est une opération qui atteint ce but , qui rend le corps commercial *assureur* de lui-même , et le corps social *assuré* contre le commerce. Cette opération une fois exécutée , la banque-route , l'agiotage et le discrédit ne peuvent plus exister. Les relations commerciales n'emploient tout au plus que le quart des agens et des capitaux qu'elles détournent aujourd'hui du travail productif. Il n'est pas pressant de faire connaître cette opération , qui est un procédé de 6.ᵉ période, et qui est entièrement opposée à cette ridicule méthode qu'on nomme *la libre concurrence.*

Continuons sur les scandales mercantiles , sur les rapines qui induisaient à suspecter en masse tout le système commercial actuel, et à rechercher une méthode d'échange moins vicieuse que la libre concurrence , qui serait mieux nommée *concurrence anarchique.*

Spoliation du corps social par l'Accaparement.

« L'or même à la laideur donne un teint de beauté. »

Jamais cette maxime ne s'est mieux vérifiée que par la protection et considération qu'ont obtenu les accapareurs sous l'égide de la philosophie moderne, qui n'admet que le poids de l'or pour règle de ses jugemens, et qui flatte tous les vices dominans pour cacher son ignorance à y remédier.

L'accaparement est le plus odieux des crimes commerciaux, en ce qu'il attaque toujours la partie souffrante de l'industrie. S'il survient une pénurie de subsistances ou denrées quelconques, les accapareurs sont aux aguets pour aggraver le mal ; s'emparer des approvisionnemens existans, arrher ceux qui sont attendus, les distraire de la circulation, en doubler, tripler le prix par des menées qui exagèrent la rareté et répandent des craintes qu'on reconnaît trop tard pour illusoires. Ils font dans le corps industriel l'effet d'une bande de bourreaux qui irait sur le champ de bataille déchirer et aggrandir les plaies des blessés.

Une circonstance qui a contribué à la faveur dont jouissent aujourd'hui les accapareurs, c'est qu'ils ont été persécutés par les jacobins ; ils sont sortis de cette lutte plus triomphans que jamais, et celui qui élèverait la voix contre eux semblerait au premier abord un écho de la Jacobinière : mais ne sait-on pas que les jacobins ont massacré indistinctement toutes sortes de classes , soit d'honnêtes gens , soit de brigands : n'ont-ils pas envoyé au même échafaud Hébert et Malesherbes , Chaumette et Lavoisier ? et parce que ces quatre hommes ont été sacrifiés à la même faction , s'ensuit-il qu'on doive les assimiler , et dira-t-on qu'Hébert et Chaumette soient des gens de bien , parce qu'ils ont été comme Malesherbes et Lavoisier , immolés par les jacobins ? Même raisonnement s'applique aux accapareurs et agioteurs , qui pour avoir été persécutés par les ennemis de l'ordre , n'en sont pas moins des désorganisateurs , des vautours déchaînés contre l'honnête industrie.

Ils ont pourtant trouvé des prôneurs parmi cette classe de savans qu'on appelle *économistes* , et rien n'est plus respecté aujourd'hui que l'accaparement et l'agiotage qu'on appelle en style du jour la *spéculation et la banque* , parce qu'il est indécent de nommer les choses par leur nom.

Un résultat fort bisarre de l'ordre civilisé , c'est que si l'on réprime directement des classes évidemment malfaisantes comme celle des accapareurs , le mal devient plus grand , les denrées deviennent plus rares ; et l'on s'en est assez convaincu sous le règne de la terreur. C'est ce qui a fait conclure aux philosophes qu'il faut *laisser faire les marchands* : plaisant remède contre un mal , que de l'entretenir parce qu'on ne connait aucun antidote ! Il fallait en chercher, et jusqu'à ce qu'on en eut découvert, on devait condamner leurs tripotages au lieu de les vanter; on devait provoquer la recherche d'un procédé capable de les réprimer , (la concurrence sociétaire.)

Eh pourquoi les philosophes pallient-ils des calamités, comme la banqueroute, l'agiotage, l'accaparement, l'usure, etc; c'est que l'opinion leur
répondrait : « Nous connoissons tous ces maux
» sur lesquels vous vous appitoyez, mais puisque
» vous êtes des savans plus éclairés que nous, éver-
» tuez-vous à chercher des remèdes : jusques là
» votre science, votre rhétorique nous sont inu-
» tiles, comme les verbiages d'un médecin qui
» vient débiter au malade du grec et du latin,
» sans lui procurer aucun soulagement. » Les
philosophes prévoyant ce fâcheux compliment,
jugent convenable de nous étourdir sur le mal
au lieu de l'avouer ; aussi nous prouvent-ils que
l'accaparement et l'agiotage sont la perfection du
perfectionnement de la perfectibilité. Avec leurs
verbiages sur les méthodes analytiques, les abs-
tractions métaphysiques et les perceptions des
sensations qui naissent des idées, ils vous plon-
gent dans une léthargie scientifique, ils vous
persuadent que tout va au mieux dans l'ordre
social ; obligés pour subsister de vendre des
livres, d'en fabriquer sur un sujet quelconque ;
habitués comme les avocats à plaider la mauvaise
cause aussi-bien que la bonne, ils trouvent bien
plus commode de vanter et farder les vices dominans que de s'occuper des correctifs à la recherche desquels ils risqueraient de consumer
inutilement leurs veilles, sans remplir aucun
volume.

De là vient que les économistes, entr'autres
Smith, ont loué l'accaparement comme une
opération utile au bien général ; analysons les
prouesses de ces accapareurs ou spéculateurs.
J'en vais citer deux, l'une sur l'accaparement de
grains

grains qui est le plus dangereux, et l'autre sur
l'accaparement de matières qui paraît excusable,
parce qu'il n'assassine que l'industrie, au lieu
d'assassiner directement le peuple.

1.º *Accaparement de grains.* Le principe fondamental des systèmes commerciaux, le principe
laissez une entière liberté aux marchands, leur accorde la propriété absolue des denrées sur lesquelles ils trafiquent; ils ont le droit de les enlever
à la circulation, les cacher et même les brûler,
comme a fait plus d'une fois la compagnie orientale d'Amsterdam, qui brûlait publiquement des
magasins de canelle pour faire enchérir cette
denrée : ce qu'elle faisait sur la canelle, elle
l'aurait fait sur le blé, si elle n'eût craint d'être
lapidée par le peuple; elle aurait brûlé ou laissé
pourrir une partie des blés, pour vendre l'autre
au quadruple de sa valeur. Eh ! ne voit-on pas
tous les jours, dans les ports, jeter à la mer des
provisions de grains que le négociant a laissé
pourrir pour avoir attendu trop long-temps une
hausse ; moi-même j'ai présidé, en qualité de
commis, à ces infâmes opérations, et j'ai fait,
un jour, jeter à la mer vingt mille quintaux de
riz, qu'on aurait pu vendre avant leur corruption avec un honnête bénéfice, si le détenteur
eut été moins avide de gain. C'est le corps
social qui supporte la perte de ces déperditions qu'on voit se renouveler chaque jour, à
l'abri du principe philosophique : *laissez faire les
marchands.*

Supposons que d'après ce principe, une riche
compagnie de marchands accapare dans une
année de famine, comme 1709, les grains d'un
petit état, tel que l'Irlande, lorsque la disette

V

générale, et les prohibitions de sortie dans les états voisins rendront presque impossibles les approvisionnemens extérieurs. Supposons que la compagnie après avoir rassemblé tous les grains qui étaient en vente, refuse de les céder à moins d'une augmentation triple et quadruple, en disant : « Ce grain est notre propriété ; il » nous plaît d'y gagner quatre fois plus qu'il ne » nous a coûté ; si vous refusez de le payer sur » ce pied, procurez-vous d'autres grains par le » commerce : en attendant il se peut que le » quart du peuple meure de faim, mais peu » nous importe, nous persistons dans notre » spéculation, selon les principes de la liberté » commerciale consacrée par la philosophie » moderne. »

Je demande en quoi les procédés de cette compagnie différeraient de ceux d'une bande de voleurs ; car son monopole forcerait la nation entière sous peine de mourir de faim, à payer à la compagnie une rançon égale à la triple valeur du blé qu'elle livrerait.

Et si l'on considère que la compagnie, selon les règles de liberté commerciale, a le droit de ne vendre à aucun prix, de laisser pourrir le blé dans ses greniers, tandis que le peuple périrait, croyez-vous que la nation affamée serait obligée en conscience de mourir de faim pour l'honneur du beau principe phisosophique, *laissez faire les marchands*. Non certes : reconnoissez donc que le droit de liberté commerciale doit subir des restrictions selon les besoins du corps social ; que l'homme pourvu en surabondance d'une denrée dont il n'est ni producteur, ni consommateur, doit être considéré comme DÉPOSITAIRE

CONDITIONNEL , et non pas comme propriétaire absolu ; reconnaissez que les commerçans ou entremetteurs des échanges doivent être dans leurs opérations , subordonnés au bien de la masse , et non pas libres d'entraver les relations générales par toutes les manœuvres les plus désastreuses , qui sont admirées de vos économistes.

Les marchands seraient-ils donc seuls dispensés envers le corps social , des devoirs qu'on impose à tant d'autres classes plus recommandables ? Quand on laisse carte blanche à un général , à un juge , à un médecin , on ne les autorise pas pour cela à trahir l'armée , assassiner le malade et dépouiller l'innocent ; nous voyons punir ces divers individus quand ils prévariquent ; on décapite un général perfide , on mande un tribunal entier devant le ministre , et les marchands seuls sont inviolables et sûrs de l'impunité ! L'économie politique veut qu'on s'interdise toute surveillance sur leurs machinations ; s'ils affament une contrée , s'ils troublent son industrie par des accaparemens et des banqueroutes , tout est justifié par le seul titre de *marchand*. Ainsi, le charlatan de comédie assassinant tout le monde avec ses pillules , se trouve justifié par le seul mot : *medicus sum* ; et de même dans notre siècle de régénération , l'on veut nous persuader qu'une classe des moins éclairées du corps social , ne peut jamais dans ses trames opérer contradictoirement au bien de l'état. Autrefois c'était l'infaillibilité du Pape , aujourd'hui c'est celle des marchands qu'on veut établir.

2.° *Accaparement de matières ou denrées*. J'en vais démontrer la malfaisance par un évènement

qui se passe sous nos yeux à l'heure où j'écris.
C'est la hausse énorme du prix des denrées coloniales, sucre, café, cottons, etc : je parlerai
spécialement du cotton, parce que c'est l'objet
qui a subi la plus forte hausse et qui était d'une nécessité plus urgente pour nos manufactures nais-
santes et élevées depuis peu d'années par les soins
et les encouragemens de l'Empereur. Ce que je
dirai sur les affaires présentes, s'applique aux
accaparemens de toute espèce.

Dans le cours de l'automne dernier, on a
pressenti que l'arrivage des denrées coloniales
et surtout des cottons éprouverait quelques entraves, et que les approvisionnemens seraient
retardés ; partant, on n'avait pas lieu de craindre
que les fabriques de France fussent au dépourvu,
car il existait à cette époque des magasins de
cotton qui pouvaient suffire à la consommation
d'une année, (y compris les achats faits dans
l'étranger et acheminés sur la France.) Le gouvernement, par un inventaire, aurait pu faire
constater que les fabriques étaient approvision-
nées pour un an, pendant le cours duquel on
avait le temps de se précautionner. Mais les accapareurs sont intervenus, ont envahi et resserré
les provisions existantes, et ont persuadé que les
manufactures seraient dépourvues en moins de
trois mois : il s'en est suivi une hausse qui a
élevé le cotton au double du prix habituel, et
cette hausse menace d'anéantissement la plupart
des fabriques françaises, qui ne peuvent pas élever le prix des tissus en proportion du prix des
matières brutes ou filées ; en conséquence, un
grand nombre de manufacturiers ont déjà renoncé, et congédié leurs ouvriers.

Cependant les matières ne manquent pas, au contraire, les riches fileurs sont eux-mêmes devenus accapareurs, et on les voit brocanter leur superflu, leurs cottons de spéculation, sur lesquels ils agiotent, après s'être réservé des provisions suffisantes pour alimenter leur filature ; bref, on trouve chez les tripotiers ce superflu qui manque aux consommateurs habituels ; et en résultat, la France ne manque point de matières et n'est point menacée d'en manquer ; c'est une vérité de fait.

Dans cette conjoncture, quel fruit a-t-on retiré de la licence commerciale, de la libre concurrence ? elle a abouti,

1.º A doubler le prix d'une matière première dont il n'y avait pas pénurie réelle, et dont le prix ne devait hausser que peu ou point.

2.º A désorganiser les manufactures lentement et péniblement élevées.

3.º A enrichir une coalition de tripotiers, au détriment de l'industrie productive, et à la honte du souverain qu'ils offensent, en détruisant son ouvrage.

Voilà des vérités péremptoires. A cela on répliquera que si l'autorité entravait *la libre concurrence*, *la licence d'accaparements*, le mal serait peut-être pire encore : j'en conviens ; mais vous prouvez par là, que vos économistes ne connaissent aucun remède contre l'accaparement ; est-ce une raison de n'en pas chercher, et s'ensuit-il que l'accaparement soit un bien ? Quand vous ne connaissez pas d'antidote à un vice social, osez du moins avouer que ce vice est une calamité ; n'écoutez pas vos philosophes qui vous vantent ce vice, pour se disculper de ne savoir

pas le corriger. Quand ils vous conseillent de
tolérer l'agiotage et l'accaparement, de peur d'un
plus grand mal, ils ressemblent à un ignorant
qui vous conseillerait d'entretenir la fièvre, parce
qu'il ne saurait quel remède y appliquer.

Et parce qu'on ignore les moyens de prévenir
l'accaparement, était-il prudent de le tolérer
sans mesure, comme on le fait à présent ? non,
et je vais prouver qu'un coup d'autorité aurait
souvent prévenu de grands malheurs, sans com-
mettre de violation, ni tomber dans l'arbitraire.
Donnons-en un exemple appliqué aux circonstances présentes.

Je suppose que le gouvernement, pour sauver
ses manufactures de cotton qui ont porté un
coup si funeste à l'Angleterre, eut voulu réprimer les accapareurs, et que la police se fut
transportée chez tel banquier de Paris qui avait
en janvier, un magasin de cotton de 5 millions,
prix d'achat, et dont il refusait 8 millions
comptant, parce qu'il voulait très - modéré-
ment doubler son capital en trois mois. L'autorité aurait pu lui dire : « Les amas de matiè-
» res premières faits par toi et tes complices,
» menacent de ruine nos manufactures à qui tu
» refuses de vendre à un honnête bénéfice ; en
» conséquence, tu es sommé de livrer ton ma-
» gasin à un quart ou un cinquième de bénéfice
» au lieu du double que tu en prétends; tes cottons
» seront distribués *aux petits manufacturiers*, (et
» non pas aux grands qui sont eux-mêmes des
» accapareurs ligués pour rançonner les petits.) »

Que serait-il résulté d'une telle mesure ?

Observons d'abord qu'elle n'aurait rien de
vexatoire : car l'accapareur obtenant, au bout

de 3 mois, 6 millions d'un magasin qui lui en aurait coûté 5, gagnerait en 3 mois 20 pour cent; c'est quatre fois plus que ne gagne au bout de l'année un propriétaire exploitant péniblement son domaine.

Et par suite de cette sommation, tous les autres accapareurs qui voulaient doubler leur capital et qui y ont réussi, se seraient décidés à livrer leurs cottons au bénéfice de 20 pour cent, et les fabriques n'auraient que peu ou point souffert et n'auraient pas été réduites comme elles le sont à fermer les atteliers et renvoyer les ouvriers. Ce coup d'autorité aurait sauvé l'industrie et fait bénir le gouvernement; il n'aurait aucunement rallenti les expéditions faites par nos alliés, car si des Américains nous envoyaient en 1807 des cottons, dans l'espoir de les vendre cent écus le quintal, ils les enverraient encore mieux pour les vendre cent vingt écus, d'où l'on voit que l'autorité doit intervenir contre l'accaparement, non pas à la manière des jacobins qui spoliaient le possesseur en le payant avec des papillotes, mais intervenir, pour limiter le bénéfice quand il dégénère en extorsion.

Lors donc qu'on prévoit la pénurie d'une denrée quelconque, et que sa rareté peut exciter les spéculateurs à un accaparement, il convient de la déclarer HORS DE COMMERCE, et d'en maximer le bénéfice, en le fixant à un taux suffisant pour encourager l'arrivage, comme à un quart ou un cinquième en sus du cours habituel; en interdire l'acquisition et le trafic même indirect, à tous ces tripotiers qui n'en ont pas une consommation ou un débouché reconnu; limiter les approvisionnemens de chaque négociant, en proportion du débouché habituel dont il pourra justifier par le terme moyen de ses ventes de plusieurs années.

Je ne m'arrête pas à indiquer les mesures provisoires contre l'accaparement, mesures qu'il est bien superflu de faire connaître, puisque la concurrence sociétaire ou procédé commercial de 6.ᵉ période *prévient*, au lieu de *réprimer* l'accaparement et autres désordres ; et dans l'ignorance des moyens préservatifs, on est impardonnable de n'avoir pas essayé du moins des palliatifs, comme la mise *hors de commerce*. C'est ce que la France aurait du faire pendant le cours de cet hiver, nommément à l'égard des cottons ; car la prospérité de nos fabriques d'étoffes en cotton allait porter un coup funeste à la compagnie anglaise de l'Inde, et aux fabriques intérieures de l'Angleterre.

Et pour avoir laissé élever le prix des matières au double du cours habituel, a-t-on augmenté les approvisionnemens? Non, la matière quadruplerait de valeur, sans que cette hausse levât les obstacles qui s'opposent à l'arrivage: la hausse des matières n'aboutit donc qu'à dépouiller les fabriques et les consommateurs, au bénéfice des accapareurs. Or, dans un moment de crise, où il est permis de s'écarter des règles et coutumes, qui fallait-il protéger ou de la masse des consommateurs et fabricans, ou de quelques oiseaux de proie ligués pour désorganiser l'industrie par des terreurs factices et par un envahissement de denrées dont ils n'avaient la veille ni débouché, ni consommations, ni connaissance.

Qu'il serait facile de confondre ces spéculateurs, en rétorquant leurs propres argumens !

À lés en croire, on va manquer de tout ; bientôt on n'obtiendra pas les denrées, même au poids de l'or. À quoi l'autorité pourrait leur répondre : « Vous croyez ou vous ne croyez pas qu'on
» puisse alimenter les fabriques et la consom-
» mation. Dans l'un ou l'autre cas, vous devez
» être contraints à livrer vos magasins, car si
» les arrivages doivent cesser dorénavant, si la
» pénurie doit être complette, il devient inutile
» de protéger vos machinations qui accélèrent
» la chute de l'industrie, en la rançonnant et en-
» travant dans un moment de crise ; mais s'il
» reste des moyens d'arrivage et d'approvision-
» nement, vous êtes des perturbateurs, des alar-
» mistes qui aggravez un mal-être momentané:
» ainsi, quelle que soit votre opinion sur la
» continuation ou la cessation des arrivages,
» vous êtes des hommes punissables et vous
» devez vous estimer heureux qu'on se borne à
» vous mettre hors de commerce et faire vendre
» vos magasins, en vous laissant l'énorme béné-
» fice d'un quart en sus du prix habituel. »

En prolongeant cette discussion, il me serait aisé de prouver qu'on pouvait, sans gêner les relations commerciales, mettre un frein à la licence des accapareurs ; on en a senti la né-cessité relativement au pain et au commerce des blés dans lequel le gouvernement intervient en tous pays. On sait que si les accapareurs de blé jouissaient d'une pleine liberté, s'ils pouvaient former des compagnies pour arrher sur champ les récoltes et emmagasiner les grains sans les mettre en circulation, on aurait des famines régulières et graduées même dans l'année la plus abondante. Eh ! combien de fois les spéculateurs n'ont-ils pas réussi à affamer une contrée, malgré le danger d'être lapidés par le peuple et entravés par le gouvernnement, qui en un moment de détresse ferait ouvrir et vendre les magasins plutôt que de réduire le peuple au désespoir. Si l'on voit déjà les spéculateurs braver parfois tous les dangers, que feraient-ils dans le cas où ils jouiraient d'une absolue liberté et d'une protection assurée dans l'accaparement des grains.

Auteurs politiques, qui composez des théories sur les devoirs de l'homme, n'admettrez-vous pas aussi des devoirs du corps social; et le premier de ces devoirs n'est-il pas de réprimer des parasites qui désolent l'industrie et ne fondent leur fortune que sur les plaies dont leur patrie est affligée; si vous eussiez eu le courage de dénoncer de pareils vices, vous n'auriez pas tardé jusqu'à ce jour à en découvrir le correctif, (la concurrence sociétaire.) Oh ! combien l'antiquité si souvent ridicule a été plus sage que nous, en politique commerciale; elle a franchement conspué les vices mercantiles; elle a voué à l'exécration ces vautours industriels, ces accapareurs dignes d'être encensés par la philosophie moderne, car elle est l'apologiste déhontée de toutes les infamies qui conduisent à amasser de l'or.

Spoliation du corps social par l'Agiotage.

L'Agiotage est frère de l'accaparement; l'un et l'autre ont asservi l'opinion au point de faire fléchir jusqu'aux souverains et de heurter de front toutes les opérations des princes , qui abusés par quelques sophismes n'osent pas même concevoir l'idée de résistance , ni proposer la recherche d'un autre système commercial.

Voici un exemple de cette tyrannie que l'agiotage exerce sur les souverains. Je choisis un fait récent, la dernière fredaine des agioteurs français.

Pendant la dernière guerre contre l'Autriche , un obscur complot mercantile balança les trophées d'Ulm et d'Austerlitz. A l'instant où la France manifestait la confiance la plus aveugle aux opérations du chef de l'empire , les agioteurs surent faire éclater les symptômes d'une défiance universelle. On aurait dit que c'était Varron qui commandait nos armées. En deux mois les tripotiers de Paris commirent des ravages inouïs dans l'industrie française ; il fallut ce torrent de victoires subites et miraculeuses, pour museler enfin l'agiotage qui menaçait d'anéantir tout crédit public , et l'on frémit de penser dans quelle détresse financière serait tombée la France , si elle eut fait seulement une campagne neutre, sans succès ni revers.

Les prétextes des alarmistes roulaient sur une avance qu'ils disaient ayoir eté faite par la banque de France , pour l'ouverture de la campagne; on estimait cette avance à 50 millions,

qui ne sont que la 100.ᵉ partie du revenu ter-
ritorial de la France ; et quand ladite avance
n'aurait pas eu pour garant les capitaux de la
banque et les délégations sur l'impôt, n'étoit-elle
pas pleinement garantie aux yeux des Français,
par la confiance portée au souverain. Eux qui
se riraient des enfers et des cieux coalisés quand
ils voient Napoléon à la tête de leurs armées,
comment pouvaient-ils s'alarmer d'une avance
qui ne s'élevait qu'au 100.ᵉ du revenu territo-
rial ? loin de concevoir des craintes à l'ouverture
d'une campagne, les Français engageraient volontiers une portion de leur capital, en gageure
que leur Empereur aura la victoire : ils ne con-
cevaient donc pas le moindre doute sur la ren-
trée du faible emprunt dont il s'agit. Cependant
l'agiotage sut faire éclater les signes d'une défiance universelle et décréditer la banque, parce qu'elle remplissait le vœu de tous les Français,
en secondant les efforts de leur digne chef.

Il est donc une puissance qui se joue de l'ascendant des héros comme de l'opinion des peuples : c'est l'AGIOTAGE, qui dirige à son gré tout le
mécanisme industriel ; il livre les empires à la
merci d'une classe parasite qui n'étant ni propriétaire, ni manufacturière, ne tenant qu'à son
porte-feuille, et pouvant d'un jour à l'autre changer de patrie, est intéressée à désorganiser chaque
contrée et bouleverser alternativement chaque
branche d'industrie. Et lorsqu'on voit nos théories économiques entretenir ces fléaux de l'agiotage, l'accaparement, la banqueroute, etc., qui
déchirent sans relâche tout le corps industriel,
qui se jouent des souverains même et de la confiance qu'ils inspirent aux peuples ; lorsqu'on

voit dis-je, ces infamies et tant d'autres qu'engendre le système de licence commerciale, aucun écrivain n'a le courage de dénoncer cette ridicule science économique, de condamner en masse tout le mécanisme commercial, et de proposer la recherche d'un nouveau procédé, pour les relations industrielles. Chacun fléchit bassement devant les vices commerciaux dont il s'indigne en secret, et chacun entonne les louanges du commerce, sans aviser aux moyens d'en secouer le joug, tant les civilisés sont effrayés quand il s'agit de réformes qui exigeraient une invention politique dont ils se croient incapables.

Sans doute les philosophes modernes ont une secrette honte des résultats de leur système mercantile, mais par amour-propre, ils laissent empirer le mal, ils cajolent ces pygmées politiques, ces agioteurs et accapareurs qu'on n'a pas l'art de contenir; ils habituent l'esprit public à trembler et fléchir au seul nom du commerce; quel démenti de tels scandales donnent à cette raison qui se vante de perfectionnement! Dans quel bourbier l'économie politique a-t-elle plongé les empires modernes! n'étions-nous pas moins avilis, et la civilisation n'était-elle pas moins méprisable, quand la philosophie mercantile et les sciences économiques étaient encore dans le néant.

Veut-on se convaincre par quelques détails, que ces tripotiers tant révérés sous le nom de spéculateurs, ne sont autre chose que des clubistes mitigés; qu'une jacobinière industrielle. Ils ont comme les clubistes la propriété d'affiliation, et un accord parfait pour envenimer toute plaie qui survient à l'industrie. De même que les clubistes savaient s'interposer entre le gouvernement et le peuple pour maîtriser l'un et l'autre, ainsi les tripotiers mercantiles savent se rendre médiateurs entre le gouvernement et l'industrie, subordonner l'un et l'autre à leurs intrigues, circonvenir et abuser tout le monde par une feinte sollicitude pour les besoins de l'agriculture. Sans autorité légale, comme les clubs, ils parviennent à tout diriger selon leurs intérêts. Les placets des autorités en faveur des cultures ou des fabriques ne sont d'ordinaire que l'expression des volontés secrettes de l'agiotage. C'est lui qui le plus souvent recueille le fruit des faveurs que le gouvernement croit accorder à l'honnête industrie; les tripotiers commerciaux possèdent éminemment, comme les clubs, l'art de diviser et de battre leurs rivaux en détail; les procédés d'attaque sont les mêmes de part et d'autre; tous deux ont leur comité d'inquisition secrette pour préparer les grands coups de désorganisation politique; tous deux s'affublent d'intentions tutélaires; d'une part c'est le prétexte d'accélérer la propagation des lumières, d'autre part le prétexte d'accélérer la circulation des denrées ou capitaux; et en réalité leurs motifs sont tout l'opposé de ces apparences. Dans leurs coups d'éclat, on retrouve encore la même tactique : chez les clubistes c'est une grande conspiration dont on organise le simulacre et à la suite de laquelle on arrête mille victimes pour les dépouiller et mettre à mort, en attendant la conspiration suivante, qui servira à sacrifier d'autres victimes. Même procédé chez les tripotiers commerciaux : ils supposent une grande détresse, une grande disette dont ils ont ménagé les apparences par un accaparement de la denrée sur laquelle ils opèrent ; ils l'élèvent tout à coup à une cherté démesurée et rançonnent ainsi mille atteliers qui en font l'emploi , après quoi ils accaparent une autre denrée pour spolier d'autres fabriques et atteliers.

Ainsi les clubistes et les tripotiers commerciaux n'ont qu'une même tactique ; celle de désorganiser et spolier à l'appui de calamités simulées ; enfin , les clubs ou ligues d'agioteurs pauvres qui tendent à spolier le riche , et les accapareurs ou ligues d'agioteurs opulens qui tendent à spolier le pauvre , offrent dans tous leurs procédés la similitude la plus complette ; ce sont deux jacobinières , l'une aux formes acerbes , l'autre aux formes suaves ; et l'on en sera mieux convaincu lorsque j'aurai fait connaître l'extension et la marche régulière qu'allaient prendre ces désordres dans la 4.ᵉ phase de civilisation , à laquelle nous tendions. Les propriétaires y seraient devenus tout à fait esclaves du commerce , que je distingue peu de l'agiotage , car tous les négocians riches sont plus ou moins impliqués dans les trames d'agiotage et d'accaparement , malgré leurs doléances affectées sur ces fléaux dont ils sont secrettement fauteurs et copartageans.

Du reste , j'ai observé que les vices politiques d'une profession ne sont pas vices individuels ; qu'un procureur en grugeant ses cliens , un agioteur en spoliant le corps social , n'encourent aucun blâme , que la faute retombe uniquement sur la civilisation qui engendre tant de branches d'industrie malfaisante , et sur la philosophie qui nous persuade que cette infâme civilisation est la destinée sociale de l'homme, et que Dieu n'a rien inventé de mieux pour organiser les relations humaines.

Spoliation du corps social par les Déperditions commerciales.

Le vice dont je vais parler n'est pas scandaleux comme les précédens, mais il n'est pas moins préjudiciable.

Dans un siècle où l'on a poussé l'économie jusqu'aux détails les plus minutieux, comme de remplacer le café par du jus de chicorée, le sucre par du jus de raves, et autres épargnes qui ne servent qu'à favoriser la supercherie des marchands, qu'à impatienter les voyageurs qui ne peuvent se procurer de bonnes choses à aucun prix; dans un siècle si lésineux, dis-je, comment ne s'est-on pas apperçu que la principale économie doit être l'*économie des bras*, des agens superflus qu'on pourrait épargner et que nous prodiguons à des fonctions improductives comme celles du commerce.

J'ai observé (page 12) que nos usages emploient fréquemment cent personnes à un travail qui en exigerait à peine deux ou trois, si l'association existait; et que dès la 7.e période il suffirait de vingt hommes pour approvisionner *le marché* d'une ville, où se rendent aujourd'hui mille paysans; nous sommes, en fait de mécanisme industriel, aussi neufs que des peuples qui ignoreraient l'usage des moulins, et qui emploiraient 50 ouvriers à triturer le grain que broie aujourd'hui une seule meule. La superfluité
d'agens

d'agens est partout effrayante et s'élève communément au quadruple du nécessaire dans tous les emplois commerciaux.

Depuis que la philosophie prêche l'amour du trafic, on voit pulluler les marchands jusque dans les villages. Les chefs de famille renoncent à la culture pour s'adonner au brocantage ambulant, N'eussent-ils à vendre qu'un veau, ils iront perdre des journées à muser dans les marchés, halles et cabarets. C'est surtout dans les pays vignobles qu'on voit régner cet abus ; partout la libre concurrence élève à l'infini le nombre des marchands et agens commerciaux. Dans les grandes cités, comme Paris, on compte jusqu'à trois mille épiciers ; quand il en faudrait à peine trois cents pour suffire au service habituel. La profusion d'agens est la même dans les bourgades ; telle petite ville qui reçoit aujourd'hui dans le cours d'une année cent voyayeurs de commerce et cent colporteurs, n'en voyait peut-être pas dix en 1788, où l'on ne manquait pourtant ni de subsistances, ni de vêtemens, à des prix très-modérés, quoique les marchands ne s'élevassent pas au tiers du nombre actuel.

Cette multiplicité des rivaux les jette à l'envi dans les mesures les plus folles et les plus ruineuses pour le corps social ; car tout agent superflu, comme étaient les moines, est un spoliateur de la société, dans laquelle il consomme sans rien produire. N'est-il pas reconnu que les moines d'Espagne, dont on élève le nombre à 500 mille, produiraient la subsistance de deux millions de personnes s'ils retournaient à la culture ; il en est de même des commerçans superflus dont le nombre est incalculable ; et

Z

quand vous connaîtrez la méthode commerciale de 6.º période, la *concurrence sociétaire*, vous serez convaincus que le commerce pourrait s'exercer avec le quart des agens qu'il emploie aujourd'hui, et qu'il y a dans la seule France un million d'habitans enlevés à la culture et aux fabriques, par l'affluence d'agens que crée la libre concurrence ; c'est donc pour la seule France une perte annuelle de la subsistance de 4 millions d'habitans, par suite d'une erreur des économistes.

Outre la déperdition de bras, l'ordre actuel cause encore déperdition de capitaux et denrées; je cite pour exemple un des abus les plus communs aujourd'hui, celui de l'*écrasement*.

Depuis quelques années il n'est bruit que d'*écrasement* parmi les marchands. Devenus trop nombreux, ils se disputent avec acharnement des ventes qui deviennent chaque jour plus difficiles par l'affluence de concurrents. Une ville qui consommait mille tonneaux de sucre lorsqu'elle avait dix marchands, n'en consommera toujours que mille tonneaux lorsque le nombre des marchands se sera élevé à quarante au lieu de dix; c'est ce qui est arrivé dans toutes les villes de France. Maintenant, l'on entend ces fourmilières de marchands se plaindre de la langueur du commerce, quand ils devraient se plaindre de la surabondance des commerçans ; ils se consument en frais de séduction et de rivalité ; ils s'aventurent dans les plus folles dépenses pour le plaisir d'*écraser* leurs rivaux. C'est à tort qu'on croit le marchand asservi à son seul intérêt ; il est fortement esclave de sa jalousie et de son orgueil ; les uns se ruinent pour le stérile honneur de *brasser d'immenses affaires*, les autres par la manie d'*écraser* un voisin dont le succès les désespère. L'ambition mercantile pour être obscure, n'en est pas moins violente ; et si les trophées de Miltiade troublaient le sommeil de Thémistocle, on peut dire aussi que les ventes d'un boutiquier troublent le sommeil du boutiquier voisin. De là vient cette frénésie de concurrence par laquelle tant de marchands se poussent à leur ruine et se consument en frais, qui retombent ultérieurement sur le consommateur ; car toute déperdition est supportée en dernière analyse par le corps social : et si un nouvel ordre commercial, (*la concurrence sociétaire*,) peut réduire au quart le nombre d'agens mercantiles et les dépenses commerciales, vous verrez diminuer d'autant chaque denrée, puis vous verrez augmenter la production en rapport des nouvelles demandes qu'occasionnera cette baisse, et en rapport de la masse de bras et de capitaux rendus à la culture par cette diminution d'agens commerciaux.

Les abus naissent l'un de l'autre, cela est vrai, en commerce comme en administration : par exemple, la prodigalité d'agens cause l'agiotage et la banqueroute ; on en a vu une preuve frappante dans les luttes des messageries qui, pour se nuire l'une à l'autre, auraient volontiers transporté gratis les voyageurs. En les voyant baisser leurs prix pour s'écraser mutuellement, on se disait : *Bientôt ils nous payeront une prime pour nous voiturer en poste.* Il importe de s'appesantir sur ces détails, pour prouver que les économistes se sont lourdement trompés, en croyant que l'intérêt était le seul mobile du négociant ;

quel homme sensé aurait pu, de sang froid, concevoir l'idée de conduire en poste, de Paris à Rennes, pour 18 livres tournois. Voilà les folies qu'a produit la manie d'*écraser*. Le résultat de ces assauts divertissans pour les voyageurs, c'était la banqueroute des divers champions qui étaient à quelques mois de distances *écrasés* l'un par l'autre; leurs banqueroutes étaient supportées par le public, qui s'intéresse toujours dans les plus folles entreprises; et malgré leur insuccès elles donnent du profit au banqueroutier par la spoliation des coassociés qu'il ne rembourse pas de leur mise de fonds. De là vient que les négocians assurés de se sauver en cas de revers, par une banqueroute, hasardent tout pour perdre un rival et jouir du malheur d'un voisin; semblables à ces Japonais qui se crèvent un œil à la porte de leur ennemi, pour lui en faire crever deux par la justice.

Les anciennes maisons de commerce déconcertées par ces guerres d'extermination, renoncent de toutes parts à une profession devenue dangereuse et avilie par les intrigues des nouveaux venus qui souvent vendent à perte (1) pour

---

(1) Je m'explique sur les mots *vendre à perte* : souvent un négociant est en perte lorsqu'il gagne 10 et 15 pour cent; car il peut arriver que la masse de ses frais mise en balance avec la masse de ses ventes, l'oblige à gagner 25 pour cent, afin d'avoir un bénéfice net de 10 pour cent sur son capital. Or, s'il se borne à gagner 15 pour cent par l'effet de la concurrence, il n'aura au bout de l'année pas une obole de bénéfice, et il aura perdu l'intérêt de son capital et le fruit de ses peines et risques. Voilà ce qui arrive dans les commerces honnêtes comme celui de consommation, qui ne donne pas de grands profits ainsi que l'accaparement : et voilà pourquoi l'on voit beaucoup de négocians probes, végéter, chanceler au bout de quelques années, par l'effet de cette concurrence immodérée qui ne laisse pas à chacun des bénéfices et débouchés proportionnels aux frais.

avoir la vogue. Les anciens qui n'ont pas voulu perdre, se trouvent abandonnés, dépourvus de consommation et hors d'état de satisfaire à leurs engagemens ; bientôt les deux partis tombent dans l'épuisement et sont obligés de recourir à l'agioteur dont les secours usuraires augmentent leur embarras, leur insolvabilité, et précipitent la chute des uns et des autres.

C'est ainsi que la libre concurrence, en provoquant les banqueroutes, fournit un aliment habituel à l'agiotage, et lui donne l'accroissement colossal auquel on le voit parvenu. Il s'établit des agioteurs jusque dans les bourgades : partout on rencontre des hommes qui sous le nom de banquiers, n'ont d'autre métier que de prêter à usure, (1) et d'attiser les guerres de concurrence. Ils soutiennent par des avances une foule

_____

(1) On ne saurait croire quelle quantité d'usuriers contient aujourd'hui la France. On a commencé à s'en appercevoir sur les bords du Rhin, où les juifs ont envahi par l'usure une grande partie des propriétés : le scandale est moins sensible dans l'intérieur, parce que l'usure est exercée par les naturels du pays. Aujourd'hui le seul état lucratif après l'accaparement et l'agiotage, c'est de prêter sur gage, sur hypothèque et de brocanter les contrats et obligations des emprunteurs. Les gens habiles se retirent du commerce, pour exercer ce joli métier que la révolution a favorisé par le bouleversement des propriétés.

Je ne prétends pas blâmer les usuriers : tout vice politique n'est imputable qu'aux circonstances et nullement aux citoyens qui en profitent. Il est heureux dans une telle conjoncture que les juifs ne soient pas encore bien répandus en France, car cette nation spécialement adonnée à l'usure, aurait déjà envahi la plupart des propriétés et l'influence qui leur est attachée; la France ne serait plus qu'une vaste synagogue, car si les juifs tenaient seulement le quart des propriétés, ils auraient la plus grande influence, à cause de leur ligue secrette et indissoluble. Ce danger est un des mille symptômes qui attestent la dégradation sociale, la défectuosité du système industriel et la nécessité de le recomposer en entier sur un nouveau plan, dans le cas où la civilisation se ploiongerait encore, ce qu'à Dieu ne plaise.

Z 3

de brocanteurs superflus qui se jettent à l'envi dans les spéculations les plus ridicules, et qui viennent après leurs échecs demander du secours et se faire rançonner chez les banquiers. Ceux-ci placés dans l'arène mercantile pour attiser le choc, ressemblent à ces hordes arabes qui voltigent autour des armées, qui jubilent en attendant la dépouille des vaincus, amis ou ennemis.

A l'aspect de tant de brigandages et absurdités qu'engendre le commerce, peut-on douter que les anciens n'aient été plus sages que nous en le vouant au mépris? Quant aux modernes qui composent des théories à sa louange, ne sont-ce pas des charlatans sans pudeur et peut-on espérer de voir régner quelque vérité, quelque bon ordre, dans le mécanisme industriel, tant qu'on n'aura pas condamné le système commercial et inventé un mode d'échanges moins vexatoire, moins dégradant pour le corps-social?

Conclusions sur le Commerce.

J'ai établi dans les quatre chapitres précédens que le commerce, tout en paraissant servir l'industrie, ne tend qu'à la spolier en tout sens; j'en ai cité quatre exemples tirés de la banqueroute, l'accaparement, l'agiotage et la déperdition.

1.º La banqueroute spolie le corps social au bénéfice des marchands qui n'en supportent jamais le dommage; car si le négociant est prudent, il a calculé ses risques de banqueroute, et établi ses bénéfices à un taux qui le met à couvert de ce risque présumé. S'il est imprudent ou fripon, (qualités très-voisines en affaires commerciales,) il ne tardera pas lui-même à faire banqueroute et à s'indemniser dans sa faillite , de ce que 20 faillites lui auront enlevé. D'où il suit que le dommage de la banqueroute pèse sur le corps social et non pas sur les négocians.

2.° L'accaparement spolie le corps social, car l'enchérissement d'une matière accaparée , est supporté ultérieurement par les consommateurs, et auparavant par les manufacturiers, qui obligés de soutenir un attelier font des sacrifices pécuniaires, fabriquent à petit bénéfice, soutiennent, dans l'espoir d'un meilleur avenir, l'établissement sur lequel se fonde leur existence habituelle , et ne réussissent que bien tard à établir cette hausse que l'accapareur leur a fait si promptement supporter.

3.° L'agiotage spolie le corps social , en détournant les capitaux pour les faire entrechoquer dans les tripotages de hausse et de baisse , qui fournissent d'énormes bénéfices aux joueurs les plus habiles ; dès lors les cultures et fabriques n'obtiennent qu'à un prix exorbitant les capitaux nécessaires à leur exploitation; et les entreprises utiles qui ne donnent qu'un bénéfice lent et pénible , sont dédaignées pour les jeux d'agiotage qui absorbent la majeure partie du numéraire.

4.° La déperdition ou superfluité d'agens spolie le corps social de deux manières , soit en lui enlevant une infinité de bras qu'elle emploie au travail improductif, soit par l'immoralité et les désordres qu'engendre la lutte acharnée de ces innombrables marchands dont la perfidie cause par fois des entraves équivalentes à une prohibition. (1)

---

(1) Je n'en citerai qu'une preuve entre mille ; on a vu la fourberie des marchands Russes et Chinois s'élever au point d'arrêter momen-

Il suffit, je pense, de cette digression pour démontrer que la libre concurrence n'a produit que l'empyrisme dans les relations industrielles : non-seulement dans le commerce, mais dans toutes les professions mécaniques et libérales auxquelles elle s'est étendue ; par exemple :

En moins de dix ans, cette concurrence anarchique a presque anéanti les grands théâtres de France : La seconde ville de l'empire ne peut pas même soutenir le sien, et ne conservera dès l'an prochain que des tréteaux à mélodrames, ou des comédiens ambulans. Bientôt l'étranger arrivant dans nos grandes cités et n'y voyant que des arènes de vandalisme littéraire, demandera quelle révolution a banni la scène française du sein de la France ? on lui répondra qu'elle a été sacrifiée à un dogme des économistes, émules de Robespierre, qui disait : « périssent les colonies pour sauver un principe. »

tanément les relations aux entrepôts de Kiatka et Zuruchaïtu. « Les » Russes, dit Reynal, ont donné aux Chinois de fausses pelleteries ; » les Chinois ont donné aux Russes de faux lingots : (Voilà bien » les marchands et les civilisés.) La méfiance s'est accrue à tel » point que les relations sont tombées, et ont été réduites pendant » quelque temps à très-peu de chose, » quoique les demandes n'eussent point cessé et que les souverains n'eussent point entravé mais plutot facilité les caravanes.

L'entrave dont je parle n'a été apperçue que parce qu'elle portait sur une grande masse d'affaires ; on a vu une branche de commerce décliner dans sa pleine liberté par le seul effet de la fourberie. Eh combien cette fourberie générale cause-t-elle d'autres entraves dans toutes les relations ! Combien de frais, démarches, inquiétudes et temps perdu, pour celui qui achète une chose dont il ne connait pas la valeur ! et si après des précautions dispendieuses, des voyages, etc. on est encore trompé à chaque instant dans les achats, calculez quelle serait l'économie de temps et de frais dans le cas où les échanges s'opéreraient par toute la terre, sans aucune fourberie : cet effet peut avoir lieu dès la 7.e période ; et déjà dans la 6.e ; il serait rare d'éprouver aucune tromperie en affaires commerciales.

Ils ont dit après lui : « périsse l'art dramatique et
» lyrique, pour sauver le principe de la con-
» currence anarchique. »

Sans doute ils n'ont pas eu cette intention,
mais ils ont agi comme s'ils eussent pensé de
la sorte, et n'ont prévu aucune des mesures
nécessaires pour parer le coup que la libre concurrence devait porter aux grands théâtres. (1)

---

(1) Les théâtres dans leur détresse actuelle sont encore un des
côtés plaisans de la civilisation ; chacun s'évertue en plans de restauration, plans dans lesquels on retrouve la petitesse habituelle
des civilisés qui ne savent imaginer contre tous les maux que des
demi-mesures pires que le mal.

Il est assez indifférent de connaître le moyen de restauration des
théâtres, puisque la civilisation touche à sa fin, et que l'ordre combiné produira dans tous les cantons de la terre, des acteurs aussi
parfaits que les plus célèbres de nos capitales.

Mais à ne parler que de la civilisation, voyons combien il lui
était facile de se procurer dans chaque ville son divertissement
favori, je veux dire une bonne troupe dans tous les genres ;
d'avoir par milliers des Lekain et des Molé, de manière à pouvoir
fournir des troupes aussi bonnes que celles de Paris, à toutes les
villes de 12 à 15,000 habitans : le moyen serait facile ; il consis-
terait à former des acteurs dans les écoles spéciales, ne pas attendre
que le hasard en produise ni que la manne tombe du ciel, et se
rallier au principe : « Aide-toi, le Ciel t'aidera. »

L'instruction publique dans un système bien ordonné, doit s'é-
tendre à toutes les professions d'une utilité reconnue. Or, dans
l'état actuel du luxe, la comédie étant la récréation la moins dangereuse, étant même un préservatif contre divers excès où peut
tomber la classe opulente, les bons comédiens deviennent éminemment utiles ; et la fondation des universités dramatiques et lyriques était d'autant plus urgente, que les mauvais comédiens sont
un germe de dépravation sociale. Ils n'attirent au spectacle que
par des motifs étrangers à l'amour de l'art ; leur auditoire se compose d'habitués uniquement occupés de coquetterie et indifférens
aux progrès du mauvais goût ; ils dégradent les chefs d'œuvres et
leurs auteurs, en défigurant et ridiculisant chaque pièce qu'ils représentent ; enfin, ils sont le fléau des mœurs, du goût et de la
gloire littéraire d'une nation. De là on jugera qu'il convient ou de
n'avoir point de théâtres et donner au public d'autres habitudes,
ce qui est devenu impossible, ou de prendre des mesures pour élever
les théâtres à la perfection, en formant des pépinières de comédiens
comme de tous les autres fonctionnaires. Il faudrait en conséquence,
établir dans toutes les grandes villes un conservatoire des trois

Toutes les professions ont été plus ou moins désorganisées par le système de licence qu'on admet pour le commerce ; témoins la médecine et le barreau. Dans les années de liberté abso-

---

facultés théâtrales, déclamation, chant et danse. Ces établissemens recueilleraient et developperaient les talens épars qu'on trouve dans une foule d'enfans et jeunes gens pauvres. Ce n'est pas l'école de Paris qui formera les enfans de Marseille ou Bruxelle ; il faut donc placer des écoles sur tous les points convenables, pour cultiver les germes de talent que la nature a disséminés dans les villes et les campagnes, et former aux emplois dramatiques et lyriques ceux qu'elle y destine évidemment. Il faut les exercer sur le théâtre principal de leur ville qui en acquerra beaucoup de lustre sans aucuns frais; les encourager par des prix pécuniaires, qui exciteront un père pauvre à cultiver, au lieu d'étouffer dès le bas âge, les dispositions que son enfant peut annoncer pour les arts.

Les villes fourmillent de ces enfans pourvus d'heureuses dispositions, et que les parens enverraient aux leçons du conservatoire, dans l'espoir de les voir bientôt appointés à mille écus dans une salle de spectacle. Cette institution, si elle était convenablement organisée, fournirait sous peu une foule d'acteurs distingués ; ils deviendraient aussi abondans que le sont aujourd'hui les bateleurs sans instruction, enrôlés par l'effet du hasard, et qui forcent les amateurs éclairés à déserter la scène ainsi dégradée. Elle n'atteindra au lustre dont elle est susceptible, que lorsqu'on pourra la composer en entier de sujets régulièrement instruits, et dont la manière sera motivée sur les principes de l'école qui les aura formés.

Alors, la tyrannie de la mode cessera de bouleverser l'art; on ne verra plus un comédien, chanteur ou danseur abuser de la faveur, pour ériger ses caprices en règles. Les traditions d'écoles opposées, seront un moyen d'utiliser chaque nuance de talent, et de mettre un frein aux innovations déréglées que l'artiste prend pour des traits de génie. Alors les spectacles seront au degré de perfection où ils doivent opérer un changement avantageux dans les mœurs, et une tendance générale à l'étude des arts. L'abondance des bons acteurs, le taux modéré de leurs services, assureront la prospérité des bons théâtres, exciteront les auteurs à s'adonner à la composition de bonnes pièces, qui deviendront aussi lucratives qu'elles sont ingrates aujourd'hui.

Alors l'état de comédien acquerra le lustre qui s'attache aux vrais talens et aux réunions qui les étalent. Quant à présent, faut-il s'étonner si cette profession est dégradée par les sifflets ! Une scène meublée de chétifs acteurs, rebute la classe polie et éclairée; elle attire en majorité le vulgaire ignorant : un tel auditoire loin d'exercer une critique judicieuse, n'exerce qu'un despotisme avilissant, et donne ses leçons avec une rudesse assortie à la valeur de ceux à qui on les adresse. Eh quels sont aujourd'hui les titres du grand

lue, on voyait des charlatans parcourir les campagnes et assassiner par centaines les crédules paysans, *à l'abri du principe*, *laissez faire la concurrence.* D'autre part, les avocats imitant les

---

nombre des comédiens à l'indulgence ! Si quelques-uns ont des droits aux applaudissemens, la majeure partie entre dans la carrière, sans autres moyens que de l'audace ; ils s'aguerrissent aux dépens de quelque malheureuse ville, contre qui ils font leurs premières armes, et ils n'apportent, dans une seconde ville, d'autre acquit que l'art de savoir soutenir le choc dans les trois débuts, et réduire, au bout d'une quinzaine, le parterre au silence, à force de lassitude ; faut-il s'étonner, après cela, si la profession est avilie, si elle est dédaignée par tant de familles, qui pourraient en faire l'objet d'une spéculation avantageuse ! car il est peu d'état plus lucratif que celui d'un bon acteur ; on en voit de très-médiocres, dont le traitement s'élève au double de celui des premiers fonctionnaires civils et militaires d'une province. Et de là vient qu'il est impossible de soutenir les grands théâtres en province ; car les acteurs, même ceux d'un mérite ordinaire, deviennent si rares et si exigeans, qu'une ville de cent mille habitans ne peut entretenir qu'un petit théâtre de farces populaires et de monstruosités dramatiques.

La désorganisation frappe sur la France plus sensiblement que sur tout autre empire. La France ne possède point comme l'Italie et l'Allemagne, diverses cours, qui, jalouses d'embellir leur résidence, attirent et encouragent les artistes, en leur assurant la considération réunie à la fortune. Ces moyens de splendeur sont refusés à nos grandes cités : leur population toute commerçante, leurs habitudes bourgeoises, ne prêtent aucun soutien, n'offrent aucun attrait à l'artiste. Hors de Paris, toute la France n'est qu'un séjour d'exil, d'obscurité pour les arts et le génie ; et sous ce rapport, nos cités de cent mille ames sont ravalées au-dessous des bourgades d'Allemagne telles que Weimar et Gotha. Dans ces petites capitales on voit fleurir les sciences et les arts, sous la protection des Mécènes qui y gouvernent. Quelle affligeante comparaison pour les villes de France ! on les croirait plutôt barbares que civilisées, lorsqu'on les met en parallèle avec celles d'Allemagne et d'Italie : là on voit les muses habiter des palais ; en France, elles ont à peine des chaumières. Tout est village hors de Paris, sous le rapport des sciences et des arts. Entrez dans le musée de Lyon, vous le trouverez inférieur à une collection de brocanteur ambulant. Entrez dans la bibliothèque de Lyon, vous y trouverez force bouquins, et presque aucun des bons ouvrages modernes. Voyez le jardin botanique de Lyon, privé de tout ornement et desservi par trois cabanes ; vous le prendriez pour un jardin de pauvres Capucins. Sont-ce là des monumens pour la seconde ville du plus grand empire, pour la ville qui alimente le luxe des

nobles usages du commerce, s'habituaient à *rac-
coler les pratiques*, arrêter et solliciter les paysans
sur les places publiques et aux portes du palais
pour obtenir leur clientelle. Cette prostitution

---

quatre parties du monde : Je le répète, la France est toute con-
centrée dans Paris ; un esprit jaloux anime les savans qui y sont
tous réunis, ils se complaisent dans l'avilissement des grandes
villes, pour lesquelles ils ne proposèrent jamais aucune mesure
bienfaisante.

En voulant tout avilir pour faire briller Paris dans l'obscurité
générale, en voulant tarir les petites sources qui doivent alimenter
le grand fleuve, ils ont appauvri la capitale même ; et pour ne
parler que des spectacles, cette ville si bien pourvue de tout ce
qui peut créer les talens, cette ville qui devrait en répandre dans
les provinces, est elle-même aux abois ; elle ne se soutient que
par la faculté de désorganiser les théâtres de province, en requé-
rant tout acteur qui excite son attention ; et si elle eut avisé à
pourvoir les provinces des établissemens dont elle est décorée,
elle jouirait de son ouvrage, en voyant de nombreux artistes refluer
sur la capitale, y déployer à l'envi leurs talens, et varier chaque
jour les plaisirs de ses habitans. Paris doit aux provinces éloignées
ses plus précieux acteurs ; qu'il juge de la quantité qu'on y en
recueillerait, si des écoles vivifiantes pouvaient développer les
germes de talens que la nature répand en tous lieux, et qu'on doit
chercher, non-seulement dans les petites villes, mais dans les
moindres villages.

La France pour se maintenir en balance quant aux arts et à la littérature, et soutenir la concurrence des villes d'Allemagne et d'Italie
qui sont favorisées de résidences souveraines ; la France, dis-je,
devrait (à supposer que la civilisation put se prolonger,) traiter
ses grandes villes sur le pied de villes de cour, et leur assurer
autant que possible les avantages d'un siége royal dont elles sont
privées par l'heureuse unité de l'empire.

Pour les assimiler aux villes de cour, il faudrait aux frais de
l'état leur donner des simulacres de grandeur ; tel serait un musée
formé de copies des plus précieux tableaux que rassemble celui
de Paris, une bibliothèque fournie de tous les bons ouvrages de
celle de Paris, ouvrages qu'on réimprimerait en tant que besoin
serait : il faudrait enfin doter ces grandes villes avec munificence
des diverses fondations relatives aux sciences et aux arts, telles
que jardin botanique, cabinet de physique et d'histoire naturelle,
théâtre national et autres établissemens tels que les formerait une
cour si elle y fixait sa résidence.

Qu'on suppose en France vingt rois sous un empereur, ils donneront à leur vingt capitales le lustre dont j'ai fait le tableau ; et
puisque l'unité épargne les dépenses d'appareil qu'entraînerait cette
organisation fédérale, ce n'est pas trop indemniser ces villes que

d'un ministère jusques-là honorable, soulev<i>a</i>les esprits et obligea d'aviser à des moyens de repression, comme de réformer les matricules, contradictoirement aux principes de libre concurrence.

---

de leur assurer au moins les fondations utiles qu'elles obtiendraient de la présence des cours, et les mettre de niveau avec les cités des régions qui sont nos rivales dans les sciences, les arts et la littérature.

Ces dispositions conseillées par la justice et la gloire nationale, ne pouvaient être accueillies des savans de la France ; un esprit de corps les passionne exclusivement pour la ville où ils sont rassemblés ; Paris est l'unique objet de leur sollicitude : cette bonne ville compte parmi ses plaisirs celui de ricaner les provinces qu'elle a méthodiquement avilies. Paris est comparable à ces fleuristes haineux qui, voyant une tulipe, une hyacinthe égale aux leurs, achètent la plante pour l'arracher et l'écraser. Paris est pour la France ce que les Hollandais sont pour les Moluques où ils vont chaque année couper et détruire les girofliers et muscadiers, afin qu'il n'en reste qu'à Amboine et Banda. Et l'on doit s'étonner que Paris ait laissé subsister la fameuse école de Montpellier, qui jouit en Europe d'une renommée si éloignée du ridicule dont Paris veut couvrir les provinces françaises. Pour juger de quoi elles seraient capables si les sciences et les arts y étaient encouragés, il suffit de se rappeler ce qu'était la ville de Genève à l'époque de sa souveraineté : elle tenait dans les sciences le premier rang après Paris. (Je ne parle que des villes où domine la langue française.) Elle eut peut-être tenu le même rang dans les arts, si ses mœurs cagottes en eussent permis la culture. A cette époque, nos grandes villes de Lyon, Bordeaux, Marseille, Nantes étaient à peu près nulles dans les sciences et les arts, qui ne fleurissent que sous les regards de l'autorité souveraine, ou dans les villes qui leur offrent des moyens de développemens.

Mais pourquoi plaindrait-on les provinces de France! Elles ont un caractère si servile qu'elles se croient honorées quand on leur enlève quelque artiste ou monument pour orner la capitale qui les persifle. Semblables à ces anciens Musulmans qui se croyaient illustrés de mourir par ordre de sa Hautesse, les grandes villes de France disent en chorus aux Parisiens:

« Vous nous faites, seigneurs,
» En nous croquant, beaucoup d'honneur. »

Jamais dans Lyon, Bordeaux, Marseille, Nantes, on n'exprima un regret sur ce dénûment, cette infériorité des sciences, des arts et des théâtres. Jamais on n'y conçut aucun plan pour faire participer ces villes au lustre dont jouit la capitale.

Il est consolant de remarquer qu'elle est punie elle-même de l'avilissement où elle a laissé les provinces : et pour ne parler que

Sur cette liberté , comme sur les libertés politiques , on a agi étourdiment, et sans prévoir où
pouvaient conduire les belles théories philosophiques. Aujourd'hui on commence à entrevoir

---

des affaires dramatiques et lyriques , combien les auteurs ne souf-
frent-ils pas du despotisme de Paris ! ils y voient leurs compositions
soumises à un tribunal de coulisse qui les juge sans appel , ou bien
bafouées par un parterre vendu à leurs antagonistes ; ils éprouvent
la disgrâce de ne pas trouver dans le vaste empire de France une
seule ville de révision , une ville où les arts soient en force et
soutenues d'un bon théâtre , une ville dont les opinions puissent
entrer en concurrence avec celles de Paris et infirmer ses arrêts
si souvent éloignés de la justice.

Voilà une des mille disgrâces qui pèsent sur les savans et artistes ,
en punition d'avoir provoqué le dénûment des provinces. Bien
leur en prend d'être molestés pour avoir voulu molester autrui ,
et n'avoir pas observé à l'égard de Paris ces principes de concurrence dont ils font tant de fracas.

Combien de talens naissans sont étouffés par le despotisme
d'opinion qu'exerce la capitale, par les dégoûts sans nombre qu'ils ont
à surmonter dans cette ville , seul champ où ils puissent se former
et se produire. On dit que Sacchini mourut de chagrin d'avoir vu
siffler son Œdipe, qui est le premier des opéras français : qu'on
juge par là du nombre des bons auteurs qui ont été rebutés par
les cabales tyranniques des parterres de Paris. Et peut-on douter
que cette capitale n'étouffe l'émulation et ne prive la France d'une
foule d'hommes excellens qui s'élèveraient si la rivalité de quelques
villes les mettait à l'abri de la tyrannie parisienne , et les assurait
d'un jugement équitable sur leurs ouvrages.

Après avoir commis la faute de ne pas créer des universités
dramatiques et lyriques , qu'on s'épuise en jérémiades sur la décadence de la littérature , des théâtres , etc : tout s'explique par l'absence des établissemens qui mettraient les grandes villes en rivalité
avec la capitale , et développeraient les talens dont on est dépourvu.
Si des motifs de jalousie ou de sordide économie se sont opposés
à ces fondations , cessez de vous plaindre de la décadence littéraire
et théâtrale ; on vous répliquera : n'est-il pas juste qu'un empire
soit privé des talens qu'il n'a pas voulu cultiver ! n'est-il pas juste
que l'avare qui se refuse à faire l'avance des semailles , ne recueille
rien dans le champ où il n'a déposé aucun germe ! Vous imitez
cet avare, en négligeant de fonder les conservatoires qui entrepren-
draient l'exploitation générale des talens répandus parmi l'enfance ;
faute de cette mesure , vous êtes pauvres au milieu des richesses
que la nature sème sous vos pas ; vous êtes bornés , comme les
sauvages qui possèdent une mine d'or, à vous contenter des paillettes
qu'une source a détachées.

l'erreur, et pour y remédier on commet des erreurs plus grossières encore ; telle est celle de confondre les intérêts du commerce avec ceux des manufactures dont il est l'ennemi naturel. Il fallait bien du temps avant que les modernes en vinssent à suspecter leur idole et reconnaître qu'il faut changer en entier le système commercial qui est un amas de tous les vices.

On pourra m'observer qu'il serait mieux d'énoncer le remède à ces vices que de pérorer sur le mal ; et que je devrais me hâter de produire cette théorie de *concurrence sociétaire* qui peut extirper tous les désordres mercantiles.

A cela je réplique que mon but n'est pas d'améliorer la civilisation, mais de la confondre et de faire désirer l'invention d'un meilleur mécanisme social, en démontrant que l'ordre civilisé est absurde dans les parties comme dans le tout, et que loin d'avoir perfectionné la raison, les modernes tombent de plus en plus dans la démence politique ; témoins leurs dernières visions comme la fraternité et l'esprit commercial, contre lequel s'élèvent à la fois la raison et la nature.

La nature n'est jamais trompeuse dans les impulsions générales qu'elle donne au genre humain. Quand la grande majorité des peuples méprise une profession telle que le commerce, quand ce mépris leur est dicté par instinct naturel, croyez que l'objet de leur dédain, récèle quelque propriété odieuse et cachée.

Qui des deux est le plus sensé ? ou des modernes qui honorent le commerce, ou des anciens qui vouaient les marchands au mépris. *Vendentes et latrones*, dit l'évangile qui confond ces deux classes. Ainsi pensait Jésus - Christ qui s'arma de verges pour chasser les marchands, et leur dit avec toute la franchise évangélique : *Vous avez fait de ma maison une caverne de voleurs.*

« Fecistis eam speluncam latronum. »

D'accord avec Jésus-Christ, la belle antiquité confondait les marchands et les voleurs qu'elle plaçait pêle-mêle sous le patronage du dieu Mercure. Il paraît qu'à cette époque l'état mercantile était voisin de l'infamie, car saint Chrysostôme assure qu'*un marchand ne saurait être agréable à Dieu* ; aussi a-t-on exclus les marchands du royaume des Cieux, quoiqu'on y ait admis des élus de toute professions, même un procureur qui est saint Yves.

Je rapporte ces particularités pour constater l'opinion des anciens que je veux mettre en parallèle avec celle des modernes. Je suis loin d'approuver cette exagération des anciens ; il était aussi ridicule de proscrire et bafouer les marchands, qu'il est ridicule aujourd'hui de les exalter aux nues. Mais lequel des deux excès est le moins absurde ? j'opine en faveur des anciens.

S'il est vrai que la philosophie moderne soit amie de la vérité, comment a-t-elle pu accorder sa faveur à la classe des commerçans qui est la plus mensongère de tout le corps social ? Jugeons-en par le portrait qu'on en fait aujourd'hui même, où ils jouissent de la plus haute faveur.

« Les Arméniens, (dit monsieur Peuchet » dans son dictionnaire de la géographie com-» merçante), ont une dissimulation active et
profonde,

» profonde , une bassesse industrieuse , des
» manières aussi fausses que persuasives, tous
» les petits moyens que la fraude et l'artifice
» peuvent suggérer, façonnés au despotisme;
» humiliations , parjures , rien ne leur coûte
» pour parvenir à leur but; la religion même
» n'est qu'un instrument de plus entre leurs
» mains , pour cimenter leurs intérêts et leurs
» tromperies. En Russie , ils suivent le rit grec ;
» en Perse , le mahométisme , etc. etc. »

Ce peu de lignes suffit pour donner une idée
des mœurs commerciales, et de l'influence salutaire qu'elles peuvent avoir sur l'ordre social
quand elles y dominent. Les marchands de nos
jours peuvent revendiquer les plus beaux traits
du caractère Arménien. A la vérité , les riches
négocians sont assez éloignés de cet odieux
caractère, parce qu'il est aisé d'être honorable
quand on a cent mille écus. Mais il n'est pas
moins vrai que l'esprit commercial corrompt la
politique et les mœurs des peuples. Carthage
et l'Angleterre en fournissent la preuve ; leur
politique trompeuse , *Punica fides* a passé en
proverbe , et quant au caractère mercantile
qu'on ne peut voir au naturel que chez les
classes inférieures , je citerai celui des Juifs , de
ces hommes que le tableau de Londres définit
ainsi : « Deux mille cinq cents Juifs qui parcou-
» rent les rues et les lieux publics en excitant
» les fils de famille à voler leurs pères , et les
» domestiques à voler leurs maîtres ; et qui
» paient les objets volés avec de l'argent de
» mauvais aloi. »

Malgré tant de turpitudes commerciales qui
devaient indigner toutes les ames honnêtes;

A a

malgré le témoignage de la raison qui nous montre dans l'analyse des fonctions commerciales, une entremise (1) parasite, subalterne et désorganisatrice, on a vu pourtant le commerce s'élever au trône de l'opinion chez les

---

(1) Observons plus en détail la nullité des marchands et l'importance des manufacturiers dont on veut confondre les intérêts. Les chefs des fabriques peuvent facilement suppléer aux opérations des marchands ; ils peuvent acheter directement les matières premières, expédier en droiture les produits fabriqués, ou envoyer leurs commis pour en faire la vente et distribution ; le marchand ne peut en aucun cas remplacer les manufacturiers ni fabriquer en leur absence.

Si une ville perd ses marchands, comme il arriva dans Marseille au temps de la peste, elle se repeuple aussitôt de nouveaux marchands, pour peu que sa situation invite au commerce. Si une ville perd ses manufacturiers, comme il est arrivé à Louvain, on ne voit pas de nouveaux fabricans y transporter leurs atteliers. Les marchands s'établissent toujours en affluence partout où il y a des moyens de trafiquer librement et avantageusement. Les fabriques ne s'établissent pas de même dans les lieux où tout les favoriserait et leur promettrait des succès. Le départ des fabricans d'une contrée, réduirait à l'inaction tous les marchands de matières et les commissionnaires qui font le service de ces fabriques, tandis que le départ de tous les marchands ne causerait aucune stagnation dans les fabriques, dont les chefs et commis peuvent, ainsi que je l'ai dit, suppléer au besoin les marchands.

Aussi les Protestans Français qui émigrèrent en Allemagne, ne furent-ils point remplacés par des fabricans Catholiques, l'industrie fut expatriée avec eux ; et si Louis XIV n'eut proscrit que les marchands et banquiers, en faisant exception des fabricans, il se serait établi, l'année suivante, autant de nouveaux marchands Catholiques, à la place des marchands Protestans. La France n'aurait essuyé qu'une perte d'hommes et d'argent qui se répare, au lieu d'une perte d'industrie qui fut irréparable. Nous voyons toutes les puissances empressées d'établir leurs marchands chez les Orientaux, et aucune puissance ne voudrait établir en Orient les fabricans d'Europe. On souhaiterait, au contraire, d'attirer les fabricans de la Chine et de l'Inde, et l'on se soucie fort peu d'attirer en Europe les marchands et navigateurs des mêmes pays. Plus on prolongera ce parallèle, plus on se convaincra que les marchands et banquiers doivent être surveillés rigoureusement, et restreints aux fonctions utiles dont j'ai parlé. Si on leur accorde toute licence, selon l'avis des économistes, ils tournent leurs capitaux contre l'industrie, ils imitent le soldat indiscipliné qui, délivré de la crainte des châtimens, pillera aussitôt la patrie où il devait maintenir l'ordre.)

modernes : cela devait être , puisque la civilisation est essentiellement favorable à la perfidie ;
elle tend par l'influence du commerce à un
système industriel , plus odieux, plus perfide
encore , et dont je vais signaler le germe.

Du reste je conçois que mes critiques doivent sembler déplacées et même révoltantes ,
jusqu'à ce que j'aie fait connaître le mécanisme
qui peut remplacer le commerce , et faire succéder le règne de la vérité et du bon ordre
aux perfidies et aux ridicules commerciaux.
Provisoirement je dénonce la couardise de ces
savans qui n'ont pas osé s'occuper d'une telle
recherche , et qui osent se dire amis de la vérité
en faisant l'apologie du commerce.

A défaut des savans , quelques administra-
teurs ont déjà tenté des remèdes à l'anarchie
commerciale , mais on est tombé de Carybde
en Scylla : les maîtrises en nombre fixe , qu'on
substitue à l'anarchie , sont un remède pire que
le mal ; elles sont après les clubs , le plus
dangereux levain de révolution qu'on puisse
introduire dans l'ordre civilisé.

Décadence de l'Ordre civilisé par les maîtrises fixes qui conduisent en 4.ᵉ phase.

JE me bornerai à indiquer le sujet dont il
faudrait traiter , *le droit au travail.* Je n'ai garde
d'entamer aucun débat sur ces rêveries renou-
velées des Grecs , ces droits de l'homme devenus si ridicules. Après les révolutions que nous
a causées leur règne , croira-t-on que nous mar-

chions à de nouveaux troubles , pour avoir oublié le premier et le seul utile de ces droits ; le
droit au travail dont nos politiques n'ont jamais
fait mention , selon leur habitude d'omettre
dans chaque branche d'études les questions primordiales , (*page* 269.)

Entr'autres infractions au droit dont il s'agit ,
je citerai les compagnies privilégiées qui exploitant une branche de travail, ferment le concours aux prétendans et refusent l'admission
conditionnelle.

L'influence de ces compagnies ne peut devenir
dangereuse et causer révolution , qu'autant que
leurs règlemens s'étendraient au corps commercial entier. Nous touchions à cette innovation qui se serait opérée d'autant plus facilement qu'on n'en prévoyait pas les conséquences.

Les plus grands maux ont souvent des germes
imperceptibles, témoin le jacobinisme : il existait des clubs avant la révolution française ; on
y voyait figurer les hommes les plus intègres ,
et l'on n'aurait jamais soupçonné que de tels
rassemblemens recélassent le germe d'une tyrannie plus affreuse que celle des Néron et des
Tibère ; car celle-ci ne frappa que sur les
grands , les capitales et les gens à parti , tandis
que les clubs étendirent leur persécution jusques sur les citoyens les plus obscurs et les
hameaux les plus ignorés.

Et , si la civilisation a tardé 25 siècles à engendrer cette calamité , ne pouvait-elle pas en
produire beaucoup d'autres qu'on ne sait pas
prévoir ? La plus imminente était la *féodalité
commerciale* ou affermage du commerce à des

compagnies liguées et privilégiées exclusivement.

Les extrêmes se touchent, et plus l'anarchie
commerciale a pris d'accroissement, plus nous
tendons au privilége universel qui est l'excès
opposé. C'est le sort de la civilisation d'être
toujours ballotée entre les partis extrêmes, sans
se fixer au sage milieu.

Plusieurs circonstances tendaient à faire cor-
porer les négocians, à les organiser en compagnies fédérales, en monopoleurs affiliés, qui
d'accord avec les grands propriétaires, auraient
réduit tous les petits en vassalité commerciale,
et seraient devenus par des intrigues combinées
maîtres de toute production. Le petit propriétaire aurait été forcé *indirectement* à disposer de
ses récoltes selon la convenance des monopoleurs; il serait devenu commis exploitant pour
la coalition mercantile; enfin l'on aurait vu
renaître la féodalité en ordre inverse et fondée
sur des ligues mercantiles, au lieu de ligues no-
biliaires.

Tout conspirait à préparer ce dénouement:
l'esprit d'agiotage s'est emparé des grands; l'ancienne noblesse ruinée et dépossédée, cherche
des distractions dans les intrigues du négoce;
les descendans des anciens chevaliers excellent
à la connaissance du Barême et aux tripotages
de la bourse, comme leurs aïeux excellaient
dans les tournois. L'opinion est prosternée devant ces hommes qu'on appelle *gens d'affaires*,
qui dans les capitales partagent l'autorité
avec les ministres, et inventent chaque jour des
moyens de s'approprier en fermage quelque
branche d'industrie. Sous leur influence, le gou-

vernement, sans le vouloir, tend à s'emparer du commerce qu'on envahit pièce à pièce, et qu'on brûle d'envahir en entier par un fermage universel; car toutes les belles promesses de garantir la liberté du commerce, ressemblent assez aux sermens de nos fameux républicains qui en jurant haine mortelle à la royauté, n'aspiraient à autre chose qu'à monter sur le trône.

Nous marchions donc à grands pas vers la *féodalité commerciale* et la 4.e *phase de civilisation*. Les savans habitués à révérer tout ce qui vient au nom du commerce et pour le bien du commerce, auraient vu sans inquiétude naître ce nouvel ordre, et auraient consacré leur plume bannale à en faire l'apologie. Le début aurait été tout de roses, comme fut celui des clubs, et le résultat aurait été *l'inquisition industrielle*, l'asservissement de tous les citoyens aux intrigues du monopole affilié.

(Si l'on veut connaître quel était le moyen d'échapper à ce fléau, on peut consulter la note (1), qui n'intéresse guère que les commerçans. Elle leur indique le seul moyen de conserver leur liberté qui est à deux doigts de sa perte. L'administration s'indigne, en secret, de les voir échapper à l'impôt qu'ils évitent en tout sens, et dont ils supporteraient leur quotepart dans le système de maîtrise proportionnelle, qui les sauverait du fermage. *Voyez* ci-bas.)

Ainsi dans une même génération les philosophes auront commis deux fois l'absurdité de faire rétrograder le mouvement social. La première fois par un excès de liberté politique,

___

(1) *Maîtrise proportionnelle* ou *Procédé mitoyen entre la libre concurrence et le fermage commercial.*

Ce serait ici un débat de la plus haute importance, si la civilisation devait se prolonger seulement dix ans. Mais comme ce malheur n'est pas probable, il suffira d'effleurer la question et de prouver que le commerce est menacé d'être mis en ferme, par la nécessité de remédier à son anarchie croissante.

qui en 1793, conduisait rapidement l'Europe à la barbarie ; la seconde fois par un excès de liberté commerciale, qui aujourd'hui nous fait décliner rapidement vers l'ordre féodal. Tristes résultats de notre confiance à ces charlatans

---

Autant il est nécessaire de réduire en tout genre le nombre des agens superflus, autant il est cruel de les exclore tout à coup par une maîtrise en nombre fixe. Quoi de plus injuste que de livrer une branche d'industrie à des accapareurs ligués, qui obtiennent pour un chétif tribut le droit d'exclure, incarcérer et spolier leurs concurrens. Admettre un tel ordre, c'est reproduire en détail le système du monopole, qu'on reproche si amèrement à l'Angleterre.

Les ligues exclusives n'ont envahi jusqu'à présent que des fonctions d'ordre inférieur ; elles n'existent que parmi les artisans et les agens subalternes du commerce qu'on nomme courtiers, agens de change. C'est pourquoi elles n'ont pas fixé l'attention des observateurs, et l'on n'attache aucune importance à l'équité ou l'iniquité de leurs statuts.

Ces ligues ont tiré parti de leur obscurité, pour brusquer l'envahissement du privilége, et l'obtenir au plus vil prix, au tiers et au quart de sa valeur ; aussi ont-elles soigneusement empêché que la concession ne fut mise à une enchère qui aurait confondu leurs offres dérisoires.

Elles colorent leur usurpation de quelques motifs plausibles, de certains désordres qu'entraîne l'admission illimitée des prétendans au travail ; ces désordres que j'ai signalés sous le nom de *concurrence anarchique*, ne sont pas un motif pour se jeter d'un mal dans un pire, de la licence dans la persécution. Il fallait trouver un procédé moyen entre l'admission désordonnée et la ligue exclusive. Je vais l'indiquer, et c'est encore un calcul d'enfant qui n'exigeait aucunes lumières, mais seulement des vues équitables qui ne sont guères l'attribut des économistes.

Ce procédé que je nommerai *finance progressive*, doit marcher la sonde à la main : il consiste à exiger des industrieux, et surtout des improductifs comme les commerçans, un cautionnement sans intérêt et une patente ; l'un et et l'autre doivent augmenter d'année en année, par exemple :

1807. *Cautionnement,* 3000 liv.		
Patente, 300.	}	C'est par chaque année un versement de 1000 liv. en sus
1808. *C.* . . . . 4000.		du dépôt primitif, et indé-
P. . . . . . 400.		pendamment de la patente
1809. *C.* . . . . 5000.		croissante.
P. . . . . . 500.		

et successivement, jusqu'à ce que l'affluence des agens diminue et que le nombre de ceux qui entrent dans la corporation, soit

A a 4

scientifiques qui n'ont d'autre but que d'élever des controverses, pour subsister par la vente de leurs livres. La philosophie avait besoin d'accréditer quelque chimère pour remplacer les discussions théologiques qu'elle a dissipées ; et

---

égal au nombre de ceux qui en sortent par décès ou retraite. Alors le cautionnement et la patente ont atteint le point de balance, où ils doivent se fixer jusqu'à nouvelles chances comme celles de paix ou de guerre, qui resserrent ou agrandissent le domaine de l'industrie : en ce cas, la finance progressive doit suivre l'impulsion, être modifiée en hausse ou en baisse, suivant l'affluence subite ou la rareté subite des prétendans, qu'on ne doit jamais exclure, s'ils remplissent les conditions exigées.

Cette mesure appliquée au commerce, doit élever en très-peu de temps l'association au plus haut degré ; car la hausse annuelle du cautionnement et de la patente, et la seule perspective de cette hausse, amènent les commerçans à oublier leurs jalousies et former des réunions économiques de 10, 12, 15 maisons pour ne supporter qu'une seule finance.

Aussitôt qu'une de ces grandes associations est formée, l'immensité de ses épargnes et de ses ressources entraîne tous les incohérens à se réunir comme elle, pour alléger le poids du cautionnement et éviter de soutenir contre elle une lutte individuelle, dont l'issue serait si évidemment ruineuse, qu'on refuserait tout crédit à quiconque s'obstinerait à la tenter isolément.

C'est sur ces grandes réunions que le gouvernement peut commencer les opérations (*les solidarités, les annexes, etc :*) d'où résulte la *concurrence sociétaire* qui extirpe la banqueroute, l'agiotage, l'accaparement, les déperditions, etc. Je ne traiterai pas ici de ces mesures, je me borne à observer que la finance progressive, qui n'est qu'un prélude à l'établissement du bon ordre commercial, atteint déjà 3 buts des plus importans.

1.º Réduire le nombre des agens, sans mesure violente, sans exclusion personnelle, sans privilége vexatoire.

2.º Former l'association qui est la base de toute économie et de tout bien désirable dans le système commercial.

3.º Assurer au fisc une imposition proportionnelle sur les diverses branches d'industrie difficiles à atteindre, telles que le commerce, le barreau, la médecine, qui ont dans l'ordre actuel des moyens de se soustraire aux charges publiques et de mettre en défaut les systèmes financiers.

Toute autre mesure que la finance progressive, tombe dans l'arbitraire et la confusion, préjudicie au gouvernement comme à l'industrie, consacre les conflits entre les privilégiés et les persécutés ; ceux-ci réduits au désespoir par une exclusion qui les condamne à l'indigence, s'épuisent en ruses pour éluder la défense

c'est sur le veau d'or , sur le commerce qu'elle
a jeté les yeux pour en faire l'objet du culte
social et des débats scholastiques. Ce n'est plus
aux muses ni à leurs nourrissons , c'est au
commerce et à ses héros que la renommée

---

de travail et résister à l'oppression d'une compagnie qui veut les
accabler , sans leur laisser aucun espoir d'admission au travail.

Toute ligue en nombre fixe , anéantit les deux concurrences de
salaire et d'émulation. L'on a pu s'en convaincre par l'exemple
récent des procureurs , qui étaient en nombre suffisant pour que
l'émulation fit tomber leurs services à un prix modéré ; le contraire
a eu lieu : ils se sont accordés pour élever leurs bénéfices à un
taux si vexatoire , que le gouvernement a cru devoir les réprimer
par un tarif : Et lors même que ce tarif pourrait être suivi , ce
qui n'aura pas lieu , cette fixation de salaires n'opèrerait pas la
concurrence d'émulation, car toute ligue en nombre fixe voyant
le public réduit à passer par ses mains , trouve son bénéfice à le
molester et n'exercer qu'à son aise un travail où elle n'a pas de
rivaux à craindre. Essayez d'établir sur un port un nombre fixe de
porte-faix , vous les verrez bientôt se coaliser pour maîtriser et
rançonner le commerce ; aussi les commerçants ne redoutent-ils
rien tant que ces ces ligues exclusives de serviteurs , et voilà pourquoi tout négociant protége les non-titulaires en fait de courtiers
et agens de change. Il sait que sans leur concurrence on verrait
bientôt les privilégiés exclusifs tomber dans la nonchalance, faire
les précieux au point de négliger la partie ingrate du travail , ne
se charger que des négociations lucratives et faciles ; enfin , réduire le commerçant à faire par lui-même tout ce qui leur déplairait.
Au reste , il est bien maladroit aux négocians qui sont le corps le
plus libre de la société , de s'être donné volontairement des maîtres
dans la personne de leurs courtiers , qui peuvent dénoncer et faire
punir le négociant , s'il fait usage du ministère d'autrui. Voilà une
plaisante disposition qui soumet les maîtres aux valets : si les négocians avaient un peu d'amour-propre , ils s'accorderaient à exclure
de chez eux cette agence vexatoire , jusqu'à ce qu'elle eut elle-
même sollicité la modification de ses priviléges contraires en tout
point au bon sens et à l'équité.

Parmi les nombreux abus qui naissent des ligues exclusives, je
n'en veux citer qu'un , c'est de faire à la longue peser l'exclusion
sur tous les candidats les plus dignes de l'admission. En effet :

Je suppose qu'un privilége limite à 30 le nombre des médecins
de telle ville , et que Boerhaave jeune encore , se présente lorsque
la ligue corporative est déjà complette. Boerhaave se trouvera à
jamais exclu d'exercer la médecine. En voici les raisons :

D'abord , il patientera en attendant qu'une des 30 places vienne
à vaquer ; l'époque arrivera , mais ne croyez pas qu'alors son

consacre ses cent voix. Il n'est plus question
de sagesse, de vertu, de morale, tout cela est
tombé en désuétude, et l'encens ne brûle que
pour le commerce. La vraie grandeur pour une
nation, la vraie gloire selon les économistes,

---

talent le fasse admettre. La place vacante sera donnée à quelque
parent ou compère des privilégiés, ou bien à quelque habile cou-
reur qui sera arrivé un jour plutôt que Boerhaave au bureau du
ministère; car on sait que les hommes studieux er honorables sont
toujours maladroits en intrigue.) En outre les corporations de
nombre fixe veulent jouir sans fatigue de leur privilége; elles
craignent d'introduire dans leur sein un collègue trop intelligent
et trop actif, dont la concurrence leur deviendrait gênante et préjudiciable. Ces considérations seront pour Boerhaave autant de
motifs d'élimination; il aura l'imprudence de s'en plaindre, car
les hommes à talens ont rarement la souplesse nécessaire dans
les intrigues civilisées. Ses plaintes lui aliéneront de plus en plus
la corporation et finiront par le rebuter tout à fait.

C'est ainsi que le système des maîtrises en nombre fixe, tend à
exclure à la longue les gens les plus aptes: après quelques passe-droits,
ils n'osent pas attendre la chance d'un nouveau défunt, et risquer
d'être écartés encore par de nouvelles intrigues. Ils se livrent à
d'autres fonctions où ils végètent toute leur vie et sont comme
perdus pour la société, car l'homme devient nul, dès qu'il n'est
pas au poste où la nature le destinait.)

Ces divers inconvéniens sont prévenus par la finance progressive:
elle réunit deux avantages assez inconnus en civilisation, c'est de
rebuter le talent médiocre, et de protéger l'homme pauvre et labo-
rieux par l'effet d'un cautionnement qui semble devoir l'exclure.

Plus le cautionnement sera élevé, plus il élaguera cette foule
de sujets parasites que les pères aventurent dans une profession, sans
consulter leur aptitude, et qui viennent encombrer le barreau, la
médecine, le commerce, parce qu'il n'en coûte aucun déboursé
notable pour obtenir l'exercice desdites fonctions.

Mais le cautionnement n'écartera point un homme pauvre et
habile; en effet, si Boerhaave est sans fortune et qu'il développe
dans les écoles un talent transcendant, il sera assuré de l'appui
des capitalistes qui cherchent à s'intéresser en commandite sur le
talent d'autrui, qui confient spéculativement des fonds à celui dont la
capacité promet un ample bénéfice, et préférablement aux jeunes
gens qui n'ont pas été élevés dans le bien-être, mais stimulés par
la nécessité. En conséquence, Boerhaave réunissant aux talens le
besoin de les faire valoir, trouvera d'autant mieux l'avance du
cautionnement; et les prêteurs croiront faire un marché avantageux en lui procurant l'exercice d'un art dont ils vont partager
les bénéfices.

c'est de vendre aux empires voisins plus de culottes qu'on n'en achète d'eux.

La France toujours ardente à s'engouer, a dû donner tête baissée dans la folie du jour. Aussi en France ne saurait-on penser, parler ni écrire,

---

J'ai fait entrevoir que la finance progressive et la maîtrise proportionnelle qui en résulte, concilient les intérêts du prince et des sujets, et qu'on arrive à un résultat opposé, si la maîtrise est établie en nombre fixe et privilégiée, comme on la voit aujourd'hui.

Concluons qu'à défaut de cette mesure, le commerce entier est sur le point de tomber en maîtrise privilégiée, puisque l'opération est déjà exécutée sur les deux classes extrêmes, par les compagnies coloniales des Indes, etc., et par les compagnies de courtage, qui toutes deux exercent à privilége exclusif les principales et les moindres fonctions du commerce : il est donc attaqué aux deux extrémités par le privilége ; il se trouve dans la position d'une place cernée et approchée ; dans cette conjoncture, à quoi tient-il que le privilége n'envahisse tout ! à un besoin d'argent qu'éprouverait quelque prince. Des novateurs lui proposeront le fermage commercial, et ce plan dans un moment de pénurie sera d'autant mieux accueilli, qu'il présentera outre la perspective d'amélioration, l'avantage d'opérer un versement subit et considérable dans les caisses des établissemens publics. Or, le privilége commercial une fois admis dans un royaume quelconque s'introduira forcément dans les autres états, parce que leurs marchands incohérens seraient joués en tout sens par les compagnies de l'empire voisin qui auraient dans cette lutte l'avantage d'une armée régulière contre des bandes indisciplinées.

Il n'importe de faire connaître quels seraient les résultats de ce nouvel ordre industriel qui constituerait la 4.e phase de civilisation ou féodalité commerciale dont le souverain serait le chef. Bornons-nous à remarquer que la civilisation courait à cette révolution industrielle et politique, par deux bévues successives des économistes.

La première est d'avoir adopté la concurrence anarchique, le principe laissez faire les marchands, principe dont les fâcheux résultats obligent à aviser aux moyens de répression.

La seconde est d'avoir adopté ou toléré comme moyen de répression, la maîtrise privilégiée en nombre fixe, au lieu de la maîtrise libre en nombre indéterminé et proportionnel aux circonstances.

Il n'est pas besoin d'ajouter que cette 2.e maîtrise est une mesure de 6.e période ; il suffit qu'elle favorise l'équité et la liberté pour qu'elle sorte des caractères de civilisation, et qu'elle ait échappé aux vues des philosophes, toujours ennemis de la liberté, de la justice et de la vérité.

si ce n'est pour le bien du commerce. Les
grands même sont esclaves de cette manie ;
un ministre qui veut se populariser, doit pro-
mettre à chaque bourgade un commerce immense et un immense commerce ; un grand
seigneur qui parcourt les provinces, doit s'annoncer dans chaque ville, comme ami du commerce, voyageant pour le bien du commerce.
Les beaux génies du 19.ᵉ siècle, sont ceux
qui nous expliquent les mystères de la bourse
en livres, sous et deniers. Le temple de mémoire ne s'ouvre plus qu'à ceux qui nous ap-
prennent pourquoi les sucres ont *faibli*, pourquoi les savons ont *fléchi*. Depuis que la philosophie s'est prise de belle passion pour le commerce, Polymnie sème de fleurs cette nouvelle
science ; les expressions les plus suaves ont rem-
placé l'ancien langage des marchands : et l'on dit
en termes élégans, les sucres ont *fléchi*, *faibli* ;
c'est-à-dire, diminué ; les savons *jouent un beau
rôle*, c'est-à-dire, augmentent. Autrefois des
complots pernicieux, comme l'accaparement,
excitaient l'indignation des écrivains ; aujour-
d'hui ces menées sont des titres de gloire, et
la renommée les annonce d'un ton pindarique,
en disant : « Un mouvement rapide et inattendu
» s'est fait tout-à-coup sentir sur les savons. »
A ces mots, il semble voir les caisses de savon
s'élancer au plus haut des nues, tandis que les
accapareurs de savon remplissent l'univers de
leur nom. Quelqu'objet qui tienne au commerce, ne fut-ce qu'un coupon d'assignat ou
un quarteron de fromage, les philosophes n'en
parlent qu'en style sublime, et avec l'accent
du ravissement. Sous leur plume, un tonneau de

rogome devient un flacon d'essence ; les fro-
mages exhalent tout le parfum des roses , et
les savons effacent la blancheur des lis. Toutes
ces fleurs de rhétorique contribuent puissam-
ment au succès de l'industrie ; elle a trouvé
dans l'appui des philosophes le même secours
qu'y ont trouvé les peuples : *beaucoup de paroles
et point d'effets.*

C'est à présent que J. J. Rousseau pourrait
bien dire : Les ridicules ont changé depuis
Molière , mais il manque un Molière pour
peindre les nouveaux ridicules. Eh ! que peut-
on voir dans ce fracas de théories mercantiles ,
sinon un verbiage inventé pour faire gémir les
presses et disputer les oisifs , comme il est
arrivé du magnétisme et de la liberté auxquels
succède LA TRAFICOMANIE ?

Vit-on jamais tant de désordres dans l'industrie , que depuis que cet esprit mercantile s'est
emparé de l'opinon? Parce qu'une nation insulaire favorisée par l'indolence de l'ancienne
France , s'est enrichie dans le monopole et la
piraterie , voilà toute l'ancienne philosophie en
défaut ! voilà le trafic devenu l'unique voie de
la vérité , de la sagesse , du bonheur ! voilà
les marchands devenus les colonnes de l'état
social ; et tous les cabinets luttant d'avilissement devant une nation qui les achète avec la
dîme du tribut industriel qu'elle perçoit sur
eux !

On est tenté de croire à la magie , en voyant
les rois et les peuples circonvenus par quelques
sophismes commerciaux , et élevant aux nues
la classe malfaisante des agioteurs, accapareurs
et autres corsaires industriels qui n'emploient

leur influence qu'à former des masses de capitaux, pour exciter des fluctuations sur le prix
de chaque denrée et bouleverser alternativement
chaque branche d'industrie; qu'à appauvrir les
classes laborieuses qui sont spoliées en masse
par une spéculation d'accaparement, comme on
voit les harengs s'engloutir par milliers dans la
gueule d'une baleine qui les aspire.

Terminons au sujet du commerce : j'ai déjà
énoncé dans le cours de cette discussion quels
seraient les effets de la *concurrence sociétaire*,
qui est l'antidote de l'ordre actuel.

1.º Elle opère sans contrainte ni privilége
exclusif, les grandes associations qui sont la
base de toute économie.

2.º Elle rend le corps commercial assureur
de lui-même, et propriétaire conditionnel des
objets commerciables.

3.º Elle rend aux cultures et fabriques tous
les capitaux du commerce ; car le corps social
étant pleinement assuré contre toute malver-
sation des commerçans, on leur accorde partout
une aveugle confiance, dès-lors ils n'ont besoin
pour leur gestion d'aucune somme notable, et
tout le numéraire retourne aux travaux pro-
ductifs.

4.º Elle rend à ces mêmes travaux les trois-
quarts des bras qui sont employés aujourd'hui
aux fonctions improductives du commerce.

5.º Elle subordonne, par le moyen de la finance progressive, le corps commercial aux
charges publiques dont il sait s'affranchir aujourd'hui.

6.º Enfin elle établit dans les relations une
bonne foi moins grande, à la vérité, que celle

qui règnera dans l'ordre combiné, mais déjà immense en comparaison de l'étendue des fourberies actuelles.

Cet apperçu pourra faire désirer un chapitre sur la concurrence sociétaire ; mais j'ai observé que le plan de ce prospectus se borne à signaler l'ignorance de nos philosophes, les buts qu'ils auraient dû se proposer. Du reste que servirait de nous arrêter aux moyens de perfectionner la civilisation par des mesures empruntées de 6.ᵉ période, comme la concurrence sociétaire ? Que nous importent les améliorations de la 6.ᵉ et de la 7.ᵉ période, puisque nous pouvons les franchir toutes deux et passer immédiatement à la 8.ᵉ, qui dès-lors mérite seule de nous occuper.

Lorsque nous aurons atteint ce but, lorsque nous jouirons pleinement du bien-être de l'ordre combiné, nous pourrons à notre aise raisonner sur les vices et les correctifs de la civilisation. Elle nous semblera, comme la guerre, *belle quand on en est revenu.* C'est alors qu'on pourra se complaire dans l'analyse du mécanisme civilisé qui est le plus curieux de tous ; car c'est celui où règne la plus grande complication de ressorts. Quant à présent, il s'agit d'en sortir avant de l'étudier ni le corriger ; c'est pourquoi je ne cesserai de fixer les esprits sur la nécessité de repousser toute demi-mesure, d'aller droit au but en fondant sans délai un canton de sectes progressives, qui en donnant la démonstration de l'harmonie passionnée, lèvera au genre humain la *cataracte philosophique*, et élèvera subitement toutes les nations civilisées, barbares et sauvages à leur destinée sociale, à l'unité universelle.

ÉPILOGUE

Sur le Chaos social du Globe.

Auteurs des sciences incertaines, qui prétendez travailler au bien du genre humain, croyez-vous que six cent millions de barbares et sauvages ne fassent pas partie du genre humain ? Cependant ils souffrent; eh ! qu'avez-vous fait pour eux ? rien. Vos systèmes ne sont applicables qu'à la civilisation où ils portent l'empirisme, dès qu'on les met à l'épreuve : mais quand vous posséderiez l'art de nous rendre heureux, pensez-vous remplir les vues de Dieu, en voulant limiter le bonheur aux civilisés, qui n'occupent que la plus faible portion du globe ? Dieu ne voit dans la race humaine qu'une même famille dont tous les membres ont droit à ses bienfaits; il veut qu'elle soit heureuse toute entière, ou bien nul peuple ne jouira du bonheur.

Pour seconder les vues de Dieu, vous deviez chercher un ordre social applicable à tout le globe, et non pas à quelques nations. L'immense supériorité des barbares et sauvages vous avertissait qu'on ne pourrait les policer que par attraction et non par contrainte. Eh ! pouviez-vous espérer de les séduire, en leur présentant vos coutumes qui ne se soutiennent qu'avec l'appui des gibets et des bayonnettes ? Coutumes odieuses à vos peuples même, qui dans tous pays se soulèveraient à l'instant, s'ils n'étaient contenus par la crainte du supplice !

Loin

Loin de parvenir à policer et réunir le genre humain, vos théories n'obtiennent des barbares qu'un profond mépris, et vos coutumes n'excitent que l'ironie du sauvage : sa plus forte imprécation contre un ennemi, c'est de lui souhaiter notre sort, et lui dire : « *puisses-tu être* » *réduit à labourer un champ.* » Paroles qu'on doit regarder comme une malédiction proférée par la nature même ; oui l'industrie civilisée est réprouvée par la nature, puisqu'elle est abhorrée des peuples libres qui l'embrasseraient à l'instant, si elle s'accordait avec les passions de l'homme.

Aussi, Dieu n'a-t-il point permis que cette industrie fît des progrès, ni qu'on pût étendre au globe entier cette culture si ingrate pour ceux qui en portent le faix. Il l'a resserrée sur quelques points, dans la Chine, l'Inde et l'Europe, où s'amoncèlent des fourmilières d'indigens, des corps de réserve pour servir à l'organisation de l'ordre combiné, afin que dès son début cet ordre soit pourvu d'une masse de cultivateurs disponibles : on fera dégorger ces misérables des lieux où ils sont encombrés, et l'empereur d'unité les répartira sur les points convenables, pour procéder à une exploitation régulière du globe.

Mais c'est en vain que vous vous efforceriez d'étendre l'industrie civilisée, et de répandre par toute la terre le travail incohérent; Dieu, (pour diverses raisons que je ne puis exposer ici,) n'aurait jamais souffert que cet ordre contraire à ses vues pût s'étendre à toutes les terres cultivables, et il avait pris des précautions pour le resserrer dans tous les cas, soit par les

B b

guerres intestines , soit par l'irruption des barbares.

Si l'industrie a fait quelques progrès en Europe , n'a-t-elle pas perdu en Asie d'immenses régions ? Si la civilisation a fondé en Amérique de frêles colonies , déjà menacées de décadence par la révolte des Nègres , n'a-t-elle pas perdu aux portes de l'Europe les plus vastes empires? L'Egypte, la Grèce , l'Asie mineure , Carthage , la Chaldée et partie de l'Asie occidentale ? L'industrie a été étouffée dans de grandes et belles contrées, comme la Bactriane où elle commençait à s'introduire ; l'empire de Samarkand , jadis célèbre dans l'Orient , et toutes les régions qui s'étendent de l'Oxus aux bouches de l'Indus, ont rétrogradé politiquement et réformé la horde. Le vaste empire de l'Indostan marche rapidement à sa ruine par la tyrannie des Anglais ; elle provoque le dégoût des cultures , et l'assimilation aux Marhattes dont les hordes forment déjà un puissant noyau de Tartares au centre du Mogol. Ils peuvent avec le temps se cantonner dans la chaîne des Gates et s'agglomérer les peuples de Malabar et de Coromandel en les dégoûtant de l'industrie par leurs incursions.

Les hordes empiètent journellement sur les cultures d'Asie , et débordent de plus en plus leur barrière naturelle , la chaîne de l'Imaüs qui s'étend de Bukarie en Chine. A nos portes même , la horde surgit sur tous les points de la Turquie ; encore 5o ans de persécution , d'anarchie ottomane , et l'on verrait tout ce bel empire ramené à la vie nomade ou tartare , qui fait des progrès effrayans sur tous les points de la domination turque. D'autres empires, jadis florissans, comme Pégu et Siam, sont retombés au dernier degré de faiblesse et d'abrutissement, et leurs cultures semblaient n'avoir comme celles de Turquie guères plus d'un siècle à exister ; si le désordre actuel du globe se fût prolongé, l'Asie, l'immense Asie tendait de toutes parts à abandonner l'industrie. La Chine même, ce colosse de lésine et de ridicule·, la Chine est dans un déclin sensible ; les dernières relations de Van-Braam nous ont bien désabusé sur sa prétendue splendeur. L'esprit social s'y dégrade depuis le mélange des tartares ; les hordes occupent en Chine d'immenses territoires ; et dans cet empire si vanté par son industrie, on trouve à quatre lieues de Pékin de belles terres presque inconnues et désertes ; tandis que dans les provinces du Midi, les prêtres appellent en vain le peuple à la culture ; il laisse en friche de vastes contrées, et court de plus en plus à la horde. La horde est pour la civilisation un volcan toujours pret à l'engloutir ; c'est une humeur invétérée, qui à peine étouffée fait une nouvelle éruption, qui reparaît dès qu'on cesse un instant de la traiter. Enfin, cette tendance universelle des salariés à réformer la horde, ramène tous les calculs de la politique à un seul problème. *Trouver un nouvel ordre social qui assure aux moindres des industrieux assez de bien-être, pour qu'ils préfèrent constamment et passionnément leurs travaux à l'état d'inertie, et de brigandage auquel ils aspirent aujourd'hui.*

Tant que vous n'auriez pas résolu ce problème, la nature vous aurait livré des assauts perpétuels; vous n'élevez des empires que pour servir de jouets à cette nature qui se plaît à les abîmer dans les révolutions; vous n'êtes qu'un fardeau pour elle, qu'une proie dévouée à ses vengeances; vos prodiges scientifiques n'aboutissent toujours qu'à l'indigence et aux bouleversemens; vos héros, vos législateurs ne bâtissent que sur le sable; toute la prévoyance d'un FRÉDERIC ne peut empêcher que de faibles successeurs ne laissent ravir son épée sur son tombeau. La civilisation n'enfante les héros présens que pour humilier les héros passés, elle déprime l'un par l'autre ceux à qui elle dut tout son éclat; quel sujet d'inquiétude pour les grands hommes qui auront à leur tour de faibles successeurs; ne doivent-ils pas souffrir des révolutions à venir, plus qu'ils ne jouissent des triomphes présens? Ne doivent-ils pas abhorrer cette perfide civilisation qui n'attend que leur trépas pour ébranler et renverser leur ouvrage? Oui, l'ordre civilisé est de plus en plus chancelant, le volcan ouvert en 1789 par la philosophie n'est qu'à sa 1.re éruption, d'autres succèderont dès qu'un règne faible favorisera les agitateurs. La guerre du pauvre contre le riche a si heureusement réussi, que les intriguans de tous pays n'aspirent qu'à la renouveler. En vain cherche-t-on à la prévenir; la nature se joue de nos lumières et de notre prévoyance, elle saura faire naître les révolutions des mesures que nous prenons pour assurer le calme; et si la civilisation se prolonge seulement un demi-siècle, combien d'enfans mendieront à la porte des hôtels habités par leurs pères. Je n'oserais présenter cette affreuse perspective, si je n'apportais le calcul qui va guider la politique dans le dédale des passions et délivrer le monde de la civilisation, plus révolutionnaire et plus odieuse que jamais.

Nations civilisées ! tandis que les barbares privés de vos lumières savent maintenir pendant plusieurs mille ans leurs sociétés et leurs institutions, pourquoi les vôtres sont-elles anéanties si promptement, et souvent dans le même siècle qui les a vu naître ? Toujours on vous entendit déplorer la fragilité de vos œuvres, et la cruauté de la nature qui fait écrouler si rapidement vos merveilles. Cessez d'attribuer au temps et au hasard ces bouleversemens, ils sont l'effet de la vengeance divine contre vos criminelles sociétés, qui n'assurent point à l'indigent des moyens de travail et de subsistance. C'est pour vous amener à l'aveu de votre ignorance, que la nature promène le glaive sur vos empires et se plaît sur leurs décombres.

Je veux être un moment l'écho de vos élégies politiques : que sont devenus les monumens de l'orgueil civilisé ! Thèbes et Babylone, Athènes et Carthage sont transformées en monceaux de cendres ; quel pronostic pour Paris et Londres, et pour ces empires modernes dont les fureurs mercantiles pèsent déjà à la raison comme à la nature : fatiguée de nos sociétés elle les renverse tour-à-tour, elle persiffle indistinctement nos vertus ou nos crimes ; les lois réputées pour oracles de sagesse, et les codes éphémères des agitateurs nous conduisent également aux naufrages politiques.

Pour comble d'affronts, nous avons vu la législation grossière de la Chine et de l'Inde braver pendant 4000 ans la faulx du temps, lorsque les prodiges de la philosophie civilisée ont passé comme l'ombre. Nos sciences après tant d'efforts pour consolider les empires , semblent n'avoir travaillé qu'à fournir des jouets au vandalisme , qui renaît périodiquement pour détruire en peu de temps les travaux de plusieurs siècles.

Quelques monumens ont survécu , mais pour la honte de la politique. Rome et Byzance , autrefois capitales du plus grand empire sont devenues deux métropoles de ridicule : au Capitole les temples des Césars sont envahis par les dieux de l'obscure Judée ; au Bosphore , les basiliques de la chrétienté sont souillées par les dieux de l'ignorance. Ici Jésus s'élève sur le piedestal de Jupiter , là Mahomet se place à l'autel de Jésus. Rome et Byzance , la nature vous conserva pour vous dévouer au mépris des nations que vous aviez enchaînées ; vous êtes devenues deux arènes de mascarades politiques , deux boîtes de pandore qui ont répandu à l'Orient le vandalisme et la peste , à l'Occident , la superstition et ses fureurs. La nature insulte par votre avilissement au grand empire qu'elle a détruit : vous êtes deux momies conservées pour orner son char de triomphe , et pour donner aux capitales modernes un avant-goût du sort préparé aux monumens et aux travaux de la civilisation.

Il semble que la nature se plaît à élever cette odieuse société pour le plaisir de l'abattre , pour lui prouver , par une chute cent fois réitérée , l'absurdité des sciences qui la dirigent. Image du criminel Sisyphe qui gravit vers un rocher , et qui retombe au moment d'y atteindre , la civilisation semble condamnée à gravir vers le

bien-être idéal , et retomber dès qu'elle entre-
voit le terme de ses maux. Les réformes les plus
sagement méditées n'aboutissent qu'à verser des
flots de sang. Cependant les siècles s'écoulent,
et les peuples gémissent dans les tourmens , en
attendant que de nouvelles révolutions replon-
gent dans le néant nos empires chancelans , et
destinés à s'entredétruire tant qu'ils se confieront
à la philosophie , à une science ennemie de la
politique unitaire , à une science qui n'est qu'un
masque d'intrigue , et ne sert qu'à attiser les
fermens de révolution à mesure que le temps les
fait éclore.

A la honte de nos lumières, on voit se multiplier chaque jour les germes de désorganisation
qui menacent nos frêles sociétés. Hier , des
querelles scolastiques sur l'égalité renversaient
les trônes , les autels et les lois de la propriété :
l'Europe marchait à la barbarie ; demain la
nature inventera contre nous d'autres armes, et
la civilisation mise à de nouvelles épreuves suc-
combera encore. On la voit friser la mort à
chaque siècle : elle était à l'agonie quand les
Turcs assiégeaient Vienne, elle eut été perdue
si les Turcs eussent adopté la tactique européenne. De nos jours elle a été à deux doigts
de sa ruine : la guerre de la révolution pouvait amener l'envahissement et le démembre-
ment de la France , après quoi , l'Autriche
et la Russie se seraient partagé l'Europe ; et
dans leurs débats postérieurs , la Russie (qui
a des moyens inconnus de tout le monde et
d'elle-même ,) aurait pu écraser l'Autriche et
la civilisation. Le sort de cette criminelle société est de briller pendant quelques siècles

pour s'éclipser bientôt, de renaître pour tomber encore. Si l'ordre civilisé pouvait faire le bonheur des humains, Dieu s'intéresserait à sa conservation, il aurait pris des mesures pour l'asseoir inébranlablement. Pourquoi donc permet-il que vos sociétés après avoir duré quelques instans soient ensevelies dans les révolutions ? c'est pour confondre vos savans qui fondent les théories sociales sur leur caprice, tandis que Dieu moins orgueilleux que les philosophes, ne règle point sur sa seule volonté les lois de l'univers, et se concilie dans toutes ses œuvres avec l'arbitre éternel de la justice, avec les mathématiques dont la véracité est indépendante de lui, et dont pourtant il suit rigoureusement les lois.

Cessez donc de vous étonner si vos sociétés se détruisent entr'elles, et n'espérez rien de stable sous des lois qui viendront de l'homme seul, sous des sciences ennemies de l'esprit divin qui tend à établir l'unité sur le globe comme au firmament. Un monde privé de chef unitaire, de gouvernement central, ne ressemble-t-il pas à un univers qui n'aurait point de Dieu pour le diriger, où les astres graviteraient sans ordre fixe, et s'entrechoqueraient à perpétuité; comme vos nations diverses qui ne présentent aux yeux du sage qu'une arène de bêtes féroces acharnées à se déchirer, à détruire mutuellement leur ouvrage.

Quand vous vous êtes appitoyés sur la chute successive de vos sociétés, vous ignoriez qu'elles fussent opposées aux vues de Dieu ; aujourd'hui que la découverte de ses plans vous est annoncée, n'êtes-vous pas dès ce moment désabusés

sur l'excellence de la civilisation ? ne recon-
naissez-vous pas qu'elle a usé la patience humaine, qu'il faut un nouvel ordre social pour
nous conduire au bonheur ; qu'il faut pour se
rallier aux vues de Dieu chercher un ordre
social applicable à la terre entière et non pas
à un coin de terre qu'occupent les civilisés, qu'il
faut enfin ETUDIER LES VICES SOCIAUX DU GENRE
HUMAIN, ET NON PAS CEUX DE LA CIVILISATION
QUI N'EST QU'UNE PARCELLE DU GENRE HUMAIN.

Posons sur cette base la these de l'infirmité
politique du globe.

*Trois sociétés se partagent la terre, ce sont la
civilisation, la barbarie et la sauvagerie. L'une des
trois est nécessairement meilleure que les deux autres.
Or, les deux imparfaites qui ne s'élèvent pas et ne
s'indentifient pas à la meilleure des trois, sont atteintes de cette maladie de langueur dont Montesquieu
suppose avec raison que le genre humain est frappé.*

*Quant à la 3.ᵉ société qu'on suppose la meilleure,
et qui ne sait pas ou qui ne peut pas amener les deux
autres à l'imiter, elle est évidemment insuffisante pour
faire le bien du genre humain, puisqu'elle en laisse
languir la majeure partie dans un état inférieur au sien.*

*En résultat, deux des trois sociétés actuelles sont
atteintes de paralysie, et la troisième d'impuissance
politique : décidez après cela, auxquelles des trois
sociétés doivent se répartir ces caractères morbifiques
dont le globe entier est visiblement affecté dans son
mécanisme social.*

En débattant cette thèse, vous reconnaîtrez que les deux sociétés paralytiques sont la Sauvage et la Barbare, qui ne font aucun effort pour s'améliorer, et qui s'obstinent à croupir dans leurs coutumes bonnes ou mauvaises. Quant à la civilisation, c'est elle qui est affligée d'impuissance politique, car on la voit s'agiter sans relâche, tenter chaque jour des innovations pour se délivrer de son mal-être.

Les humains en passant de l'inertie sauvage à l'industrie barbare et civilisée, ont donc passé de l'état d'apathie à la douleur active, car le sauvage ne se plaint pas de son sort et ne cherche point à en changer, tandis que le civilisé est sans cesse inquiet et rongé de désirs même au sein de l'opulence :

« Il brûle d'un feu sans remède,
» Moins riche de ce qu'il possède
» Que pauvre de ce qu'il n'a pas. »

Apôtres de l'erreur, moralistes et politiques ! après tant d'indices de votre aveuglement, prétendrez-vous encore éclairer le genre humain ? Les nations vous répondront : « Si vos sciences » dictées par la sagesse n'ont servi qu'à perpé- » tuer l'indigence et les déchiremens, donnez- » nous plutôt des sciences dictées par la folie, » pourvu qu'elles calment les fureurs, qu'elles » soulagent les misères des peuples. »

Ah ! loin de ce bonheur que vous promettiez, vous n'avez su que ravaler l'homme au-dessous de la condition des animaux ; si l'animal est par fois privé du nécessaire, il n'a pas l'inquiétude de pourvoir à ses besoins avant de les ressentir. Le lion bien vêtu, bien armé, prend sa subsistance où il la trouve , et sans se mettre en peine du soin d'une famille ni des risques du lendemain. Combien son sort est préférable à celui des pauvres honteux qui fourmillent dans vos cités , à celui des pauvres ouvriers qui privés de travail , harcelés de créanciers et de garnissaires , parviennent après tant de dégoûts à la mendicité , et promènent leurs plaies , leurs nudités, et leurs enfans affamés à travers vos villes qu'ils font retentir de lugubres complaintes. Voilà , philosophes , les fruits amers de vos sciences ; l'indigence et toujours l'indigence ; cependant vous prétendez avoir perfectionné la raison , quand vous n'avez su que nous conduire d'un abîme dans un autre. Hier vous reprochiez au fanatisme la St. Barthélemy, aujourd'hui il vous reproche les prisons de septembre : hier c'étaient les croisades qui dépeuplaient l'Europe , aujourd'hui c'est l'égalité qui moissonne trois millions de jeunes gens ; et demain quelqu'autre vision baignera dans le sang les empires civilisés. Perfides savans, à quelle objection avez-vous réduit l'homme social ; et combien les gouvernemens les plus vantés par vous se sont montrés prudens en suspectant vos secours! Vous fûtes toujours un objet d'effroi même pour les souverains que vous avez comptés parmi vos disciples. Sparte vous rejetait de son sein , et Caton voulait qu'on vous chassât de Rome. De nos jours encore/Frédéric disait que s'il voulait punir une de ses provinces il la donnerait à gouverner aux philosophes; et Napoléon à éliminé les classes politiques et morales du temple où siégent les sciences utiles. Eh ! n'êtes-vous pas encore plus suspects à vous-mêmes ?

Ne confessez-vous pas qu'en opérant sur les passions, vous ressemblez à des enfans qui se jouent
avec des artifices au milieu des barils de poudre!
La révolution française est venue mettre le sceau
à cette vérité et couvrir vos sciences d'un opprobre ineffaçable.

Vous aviez pressenti que ces ridicules sciences
seraient anéanties dès l'instant où le doute pourrait les atteindre : aussi avez-vous de concert
étouffé la voix de quelques hommes qui incli-
naient à la sincérité, tels que Hobbes et J. J.
Rousseau qui entrevoyaient dans la civilisation
un renversement des vues de la nature, un développement méthodique de tous les vices. Vous
avez repoussé ces traits de lumière, pour faire
entendre vos jactances de perfectionnement.

Le scène change, et la vérité que vous fei-
gniez de chercher va paraître pour votre confusion. Il ne vous reste, comme au gladiateur
mourant, qu'à tomber honorablement. Préparez
vous-mêmes l'hécatombe qui est due à la vérité,
saisissez la torche, élevez des bûchers, pour y
précipiter le fatras de vos bibliothèques philosophiques.

Fin de la troisième Partie.

CHAPITRES OMIS.

Sur le Mouvement organique
Et sur le Contremouvement composé.

Des motifs d'accélération m'obligent à sup-
primer entr'autres chapitres les deux ci-dessus,
quoiqu'annoncés dans le cours de l'ouvrage. Je
me borne à donner une idée du premier.

J'ai dit (p. 62) que les substances des trois
règnes représentent les effets des passions dans
le mécanisme social ; donnons - en quelques
exemples : je commence par l'association qui
est l'objet spécial de cet ouvrage.

Dans le règne animal , l'association a pour
hyéroglyphe-pratique , le castor , et pour hyéro-
glyphe-visuel , le paon. Les yeux dont sa roue
est parsemée sont l'emblème de l'ordre sociétaire, de sa magnificence et de son *inégalité*. Cette
série d'yeux rangés en ordre progressif dénote
que l'association ne peut s'allier avec les rêves
d'égalité et de nivellement de nos philosophes.

Mais pourquoi ce cri rebutant , ce contraste
de la voix la plus déplaisante , avec le plus superbe plumage ? C'est pour peindre l'action individuelle qui est mensongère et discordante. Le
plumage attire et charme comme emblème de
l'ordre sociétaire , mais l'animal n'ayant par lui-
même aucune propriété sociale , et ne s'unissant
pas à nos travaux, Dieu nous peint dans son
cri la fausseté de tout individu , hors de l'association progressive.

Autre énigme sur la laideur extrême de ses
pattes; pourquoi ne les avoir pas ornées comme
celles du pigeon ou de l'aigle, et pourquoi
deux suppôts hideux pour porter tant de luxe,
c'est que l'ordre sociétaire et l'opulence qui en
résultera s'appuyent sur deux âges de pauvreté.
(Voyez au grand tableau les deux âges de sub-
version ou incohérence.)

Je passe brièvement sur ce qui concerne le
paon, car cet hyéroglyphe est peu intelligible,
si l'on ne connaît pas les lois du mouvement
social. Choisissons un tableau plus facile à comprendre, ce sera celui de la vérité et de ses
effets en civilisation. Examinons si Dieu a fidè-
lement dépeint le triste sort de cette vérité dans
notre état social.

L'hyéroglyphe de la vérité dans le règne animal,
c'est la giraffe. Puisque le propre de la vérité est
de surmonter les erreurs, il faut que l'animal
qui la représente élève son front au-dessus de
tous les autres; telle est la giraffe qui broute
les branchages à 18 pieds de hauteur. C'est,
dit un vieil auteur, *une bête moult belle, douce
et agréable à voir.* La vérité aussi est *moult
belle*, mais comme elle ne saurait s'accorder
avec nos usages, il faut que la giraffe, son hyéroglyphe ne soit d'aucun emploi dans nos travaux: Dieu l'a donc réduite à la nullité, par
une démarche irrégulière qui agite, et froisse
le fardeau qu'on lui impose. Dès-lors on préfère la laisser dans l'inaction, comme parmi
nous on écarte des emplois l'homme véridique
dont le caractère heurterait tous les usages reçus
et toutes les volontés. La vérité chez nous n'est
belle que dans l'inaction, et la giraffe par

analogie n'est admirée que lorsqu'elle est en repos ; mais dans sa démarche elle excite les huées , comme la vérité excite les huées quand elle est agissante. Qu'un homme aille dans un cercle de belle compagnie , dire la bonne et franche vérité sur les frédaines des honnêtes femmes qui s'y trouvent , sur les grivelages des gens d'affaires ou autres personnes du salon , vous verrez l'indignation éclater , et l'on s'accordera à faire taire et honnir l'orateur. C'est bien pis en affaires politiques où la vérité a encore moins d'essor ; et pour représenter cette compression de la vérité , cet obstacle invincible à ses développemens, Dieu a tranché les bois de la giraffe à leur racine , ils ne font que poindre et ne peuvent étendre leurs rameaux ; le ciseau de Dieu les a coupés à leur base , comme parmi nous le ciseau de l'autorité et de l'opinion abattent la vérité à son apparition et lui interdisent tout essor. Cependant le plus fourbe de nous veut encore paraître véridique, et quoiqu'ennemis de la vérité , nous aimons nous affubler de son enveloppe ; par analogie nous ne voulons de la giraffe que son enveloppe , que sa peau qui est extrêmement belle : quand nous saisissons cet animal , nous le traitons à peu près comme nous traitons la vérité ; nous lui disons pauvre bête tu n'es bonne qu'à rester dans tes déserts loin de la société des hommes , on peut t'admirer un moment , mais il faut finir par te tuer et ne garder que ton manteau , de même que nous étouffons la vérité pour n'en garder que l'apparence.

On voit par cette explication que Dieu n'a rien créé d'inutile même dans la giraffe qui est l'inutilité parfaite , mais Dieu étant obligé de représenter tous les jeux de nos passions , il a fallu qu'il dépeignît dans cet animal l'inutilité complette de la vérité en civilisation. Et si vous voulez savoir à quoi pourrait servir la vérité dans d'autres sociétés que la civilisation , étudiez ce problème dans la CONTREGIRAFFE que nous nommons le *Renne*, animal dont on tire tous les services imaginables ; aussi Dieu l'a-t-il exclu des climats sociaux d'où s'era exclue la vérité tant que durera la civilisation.

Et lorsque nous serons devenus par l'ordre sociétaire aptes à la pratique de la vérité et des vertus bannies d'entre nous , une nouvelle creation nous donnera dans L'ANTIGIRAFFE un grand et magnifique serviteur qui surpassera de beaucoup les belles propriétes du Renne , objet de notre convoitise et de nos declamations contre la nature qui nous en a prives.

Pour rendre intéressante l'explication des hyéroglyphes , il faut les expliquer *par contrastes*, comme la ruche et le guépier, comme l'eléphant et le rhinoceros, *par alliance*, comme le chien et le mouton, comme le cochon et la truffe, comme l'âne , le chardon et le chardonneret. Enfin *par progression* , en analysant des familles entières, comme celle des branchus , giraffe , cerf , dain, chevreuil , renne , etc. qui sont tous hyéroglyphes des divers effets de la vérité ; ensuite on compare trois familles de trois règnes.

Les civilisés s'exerceraient vainement à expliquer des hyéroglyphes avant de connaître la thorie d'interprétation; car il en est qui représentent des effets de passions non existantes, par exemple : Le diamant et le cochon sont
hyéroglyphes

hyéroglyphes de la 13.e passion, (harmonisme) que les civilisés n'éprouvent pas et ne connaissent pas. D'autres hyéroglyphes, peignent des effets sociaux étrangers à l'ordre civilisé, par exemple, l'éléphant est hyéroglyphe de la société primitive, (sectes confuses.) C'était un état d'*association* où existait *l'unité d'action industrielle* figurée par la trompe. Cette unité avait pour unique appui la bonne chère ou luxe de la bouche, aussi l'éléphant n'a-t-il de luxe qu'à la bouche d'où sortent les défenses ou appuis en ivoire. Il est dans son vêtement le plus pauvre des animaux, parce que les sectes confuses n'avaient aucune industrie manufacturière, et presqu'aucune parure, quoiqu'elles aimassent éperdûment la parure : c'est ce que Dieu a représenté en couvrant de boue l'animal hyéroglyphique, et lui donnant un amour démesuré pour les ornemens.

L'éléphant vaut mieux que nous, s'écrient tous les civilisés; c'est c'est comme s'ils disaient, la société primitive valait mieux que la nôtre; en effet, elle avait cet honneur altier et ombrageux de l'éléphant, genre d'honneur qui ne pourrait pas sympathiser un instant avec la bassesse civilisée. La société primitive brillait par l'amitié, la fidélité, la décence, la gratitude et toutes les vertus de l'éléphant, vertus qui ne peuvent pas germer dans nos sociétés; et, par analogie, l'éléphant doit cesser de se reproduire dès qu'il entre en société avec nous.

Sur cette analogie des 3 règnes avec les passions, j'ajoute un exemple tiré de l'anatomie du corps humain, qui est un tableau général de l'ordre combiné. Parlons d'abord de la charpente osseuse.

Sa portion la plus saillante, nous montre 12 paires de côtes qui tendent aux trois os du sternum, c'est l'emblême des 12 passions qui, semblables chez les deux sexes, tendent aux trois foyers d'attraction, (page 113.) Il y a 7 côtes combinées et 5 côtes incohérentes, de même qu'il y a sept passions spirituelles qui dominent dans l'ordre combiné, et cinq passions matérielles qui dominent dans les sociétés d'ordre incohérent; une 13.e côte, la clavicule, surmonte les 7 combinées et figure la 13.e passion, l'harmonisme, formée des 7 spirituelles ; cette passion devant être le principal lévier de l'industrie sociétaire, il faut que la clavicule s'unisse au bras qui est lévier de l'industrie corporelle.

Cette ordonnance est reproduite partiellement dans la boëte du cerveau : étant siége de l'ame et foyer du mouvement spirituel, il doit être logé dans une enveloppe analogue aux passions spirituelles; aussi la boëte du crâne est-elle formée de 8 os, dont 7 recouverts; le 8.e ou frontal qui est le seul apparent, figure la passion harmonisme qui est d'un ordre supérieur aux 7 primitives.

D'autres pièces du squelette représentent les dispositions industrielles de la phalange d'attraction; par exemple, j'ai dit (Note A 408) qu'elle est formée en parade de 16 chœurs et 32 quadrilles; cette ordonnance est représentée par les os de parade, les dents qui sont à nu, et rangées en 16 paires. Les 2 dernières paires sont tardives, faibles et peu utiles, par analogie aux 2 chœurs 1 et 16 (Bambins et Patriarches) qui sont les chœurs sujets à la faiblesse et à l'inutilité. Il reste donc 14 chœurs ou 28 quadrilles actifs et utiles, ils sont dépeints par les 14 paires d'os de la main, qui est l'agent du mouvement industriel.

Ces tableaux de l'ordre combiné se répètent dans tous les solides et fluides du corps humain ; par exemple, dans les 800 muscles d'homme et femme, on trouve l'emblème des 800 caractères qui doivent composer une phalange d'attraction. Dans les 10 paires de nerfs, on trouve l'emblème des 10 chœurs pubères, dont le 10.e est *hors d'amour et d'équilibre passionné*; c'est pourquoi la 10.e paire de nerfs s'égare dans sa marche, et n'aboutit pas à un point fixe. Si les anatomistes avaient connu les lois du mouvement social, ils ne se seraient pas arrêtés à disserter sur l'égarement de cette 10.e paire, qui est un effet d'analogie nécessaire; (et de même les physiciens n'auraient pas mis en problème si la lumière est un corps composé.)

D'autres tableaux plus intéressans sont représentés dans le cœur, le foie, les viscères, les fluides, etc. On a fort bien pressenti que le corps humain est un abrégé du mouvement de l'univers; c'est de quoi l'on se convaincra, lorsque ce système d'application sera étendu aux plus menus détails anatomiques; alors on oubliera l'horreur qu'inspire la dissection du cadavre, pour admirer dans sa construction le tableau parfait du jeu des passions et du mécanisme social.

Déjà les civilisés ont entrevu superficiellement quelques-uns de ces tableaux; par exemple, ils ont reconnu dans le serpent un emblème de la calomnie et des perfidies civilisées; dans la rose et ses épines un emblème de la virginité. Ces peintures étaient trop frappantes pour qu'on pût s'y méprendre, elles devaient faire soupçonner que le tableau des passions s'étendait à toute la nature. La lecture de ce volume aidera à en deviner quelques autres, comme celui de la hideuse chenille changée en brillant papillon : c'est évidemment l'emblème de la dégoûtante civilisation, métamorphosée en harmonie universelle. Du reste, on se perdrait dans l'étude des hyéroglyphes, tant que je n'en aurai pas donné la théorie; on porterait dans cette étude les préjugés philosophiques d'égalité et de modération, et ce serait le moyen de ne rien concevoir au système de la nature. Par exemple, on s'imagine que la ruche représente l'égalité; tant s'en faut : la ruche et le guêpier son contraire peignent l'ordre politique d'harmonie et de civilisation. Les abeilles figurent toutes les phalanges du globe réunies sous la protection du monarque fédéral, qui a pour emblème la reine-abeille, correspondant avec chaque alvéole. Les bourdons figurent l'action improductive; les congrès et agences intermédiaires, qui sont subordonnées à la hiérarchie fédérale, et amovibles par les phalanges. C'est par analogie que l'abeille tue le bourdon quand elle n'a plus besoin de lui. Tout ce mécanisme est peint en renversement dans le guêpier qui est hyéroglyphe de l'ordre politique de civilisation.

Pour rendre le tableau fidèle, il faut que les 2 insectes nous présentent les résultats opposés de l'ordre combiné et de l'ordre incohérent ;

1.° *L'opulence et la pauvreté.* Elles sont figurées chez l'abeille par le miel, chez la guêpe par le carton inutile que donnent ses immenses travaux, images de nos prodiges industriels qui n'aboutissent qu'à l'indigence. 2.° *Les lumières sociales et l'ignorance sociale.* Elles sont figurées chez l'abeille par la cire, source de lumière, et par l'association domestique avec l'homme. Chez la

guêpe on voit les emblèmes d'ignorance et de discorde sociale dans
l'affreuse révolution où le guêpier se détruit par lui-même, dans
sa position souterraine et cachée à la lumière, dans les hostilités
contre l'homme, que la guêpe attaque sans offense, qu'elle harcèle
et dépouille, en s'introduisant dans nos appartemens pour y souiller
les mets qu'elle dévore, et en égorgeant l'abeille notre alliée ; celle-
ci, au contraire ne nous fait aucun mal sans offense, et aucun larcin,
car elle vit du parfum de nos fleurs, elle en double le charme
par l'exemple du travail et par l'idée de l'harmonie sociale qu'elle
éveille en nous quand elle vient se poser sur nos fleurs.

Quand ces tableaux de passions seront expliqués en grand détail
dans les trois règnes, on verra les philosophes capituler à discrétion, devant cette théorie du mouvement social qu'ils vont attaquer
avant de la connaître ; et l'on confessera que la nature n'était point
couverte d'un voile d'airain, comme le prétendent ces savans,
mais que le préjugé avait couvert nos esprits d'un triple voile,
formé par les rêveries métaphysiques, politiques et morales : que
ces prestiges vont être dissipés, qu'on tient enfin le secret du système de la nature qui est représentatif des passions, et qu'on la fera
déposer toute entière à l'appui de la théorie du mouvement social.

NOTE A.

Sur les Sectes progressives ou Séries de Groupes industriels.

JE dois prévenir une objection qu'on ne manquera pas de
m'adresser au sujet de ce nouvel ordre domestique, que je
nomme SECTES PROGRESSIVES. On dira que l'invention d'un tel
ordre était un calcul d'enfant, et que ses dispositions semblent
des amusettes : peu importe, pourvu qu'elles atteignent le
but qui est de produire *attraction industrielle*, et de nous
entraîner par l'appat du plaisir au travail agricole, qui est
aujourd'hui un supplice pour l'homme bien né. Ses fonctions,
telles que le labourage, nous inspirent avec raison un dégoût
voisin de l'horreur, et l'homme d'education est réduit au
suicide, quand il n'a que la charue pour ressource. Ce
dégoût sera complètement surmonté par la violente attraction industrielle que produisent les sectes progressives dont
je vais parler.

Si les dispositions de cet ordre ne reposent que sur des calculs d'enfant, c'est un bienfait signalé de la providence, qui a voulu que la science la plus importante à notre bonheur, fut la plus facile à acquérir. Dès lors, en reprochant à la théorie des sectes progressives, son extrême simplicité, on commettra deux inconséquences, qui seront de critiquer la providence sur les facilités qu'elle a attachées au calcul de nos destinées, et critiquer les civilisés sur l'étourderie qui leur a fait manquer le plus simple et le plus utile des calculs. Si c'est une étude d'enfant, nos savans sont donc au-dessous des enfans, pour n'avoir pas inventé ce qui exigeait de si faibles lumières ; et tel est le défaut commun aux civilisés, qui tout boursouflés de prétentions scientifiques, s'élancent dix fois au-delà de leur but, et deviennent, par excès de science, incapables de saisir les procédés simples et faciles de la nature.)

On n'en vit jamais de preuve plus frappante que celle de l'étrier, invention si simple, que tout enfant la pouvait faire ; cependant il a fallu 5000 ans avant que l'étrier ne fut inventé. Les cavaliers, dans l'antiquité, fatiguaient prodigieusement, ils étaient sujets à de graves maladies faute d'un étrier ; et le long des routes on plaçait des bornes pour aider à monter à cheval. A ce récit, chacun s'ébahit sur l'étourderie des anciens, étourderie qui a pourtant duré 50 siècles, quoique le moindre enfant eut pu la prévenir. On verra bientôt que le genre humain a commis, au sujet des sectes progressives, la même étourderie, et qu'il aurait suffi du moindre savant pour découvrir ce petit calcul. Puisqu'enfin le voilà saisi, toute critique sur sa simplicité, sera, je le répète, un ridicule que les plaisans jetteront sur eux-mêmes et sur 25 siècles savans qui l'ont manqué.

Venons à l'exposé que j'ai promis, je n'expliquerai ici que l'ordonnance matérielle des sectes, sans parler aucunement de leurs relations.

Une secte progressive se compose de personnes inégales en tous sens, en âges, fortunes, caractères, lumières, etc. Les sectaires doivent être choisis de manière à former un contraste et une gradation d'inégalités, du riche au pauvre, du savant à l'ignorant, etc. Plus les inégalités sont graduées et contrastées, plus la secte s'entraîne au travail, produit de bénéfice, et offre d'harmonie sociale.

On la divise en divers groupes , dont l'ordonnance est la même que celle d'une armée. Pour en donner le tableau , je vais supposer une masse d'environ 600 personnes , moitié hommes et moitié femmes, tous passionnés pour une même branche d'industrie, comme une culture de fleurs ou de fruits. Soit la secte de la culture des poiriers : on subdivisera ces 600 personnes en groupes qui se voueront à cultiver une ou deux espèces de poiriers ; ainsi l'on verra un groupe des sectaires du beurré, un des sectaires de la bergamote , un des sectaires du rousselet, etc. Et lorsque chacun se sera enrôlé dans les groupes de ses poiriers favoris , (on peut être membre de plusieurs) il pourra sé trouver une trentaine de groupes, qui se distingueront par leurs bannières et ornemens , et se formeront en 3 ou 5 ou 7 divisions, par exemple :

SECTE DE LA CULTURE DES POIRIERS,
COMPOSÉE DE 32 GROUPES.

Divisions.	PROGRESSION numérique.	Genres de culture.
1.° Avant-poste	2 groupes.	Coings et sortes bâtardes dures
2.° Aileron ascendant.	4 groupes.	Poires dures à cuire.
3.° Aile ascendante	6 groupes.	Poires cassantes.
4.° Centre de secte.	8 groupes.	Poires fondantes.
5.° Aile descendante.	6 groupes.	Poires compactes.
6.° Aileron descendant.	4 groupes.	Poires farineuses.
7.° Arrière-poste.	2 groupes.	Nèfles et sortes bâtardes molles.

Il n'importe que la secte soit composée d'hommes ou de femmes, ou d'enfans ou mi-partie , la disposition est toujours la même.

La secte prendra à peu près cette distribution, soit pour le nombre des groupes , soit pour la répartition des travaux; plus elle approchera de cette régularité en gradation et dégradation, mieux elle s'harmonisera et s'entraînera au travail. Le canton qui gagne le plus, et qui donne à égalité de chances le plus beau produit, c'est celui qui a ses sectes les mieux graduées et les mieux contrastées.

Si la secte est formée régulièrement, comme celle que
je viens de citer, on verra des alliances entre les divisions
correspondantes. Ainsi l'aile ascendante et l'aile descendante
s'allieront contre le centre de secte, et s'entendront pour
faire prévaloir leurs productions aux dépens de celles du
centre ; les deux ailerons seront alliés entr'eux et ligués
avec le centre pour lutter contre les deux ailes. Il résultera
de ce mécanisme que chacun des groupes produira à l'envi
des fruits magnifiques.

Les mêmes rivalités et alliances se reproduisent entre
les divers groupes d'une division. Si une aile est composée
de six groupes, dont trois d'hommes et trois de femmes,
il y aura rivalité industrielle entre les hommes et les
femmes, puis rivalité dans chaque sexe entre le groupe 2
qui est central, et les groupes extrêmes 1 et 3 qui sont
ligués contre lui, puis alliance des groupes, n.º 2,
hommes et femmes contre les prétentions des groupes 1
et 3 hommes et femmes ; enfin il y aura ralliement de
toute l'aile contre les prétentions des groupes d'aileron et
de centre, de sorte que la secte pour la seule culture de
ses poiriers aura plus d'intrigues fédérales et rivales, qu'il
n'y en a dans les cabinets politiques de l'Europe.

Viennent ensuite les intrigues de secte à secte et de canton
à canton qui s'organisent de la même manière. On conçoit
que la secte des poiriers sera fortement rivale de la secte
des pommiers ; mais elle s'alliera avec la secte des ceri-
siers ; ces deux espèces d'arbres fruitiers n'offrant aucun
rapprochement qui puisse exciter la jalousie entre les cultivateurs respectifs.

Plus on sait exciter le feu des passions, des luttes et des
ligues entre les groupes et les sectes d'un canton, plus
on les voit rivaliser d'ardeur au travail, et élever à une
haute perfection la branche d'industrie pour laquelle ils
sont passionnés. De là résulte la perfection générale de
toute industrie, car il y a des moyens de former secte
sur toute branche de travail. S'agit-il d'une plante bâtarde,
comme le coing qui n'est ni poire ni pomme, on place
son groupe entre deux sectes à qui il sert de lien. Ce
groupe du coing est avant-poste de la secte des poiriers,
et arrière-poste de la secte des pommiers. C'est un groupe

mixte entre deux genres, une transition de l'un à l'autre, et il s'incorpore aux deux sectes. On trouve dans les passions des goûts bâtards et bizarres, comme on trouve des productions mixtes qui ne tiennent à aucun genre. L'ordre sociétaire tire parti de toutes ces bizarreries, et fait faire emploi de toutes les passions imaginables, Dieu n'en ayant créé aucune d'inutile.

J'ai dit que les sectes ne peuvent pas toujours se classer aussi régulièrement que je viens de l'indiquer; mais on approche, autant qu'on le peut, de cette méthode, qui est l'ordre naturel, et qui est le plus efficace pour exalter les passions, les contrebalancer et les entraîner au travail. L'industrie devient un divertissement aussitôt que les industrieux sont formés en sectes progressives. Ils travaillent alors moins par appat du gain que par effet de l'émulation et des autres véhicules inhérens à l'esprit de secte.

De là naît un résultat fort étonnant, comme tous ceux de l'ordre sociétaire : c'est que moins on s'occupe de bénéfice, plus on gagne; en effet, la secte la plus fortement stimulée par les intrigues, celle qui ferait le plus de sacrifices pécuniaires pour satisfaire son amour-propre, sera celle qui donnera le plus de perfection et de valeur au produit, et qui par conséquent aura le plus gagné en oubliant l'intérêt pour ne songer qu'à la passion ; mais si elle a peu de rivalités, d'intrigues et de ligues, peu d'amour-propre et d'exaltation, elle travaillera par intérêt plus que par passion spéciale, et ses produits comme ses bénéfices seront très-inférieurs à ceux d'une secte bien intriguée. Dès-lors elle aura d'autant moins gagné qu'elle aura été plus stimulée par l'amour du gain.

J'ai dit que pour bien intriguer les sectes et élever à la plus haute perfection les produits de chacun de leurs groupes, il faut les coordonner autant que possible à la progression ascendante et descendante : j'en vais donner un second tableau pour mieux graver cette disposition dans l'esprit des lecteurs. Je choisis la secte de parade.

Secte de Parade.

Dans un canton sociétaire, tous les membres de la phalange industrielle qui exploite le canton se divisent en 16 chœurs de différens âges; chaque chœur est formé de 2 quadrilles, un d'hommes et un de femmes, en tout 32 quadrilles, dont 16 masculins et 16 féminins, ayant chacun leurs bannières, distinctions, officiers et costumes distincts, soit en hiver, soit en été.

Les 16 chœurs se classent dans l'ordre suivant, pour former les 7 divisions que j'ai déjà indiquées.

DIVISIONS.		32 QUADRILLES.
AVANT-POSTE.	1 chœur.	N.° 1. *Les Bambins et Bambines.*
AILERON ASCENDANT.	2 chœurs.	N.° 2. *Les Néophytes et Néophytes.*
		N.° 3. *Les Adeptes et Adeptes.*
AILE ASCENDANTE.	3 chœurs.	N.° 4. *Les Lycéens et Lycéennes.*
		N.° 5. *Les Gymnasiens et Gymnasiennes.*
		N.° 6. *Les Jouvenceaux et Jouvencelles.*

PUBERTÉ.

CENTRE DE SECTE.	4 chœurs.	N.° 7. *Les Adolescens et Adolescentes.*
		N.° 8. *Les Aventureux et Aventureuses.*
		N.° 9. *Les Héroïques et Héroïques.*
		N.° 10. *Les Athlètes et Athlètes.*
AILE DESCENDANTE.	3 chœurs.	N.° 11. *Les Raffinés et Raffinées.*
		N.° 12. *Les Tempérés et Tempérées.*
		N.° 13. *Les Impassibles et Impassibles.*
AILERON DESCENDANT.	2 chœurs.	N.° 14. *Les Révérends et Révérendes.*
		N.° 15. *Les Vénérables et Vénérables.*
ARRIÈRE-POSTE.	1 chœur.	N.° 16. *Les Patriarches et Patriarches.*

Les neuf chœurs amoureux.

Ces noms sont adaptés aux mœurs et usages de l'ordre combiné.

Les chœurs n.° 7 à 15 sont les neuf chœurs amoureux : le chœur 6.e entre déjà en âge de puberté, il n'a pas l'exercice matériel, mais seulement l'exercice spirituel de l'amour.

Dans un moment de parade, les 32 quadrilles paraissent avec 32 uniformes différens ; les femmes interviennent toujours par moitié dans toutes les dispositions de l'ordre sociétaire.

L'ordonnance des sectes est la même dans toutes les branches d'industrie agricole et manufacturière, dans les sciences, les arts et les plaisirs. C'est toujours une lutte régulière entre des groupes et des divisions formées de plusieurs groupes.

D'après les 2 tableaux que je viens de donner, chacun saurait classer une secte de sciences ou d'arts, et répartir chaque genre dans les 7 divisions du centre, des ailes, etc.

Si cinq groupes de poëtes s'adonnent aux cinq genres suivans :

L'Epopée ;

La Tragédie,

La Comédie,

L'Ode,

L'Idylle,

chacun saura indiquer à quelle division de la secte ils appartiennent et les classer comme il suit.

Le groupe de l'*Ode*, dans l'*aileron ascendant*.

Le groupe de la *Tragédie*, dans l'*aile ascendante*.

Le groupe de l'*Épopée*, dans le *centre de secte*.

Le groupe de la *Comédie*, dans l'*aile descendante*.

Le groupe de l'*Idylle*, dans l'*aileron descendant*.

Et les genres bâtards, dans l'*avant* ou l'*arrière-poste*.

Outre les 7 divisions indiquées, une secte complette a 5 divisions accessoires, savoir :

8.e *La Réserve.*

9.e *Les Novices.*

10.e *Les Omnigenres.*

11.e *Les Sectines.*

12.e *Les Auxiliaires.*

La Réserve, elle se compose des individus qui ayant figuré dans quelque groupe des 7 divisions de genre, ont changé de goût et abandonné cette passion. L'on réclame par fois leur secours dans les cas où un contre-temps imprévu mettrait en danger les travaux de la secte, ou détournerait la plupart de ses membres d'une assemblée nécessaire.

Les Novices sont ceux qui ont une passion naissante pour les goûts de la secte, et aspirent à s'aggréger dans quelqu'un de ses groupes. On les éprouve d'abord en qualité d'élèves, après quoi ils passent au grade de bacheliers, et de là au grade de sectaires délibérans.

Les Omnigenres : c'est un groupe dont les membres ont des connaissances générales sur toutes les branches d'industrie ou de plaisir de la secte ; par exemple, dans la secte des fleurs, il se trouvera des sociétaires qui voudront connaître la culture de toutes sortes de fleurs, et pouvoir s'entre-mettre dans les fonctions de tous les groupes de fleuristes. Ils formeront le groupe des mille fleurs qui cultivera les autels champêtres, autour desquels on plantera toutes sortes de fleurs : ils présideront aux expositions et auront diverses autres fonctions.

Les Sectines (1) sont des branches de sectes qui se subdivisent en divers groupes, trop petits pour avoir des officiers et une organisation régulière ; telle sera la sectine des fleurettes : elle formera une vingtaine de petits

_____

(1) On nomme diétines les petites diètes qui en forment une grande ; je donne, par analogie, le nom de sectines aux petites sectes dont il s'agit.

groupes de 3 à 4 personnes qui cultiveront spécialement quelque fleurette de peu d'importance, comme la pensée, la petite marguerite, le rezéda, l'héliotrope : ces menues fleurs ne produiront pas des coalitions de sectaires comme on en verra pour l'œillet, la rose, la tulipe, la renoncule, la hyacinthe, la tubéreuse, et autres pour lesquelles il y aura des partis nombreux et susceptibles de comporter les classes d'officiers que j'indiquerai plus loin.

En supposant que cinquante amateurs de fleurettes forment une douzaine de petits groupes, ils se fondront en trois groupes principaux pour figurer dans la grande secte des fleurs ; ils y formeront l'aileron descendant, et parmi leurs douze petits groupes, ils établiront les 7 divisions que j'ai indiquées en parlant de la secte des poires.

Les Auxiliaires. Dans les sectes simples, ou formées d'un seul sexe, le corps auxiliaire est un groupe de sexe différent qui s'adjoint à la secte. Quoique certains travaux soient attribués spécialement à un seul sexe, cependant on voit des hommes se passionner pour des occupations qui ne conviennent qu'aux femmes, ainsi qu'on voit des femmes avoir des inclinations qui ne conviennent qu'aux hommes. Cette bisarrerie apparente tient à la loi générale de l'exception que la nature introduit partout. On adjoindra donc à chaque secte simple un ou deux groupes auxiliaires, pris dans le sexe différent, afin que chacun puisse donner cours aux passions que Dieu lui envoie. Quand la secte est *composée* ou formée des deux sexes, elle a des auxiliaires des deux sexes.

Les 12 divisions ont des officiers en très-grand nombre : j'en vais indiquer six classes principales.

1.° *Les Divinités.*

2.° *Le Sacerdoce.*

3.° *L'État-Major.*

4.° *L'État-Minor.*

5.° *L'Administration.*

6.° *L'Académie.*

Dans ce tableau d'officiers plus nombreux que les soldats, on va reconnaître combien il est nécessaire de ménager et

graduer les inégalités de fortune dans une phalange d'harmonie, et d'y assembler les contrastes de tous genres,
depuis le millionnaire jusqu'à l'homme sans fortune, depuis
le savant jusqu'à l'ignorant, etc : sans ces contrastes on ne
pourrait pas former les corps d'officiers, qui sont l'ame de
chaque secte.

Les Divinités. Chaque groupe élit une divinité de sexe
différent : un groupe masculin choisit une déesse, un
groupe féminin choisit un dieu ; viennent ensuite les divinités de chaque division de la secte, comme le dieu ou
la déesse de l'aile ascendante ou du centre, etc., puis les
divinités de la secte entière.

Dans les cérémonies et festivités, chaque dieu ou déesse
figure à la tête de son groupe, de sa division, de sa secte,
et prend le pas sur tout autre officier ; (je dis dans les
festivités et non pas au travail) par exemple, une secte
de sylvains ou bucherons, composée de quinze groupes,
paraîtra le jour de sa fête avec un corps de divinités disposées comme il suit :

15 *Hamadryades*, dont une à la tête de chaque groupe de Sylvains.

5 *Dryades*, à la tête des cinq divisions principales de la secte.

1 *Fée*, à la tête de la secte.

1 *Iris* ou *Messagère*.

1 *Sybille.*

Puis quelques *Chérubins* et *Séraphins*, pris parmi les enfans,
pour le service des dieux ou déesses.

Les Hamadryades seront choisies parmi les jeunes femmes.

Les Dryades parmi les dames de moyen âge.

La Fée, la Sybille et autres déesses de première classe,
seront choisies parmi les dames âgées qui auront passé par
les grades inférieurs.

Si la secte est composée, c'est-à-dire formée de deux
sexes, le corps olympique doit être double.

Les dieux prennent place à l'autel et reçoivent les honneurs divins de la part de la secte.

La fonction de divinité n'exige pas des connaissances
sur les occupations de la secte. Il se peut qu'une jeune

femme, sans être versée dans l'astronomie, soit choisie pour Uranie du groupe des astronomes. Il suffit que le dieu ou la déesse aient quelque notion des travaux du groupe dont ils reçoivent le culte. Les dieux sont communément choisis dans la classe la plus éloignée du groupe. Une société de savans très-riches comme le seront les savans dans l'ordre combiné, choisira volontiers pour déesse une jeune fille pauvre; ce choix devient pour elle une voie de fortune. Un groupe d'industrieux généralement pauvre, choisira fréquemment pour divinité une des dames riches de la phalange. Ces contrastes sont indiqués par le sentiment, il n'est pas besoin d'en dire les motifs.

Le Sacerdoce. Les prêtres et prêtresses dans une secte, sont les principaux musiciens; ils dirigent les hymnes et le service divin au temple ou à la parade. Il doit y avoir au moins un prêtre ou une prêtresse attaché à chaque groupe, ensuite des prêtres supérieurs pour les divisions de la secte, puis le grand-prêtre ou la grande prêtresse de la secte. Le sacerdoce est double si la secte est composée.

L'État-Major. Il se compose à peu près des mêmes supérieurs que l'on voit dans un régiment; savoir : pour chaque groupe, le capitaine, le lieutenant et le sous-lieutenant, puis les officiers de secte, comme le colonel, le major, le banneret, etc.

L'État-Minor est encore semblable à la classe des sous-officiers de régiment; chaque groupe a son porte-drapeau, son brigadier et autres sous-chefs, au-dessous desquels sont des sous-chefs de secte qui ont l'inspection sur ceux des groupes. L'état-minor est chargé du matériel.

Il est inutile d'ajouter que si la secte est composée, les états-major et minor sont doubles, et formés de deux sexes. Ainsi une secte composée a son colonel et sa colonelle, son banneret et sa bannerette. Les dames exercent leurs fonctions, et ne sont pas revêtues de titres vides de sens, comme on voit parmi nous madame la présidente qui ne préside rien, madame la maréchale qui ne commande rien. Dans l'ordre combiné où le mariage n'a pas lieu, on n'acquiert pas les dignités des gens avec qui l'on couche:

chacun ne porte de titres que ceux des fonctions qu'il remplit ; et quand une femme se nommera la colonelle ou la bannerette des fleurs, on la verra commander la secte dans une parade ou porter la bannière, et tenir le bureau dans une assemblée relative à ses fonctions. La paladine commandera les caravanes féminines ; la maréchale commandera les colonnes féminines , etc.

L'Administration. Elle se compose des officiers chargés de la comptabilité et du cérémonial, comme le conservateur, l'archiviste, le héraut, l'appariteur, etc. Chaque groupe doit avoir de tels officiers ; on en nomme de semblables pour la secte entière ; il faut un conservateur ou une conservatrice, un héraut ou une héraute pour la secte, comme il en faut pour chaque groupe et pour chaque division de la secte.

L'Académie. Elle a pour membres les plus experts de chaque groupe, ceux qui ont le plus de connaissances acquises en théorie ou en pratique ; ainsi une secte de 12 groupes a 24 académiciens, dont moitié de théoristes et moitié de praticiens, tirés de chacun des groupes ; on en ajoute quelques-uns pour les notions générales. L'académie décide sur les entreprises qui ont rapport aux intérêts de la secte entière, elle est consultée arbitralement sur les entreprises des groupes en particulier. Il peut exister dans les sectes d'autres classes d'officiers, on les multiplie à l'infini, et un enfant aggrégé à une trentaine de sectes peut avoir une vingtaine de grades, et ajouter à son nom un *grand titre* plus long que celui de roi d'Espagne.

On dira que c'est beaucoup trop d'appareil pour cultiver des fleurs et des fruits, du blé, du vin, etc. ; mais ces hochets, ces distinctions honorifiques ne coûtent rien, et sont des appats qui excitent l'enthousiasme dans les travaux. Le capitaine n'est capitaine qu'à la parade, hors de là il travaille comme tout autre, puisque tout le monde dans une secte progressive s'enrôle par attraction et par goût pour la passion de la secte. Par exemple, on conçoit que dans une secte de gastronomie, le colonel et les capitaines mangeront aussi-bien que les simples sectaires : il en sera de même au travail, qui deviendra dans l'ordre combiné aussi attrayant que peuvent l'être parmi nous la table et

autres jouissances : et si dans un groupe de 20 sociétaires
chacun se trouve pourvu d'un office, l'activité et l'émulation n'en seront que plus grandes, sans qu'il en coûte
une obole de plus, excepté les frais des ornemens
distinctifs ; car les sectes étant passionnées pour l'objet
qui les rassemble, elles ne donnent pas d'émolumens à
leurs officiers, ils auront le double véhicule de la passion
qui attire dans la secte, et du grade qui les distingue.
C'en est assez pour que ces officiers lorsqu'ils sont opulens, s'engagent à l'envi dans des dépenses pour le bien
de la secte, sans songer au bénéfice qui leur survient
pourtant au bout de l'année, et qui se trouve d'autant
plus copieux qu'ils l'ont moins ambitionné, et plus favorisé
par le zèle que leur ardeur inspire aux subalternes de la
se:te.

Autant il est facile de concevoir l'ordonnance des sectes,
autant il serait difficile de concevoir leur mécanisme, sans
un traité complet sur ce sujet. La difficulté n'est pas de
les former, mais de les mettre en action et de les exciter
au travail, par les rivalités et les ligues des groupes
entr'eux, et des divisions entr'elles.

Les sectes progressives ne peuvent s'entraîner au travail
que par l'influence qu'elles exercent collectivement les unes
sur les autres. Il faut en former 144, douze douzaines,
pour les faire mouvoir en bon accord par rivalité et émulation. (Ce nombre de 144 s'entend approximativement.)
Si l'on formait une ou deux sectes isolément, il n'y aurait
aucun moyen de les mettre en action. Rien ne serait plus
facile que de former dans Paris quelques sectes d'amateurs pour la culture des fleurs et des fruits, en leur
fournissant des jardins pourvus d'espaliers et de fleurs,
disposés convenablement pour les travaux des divers groupes ; mais ces sectes ne passeraient pas une semaine sans
être brouillées en tout sens, et il serait impossible de les
amener à un travail habituel, lors-même qu'on les composerait de gens qui n'auraient pas d'autres fonctions à
exercer. La mécanique passionnée ne peut pas s'organiser
incomplètement ; chaque partie est nécessaire au tout,
et l'absence de quelques rouages mettrait en désordre
toute la machine : c'est pourquoi l'on ne pourrait pas
former une demi-phalange de sectes progressives au nombre

d'une soixantaine seulement ; il n'y a de mitoyen entre l'harmonie et l'incohérence qu'un ordre sociétaire à passions nuancées. (Voyez page 158, *le ménage progressif ou sectes ébauchées, tribu à 9 groupes.*)

Mais en formant, selon les règles géométriques, un canton d'environ 144 sectes, pour les cultures, fabriques, sciences et arts, en les mettant régulièrement aux prises, on peut exciter entr'elles des intrigues si piquantes, répandre dans leurs travaux tant d'intérêts divers, que toutes ces sectes se trouveront en *attraction générale*, qu'elles s'entraîneront l'une par l'autre à faire des prodiges d'industrie et d'étude, sans être stimulées par l'appat du gain. Elles n'auront d'autre mobile que la fougue passionnée, qu'une prévention aveugle pour leurs goûts favoris ; et leur exaltation sera si forte qu'on verra le millionnaire, le sybarite actuel se lever avant le jour, pour activer et soutenir personnellement les travaux des sectes où il aura pris parti. On le verra pendant la journée fatiguer comme un forçat, en parcourant et animant par son exemple ses groupes et ses sectes favorites ; et après tant de peines, il regrettera qu'on ne puisse pas doubler la longueur des jours, afin de doubler les fatigues qui feront son bonheur. Tous ses colloborateurs riches ou pauvres partageront son enthousiasme, et de là vient que les sectes progressives sauront obtenir de précieuses récoltes dans les terres les plus rebelles aux efforts des civilisés.

On a vu précédemment que dans un canton d'environ 3000 toises de diamètre, et peuplé de 1000 à 1200 personnes, il faudra former environ 150 sectes, à compter 300 personnes pour chacune : ce nombre est approximatif.

Il est évident que ces 150 sectes exigeront 150 passions dominantes, chacune sur 300 personnes ; il faudra donc que chaque individu ait environ le quart des 150 passions, à peu près 40 goûts dominans pour s'enrôler dans une quarantaine de sectes.

Mais les civilisés n'ont pour la plupart que trois à quatre goûts dominans ; il faudra donc développer en eux un grand nombre de fantaisies nouvelles, et faire naître dans chaque individu au moins dix fois plus de passions

qu'il

qu'il n'en a aujourd'hui. Pour atteindre ce but , il faudra
procéder , par des méthodes opposées à tous nos dogmes
sur la sagesse , ce qui n'importe , pourvu qu'on arrive au
but , qui est de produire *attraction industrielle* et faire exécuter par plaisir ces travaux agricoles et manufacturiers
qu'on n'exécute aujourd'hui que par nécessité et avec dégoût.

Cette courte notice ne répandra aucun jour sur le problème
de faire manœuvrer les 144 sectes d'un canton, de manière
qu'elles s'entraînent l'une par l'autre au travail agricole,
manufacturier et domestique, à l'étude et à la pratique
des sciences et des arts, et que les produits de leur industrie s'élèvent à la perfection qu'on doit attendre de
gens qui travailleront par passion, par esprit de corps,
par amour-propre et nullement par le véhicule du besoin
et du bénéfice.

On pourra conclure de cette note insuffisante , que la
théorie des sectes ne comporte pas d'abrégé , et ne peut
pas s'expliquer en apperçu ; parce qu'elle repose sur des
procédés tellement éloignés de nos usages, qu'il faut en
prendre une connaissance complette , et que les abrégés,
les notions anticipées que l'on sollicite , ne jetteraient
aucun jour sur cet effrayant problème de *mettre le genre
humain en attraction industrielle.* Ce sera au III.e mémoire
que j'en donnerai la solution. Les deux premiers seront
employés à des discussions préparatoires, notamment sur
la nécessité de l'association, seul ordre compatible avec les
vues de Dieu.

Dieu, pour organiser un mécanisme social, stable et
régulier, n'a pas pu spéculer sur des individus agissant
isolément, mais sur des groupes sociétaires , en voici les
raisons :

Dieu ne peut pas désirer que ses œuvres soient sujettes
à une instabilité , à une désorganisation continuelle : c'est
ce qui arriverait si leur exécution reposait sur des individus isolés, qui ont le défaut d'être sujets à la mort et
à l'inconstance ; il doit préférablement choisir des groupes
ou corporations passionnés, qui ne meurent jamais et ne
varient jamais dans leurs goûts ; car ils remplacent
chaque jour par de nouveaux néophytes ceux que la mort

D d

ou l'inconstance leur enlèvent. Les groupes perfectionnent sans cesse, parce qu'ils sont immortels ; ils transmettent d'âge en âge l'habileté et les leçons d'expérience qui ne se communiquent pas dans les familles, parce que les enfans n'héritent pas des goûts des pères, et n'ont pas d'aptitude à continuer et perfectionner les travaux des pères.

L'ordre civilisé exigerait une certaine conformité de goûts entre le père et le fils, ou du moins une diversité peu saillante ; le contraire a lieu, la nature se plaît à trancher brusquement du père au fils ; elle place un génie poétique, Métastase, dans le fils d'un portier ; puis dans le rejeton d'un grand homme, elle ne placera que des penchans très - vulgaires : cette disparate excessivement nuisible à nos sociétés domestiques, est un des mille indices de leur opposition aux vues de la nature : elle a fait les caractères et les passions pour convenir à l'ordre combiné, et non pas à l'incohérence civilisée. J'aurai lieu de répéter fréquemment dans le cours de cet ouvrage, que dès que les sectes progressives seront organisées, vous trouverez admirables certaines dispositions de la nature qui vous semblent aujourd'hui des vices et des bizarreries ; vous verrez le père s'applaudir de ce qu'elle aura donné à ses enfans des goûts opposés aux siens ; vous entendrez le genre humain louer Dieu sur la création des penchans qui sont parmi vous le germe des plus grands désordres ; enfin, vous reconnaîtrez qu'il n'est aucune passion inutile ni mauvaise, que tous les caractères sont bons tels qu'ils sont ; qu'il faut exalter leurs passions au lieu de les modérer ; qu'il faut créer des fantaisies et des besoins même aux gens sans fortune ; et que les meilleurs citoyens, les plus utiles au mécanisme sociétaire, sont ceux qui ont le plus de penchant aux raffinemens voluptueux, et qui sont le plus aveuglément dévoués à assouvir toutes leurs passions. Tel est l'inconcevable problème dont on trouvera la solution dans la théorie des sectes progressives ou séries de groupes industriels.

Fin de la Note A.

OMISSION

A placer page 379, *à la fin de la note sur la Maîtrise proportionnelle.*

CES savans n'ayant sur le commerce que de la théorie sans pratique, et d'autre part, les négocians n'ayant que de la pratique sans théorie, les uns et les autres sont également dangereux à consulter sur cette matière ; et l'administration a bien raison de se plaindre que personne n'entend rien en politique commerciale, sur laquelle tout le monde rivalise d'impéritie : et pour preuve, citons les fautes des trois parties respectives.

J'ai fait connaître plus haut celles des économistes.

Les fautes de l'administration en matière commerciale, sont l'ouvrage de l'Assemblée Constituante, qui, habile à détruire sans savoir édifier, augmenta l'anarchie dans le commerce comme partout.

En supprimant la noblesse pour élever les hommes à porte-feuilles, elle devait pressentir que l'influence de ces êtres obscurs, forcerait à la fin le gouvernement à faire des pas rétrogrades, comme de rétablir une noblesse, dont le contrepoids (à ne parler que dans le sens commercial,) tend à contenir les négocians dans les bornes convenables à leur profession. Quant à présent, enorgueillis par l'absence de distinctions et par l'encens des économistes, ils se jettent dans un luxe effréné, germe de leur immoralité, de leurs spéculations hasardeuses, de leurs banqueroutes et autres désordres, dont l'accroissement forçait le retour au système vexatoire des maîtrises fixes, faute de connaître celui de maîtrise proportionnelle.

Les fautes des négocians, sont ;

De s'être laissés prendre aux théories des philosophes, dont ils ressentent la malfaisance ; car il n'est aucun d'eux qui ne se plaigne chaque jour des désordres qu'entraîne la pullulation sans borne des marchands.

D'avoir inconsidérément laissé entamer leur liberté, leurs privilèges, par la maîtrise fixe, qui achemine au privilège commercial ; dès ce moment, l'administration peut les prendre à leurs propres argumens, et leur dire : « Vos chambres de commerce ont » opiné à ce qu'on corporât en maîtrise fixe, qu'on soumît à une » garantie, à un cautionnement les courtiers ou agens de change, » qui ne sont que vos commis bannals, (car un courtier est un » saute-ruisseau qui colporte les mensonges d'autrui, auxquels il » ajoute les siens ;) or il est bien plus urgent d'exiger une garantie » des négocians, qui sont dépositaires de la fortune publique, » tandis que le courtier n'est dépositaire que de paroles ; en con- » séquence, trouvez bon, messieurs les négocians, qu'on vous » soumette à un cautionnement. » A cela les chambres de com- merce ne pourront que répondre AMEN, et se dire à elles-mêmes : *Vous l'avez voulu, George Dandin.*

Les fautes des 3 parties que je viens de citer, et la tendance en 4.e phase qui en résulte, forment une complication d'inepties qui donne la mesure de notre perfectionnement économique : eh! que dirais-je, si je touchais à d'autres matières que le commerce ! Voilà donc les lumières de ce siècle qui entasse des volumes sur la politique sociale ! Pauvres savans et pauvres peuples, quel chaos que votre civilisation ! et combien vous serez ébahis quand la théorie de *contremarche passionnée* vous fera voir clair dans cet immense dédale civilisé, où les philosophes, les peuples et les rois ne sont que des troupes d'aveugles, s'entrechoquant dans l'obscurité, se perdant l'un par l'autre en croyant se servir, attestant par leurs erreurs la suprématie des passions, dont ils sont tous les jouets, et la nécessité d'étudier les lois de ces maîtresses du monde, au lieu de leur dicter les nôtres.

Nota.

Il est beaucoup d'inadvertances qui attesteront la précipitation ; par exemple, *à la page* 149, en citant 8 inconvéniens du mariage, j'ai oublié le principal, l'ennui qu'éprouvent les pères à se séparer de leurs enfans qu'un mariage entraîne loin d'eux. Je cite cette omission, entre mille autres, pour engager à suspendre tout jugement, en attendant un second prospectus qui présentera les ridicules civilisés sous d'autres sens plus adaptés à l'opinion, et sera dirigé par les observations que j'aurai recueillies de la publication du premier.

AVIS AUX CIVILISÉS,

RELATIVEMENT A LA PROCHAINE MÉTAMORPHOSE SOCIALE.

PLUSIEURS civilisés ayant désiré savoir quelle est la conduite convenable à leurs intérêts, pour employer utilement le reste de la civilisation ; voici ce que je puis leur dire à cet égard.

1.º Ne construisez aucun édifice ; la distribution des bâtimens civilisés, n'est point compatible avec les habitudes de l'ordre combiné, et il faudra faire à toutes vos maisons des changemens énormes pour en tirer quelque parti ; il y en aura même un grand nombre d'inutiles. Cela ne doit pas alarmer les propriétaires, parce que tout dommage causé par l'établissement du nouvel ordre est indemnisé par la hiérarchie sphérique ; elle aura des terres vacantes trois fois plus qu'il n'y en a de cultivées. Or, comme elle mettra tout le globe en exploitation, elle aura dix fois plus de richesses qu'il n'en faudra pour suffire aux indemnités dont il s'agit.

2.º Recherchez les richesses mobiles, l'or, l'argent, les valeurs métalliques, les pierreries et objets de luxe méprisés par les philosophes ; leur valeur doublera et triplera à l'époque où commencera l'ordre combiné. L'augmentation sera moins sensible sur le cuivre, l'étain, le fer, etc : mais en général tout produit qu'on extrait péniblement des mines, acquerra subitement une valeur énorme dans l'ordre combiné, ou l'exploitation des mines sera excessivement coûteuse, parce qu'elle est très-peu attrayante. Il en sera de même des objets qu'on extrait à grande peine du sein des mers, comme les perles, etc : ces genres de travaux seront très-peu exercés, lors même que l'harmonie sera complétement organisée.

3.º En propriétés rurales, recherchez préférablement les bois de haute-futaie et les carrières. Comme il faudra subitement construire une infinité de nouveaux édifices, les bois à bâtir et les pierres de taille s'élèveront nécessairement à un prix excessif dans les premières années où l'ordre combiné sera encore imparfait, et où l'esprit mercantile se maintiendra plus ou moins pendant quelque temps encore.

4.º Ne formez aucun établissement lointain : ne songez point à vous expatrier, par appat de la fortune : chacun sera heureux dans son pays et y vivra sans nulle inquiétude. Quand aux versemens que feront les contrées populeuses, ils s'effec-

D d 3

tueront d'une manière fort différente de vos fondations coloniales, et les colons partiront tout formés en phalanges pour
aller s'installer dans des cantons et édifices qui leur auront
été préparés par les armées industrielles.

5.º Faites des enfans : il n'y aura rien de plus précieux
au début de l'ordre combiné que les petits enfans de 3 ans
et au dessous, car n'étant pas encore gâtés par l'éducation
civilisée, ils pourront recueillir tous les fruits de l'éducation naturelle et s'élever à la perfection de corps et d'esprit. En
conséquence, un enfant de deux ans sera bien plus précieux
qu'un de dix, et la hiérarchie sphérique récompensera géné-
reusement toutes les filles qui pourront fournir de petits enfans
au dessous de 3 ans. Elle récompensera de même les princes
qui auront pourvu à cette fourniture, en permettant dès-à-
présent à toute fille de faire des enfans hors de mariage.

6.º Ne sacrifiez point le bien présent au bien à venir. Jouissez
du moment, évitez toute association de mariage ou d'intérêt qui
ne contenterait pas vos passions dès l'instant même. Pourquoi
travailleriez-vous pour le bien à venir, puisqu'il surpassera vos
vœux, et que vous n'aurez dans l'ordre combiné qu'un seul déplai-
sir, ce sera de ne pouvoir doubler la longueur des jours, afin de
suffire au cercle immense de jouissances que vous aurez à parcourir.

7.º Ne vous laissez point abuser par les gens superficiels,
qui croiraient voir dans l'invention des lois du mouvement
un calcul systématique. Songez qu'il ne faut que 4 à 5 mois
pour le mettre à exécution sur une lieue carrée, que l'essai
en sera peut-être achevé dans le cours de l'été prochain ; qu'alors
le genre humain tout entier passera à l'harmonie universelle,
et que vous devez dès-à-présent régler votre conduite sur la
proximité et la facilité de cette immense révolution.

8.º Gardez-vous plus soigneusement encore d'écouter les
critiques qui porteraient sur l'inventeur et non sur l'invention.
Qu'importe la manière dont elle est annoncée ! que ce prospectus manque de style, de méthode, etc : j'y consens, et ne
veux pas même chercher à mieux faire dans les mémoires
suivans. Fussent-ils écrits en patois, c'est l'invention et non
pas l'inventeur qu'il faut juger. Dès-lors toute critique devient
inconséquente, tant que cette invention n'est pas publiée et
que je me borne à la laisser entrevoir. Sans doute il n'était
pas besoin d'un volume pour une pareille annonce, mais j'ai
dû déférer à l'opinion, qui veut des volumes. Chacun s'informe
d'abord combien l'invention remplira de volumes, et l'on semble
croire qu'elle n'aurait aucune valeur, si elle n'en remplissait pas

quelques-uns : il faut donc broder sur le sujet, et faire des livres plus ou moins mauvais, comme peut les faire un homme qui, à part sa découverte, n'a d'autre science que de tenir l'aune. Or, pour gagner de vitesse les critiques, je déclare que je donne mes livres à pendre, n'ayant pas la prétention d'être écrivain mais seulement inventeur. Je ne veux pas même lire la grammaire pour me corriger des fautes qui doivent fourmiller dans mon style. Je fais parade de mon ignorance; plus elle est grande, plus elle couvre de honte les savans, qui avec tant de lumières dont je suis privé, n'ont pas su découvrir les lois du mouvement social, n'ont pas entrevu la route du bonheur que moi seul j'aurai ouverte au genre humain, sans que nul autre puisse revendiquer la moindre part à mon invention.

Avant de la publier, je donnerai un second prospectus qui sera une extension de celui-ci et roulera sur les mêmes sujets à peu de chose près.

Ces deux premiers mémoires ayant pour but de consulter l'opinion, afin de connaître les points sur lesquels il faudra s'étendre en développemens, j'ai dû glisser légèrement sur chaque matière à laquelle j'ai touché, ne pouvant donner aucune démonstration régulière avant d'avoir publié la théorie de l'attraction passionnée.

Elle sera contenue en six petits mémoires qui paraîtront successivement, et dans lesquels je représenterai l'ordre combiné en action. Je supposerai un réveil d'Epiménide en l'an 2200, époque où la 8.e période sociale qui va s'organiser aura acquis sa splendeur, et où commencera la 2.e création, qui introduira le genre humain en 9.e période.

Les souscripteurs pour les 6 cahiers de l'attraction passionnée, auront la faculté de m'adresser leurs objections et remarques sur les développemens qu'ils jugeront nécessaires. Je leur donnerai les éclaircissemens qui seront d'utilité générale, et je pourrai dans chaque cahier consacrer quelques pages de réplique aux observations les plus importantes qui me seront parvenues. Du reste, je ne veux m'engager dans aucun débat polémique sur ce sujet.

Il est un problème sur lequel on devra s'abstenir de demander des éclaircissemens : C'est le plus important de tous, c'est celui de LA RÉTRIBUTION PROPORTIONNELLE AUX 3 FACULTÉS INDUSTRIELLES, C'EST-A-DIRE, LA RÉPARTITION DU PRODUIT AGRICOLE ET MANUFACTURIER D'UNE PHALANGE, ENTRE LES SOCIÉTAIRES, SELON LA QUOTITÉ DE CAPITAUX, LUMIÈRES ET TRAVAIL DE CHACUN.

Ce problème est le nœud gordien de l'ordre combiné, celui sans la solution duquel il serait inutile d'organiser une phalange ; elle tomberait promptement en discorde si l'on ne savait pas prendre les mesures nécessaires pour la RÉTRIBUTION PROPORTIONNELLE AUX 3 FACULTÉS. J'éviterai à dessein tout éclaircissement sur ce problème, afin de pouvoir réserver à qui de droit l'honneur de fonder l'harmonie universelle, dont l'entreprise pourrait être faite par tout riche propriétaire, et même par une compagnie d'actionnaires, si je divulguais la solution dont il s'agit. Il sera donc inutile de la solliciter dans les objections qu'on pourra m'adresser.

J'invite à relire cet ouvrage, si l'on veut en tirer quelque fruit ; une première lecture ne peut suffire dans un sujet aussi neuf ; d'ailleurs n'étant pas exercé à écrire, je n'aurai pas su classer avec méthode, ni exposer avec clarté les diverses matières : dès-lors une seconde lecture dissipera bien des obscurités, et suppléera à mon insuffisance. Plusieurs de mes assertions heurtent toutes les opinions et soulèvent les esprits au premier abord ; elles ne peuvent être goûtées que dans une seconde lecture ; la première ne peut servir qu'à élever des doutes qui seront pleinement confirmés par un plus mûr examen des absurdités civilisées.

Eh fut-il jamais un instant plus favorable pour rappeler les civilisés à la honte d'eux-mêmes et de leurs sciences philosophiques ? fut-il jamais de génération plus inepte en politique que celle qui a fait égorger trois millions de jeunes gens pour revenir aux préjugés dont elle voulait s'affranchir ? Les siècles précédens étaient bien plus excusables dans leurs fureurs ; c'étaient l'avidité, le fanatisme qui se montraient à découvert ; c'était la passion toute nue qui causait les guerres : mais aujourd'hui c'est pour l'honneur de la RAISON qu'on surpasse tous les massacres dont l'histoire ait transmis le souvenir : c'est pour la douce égalité, la tendre fraternité qu'on immole trois millions de victimes, après quoi la civilisation lasse de carnage et honteuse de sa propre ineptie, ne voit d'autre moyen de repos que de rétablir humblement les préjugés qu'elle avait bannis, et d'appeler à son secours les coutumes que la philosophie accuse de déraison.

Voilà les trophées politiques de la génération présente : après cela quel homme ne doit pas rougir d'être civilisé, et d'avoir ajouté foi aux charlataneries politiques et morales ? Quel siècle doit être plus disposé à considérer nos lumières sociales comme d'épaisses ténèbres, à soupçonner l'existence de quelque science plus certaine qui aura pu échapper jusqu'à ce jour aux recherches du genre humain ! Oui, cette science du bonheur social que vous aviez manquée, n'est autre que la théorie de l'attraction passionnée : le mécanisme de l'attraction est un problème que Dieu donne à résoudre à tous les globes, et leurs habitans ne peuvent passer au bonheur qu'après l'avoir expliqué.

SOUSCRIPTION.

Les six Mémoires sur l'Attraction passionnée seront chacun d'environ 150 pages, caractère et format de celui-ci, le prix de souscription est de douze livres tournois : les lettres et envois devront être adressés, franc de port, à l'Auteur (CHARLES, à Lyon.)

Dans les villes éloignées, les souscripteurs, réunis au nombre de 12, pourront désigner un Libraire correspondant. Celui qui le premier me fera l'envoi du montant des 12 souscriptions réunies, deviendra correspondant pour ladite ville et les lieux circonvoisins.

La livraison successive des six Cayers commencera dès qu'il y aura mille souscripteurs.

F I

TABLE
DES MATIÈRES.

TABLE DES MATIÈRES.

DEUXIÈME PARTIE.

TABLE DES MATIÈRES.

Fin de la Table.

Les planches qui se trouvaient cy jointes, y ne
fesaient point partie de la théorie de la movement

www.ingramcontent.com/pod-product-compliance
Lightning Source LLC
Chambersburg PA
CBHW071956270326
41928CB00009B/1460